公文写作

错误根除与技巧提升

张越 李瑾/著

中国法制出版社
CHINA LEGAL PUBLISHING HOUSE

序

Preface

公文写作是最正规的书面表达之一。汉语表达或者日常写作所要解决的核心问题是，将写作者内心所想，以书面语句的形式，通过适当的字、词表达其所蕴含的语意；同时，解读者以相反的过程，通过对语句中字词本义的理解，揣摩写作者的意思。这两个过程如果能够一致，则呈现心有灵犀、和融舒畅的交流场景，反之则文不对题、词不达意、话不投机。

本书定位于相对严肃的公文写作，力求达到合格的标准。每一位写作者，能够做到并且应当做到的，是努力确保自己的作品成为一部合格的作品：一部避免了低级错误的作品，一部能够让人读得下去的作品，一部能够解决读者遇到的问题的作品，一部能够让人从中发现思想和方法的作品，一部能够让人有所感悟和启发的作品。

合格的作品首先要避免低级的表述错误。本书在《公文写作基础知识与错误辨识》的基础上，进一步介绍一些更为复杂的语病，进一步总结公文写作中更专业化，特别是规范化方面的经验。具体而言，就是提醒读者在日常写作中要沉下心来、耐得住枯燥，始终对落笔的文字怀着虔诚敬畏之心，随时警惕犯不自知的错误；要尽可能养成良好的写作习惯，尽可能将病句消灭在起草阶段；要认真地批改自己的初稿，以挑剔的批判者视角，拿出壮士断腕、刮骨疗毒的决心和勇气，修正自己的错误、提炼自己的文字，最大限度地避免各种语病，不断提高自己的写作水平。

本书的最终定位，仍在于表达准确这个最低限度的目标，并以规范的表述作为实现这一目标的途径。规范的表达，有助于减少表意歧义、提高交流效率、加深相互理解。实现这个小目标的根本途径，就是通过根除语病，在确保表述规范、无语病的前提下，提高交流的效率与效能。

本书共分六编，分别是字词编、语法编、结构编、逻辑编、常识编、规范编。字词编从文字工作最基础的字词入手，从守住法治思维底线的视角出发，以避免日常写作中的常见错误为切入点，从使用标点、防范错字、运用术语、精准指代、表意准确、措辞严谨这几个方面，历数常规写作中需要避免的种种陷阱，对公文写作中比较基础的字词使用错误进行剖析，提出进一步提高文字水平的建议。语法编由普通公文写作推及立法，提醒读者良法也必须借助法律语言这个最重要的语法手段，在揭示语法避错的技巧之余，讨论限定、搭配、否定、褒贬、顺畅表达、语法避错等语法规则之上，更高层次的写作规则和要求。结构编针对公文对文章结构的更高要求，以常见错误发生率这个客观指标为切入点，从内容简约、避免重复、删繁就简、语序讲究、结构紧致、表述统一、前后照应等方面，分析相关领域出错的情形及原因，进而提出提升能力的相应建议。逻辑编紧扣逻辑这个使文章得以载道的灵魂，从精准分类入手，分析列举周全、分层表述、合理排序、逻辑严密、避免歧义、勿生枝节等与写作内在逻辑相通的领域中错误的情形及规避的技巧。常识编提醒读者关注常识与创新的辩证法，从把控时间、精准定位、用准数据、符合事理、避免失语、拿捏分寸等方面，探讨了公文写作中涉及的常识问题，希望读者由此得到启发，并在此基础上推而广之，形成自己对常识问题的关注重点和知识体系。规范编集中讨论立法涉及的一些中文表达问题，即“法律中的语言使用问题”，大致按照立法成文的顺序，讨论坚持原则、明确主体、界定概念、运用概念、运用程序、借助体系、与时俱进等内容，引导写作者养成终身学习、毕生追求创新的习惯，创作出更多推陈出新、生动反映我们所处的新时代的优秀作品。

本书中的每一章，都涉及无法完全区分开的两大块内容：一是禁忌，或称误区，主要分析罗列汉语写作中该领域常见的错误类型；二是技巧，实为规则，在明确汉语写作基本目标的基础上，从正面引导的角度，提出汉语日常写作应当通盘考虑的主要目标和实现这些目标的手段和方法，最终归结为预防、避免、纠正日常写作中常见错误的方法与策略，以及提高写作水平的建议和忠告。

本书收录了1000多个字、词的字义、词义解释及适用、论证方面的内容，主要是罗列这些字词错误运用的情形，这正是目前的语文教学和流行的通用辞典所欠缺的视角。因此，从某种意义上说，本书就是汉语写作中常用的主要字词的用法及相应语病的解析词表，通过更为精深地分析这些表述错误的成因，揭示严肃的公文写作的规则。希望读者本着求上取中的进取心态，经常揣摩这些规则，在不断的自我修炼中提高自身的文字驾驭能力和写作功力。

最后还需要提醒读者的是，学无止境，写作技能的提高也永无止境。本书只是基于笔者的狭隘经验和较为单纯的履历，提供了一个从立法、执法及司法实践的角度，发现公文写作中可能出现的问题并探讨如何避免的初步探索和尝试的范本。本书中的许多看法，特别是对公文表述错误的分析和判断，难免失之偏颇，真诚希望广大读者能够及时批评指正，大家共同推动汉语表达及公文写作的水平，为基于汉语的沟通、交流创造更为良好的氛围。

目录

Contents

第一编

公文写作中字词的特殊用法

学无止境，文字工作的完善也没有止境。本编从守住法治思维底线的视角出发，以避免日常写作中的常见错误为切入点，在历数常规写作中需要避免的种种陷阱后，提出进一步提高文字水平的建议。

本编从使用标点、防范错字、运用术语、精准指代、表意准确、措辞严谨这几个方面，对公文写作中比较基础的字词的使用错误进行剖析。对这几个方面的论述在层次上也由浅入深，但都归于一个基本点：单字符或词语的使用，故称字词编。

第一章　使用标点的技巧

标点符号蕴含着汉语写作的精进途径。正确运用标点符号可以极大地简化文字的表述，并显著地促进沟通和理解。

有关标点符号的基本用法及涉及基本用法的低级错误，本书的姊妹作《公文写作基础知识与错误辨识》中有比较系统的介绍，此处就不再重复了。

第一节　标点符号的基本功能

在早期的中文写作中，尤其是在比较正式的公文中，除断句必需的标点符号外，很少使用其他标点符号。究其原因，与中文引入标点符号时间较晚有关。但自从标点符号成为现代汉语的一个组成部分之后，新的风尚就已经在潜移默化的路上，尤其是立法领域对此的先行先试，让我们有更多的底气在正式文稿中大胆地使用标点符号。

整部《民法典》出现得最多的标点符号是“，”，共有3637处，但整部《民法典》中出现了4243个“的”字，而这个“的”字及其代用字，在中华文化的历史长河中扮演了当代人很难意想到的类似标点符号的重要角色。

国家标准《标点符号用法》（GB/T 15834—2011）比较了不同点号表示停顿长短的排序：“通常情况下，各种点号表示的停顿由长到短为：句号=问号=叹号>冒号（指涵盖范围为一句话的冒号）>分号>逗号>顿号”。具体解释如下：

——句末点号（句号、问号、叹号）都可表示句子完结，停顿最长；

——冒号停顿短于句末点号，长于分号；

——分号用于复句的分句之间，可以用来表示复句的第一层分句之间的停顿，表示的停顿最长、层次最高，停顿长度短于句末点号、冒号，长于逗号；

——逗号表示一句话中间的停顿，停顿长度介于分号与顿号之间，既可表示并列词语之间的停顿，也可表示复句中分句之间的停顿，若分句内部已用逗号，分句之间就应用分号；用分号隔开的几个并列分句不能由逗号统领或总结；

——顿号用于并列词语之间，句内点号中，顿号表示的停顿最短、层次最低，通常只能表示并列词语之间的停顿。

第二节　顿号可避免连词叠用

《民法典》第85条“营利法人的权力机构、执行机构作出决议的会议召集程序、表决方式违反法律、行政法规、法人章程，或者决议内容违反法人章程的”中对“、”和“或者”的使用非常精妙：少用了两个“或者”。这充分说明“、”具有“或者”的效用，并提示在需要反复使用“或者”的场合，为避免繁复，可使用“、”。

【例】1999年《合同法》[1]第38条：国家根据需要下达指令性任务或者国家订货任务的，有关法人、其他组织之间应当依照有关法律、行政法规规定的权利和义务订立合同。

《民法典》第494条第1款的修改，比较准确地重现了“、”可以与“或者”等效的逻辑过程，相应内容改为“国家订货任务、指令性任务”，这是基于两个理由：一是其前文中新增“或者”（抢险救灾、疫情防控或者其他需要）后，再沿用原来的“或者”会出现叠用；二是汉语中的“、”足以替代“或者”。

第三节　顿号可强化并列关系

在正式公文写作中，“、”与“；”一样，都是尽可能回避的标点符号。但以《民法典》的编纂为标志，这一惯例有改变的迹象。

① 本书中法律文件前所加年份指该法公布时间。2021年1月1日起《合同法》废止，其主要内容此前已经并入2020年《民法典》。下同。

【例】2009年《民法通则》[1]第120条：有权要求停止侵害，恢复名誉，消除影响，赔礼道歉。

此处并列的各词语间以“，”区隔，而“，”是用来分隔句子成分相对完整甚至非常齐全的分句的。“停止侵害，恢复名誉，消除影响，赔礼道歉”对仗基本工整、语意相对独立，但毕竟不是独立的分句；用“，”分隔，对彼此的并列关系是一种弱化。《民法典》第995条将上述规定中的“，”全部替换为“、”后，后续立法在这两个标点符号的使用上就有了国家基本法律确立的新的更为规范的标杆。

第四节　顿号可厘清逻辑关系

《民法典》第570条第1款第3项的表述“债权人死亡未确定继承人、遗产管理人，或者丧失民事行为能力未确定监护人”，很好地示范了如何使用标点符号与“或者”的组合，准确表达多层逻辑关系：基础的关系是“债权人死亡”和债权人“丧失民事行为能力”，二者的并列关系用“或者”体现和连接。因在描述“债权人死亡”的两种情形时使用了“、”，为了避免“或者”紧随其后引起逻辑关系错乱，特意在“或者”前加了一个“，”。在“债权人死亡”之下又有“未确定继承人”和未确定“遗产管理人”两种情形，二者受“未确定”的统一支配，用“、”区分并连接。

第五节　顿号可紧凑语意表达

【例】1999年《合同法》第411条：委托人或者受托人死亡、丧失民事行为能力或者破产的，委托合同终止，但当事人另有约定或者根据委托事务的性质不宜终止的除外。

“委托人或者受托人死亡、丧失民事行为能力或者破产”连用两个“或者”，致使字词间的逻辑关系复杂化，影响表意。《民法典》第934条删除了第二个“或者”，直接用两个“、”区隔三种可能，三者间的关系还是“或者”。

① 2021年1月1日起《民法通则》废止，其主要内容此前已经并入2020年《民法典》。下同。

第六节　顿号运用的务实创新

【例】2009年《民法通则》第98条：公民享有生命健康权。

这一表述有些拥挤，以致影响了表意。有生命才有健康，不存在没有生命的健康权，但这不是将二者混为一体的理由。《民法典》第110条第1款用两个“、”确立了“生命权”“身体权”“健康权”分立的人的自然权利体系。

第七节　规避顿号的倾向

尽管有如此强大的可供开发的功能，但公文中对顿号的规避倾向，仍有迹可循。

【例】2009年《民法通则》第50条第2款：具备法人条件的事业单位、社会团体，依法不需要办理法人登记的，从成立之日起，具有法人资格；依法需要办理法人登记的，经核准登记，取得法人资格。

上述规定汇集了“、”“，”“；”“。”四大分隔符，类似的情况在整部《民法典》中都不多见。与之对应的《民法典》第88条相应调整为：“具备法人条件，为适应经济社会发展需要，提供公益服务设立的事业单位，经依法登记成立，取得事业单位法人资格；依法不需要办理法人登记的，从成立之日起，具有事业单位法人资格。”新条文中只保留了三类分隔符，唯独没用“、”。

新条文的表述用“，”区隔的“为适应经济社会发展需要，提供公益服务设立的事业单位”，是与“具备法人条件”并列的，共同作为“取得事业单位法人资格”的条件，这样用没有问题；但这个“，”是区分作为“为”的介词宾语的两个分句的，如用“、”替代“，”，更能突出“为……设立的事业单位”的结构，“适应经济社会发展需要”和“提供公益服务”作为目的状语的并列关系也会更突出，不至于因多个“，”的连用，失去保持更紧密联系的机会。

可见，顿号、逗号都有划分语意层次的作用，具体要根据表意需要选择。

第八节　逗号可取代连词

逗号还具有廓清语句结构的效果。标点符号与阿拉伯数字一样，具有明显不同于汉字的形式特征，用标点符号取代汉字来分割语句，视觉上会更加直观、清晰。

【例】1996年《刑事诉讼法》第34条：被告人是盲、聋、哑或者未成年人而没有委托辩护人的。

2012年《刑事诉讼法》第34条用“，”取代了其中的“而”字，伴随语意的转折有明显的断句，表达更加清晰严整。

第九节　逗号可当动词用

逗号有时甚至可以当作“应当”用，这一点已经在法律文件的修订中得到印证。

【例】2004年《公司法》第187条：股东认购新股应当按照本法设立股份有限公司缴纳股款的有关规定执行。

2005年该法修订时直接将“应当”改为“，”。因为规范语言“不怒自威”，上述规定即使没有“依照本法”的“加持”，也是必须遵循的，这在法律上就是“应当”。

第十节　逗号可强化断句功能

“，”这个常用的标点符号面临着“；”“、”从长短两个方面的竞争，包括一般断句这个通常被视为属于“，”最常见的功能。

【例】1999年《合同法》第249条：承租人已经支付大部分租金，但无力支付剩余租金。

《民法典》第758条第1款在“但”字后加了个“是”，其他内容未变，特别是没有将“但”字前的“，”改为“；”。其理由在于，“但是”前后的语句的关系是顺承关系，既不是转折（但书），也不是并列，而是连续的叙事，

"但是"前后的语意是连续的，因此不宜用断句意味太浓的"；"或者"。"。

使用逗号时最需要注意的是其断句的跨径，断句过于频繁会妨碍理解。

【例】2009年《侵权责任法》[①]第22条：侵害他人人身权益，造成他人严重精神损害的，被侵权人可以请求精神损害赔偿。

这个表述之所以会有重复的感觉，就是因为增加了一个可有可无的逗号；将第一个逗号删除后，第二个"他人"的必要性骤降、重复感更甚。故《民法典》第1183条在删除这个"，"后一并把"他人"也删除了。

第十一节　逗号可分清表述层次

"，"次常用的功能，是区隔通过"、"区隔的并列语词；"，"上一级的区隔符号就是"；"，以及更上一级的"。"。这多达4级的逻辑层次，其实就是"、""，""；""。"4个标点符号的区隔权限，借助这一功能，可以在一句话中分出4个表意层次。这对于日常写作已经足够了，但对于立法有时还不能完全应付，需要在分款、分项后，再利用标点分级。

【例】1999年《合同法》第331条：委托开发合同的委托人应当按照约定支付研究开发经费和报酬；提供技术资料、原始数据；完成协作事项；接受研究开发成果。

直接用"；"区隔由"、"相连的事项有失妥当。现代汉语中，"、""，""；""。"四者之间存在基本逻辑层次上的区别：后者可以断开前者联系的字词，而前者的功能只存在于后者分隔的部分内。例如，只要有"。"分隔，其前面的内容就属于一个完整的句子，其中可以有"、""，""；"。上述4个标点符号通常也不越级使用，如不会用"；"而是"，"隔断"、"。

这一点在《民法典》第852条中得到了验证：原文中的"、""；"都改成了"，"。这主要是因为删除了与"技术资料"并列的"原始数据"，条文的逻辑层级从3个减少为2个，用"、""，"都可以，《民法典》选择的是更为常用的"，"。

---

① 2021年1月1日起《侵权责任法》废止，其主要内容此前已经并入2020年《民法典》。下同。

【例】1999年《合同法》第238条第1款：融资租赁合同的内容包括租赁物名称、数量、规格、技术性能、检验方法、租赁期限、租金构成及其支付期限和方式、币种、租赁期间届满租赁物的归属等条款。

罗列时全用“、”无法清楚地交代各项内容之间的相互关系，特别是“租金构成及其支付期限和方式”的前后各项与自身的关系。《民法典》第736条第1款将部分“、”改为“，”，厘清了各项的层级关系，对于理解有很大帮助，读者不妨对照修改前后的条文，揣摩这种变化的效果：融资租赁合同的内容一般包括租赁物的名称、数量、规格、技术性能、检验方法，租赁期限，租金构成及其支付期限和方式、币种，租赁期限届满租赁物的归属等条款。

【例】1999年《合同法》第252条：承揽合同的内容包括承揽的标的、数量、质量、报酬、承揽方式、材料的提供、履行期限、验收标准和方法等条款。

上条各项内容也都是以“、”区分的。《民法典》第771条将其中部分“、”改为“，”，细分了各项之间的组合关系。只是由于除最后两项外，各项的意思基本独立，因此只用“、”，还是“、”与“，”组合，基本不影响表意。

第十二节　逗号与分号的竞争

谈到“，”的区隔功能，就不能不涉及其与“；”的竞争关系和竞争结果。

国标《标点符号用法》指出，复句内各分句之间的停顿，除了有时用分号，一般都用逗号。“当复句的表述不复杂、层次不多，相连的分句语气比较紧凑、分句内部也没有使用逗号表示停顿时，分句间的停顿多用逗号。当用逗号不易分清多重复句内部的层次（如分句内部已有逗号），而用句号又可能割裂前后关系的地方，应用分号表示停顿。”也就是说，如果逗号能够区分清楚，可以用逗号；如果全用逗号区分不清楚层次，则分号、逗号一起使用。

【例】1999年《合同法》第332条：委托开发合同的研究开发人应当按照约定制定和实施研究开发计划；合理使用研究开发经费；按期完成研究开发工作，交付研究开发成果，提供有关的技术资料和必要的技术指导，帮助委托人掌握研究开发成果。

《民法典》第853条将上述条文中的2个“；”修改为“，”，即均由“，”区隔各事项，标明各事项之间是内容上平等、形式上平行的并列关系。

仔细分析该条的内容会发现，原条文所用的2个“；”有部分道理，即将本条涉及的事项划分为3个合同环节：“按照约定制定和实施研究开发计划”是合同履行环节；“合理使用研究开发经费”仍属于合同履行环节，二者应当合一，对外保留“；”、内部用“，”；“按期完成研究开发工作，交付研究开发成果，提供有关的技术资料和必要的技术指导，帮助委托人掌握研究开发成果”属于合同善后环节。

基于上述分析，该条应当分为合同履行与合同善后两部分：在二者之间用“；”，在二者内部用“，”。因此，只改前一个“；”可能更好一些。

据此，写作实践中究竟如何抉择，应从表意的需要出发，由写作者定夺。

第十三节　逗号与句号的竞争

通常，逗号用在以句号收尾的语句中，但为了表意的需要，二者也可以相互替代。

【例】2009年《民法通则》第64条第2款：委托代理人按照被代理人的委托行使代理权，法定代理人依照法律的规定行使代理权……

《民法典》第163条第2款将“，”改成“。”。类似的内容，单独列款甚至单独列条都是可以的，因此应当用“。”严格区分，不宜用“，”，以免混为一谈。

【例】2001年《婚姻法》[①]第37条第1款：离婚后，一方抚养的子女，另一方应负担必要的生活费和教育费的一部或全部，负担费用的多少和期限的长短，由双方协议；协议不成时，由人民法院判决。

上述条文中，除一个“；”外，几乎一“逗”到底。《民法典》第1085条将“全部”后的逗号改成了句号，即将原句一分为二，解决了两个问题：

一是从语意上分析，“；”分隔的内容应当是截然相反或者相对的。原

① 2021年1月1日起《婚姻法》废止，其主要内容此前已经并入2020年《民法典》。下同。

条文中与“协议不成时，由人民法院判决”的情形对应的，显然是“负担费用的多少和期限的长短”，而不是此前就已经明确的“必要的生活费和教育费”的分配原则。通过“。”断开后，“；”的作用才被凸显出来。

二是原先用的“；”断句不准。由于原条文大量使用“，”，“；”分隔的两个分句无论在字数还是内容上都有些不均衡。改为两句后，这个问题被一并解决。

上述立法实例，通过列举“，”与“；”的区别以及与“。”如何分工配合，完整、细致、生动地诠释了“，”的用法，是《民法典》对我国现代语言文字的一大额外贡献。其实际价值在于，通过立法实例一并阐明了“，”“；”与“。”的功能区分和使用方法。

第十四节　避免一“逗”到底

一“逗”到底不算严重的错误，但连用超过5个，就要考虑表述层次的问题了。

【例】公元304年，西晋灭亡，从此之后一直到589年隋统一全国，中国迎来了长达285年的大分裂时代，这285年也被人称为血时代，因为战乱与纷争似乎是历史的主线，在长达近3个世纪的时间里，一直在打仗，很多王朝从建立到覆灭往往就几年时间，中国北方先后建立了20多个政权，长期战乱，人民生活流离失所，朝不保夕……

这属于典型的一“逗”到底，但对于如何断句，可以有不同的方案，如可以将“时代，这285年”“主线，在长达”“时间，中国北方”中的“，”改为“。”。

第十五节　分号可用于区分层次

区分层次是分号最基本的功能。

【例】1999年《合同法》第163条：标的物在交付之前产生的孳息，归出卖人所有，交付之后产生的孳息，归买受人所有。

《民法典》第630条修改为“标的物在交付之前产生的孳息，归出卖人所有；交付之后产生的孳息，归买受人所有”。两者对照，只改了标点：原条文四个分句平行排列，彼此之间特别是两两之间从形式上看没有更紧密的关系。

《民法典》的编纂中有数以千计比此处的标点符号更为重大的议题需要考虑，而此处的修改体现了更为深邃的制度体系思考：尽可能用汉语中所有的表现手法，最大限度地在基本相同的文字投入量的前提下，增强文字表达的准确性、适用性。

【例】2009年《民法通则》第15条：公民以他的户籍所在地的居住地为住所，经常居住地与住所不一致的，经常居住地视为住所。

上述规定有3个分句。第一个分句、后两个分句各列举了一种情况。《民法典》第25条用“；”（在“经常居住地”前）对此作了更加明确的区分。

这不是每层意思各有2个以上分句这种最适宜采用“；”的情形，且各分句都比较短，语意分层也比较明显，即使不用“；”也不会引起误解。这正是《民法典》所要宣示的新的标点符号的使用指引：充分发挥标点符号的表意功能，以“；”区分表意层次，特别是在语意出现转折的场合；不考虑内容本身是否已经足以区分，而以尽可能帮助读者理解作为首要出发点。

这一指导思想也可适用于文字表述的各个领域：文章要尽可能表意明确，不能因揣测读者已经足以明了，就避而不用可以更加明确表达的简便方式。

【例】1999年《合同法》第58条：有过错的一方应当赔偿对方因此所受到的损失，双方都有过错的，应当各自承担相应的责任。

《民法典》第157条将第一个“，”改为“；”。由此明确的原则是，并列复句之间尽可能用“；”区分表意的层次，千万不能全用“，”混为一谈。

此处显然涉及两种情形：单方过错和双方过错，三个分句分别归属于两种情形。如果将第一分句改为“一方有过错的，应当赔偿对方因此所受到的损失”，其后显然应当用“；”；尽管没有如此修改，仍应当用“；”区分两种情形。

这一细微之处恰恰体现出《民法典》在汉语表达上的微言大义：不用一字，仅用一个标点提示、警醒法律界乃至全社会：立法千古事，得失句读间。

第十六节　分号可用于精准表意

“；”最恰当的运用是在并列、相对、转折等场合，其中意思转折最常见的是法律上的但书。《民法典》在标点符号使用上的明显趋向是，“；”的使用明显增多，表明当代立法对标点符号的运用更为驾轻就熟。

【例】2017年《民法总则》[①]第83条第1款：营利法人的出资人不得滥用出资人权利损害法人或者其他出资人的利益。滥用出资人权利给法人或者其他出资人造成损失的，应当依法承担民事责任。

由于《民法总则》最初的构想，就是《民法典》的总则编，《民法总则》2017年通过后，《民法典》编纂工作即转向各分编，因而《民法总则》在最终纳入《民法典》时修改的内容极少。但恰恰说明，其修改的每一处，都传达着《民法典》乃至整个国家立法最重大、最新的意旨和趋势。

《民法典》第83条将原来的两句话改为由“；”连接的两个分句。前一分句为禁止性规定，后一分句为法律后果。通常，在这种情况下，用两个句子独立表述的更多些，用“；”连接两个分句的要少些。但用“；”显然更为妥当，只是以前囿于习惯，尽可能不用“，”“。”以外的其他标点符号。《民法典》的这类更改说明，我国立法已经进入了按表述需要，理性使用标点符号的新时代。

《民法典》第84条重现了第83条反映出的立法新动向：将原来的两句话改为由“；”连接的两个分句。这再次确证，对于禁止性规范与其相应责任前后相随的立法情境，要用以“；”区隔的分句替代独立的两个语句，表达二者更为密切的选择关系：不得违反的禁令有禁在先，违反者的后果紧随其后。

汉语表达中，为了避免歧义，确实有不得不用“；”的情形。

《民法典》第145条第1款“限制民事行为能力人实施的纯获利益的民事法律行为或者与其年龄、智力、精神健康状况相适应的民事法律行为有效；实施的其他民事法律行为经法定代理人同意或者追认后有效”中使用的

---

① 2021年1月1日起《民法总则》废止，其主要内容此前已经并入2020年《民法典》。下同。

“；”极具实用价值，或者说更具不可替代性。其所联系的后一个分句，直接以动词“实施”开始，该动词与前一分句的动词相同，故可以借用前一分句的主语，进而省略之。如果不用“；”而用“。”，后一语句的句子成分就不完整；如果改用“，”，也有与前一分句后部的内容相互干涉、引发歧义的重大风险。唯有“；”是最佳选择。这是最能体现“；”独特作用的一个语法应用实例。

【例】1999年《合同法》第232条：当事人对租赁期限没有约定或者约定不明确，依照本法第六十一条的规定仍不能确定的，视为不定期租赁。当事人可以随时解除合同，但出租人解除合同应当在合理期限之前通知承租人。

《民法典》第730条将中间的“。”改为“；”，涉及对原来分属两个句子的两个句群的相互关系的理解。这两个句群是递进关系，即在认定为“不定期租赁”后，“当事人可以随时解除合同”。因此，用“；”连接，能够更明确地反映两个句群之间的联系，进而可以更容易地体会到二者之间意思递进的过程。如果用“。”，两个句群之间便拉开了逻辑上的距离，语意大为疏远，给人以“当事人可以随时解除合同”是普遍的、无条件的印象。而由此产生的疑惑则是，本条为何又规定“解除合同应当在合理期限之前通知对方”的合同法基本原则？只有仔细琢磨，才能领会到这是在建立了“视为不定期租赁”的前提后，由语意递进而出现的具体规则。由此看来，如果《民法典》对此处不加修改，将隐藏、延续一个立法错用标点符号的瑕疵。

【例】1999年《合同法》第313条：两个以上承运人以同一运输方式联运的，与托运人订立合同的承运人应当对全程运输承担责任。损失发生在某一运输区段的，与托运人订立合同的承运人和该区段的承运人承担连带责任。

《民法典》第834条将中间的“。”修改为“；”。因为“；”前后的两个句群是并列关系，都有一个共同的前提，即“两个以上承运人以同一运输方式联运的”；如果用原条文的“。”，就可以理解为没有这一共同前提，意思就变了。

第十七节　分号可用于简并文字

平行列举时，分号的使用可以大大简化前后重复的文字，而不影响表意。

《民法典》第259条第1款规定，“履行国有财产管理、监督职责的机构及其工作人员，应当依法加强对国有财产的管理、监督，促进国有财产保值增值，防止国有财产损失；滥用职权，玩忽职守，造成国有财产损失的，应当依法承担法律责任”。该条文提供了一个非常经典、权威的使用“；”的场景和范例：一是无论是肯定还是否定，都有并列的需要；二是可以精简文字。

“；”前的语句，明确了对“履行国有财产管理、监督职责的机构及其工作人员”的要求，“；”后的语句，明确了对违反这些要求者的惩戒措施。如果不用“；”而用“。”，则不可能以“滥用职权”为句首，必须补齐主语。如此一来，不但会造成大段重复，还会丧失语意的连贯性。可以说，此处属于必须使用“；”的情形。

第十八节　规避分号的倾向

【例】1999年《合同法》第227条：承租人无正当理由未支付或者迟延支付租金的，出租人可以要求承租人在合理期限内支付。承租人逾期不支付的，出租人可以解除合同。

《民法典》第722条将两句合为一句，用“；”区隔。这反映了《民法典》编纂中的一个普遍做法，即在有两个以上的句群（至少有一个包含两个以上的分句），每个句群都是一个相对独立的意思，相互之间有相对、递进、反转（即但书）等意思时，扩大“；”的运用频次，而不用“。”，更不用“，”。

在这类场合，用“。”甚至用“，”并无不可，但表意的准确性无法与用“；”相比：如果用“。”，各句群完全独立，只有句与句之间的平铺直叙和简单罗列，无法表达相对、递进、反转等更为精确、精深的含义；如果用“，”，各句群彻底打通，理解时必须人为断句，先分出各句群的意思，才能进而理出其间更为精微的相对、递进、反转等意思，标点符号无法在语意表达中发挥应有的作用。

第十九节　用足冒号的功能

冒号主要有三个作用，一是表示“包括如下内容”；二是“强调以下内容”；三是与“即”同义。准确使用“：”的最主要效果，就是简洁。

【例】1989年《行政诉讼法》第31条：证据有以下几种……

2014年《行政诉讼法》第33条改为“证据包括：”，仅4个字。能够如此简化表述的最主要原因是“：”功能的充分发挥。“：”本身就包含“以下”的意思，就种类事项的列举而言，完全可以用“：”取代“以下几种”。

第二十节　标点符号的混合使用

标点符号与连词组合，会形成特殊的混合结构，如“、”与“和”连用、“、”与“或者”连用的情形，以及更为复杂的“、”“，”“或者”连用等情形。

《民法典》第1084条第2款规定，离婚后，父母对于子女仍有抚养、教育、保护的权利和义务。父母子女关系表述中“抚养”“教育”“保护”3个词连用的情形，在《民法典》中共出现过5次，只有该条是全用“、”区隔的，其他4处都是用“抚养、教育和保护”的表述（如第26条第1款），因为只有该条在这3个词之后出现了“权利和义务”，用“、”区隔主要是为了避免接连出现两个“和”而少用了一个“和”。这反映了《民法典》对此种情形的处理思路和方法。

【例】1999年《合同法》第304条第1款：托运人办理货物运输，应当向承运人准确表明收货人的名称或者姓名或者凭指示的收货人，货物的名称、性质、重量、数量，收货地点等有关货物运输的必要情况。

上述文字涉及“，”“、”的使用，以及对它们彼此分隔出来的词群的意思的理解，特别是还要区分“，”“、”“或者”三者之间的优先级排序。

关键是如何理解两个前后相连的“或者”。如果能看到这一步，理解上就不会有大的偏差了。《民法典》第825条将第一个“或者”改为“、”，从而解开了本条规定内容上的连环扣。原条文两个“或者”连用其实与“、”加“或者”的意思是一样的。这一点通过《民法典》第825条对此处的修改，得到了进一步的确认。

第二章　防范错字的技巧

本书写作之初，就定下了不以纠正错别字为任的原则。因为这种错误的发生具有高度的随机性，属于写作中非常低级且难以预防的错误，用心、细心即有助于避免，理论上的说教帮不了大忙。本书的着眼点，恰恰在于熟谙作文者也会犯的更为隐蔽也更为“高端”的表述错误：实际是更为重大的场合所不应当犯的错误。

尽管如此，错别字实在是文字工作绕不开的坎儿，对写作成果的评判与指导也会受其影响。例如，“压力传导不到底”，这句话是什么意思？很多人乍一看还真搞不明白。仔细辨析，才发现“不到底”是“不到位”之误。由此可见，错别字的出现，将直接打断对语句的理解。但也正因如此，错别字反而成了汉语写作中比较容易发现和避免的低级错误，因而不是本书所要矫治的重点。故此，笔者调整了切入角度，主要着眼于分析错别字产生的根源，目的是有效避免。

避免错别字是跨世纪系统性工程，想找出一些具体的方法，以避免错别字的出现，或者更容易检查、识别出错别字，绝非易事。大致归纳起来，需要注意以下方面。

最重要的是要理解所用字词的准确意思，从词义、语意入手，检查写出的文字；

要把功夫下在平时，多了解字词的由来、产生背景，特别是其中涉及的典故；

要多看正确、标准、规范的表述，注意日积月累，提高对字词使用的敏感性；

还要多借助工具书的帮助，多看些涉及字词用法的读物，如《咬文嚼字》；

初稿写成之后，要结合上下文，沉下心来反复地读，看有什么不对劲的地方；

最后，力戒心浮气躁，更不要投机取巧，总想毕其功于一役。

第一节　错别字的根源

错别字是汉语写作的大忌。错别字连篇，更是对一个文人最大的羞辱。

字本身都没有错，只是用错了地方。因为汉语是单字表意，每个字都有独立的字义，用得好是珠联璧合，用得不好就是错字连篇。

【例】两国的对外贸易大幅增加，比去年同年期增长了58%。

此处的“同年期”，会成为很多人理解时的障碍，甚至怀疑自己是不是落伍了：这是个创新的统计概念？但更可能是“（去年）同期”的打字错误。

错别字究其成因多种多样，不同的书写方式会对错别字的产生“贡献”一定的影响。习用拼音输入法者，容易出现同音错别字；习用五笔输入法者，容易出现形似错别字。至于两个字词重复出现的错别字，则很可能是写作者打字太熟练了。

无论何时，选词都是写作第二要务（内容第一）。但字错打了，词就白选了。

【例】至此，豫东战役进入焦灼阶段。

有情感的人才会“焦灼”；不懂感悟的物，是不会有这种心理状态的。当然，此处很有可能是“胶着”打错了。但确实不排除有人真心认为此处就该用“焦灼”。

第二节　警惕输入法

相较于汉语拼音输入法引发的同音字误用，五笔字型输入法引发的近形字之误更难被发现，如“人”与“入”。读者在亲自打字时务必注意这类问题。

【例】进入2022赛季，他几乎到了不可战胜的底部，竟然一口气取得了31连胜。

此处的“底部”，笔者本以为是“顶部”之误，进一步思量，才发现是“地步”之误，系由拼音输入法导致。

第三节　缺字漏字

通常，缺字漏字都属于低级文字错误，但即便在非常正式的法律文件中，也会有缺字漏字，这恰恰说明对此不能掉以轻心。

【例】1999年《合同法》第307条第1款：托运人托运易燃、易爆、有毒、有腐蚀性、有放射性等危险物品的，应当按照国家有关危险物品运输的规定对危险物品妥善包装，作出危险物标志和标签，并将有关危险物品的名称、性质和防范措施的书面材料提交承运人。

此处先后出现了4次“危险物品”、1次“危险物标志”，这是要特意区分“危险物品”与“危险物”？《民法典》第828条间接指出：这是漏了个“品”字。

第四节　成语别字

成语是汉语中的惯用语，是几千年约定俗成的结果，中华文化宝库的压箱底处，积淀了数以万计的成语。但至今也没有一个《规范成语表》，于是，四字组成的字符串，凭什么说人家就是错用了成语？例如，“不明觉厉”是成语？是“不明就里”用错了？都不是，它就是新时代青年创造的新词，有些人不解其意，正如其不知道“摆烂、点赞、佛系、给力、躺平、穿靴戴帽”一样，不是这些新词有问题，很有可能是其年龄大、头脑僵化或者不太会用手机或者电脑上网的缘故。

言归正传，确有一些成语，包括许多广为流传的经典诗文，写作者在引用时一定要认真对待，不能拿自己的文品、人品随便开玩笑。

但另一方面，也要对当下成语退化的现象保持足够的宽容，如“归根结底”，看似是比较明显的错别字，与之类似的还有“归根结柢、归根结蒂、归根结底”，哪个有错别字？事实上，这4个词都被收入了《现代汉语词典》，都没有错别字。

第五节　术语别字

新时代的一些新词汇，特别是某些正在习以为常的常用说法，也是不能随便更易的，尤其是对于比较严谨的公文写作而言。

【例】要问题导向，不要穿衣戴帽。

如果没有“问题导向”对表述语境的预设，“穿衣戴帽”就是最常用的汉字组合，顶多会让人不解：不让“戴帽”可以配合一下，不让“穿衣”是不是有些过分？

熟悉相应类别公文写作的人一眼就能看出，“穿衣戴帽”实为“穿靴戴帽”之误。但究其原因，还是其对中国语言文字的精髓理解得不深不透，难以达到融会贯通的程度，更不用说推陈出新、身体力行地投入创新造词的境界了。

“穿靴戴帽”的精妙之处在于其结构上的对称性：一头一脚、一上一下，恰恰是人着装的两头。而“穿衣戴帽”则只及身体的局部，容易使人产生各种联想或引起歧义（如衣不蔽体、一丝不挂），很难成为一个说得过去的常用语。

第六节　同音错别字

总的来说，日常写作中的错别字，由于成因复杂，很难预防。但同音的错别字最容易发生，因此要重点防范。

汉语中的单字数以万计，而汉字的标准音节却只有415个，即使有四声进一步区分，同音字仍大量存在。再加上还有相当多的同音同义字或者同音近义字，这都给汉字的识、用增加了难度。“振”与“震”就属于此种情节，其差异体现在构词上，如“共振、震慑”，必须十分小心地识别和运用，以免出错。

防范同音错别字的主要手段，是使用拼音输入法时留心第一次录入就出错。绝大多数同音错别字都是因为时下的拼音或者语音输入法，以及由这些输入法一并提供的联想词组产生的。当然，同音错别字中也确有一些是因为汉字的同音、近义字，如“蒂”与“柢”，但这类错别字往往会最终为社会、学界所接纳，最终因被收入权威辞典而扶正。

【例】皮球硬生入网。

这是何意？是皮球排除各种阻碍、硬生生地落入球网吗？不，是“应声”打错了。

【例】该国的公务员没什么油水，升值还有天花板……

此处的“值”，应当也是个错别字（升职）。

【例】这一场战争压上了总统所有政治资源，只能赢。

此处的“压”显然是“押”之误，属于同音动词的误用。

第七节　形似错别字

前些年，大约在电脑刚开始用于写作至21世纪初之间，形似错别字的一个主要来源是五笔字型输入法，与近年来的手写录入的出错类型有相通之处。

一个有意思的现象是，笔者在本书素材的收集过程中，阅读了大量网络文章，寻找其中的错误之处。这个工作的难度，不在于发现问题，因为用本书的标准衡量，网络上的文章可谓破绽百出；真正的难度在于发现不同类型的标志性错误。

例如，是“黄粱美梦”还是“黄粱美梦”？有人误以为是梁上君子的梦，就写成了“黄粱美梦”，而“黄粱美梦”最初的出处是做熟一锅黄粱米饭的时间做的那个梦。

另如是“震撼”还是“震憾”？有人会写成后者，至于其原因，有时自己也不知道。

第八节　近义错别字

此类错别字，一般不是由于打字错误，而主要是对词义的理解有偏差造成的。如很多词共用一个构词的字，如果对各词的意思搞不清楚，就容易用混了。

【例】但是这个机会，他是不可能举手让给我们的。

这句话想表达的意思，比较难猜，这可能与揣摩不透“举手”的意思有关。“举手”通常举起的，只是空手，是不拿任何东西；而“拱手”才是拿着点东西的。

第九节　错别字“转正”

【例】太郎现在无父无母，岸君又特别欣赏吃过苦的年轻人，更觉放心，便搓和他跟和子相亲。

这是一个比较难得的“夫妻”（错别字）联袂登场的现实例句。

2016年《现代汉语词典》中的“搓”字条下没有“搓和”，但该字条后的“撮”字条下，倒是确有“撮合”。

先不细看辞典上是如何解释的，单纯看“搓和”就有些残忍，好在还不是“磋和”：把两个人如切如磋、如琢如磨地弄到一起。

为什么笔者还只参考2016年《现代汉语词典》，会不会此类错别字在最新版《现代汉语词典》里已经“转正”了？答案很简单：这是截至目前商务印书馆出版的较新版本（第7版）。除此之外，笔者也经常参看其第1版、第2版、第5版，以大致了解当时至时下汉语字词的演化进度。最新版《现代汉语词典》的权威性自是不可否认，但其更改十分有限，实质性的更改更是凤毛麟角。因写作者手中该词典版本更新不及时而导致的错别字，估计发生概率不超过十万分之一（0.001%）：该词典收录的词条数在10万量级，每版修订时变动的词条数也就几百个，其中90%的变动都是增加新词；真正涉及旧词的词义、构成调整的，也就几十个，而真正会涉及旧词新义的也就几个。绝大多数的写作者通常不会那么“幸运”，在数以十万计的词条中选中了为数不多的那个新用法，并且还用错了。

第十节　利用搭配纠错

在高质量的写作中，错字不仅指错别字，缺字、漏字、用字偏颇、搭配不当等也算。如何发现此类更为隐蔽的文字疏漏？下文的实例表明，只要认真领会、掌握常用字词搭配，就有可能在文稿草拟的审查环节发现其中的一些明显错误。

【例】2001年《婚姻法》第39条第1款：离婚时，夫妻的共同财产由双方协议处理；协议不成时，由人民法院根据财产的具体情况，照顾子女和女方权益的原则判决。

此处显然遗漏了与“原则”匹配的动词，如“按照”。有人可能会辩解说，前面的“根据”是不是可以既搭配“情况”，又通过“，”搭配“原则”？因为从句子成分上分析，后半个分句的基本结构是“由人民法院”“根据”“情况”与“原则”判决，但“根据”“原则”的搭配比较牵强，同时还隔着一个“，”，故《民法典》第1087条增加了与“原则”搭配更为妥帖的“按照”。

【例】2009年《民法通则》第137条：诉讼时效期间从知道或者应当知道权利被侵害时起计算。

这个“知道”的人是谁：侵害人可能早就知道这一点，但通常不会告诉被侵害人。

立法中大量使用祈使句，容易给人一种误解，以为主语是理所当然、可有可无的。恰恰是在这一点上，必须保持高度的警惕和持续的注意力：主语就是主体的语法化，主语不同，即使后面的谓语、宾语完全相同，意思也会截然不同。

这类问题，可以利用汉语中的体系化保障措施予以避免。

一靠语法。原条文缺主语，更准确地说是逻辑主语。“诉讼时效期间”只是名义主语、形式主语，本句还应当有一个逻辑主语，即现实社会中的民事主体。

二靠逻辑。“知道”是民事主体的认知状态，应当明确是哪个民事主体，特别是在“侵害”这种存在相对立的法律利益主体的场合。

三靠常理。此处规定侵权行为的诉讼时效，而侵权行为必然有双方当事人，以一方“知道”的时间来计算另一方的诉讼时效，不仅违反法理，也违反常理。

故《民法典》第188条将其改为：“诉讼时效期间自权利人知道或者应当知道权利受到损害以及义务人之日起计算。”此处的“以及”，是兼有的意思，必须两个条件同时具备，即对损害及损害人两方面均知晓。

第三章　运用术语的技巧

专业术语的正确使用，是贯彻概念统一原则最主要的阵地，因为当下的各类文章，绝大多数都具有一定的专业性，都要用到相关领域的专业术语。正因如此，术语本身的专业性束缚了许多写作者驰骋文场的手脚，本来为“露一手”而找来的术语，反而成了最容易让人看出问题的破绽。

第一节　术语的确立

术语的确立，都有一个约定俗成的过程，也需要经历实践和历史的考验，不是随便就能立得住的。

法律上的许多术语，其实针对的都是同一个人，但对应的程序阶段不同。如行政诉讼的原告，是已经立案的案件中发起诉讼的一方当事人。其在起诉前，是行政行为的相对人；其在起诉过程中（立案之前），是起诉人；进入上诉阶段，还有可能成为上诉人或者被上诉人。

“起诉人”这个称谓，曾在某司法解释中频繁出现。但在2014年《行政诉讼法》及新司法解释中，包括由原司法解释转化而来的条文中，“起诉人”都销声匿迹了：有的改成了“当事人”，如2014年《行政诉讼法》第52条；有的仍使用比较“累赘”的“公民、法人或者其他组织”，如该法第48条第1款。之所以不再采用“起诉人”这个概念，还是因为其不够规范。虽然起诉了，但立案之前，其身份还是更接近案件当事人，或者更为通行的“公民、法人或者其他组织”。

一、借助分类体系

术语本身，都是体系化的知识系统的构成元素，因此可以说，术语都是依托于其所在专业领域完整知识体系的，脱离相应知识体系的术语往往就有问题。

【例】1995年《担保法》[1]第25条第2款和第26条第2款中，都有“在合同约定的保证期间和前款规定的保证期间”的表述。

从字面上看，一句话出现了两个“保证期间”；从逻辑上看，两类“保证期间”可以合称“保证期间”。无论从哪个角度分析，都可以利用分类体系，统一使用更为简化的“保证期间”，《民法典》第693条的规定正是如此。

二、借助专业知识

术语最终要服务于专业写作，这不完全是针对相关专业的外在配合问题，而是专业人士在其专业领域内斟酌最妥帖的表意字词的技术性工作。

【例】2001年《婚姻法》第38条第3款：父或母探望子女，不利于子女身心健康的，由人民法院依法中止探望的权利；中止的事由消失后，应当恢复探望的权利。

《民法典》第1086条第3款将“探望的权利”修改为“探望”，精准地揭示了法律上权利与行为的关系。“探望的权利”是以“探望”行为表现的法律上的权利，真正对子女身心健康的不利影响，与“探望的权利”间接相关，与“探望”行为直接相关。因此，实际需要中止的是“探望”行为而不是“探望的权利”。

【例】2009年《侵权责任法》第16条中提到了“残疾生活辅助具”。

这个概念确实不太规范。一是“辅助具”本身感觉缺字，似乎是“辅助器具”之误，当然在伤残医学领域，这可能是个术语，但用到法律中就要重新斟酌；二是“残疾生活辅助具”给人的感觉是与残疾生活有关，范围比辅助器具还广。《民法典》第1179条将其改为“辅助器具”，不但补足了一字，还将其范围直接与“造成残疾”关联起来，而不是与残疾生活关联，范围上更恰当一些。

---

① 2021年1月1日起《担保法》废止，其主要内容此前已经并入2020年《民法典》。下同。

第二节　表述规范的趋势

语法中相当重要的一块是词法。这在立法领域有特殊意义，或者说已经成为一个专门的领域，即表述法律规范的“法言法语”。

按理说，法律是社会关系相对稳固的制度基础和保障，无论其内容、语法还是用词都应当是比较保守而演化缓慢的。但我国立法技术发展的现实却是法律用语的语法呈现和词法表达都在飞速发展，几年、十几年间已经迭代多次。对此唯一的解释是，这些年恰逢我国社会百年未有之大变局，法律语言的变化仅仅是更为巨大的社会变迁的缩影、剪影和简化版。

【例】2001年《婚姻法》第8条：要求结婚的男女双方必须亲自到婚姻登记机关进行结婚登记。符合本法规定的，予以登记，发给结婚证。取得结婚证，即确立夫妻关系。未办理结婚登记的，应当补办登记。

《民法典》第1049条将“取得结婚证”改为“完成结婚登记”，将“确立夫妻关系”改为“确立婚姻关系”，其所秉承的共同指导思想是：将法律规范的表述语言尽可能规范化、专业化。“取得结婚证、确立夫妻关系”确实通俗易懂，但过于口语化，更重要的是包容性不足，与整部立法的上下文衔接不够，出现了新的法律概念。如“确立夫妻关系”，如果不改，就必须将夫妻关系解释为婚姻关系，因为即便在《婚姻法》中，“夫妻”也仅在特殊情形下使用，“婚姻”是更具有普遍含义的基础性法律概念；“取得结婚证”，也仅是结婚登记的环节之一而非全部。

【例】1999年《合同法》第113条第1款：当事人一方不履行合同义务或者履行合同义务不符合约定，给对方造成损失的，损失赔偿额应当相当于因违约所造成的损失，包括合同履行后可以获得的利益，但不得超过违反合同一方订立合同时预见到或者应当预见到的因违反合同可能造成的损失。

“违约”是民法特别是合同法中的专业术语；整部《合同法》实质上就是规范缔约、惩治违约的法，该法对该词的使用很典型。

该款反复出现“违反合同”，甚至还出现了1处“违约”。《民法典》第584条将其统一为“违约”。无论是《合同法》第7章，还是《民法典》合同编的第8章，章名都是“违约责任”，从立法上说明“违约”不是民法界的生僻词，通常情况下见到“违反合同”肯定要改成“违约”。1999年《合同法》第一次出现“违约”（在“违约责任”一章）是在第12条，此前并没有出现过“违反合同”；第一次出现“违反合同”，正是前述的第113条。“违反合同”在《合同法》中仅出现过3次，其中有2次出现在该条中；而此前“违约”已出现12次。而出现在目录中的“违约”恰恰更充分说明，“违约”在《合同法》中是一个几乎与合同同样被周知的、不需要定义和解释的基础概念。

于是，《民法典》第592条的两款，就成了比较典型的通过运用强调法律概念的例子：其第1款规定，“当事人都违反合同的，应当各自承担相应的责任”。这是该法第一次也是唯一一次出现“违反合同”这个表述；紧接着，在该条第2款中就改用“违约”了：“当事人一方违约造成对方损失……”而从整部《民法典》看，尽管“违反合同”出现在上述条款中是该法中唯一的一次；但其后的第2款出现的“违约”却不是在该法中第一次出现：其在此前的第186条中就已经出现了。

第三节　必须用术语的情形

专业领域的写作通常需要使用本专业的术语，以实现表意的精准、无歧义。但术语的使用必须非常慎重。

慎用术语绝对不是少用术语，而是把握该用的用、不该用的不用的度。

术语的使用，先要限定使用范围，过于宽泛的表述往往会因考虑不周而生出许多无法解决的棘手问题。立法于此的得失，可助攻日常写作之玉。

法律是分类的技术。注意，此处强调的是技术，不是艺术。技术的要求就是精细化：法律的适用必须严谨。这就需要在包罗万象的大千世界，划定每一特定法的调整范围。

2013年修订《商标法》时新增的第48条，对“商标的使用”作了立法解释：本法所称商标的使用，是指将商标用于商品、商品包装或者容器以及商品交易文书上，或者将商标用于广告宣传、展览以及其他商业活动中，用于识别商品来源的行为。该条的核心就是解释“使用”。“使用”是一个“大水词”，普通得不能再普通；对其解释，不可能有什么理论上的创新，但在立法中却有重要的价值：廓清涉及“商标的使用”的相应规范的适用范围。

由于“商标的使用”是《商标法》中非常重要的一章，对该术语的解释，相当于对该章所列规范适用范围的进一步明确。

【例】2009年《民法通则》第25条：被撤销死亡宣告的人有权请求返还财产。

由于没有对“请求返还财产”的范围作任何限定，可能导致调整范围扩大：对在其被宣告死亡期间代其保管财物财产代管人，完全没有必要动用此等程序，但从字面上看，就是要毫不留情地“请求返还财产”，根本不考虑代管酬劳等问题。

《民法典》第53条将上述条文适用的范围，缩小并限制为已经依该法继承编规定处置的财产，即按照继承程序作为遗产处理的财产以及据此取得其财产的民事主体如何退还财产。其他财产，无论是被临时占有还是非法侵占，其财产的合法主体在法律上并没有发生改变，不需要另作特别说明。只有继承是与死亡直接相关的，并在宣告死亡后视为立即进入继承环节，因此必须有明确的交代。

【例】2009年《民法通则》第22条：被宣告失踪的人。

《民法典》第45条第1款将其改为“失踪人”。这一点早在2009年《民法通则》第20条第1款中就已经明确了：“向人民法院申请宣告他为失踪人。”这一规定是非常标准的立法界定法律术语，由此确立的法律术语就是“失踪人”，其法律含义就是经申请“被法院宣告失踪的人”。无论新法旧法，都在第一时间将“被宣告失踪的人”作为法律术语界定为“失踪人”，此后的条文若仍置若罔闻、仍用原表述，就不是表述不简洁的问题了，而属于概念使用错误。

第四节　术语非必需的情形

网络写手或者写作新手都有一个普遍的倾向，就是喜欢用术语。但术语之所以称为术语，是就其所在的行业而言的，并因此而携带了许多从字面上看不出来的额外信息，以适应并服务于特定的学术氛围。在其所属专业的语言环境下，术语的含义为写作者及读者双方所心领神会，不存在交流障碍；但在日常生活中、对应常规写作，术语的不当使用有时会适得其反。

【例】只要哪有灾情、有需要，我们的物资就能送达到哪里。

“送达”是法律术语，是为确保送到而设计的整套完善的法律文书传递手续，其最核心的程序保障，就是要有书面的签收凭证（送达回证），作为确实收悉的证据。但在上述例句中，一看就是在表达一种姿态，用“送到”就足够了。

读者可以不认同上述观点，但有一点必须明确，即“送达到”本身语义重叠：“达”就是“到”，“送达”本身就要求要先“送到”，然后签字，将送达回证返回。试想，灾情当下，上述例句想表达的意思，是强调物资都必须这样传递吗？

【例】博斯普鲁斯海峡最深处120米，最浅处只有27.5米。

海峡都是有边（海岸）的，而且是两边都有岸（这样的海域才能称海峡）。因此，按常理，海峡岸边才是其最浅处。上述表述涉及“主航道”的概念，应该是主航道（通常基本为海峡最深处连线）最浅处只有27.5米之误。

上述表述并不存在准术语错用的问题，即“最浅处、最深处”貌似算不得正规术语，但在航海、地理领域，特别是涉及海峡之类特殊地貌的参数描述时，就有了不同于常用和字面的特殊含义，此时就要表述得更严谨一些。

第五节　在专业环境中运用术语

术语，就是为专业领域的学术表达而创设的，在许多表述语境下用不用术语不是专不专业的问题，而是能不能说明白的问题。故在专业语境下，要尽量用术语。

【例】2009年《民法通则》第68条：由代理人对自己所转托的人的行为负民事责任。

这一表述不太像规范的“法言法语”。究其原因：一是“自己”这个词太通俗；二是欠缺语法技术，致使表达手段不足，没有展现出表达复杂叙事的能力和水平。

上述“自己、转托”都是非专业用语，与上下文也没有联系，完全没有借上专业用语的势和力，虽然通俗，但在法条中却让人费解。

《民法典》第169条第2款使用了“转委托的第三人”这个复合法律术语，

借两个法律术语本身的丰富含义，以及其在上下文中与相关概念的关联，把代理人、被代理人以及代理人转委托第三人形成的三方委托关系表述得清清楚楚。

【例】2009年《民法通则》第38条：代表法人行使职权的负责人。

“行使职权”有点不太规范，最根本的原因是没有区分内外。由于民事法律行为都是在民事主体之间发生的，民事领域的法人不可能有对外的“职权”，只有对内的内部管理权勉强可称“职权”。如此一来，在“代表法人行使职权”的负责人之外，是不是还要有一个代表法人对外从事民事法律行为的人?

为解决这个问题，《民法典》第82条规定：“营利法人设监事会或者监事等监督机构的，监督机构依法行使检查法人财务，监督执行机构成员、高级管理人员执行法人职务的行为，以及法人章程规定的其他职权。”其中有两个用词，在民法乃至整个法律领域都具有开创性、标志性和示范性。

一是“机构”一词比较讲究。“机构”是法人内部的组织形态，如本条中出现的监事等监督机构。与之对应的概念，就是《民法典》中出现了44次的“机关”，虽然其出现次数显然无法与“机构”的114次相提并论，但这正说明了二者的区别和定位不同之所在。而恰恰是在这一点上，我国整个立法领域，完全没有达到《民法典》准确区分并灵活使用二者的术语运用水平。特别是某些规范行政机关及其管理职能的专门行政立法，也没有搞清楚“机关”与“机构”，更不用说逻辑思路一致、因地制宜、恰如其分地使用这两个重要的法律概念了。

二是“职权”一词非常贴切。其既区别于权力，又区别于权利，而且“权力机构”的表述也恰到好处，其具有的“职权”确实不同于权利。

第六节　使用术语就要远离俗语

专业写作，特别是针对专业人士的业内论著，要自然地运用该用的术语，这是基本的语言规范；要避免与日常用语纠缠不清的词语，尤其是容易引起误解的俗语。就立法而言，就是要尽可能用“法言法语”，以与日常生活用语有所区分。

【例】2001年《婚姻法》第5条：结婚必须男女双方完全自愿，不许任何一方对他方加以强迫或任何第三者加以干涉。

在敏感的婚姻家庭领域，出现了“第三者”，一般人怎么理解？虽然在现实生活中，特别是婚姻家庭关系中，“第三者”是个常用语，但在法律上要给“第三者”下个定义，还真不容易，至少目前都没有看到。此处的条文，更不宜视为对“第三者”的法律界定。一是从表述结构和内容上看，“不许任何第三者加以干涉”根本构不成一个充实的法律概念，甚至不宜揣测立法者有意于此。二是从该条对应的《民法典》第1046条看，“第三者”是干涉他人婚姻的“组织或者个人”。三是在“第三者”之前已经出现了“他方”，二者的意思其实是一样的，此处确实不应当再出现新的概念了。如此看来，原条文中的“第三者”，确实是个典型的用词错误。

从立法技术角度分析，其致错的思想轨迹大致是：由于前文提到了“男女双方”，并且已经表达了禁止任何一方对另一方加以强迫的意思（具体表述上也还有一些问题），于是想从约束其他人的角度再增加一层意思，就要找一个与“他方”或者“其他人”类似的词，但却错选了“第三者”这个表意相对不准确的词。

第七节 名词性术语的选用

绝大多数的术语都是名词。绝大多数专业领域的基础性概念，肯定是术语。

【例】2004年《公司法》第14条：公司从事经营活动，必须遵守法律。

2005年该法修订时，在“法律”后增加了不太起眼的“行政法规”。

从上下文的表述体系上看，《公司法》既大量使用了“依照本法”，也有使用“依法”的情形。特别是2005年修法时，将2004年该法第11条的“依照本法”修改为“依法”、将第16条中的“公司职工依法组织工会”修改为“公司职工依照《中华人民共和国工会法》组织工会”，说明至少在2005年修订后，在《公司法》的行文中，对如何规范使用“依照本法”“依法”“依照法律”和“依照法律、行政法规”，是相当严肃认真的。

【例】1989年《行政诉讼法》：对复议不服再向人民法院提起诉讼。

2014年《行政诉讼法》第44条将其改为“对复议决定不服”。显然，“对复议不服”的范围大于“对复议决定不服”，难道2014年该法据此收窄了“经复议的案件”可诉的范围？但也不像，因为就在紧随该条后的第45条中就规定“复议机关逾期不作决定的，申请人可以在复议期满之日起十五日内向人民法院提起诉讼。法律另有规定的除外”。除非其中的“法律另有规定的除外”就是指2014年该法第44条中的上述规定。但还是不像，因为该法第26条第3款仍明确规定，“复议机关在法定期限内未作出复议决定，公民、法人或者其他组织……起诉复议机关不作为的，复议机关是被告”，说明没有复议决定的案件，照样可以起诉。

上述情形反映出汉语表达面临的一种两难选择：作为诉讼标的，应当是一个可以依托的“复议决定”，而不能用笼统的“复议”；但确实存在在逾期没有作出这个“复议决定”或者不予受理复议申请情况下，如何理解与适用的问题。

第八节　动词性术语的运用

术语通常都是名词，人们也比较熟悉名词类术语，如纳米、高分子、低频噪声等。但动词等其他词类的字词，也存在专业化使用的问题，也会成为专业术语。专业表达中，为避免通用动词表意不确切，就要考虑让动词专业术语登场了。

“法言法语”中尤其强调动词，如逮捕、拘留、正当防卫、留置、送达、处决、处死、击毙、行刑等都有明确、特定的含义，并有相应的特定搭配及用法；如果用错了，那可真不是开玩笑。这些词，当然也应当称为术语。

【例】1996年《刑事诉讼法》第75条：人民法院、人民检察院或者公安机关对于被采取强制措施超过法定期限的犯罪嫌疑人、被告人应当予以释放、解除取保候审、监视居住或者依法变更强制措施。

2012年将“超过法定期限”改为“法定期限届满”，只是换了个动词，但感觉大变。这不仅是语感问题，而且涉及行为定性。“超过”显然是指向违法的，而“届满”则是在法定范围之内的。二者涉及的关键时间节点应是同一时刻：“届满”是法定期限的终点，“超过”则是始于此法定期限终点的违法时间的始点。故“届满”之后，哪怕只有1秒，也是“超过”之时，合法与违法，就在这一瞬间。一词之改，感觉立变，不能不叹服立法语言艺术的魅力。

原条文如得到严格贯彻落实，有关机关件件都是违法；而在新规定下，则可以打好提前量、适当提前，以确保及时放人、不违法。这就是准确运用动词带来的差别。

【例】2001年《商标法》第21条：注册商标需要在同一类的其他商品上使用的，应当另行提出注册申请。

这一法律规范的条件部分存在两个不规范之处：一是“使用”过于直白、浅陋，没有“取得商标专用权”规范；二是“在同一类的其他商品上使用的”，显然不能概括已经注册的商标在其他商品上使用的所有可能，存在概括不全、规范不尽的逻辑偏狭。相对而言，2013年修法后的表述“在核定使用范围之外的商品上取得商标专用权”，包容范围广泛得多，足以覆盖注册商标扩充权益的范围。

事实上，这并非《商标法》修正案第一次修正使用不当的“使用”二字。早在2001年就删除了1993年《商标法》第12条中的“使用”，将“申请人在不同类别的商品上使用同一商标的”修改为“申请人在不同类别的商品上申请注册同一商标的”，将偏向大众化的“使用”调整为更为专业范儿的“申请注册”。

第九节　精准使用术语

界定并使用专业术语的最大好处，就是可以精准表达。精准使用术语的最终目的，是形成准确表达的语言风格，这对专业化写作，特别是公文写作至关重要。

【例】2009年《民法通则》第44条第1款：企业法人分立、合并或者有其他重要事项变更，应当向登记机关办理登记并公告。

此处列举的都是登记事项，但显然没有穷尽，故不得不用“其他”弥补。《民法典》第64条通过引入“登记事项”回避列举加概括的表述：凡是需要变更登记的，也都应当是登记事项，二者应当是统一的。这正是“登记事项”这一术语的合理性及必要性所在。至于其具体类别，已经在前文规定

“法人成立的具体条件”时提及。

【例】2009年《民法通则》第67条：代理人知道被委托代理的事项违法仍然进行代理活动的。

《民法典》有个大趋势，就是将比较随意、涵盖过广的“活动”，用在法律上比较有意义的“行为”取代，必要时更是用“民事法律行为”表述，如《民法典》第167条。涉及民事主体的活动，如睡觉、吃饭、逛街等，从数量上看绝大多数都没有法律意义，都不是民事法律行为，因此不需要代理。

《民法典》第1054条吸纳了2001年《婚姻法》第12条，并新增1款：“婚姻无效或者被撤销的，无过错方有权请求损害赔偿。”其中，在“赔偿”前保留了“损害”。《民法典》第1091条中的“有权请求损害赔偿”也属于这种情形。

综观整部《民法典》，一共只剩下15处“损害赔偿”，但“赔偿”（不包括“损害赔偿”中的）却有153处。也就是说，超过90%的情形都用“赔偿”，只有不到10%的情形仍在使用“损害赔偿”。

在这15处“损害赔偿”中，有4处（包括目录中的1处）出现在侵权责任编第2章损害赔偿中，该章作为《民法典》专门规定损害赔偿的一章，使用“损害赔偿”是完全必要的。除该章外，其他章节再用“损害赔偿”时都非常慎重，特别是在“赔偿”可能涉及违约而不仅仅是损害时。

相比较而言，在《民法典》第389条“担保物权的担保范围包括主债权及其利息、违约金、损害赔偿金、保管担保财产和实现担保物权的费用。当事人另有约定的，按照其约定”中，“损害赔偿金”中的“损害赔偿”是最名正言顺，甚至是必需的。与之相同的情形，还有《民法典》第691条。

总之，关于“赔偿”与“损害赔偿”的基本选择规则是，通常情况下尽可能用“赔偿”，在有特别充分的理由时才用“损害赔偿”，如《民法典》第996条需要特别强调“精神损害赔偿”的情形。

第十节　时代的烙印

术语是承载专业知识的核心概念，按理应当具有相对稳定性。但任何学术研究都不免有历史的局限性，相应地也给其使用的术语打上了时代的烙印。

【例】2009年《兵役法》第51条第1款使用了“革命残废军人”的表述。

2011年《兵役法》修正时作了一个不太引人注目但意义深远的改动：将“革命残废军人”改为“残疾军人”。“残废”早在很多年以前就退出立法，特别是法律的表述体系了。

查一下近年来我国的法律法规（包括最近修订过因而刚失效的），有181件使用了“残疾”一词，而在与之同期的法律法规中，只有15件中出现了“残废”一词。但在这些使用“残废”一词的法律文件中，还有最重要的《宪法》。

2018年《宪法》第45条第2款、第3款的规定中分别出现了“残疾”与“残废”：“国家和社会保障残废军人的生活，抚恤烈士家属，优待军人家属。”“国家和社会帮助安排盲、聋、哑和其他有残疾的公民的劳动、生活和教育。”可见，这两个词还真不完全是单纯的用词转化问题，还有特殊的考量。

在这种情况下，其他法律法规中将“残废”改为“残疾”，就是与宪法不一致的。考虑到我国大量立法，特别是近年来的立法中纷纷舍弃“残废”而用“残疾”，这还真是个问题。当然，单纯从立法技术上讲，如果《宪法》把这个问题统一了，其他就都不是问题了。

第十一节　术语的创新

接受广大民众约定俗成的概念及相应字词用法，是顺应潮流的选择；而许多专业领域的术语，就是这样形成的。

【例】1999年《合同法》第二十三章名为“居间合同”。

《民法典》合同编第二十六章将其改为“中介合同”。“居间”这个古雅的法律概念，最终让位于更通俗易懂的“中介”。

【例】2009年《侵权责任法》第十一章名为“物件损害责任”。

“物件”是个很古典的词汇，可以概括指代建筑物、构筑物或者其他设施及其搁置物、悬挂物等，但当时确定这个标题而没用“建筑物”一词，是下了相当大的决心的。《民法典》侵权责任编第十章还是重新找回了“建筑物”这个各方都可以接受的概念，以缓解立法与公众之间可能出现的认知张力。

【例】2007年《物权法》[①]第76条：决定前款第五项和第六项规定的事项，应当经专有部分占建筑物总面积三分之二以上的业主且占总人数三分之二以上的业主同意。

《民法典》第278条引入了专业术语“占比”，即“业主共同决定事项，应当由专有部分面积占比三分之二以上的业主且人数占比三分之二以上的业主参与表决”，表述更精练。《物权法》在法律中界定其他专业的术语“占比”，有些出力不讨好；《民法典》不下定义而直接采用，却不会引起误解，效果显然更好。

【例】2009年《兵役法》第36条：民兵是不脱离生产的群众武装组织。

“脱离生产”，已经有了更通行的说法“脱产”，这么多年来，大家对其更为熟悉习用，都快忘记其“真身”了。对类似这样已经约定俗成的“新词”，大可以用其更为通用的简称，而不必拘泥。故2011年修正时就径用了“脱产”（第38条第1款）。

【例】某司法解释中“发回作出生效判决、裁定的法院重新审理”的表述。

该表述可简称“发回原审人民法院重审”或者更直截了当的“发回重审”。二者都已经为2017年《行政诉讼法》采纳，该法同时在不同的条款中使用了二者，“发回重审”较“发回原审人民法院重审”的使用频次还更高一些。

① 2021年1月1日起《物权法》废止，其主要内容此前已经并入2020年《民法典》。下同。

第四章　精准指代的技巧

写作者应当注意的是，读者对其所写议题的关注很可能是随机的、临时的，不可能都有深厚、全面的知识背景；除非是阅读本专业的文章。因此写作者必须保证写出的每一句话，本身的语意都是尽可能清楚的，以确保读者能从各语句的相互联系中，得出一个整体的结论。而不是让读者通过分析各个语句的相互关系，来佐证、印证、判断作者到底想表达什么意思。读者没有这个时间、没有这个耐心，也没有这个义务这样做：把话说明白，是写作者的本分。

中国古代，不乏故意错误指代的经典故事，如指鹿为马、指桑骂槐，但如果沉浸其中不能自拔，写出的文章也有可能把自己给绕进去。

法律中的指代，以名词为主，但也少不了代词。由此可能引发的风险，就是出现指代不明、指代倒错等指代偏移的陷阱。立法中如果存在这些风险，更会使执法者、司法者，更重要的是数以亿计的守法者无所适从。

第一节　指代的确定性

指代的确定性要解决的，是如以下场景的责任落实：C带着A家的狗出门，因没有牵住狗链，致使狗咬伤了B。就汉语现有的表现手法而言，要描述清楚这个并不复杂的关系，真的很难吗？读者不妨先试试，再看看如下例句。

【例】2009年《侵权责任法》第83条：因第三人的过错致使动物造成他人损害的，被侵权人可以向动物饲养人或者管理人请求赔偿，也可以向第三人请求赔偿。动物饲养人或者管理人赔偿后，有权向第三人追偿。

“因第三人的过错致使动物造成他人损害”中的“他人”，就是下文中的“被侵权人”，“第三人”是过错人、间接致害人，但不宜被称为“侵权人”。因为是“动物造成他人损害”，第三人仅仅是对此有过错的人，但不是直接致害人。

上述情形中，动物饲养人或者管理人与其动物构成一方，受动物损害者为受害一方；致使动物造成他人损害者是逻辑意义上的第三方，恰恰也是条文指称的第三人。由此可见，上述条文中对第三人的指称没有问题，但“他人”并不是其字面上的、第三人称意义上的“他人”，而是法律关系中的对方当事人。

【例】1989年《行政诉讼法》第29条规定，代理人包括：律师、社会团体、提起诉讼的公民的近亲属或者所在单位推荐的人、经法院许可的其他公民等。

原《行政诉讼法》第29条规定的代理人的上述范围十分广泛。但现在看来，此处的表述确实不耐推敲、说得不太清楚：“推荐的人”究竟是谁推荐的？是“提起诉讼的公民的近亲属”？还是“提起诉讼的公民的近亲属所在单位”？抑或是“提起诉讼的公民所在单位”？还是“律师、社会团体、提起诉讼的公民的近亲属或者所在单位”？因为中文中对“或者”的用法没有权威的界定，即使在严格要求尽可能避免歧义的立法中，也是如此，稍不注意就可能引起误会。

2014年《行政诉讼法》第31条的规定基本解决了这些问题：“当事人所在社区、单位以及有关社会团体”推荐的公民可以作委托代理人。旧法规定的“经法院许可的其他公民”，由于可能影响法院的中立地位，在新法中被删除了。

第二节　指代的唯一性

指代必须指向唯一的对象；指代的对象超过二个或者以上，指代就乱了。

【例】2002年《退耕还林条例》第20条第1款：省、自治区、直辖市人民政府林业行政主管部门根据国家下达的下一年度退耕还林计划，会同有关部门编制本行政区域内的年度退耕还林实施方案，经国务院林业行政主管部门审核后，报本级人民政府批准实施。

“本级”指哪级？是离其最近的“国务院林业行政主管部门”的“本级”？还是作为全句主语的“主管部门”的“本级”。从语意逻辑上分析，二者都有可能。

2016年修法时删除了“经国务院林业行政主管部门审核后”，一下子解决了所有问题。

第三节　指代的精准度

指代用语总是为其指代对象或者主体服务的，否则就会难看又难堪。

【例】《蒙娜丽莎》被老妇人涂抹蛋糕，所幸防弹玻璃使其毫发无损。

此处的“其”指什么？从逻辑上、依情理推断，“其”显然应当指《蒙娜丽莎》，但是在“其”之前，先后出现了《蒙娜丽莎》、老妇人、蛋糕、防弹玻璃，潜在的指代对象如此众多，任何理性的人要作出决断都会面临不小的压力。唯一的解困之道，就是请写作者把语句理得更顺一些、使表述结构更合理一些：被老妇人涂抹蛋糕的《蒙娜丽莎》，所幸有防弹玻璃保护，毫发无损。

【例】1999年《合同法》第54条第1款第1项：因重大误解订立的合同，当事人一方有权请求人民法院或者仲裁机构变更或者撤销。2009年《民法通则》第59条第1款第1项：行为人对行为内容有重大误解的，一方有权请求人民法院或者仲裁机关予以变更或者撤销。

上述两处规定，其主体都是“一方”，这个指代明确吗？这涉及如何更准确地指代的问题。如果要指代民事法律行为的各方当事人，“一方、双方、各方、行为人”哪个更好？显然是行为人（《民法典》第147条）。但许多人或许觉得，行为人怎么是指代呢？指代必须用代词，名词不能指代。

但法律上的指代恰恰是“简称”意义上的指代，而不是为了代替名词而指代。正因如此，《民法典》中才大量出现了“权利人、义务人、债务人、债权人”以及此处的“行为人”等表述，其目的就是指代一个具有相对固定内涵的法律概念。立法中的指代贵在准确、精当，不在发挥指代功能的是代词还是名词。

无论是《合同法》还是《民法通则》的上述表述，“一方”用于指代时都存在一个问题：“另一方”呢？或有专家认为，这里的“一方”不是特定一方，而是民事行为各方中的任意一方。但《民法典》还是谨慎地将“一方”改为了“行为人”。这样，无论某一民事法律行为有几方，都不影响“行为人”的全方位指代。

【例】2001年《婚姻法》第36条第3款：哺乳期后的子女，如双方因抚养问题发生争执不能达成协议……

此处“双方”指代不明。从法理或者语意逻辑上分析，应当理解为离婚双方。但从字面上看，确实可以理解为“子女”双方，尽管这样理解明显不合理，但这是由表述不合理造成的，不能作为“曲解”法律文字以掩盖写作瑕疵的理由。

更重要的是，如果立法对这种表述上会引起歧义，但通过常识、法理或者逻辑的辅佐可以回归本意的文字置之不理，这样的文字在立法审查环节就不会引起足够的重视，更不会被认为是错误，《婚姻法》此前的修改就是如此。《民法典》第1084条旗帜鲜明地改正这一“瑕疵”，确立了一个明确的标杆：立法的表述必须先考虑字义准确，不能靠法律常识、法理或者逻辑来文过饰非。

第四节　明确主体指代

主体是法律规范中最重要的要素，因其不可避免地要反复出现，不免要运用指代。由此带来的风险是，指代不准、不明甚至错乱时，其情形堪比指鹿为马。

指代首先要解决的问题，就是明确具体指代的是谁，避免指代混乱和迷失。

【例】2009年《侵权责任法》第89条：在公共道路上堆放、倾倒、遗撒妨碍通行的物品造成他人损害的，有关单位或者个人应当承担侵权责任。

此处的“有关单位或者个人”给人的感觉是，还有此处规定之外的人。《民法典》第1256条修改为“由行为人承担侵权责任”。事实上，“有关单位或者个人”正是因“在公共道路上堆放、倾倒、遗撒妨碍通行的物品”，而成为“有关”人等的，这等人在法律上最直接的指称是“行为人”。

【例】2001年《婚姻法》第25条第1款：非婚生子女享有与婚生子女同等的权利，任何人不得加以危害和歧视。

《民法典》第1071条将“任何人”改为“任何组织或者个人”。

此处的修改似无必要，但在特殊语言环境中，原文的一个缺陷就暴露出来了：非婚生子女和婚生子女都是人，此时再出现的人很容易被理解为与非婚生子女和婚生子女一样的自然人，而不是法律上的人。从法律上看，“危害和歧视”“非婚生子女”与“婚生子女同等的权利”者，不限于自然人，而是法律上的“人”，如不给“非婚生子女”上户口、办医保的有关部门。

【例】2001年《婚姻法》第5条：结婚必须男女双方完全自愿，不许任何一方对他方加以强迫或任何第三者加以干涉。

此处的“他方”指谁？直观判断应当指男女双方中的一方，这主要是基于三个方面的考虑，或者说原条文在这三个方面都欠考虑：

一是从逻辑上分析。与前文“男女双方”相呼应的，就只能是一方对另一方，而不可能出现含有第三方意思的“他方”，至于原条文中出现的“第三者”，则是完全的用词错误。

二是从语法上分析。从语词搭配、对应的角度看，“强迫”就是不“自愿”，前后两句的意思紧密相连，不存在男女双方之外的“他方”。

三是从法理上分析。我国实行一夫一妻制（《民法典》第1041条第2款），因此，婚姻关系只有一方与另一方，不涉及第三方或者更多方，在结婚这个问题上不存在“他方”。故《民法典》第1046条将“他方”改为“另一方”。

第五节　分清指代各方

但凡需要指代的地方，往往都是各方人等联袂出场的舞台。此时读者如观众，必须睁大双眼看好了；而写作者更要思路清楚，别把好戏搞砸了。

【例】2001年《婚姻法》第20条第2款：一方不履行扶养义务时，需要扶养的一方，有要求对方付给扶养费的权利。

从语言学的角度分析，上述例句表达得相当不到位，特别是其中的“对方”的存在，让人越看越不知道这个“对方”是哪一方。是不是可以将“对方”改为“一方”或者“其”？但仍会有歧义。《民法典》第1059条第2款另辟蹊径：“需要扶养的一方，在另一方不履行扶养义务时，有要求其给付扶养费的权利。”

虽然“对方”也被改为了“其”，但由于调整了句子结构，并没有产生歧义。因为“需要扶养的一方”整体前移成为该款的主语；“一方不履行扶养义务时”也不是简单的位置顺延，而是加了“在”字，变成了一个标准的由时间状语引导词引导的介词短语作条件状语（注意，此处不是时间状语，否则，就将限定请求方请求权：只能在“不履行扶养义务”的“当时”甚至“那一刻”），其中的“另一方”已经不可能是全句的主语，从而也不会成为后面出现的动词“有、要求”的主语，不会混淆“其”的指代。

【例】2009年《民法通则》第68条：委托代理人为被代理人的利益需要转托他人代理的，应当事先取得被代理人的同意。

此处强调了与强化“亲自”相反的情形：为厘清相互关系，要保持识别层次。

“代理人……为了保护被代理人的利益而转托他人代理”，表达了一种三方关系：代理人、被代理人和他人。但从逻辑上分析，这种关系也有可能转变为一种二人关系，即他人与被代理人融合。因此，日常写作中必须秉持的基本信念是，绝不因发生概率低而放松对逻辑、法理、常理正确的追求。事实上，代理人在重大危急关头，“为了保护被代理人的利益”，有可能主动请求被代理人亲自应对。

据此，为了稳妥起见，《民法典》第169条将“他人”改为“第三人”，为厘清三方的法律关系奠定了逻辑基础。由此确立的逻辑规则是，要考虑第三方的现实可能性，以免在用“他人”表述时将“第二人”裹挟进来，混淆彼此的关系。

第六节　合乎指代逻辑

有些指代之所以错，最主要的原因是没有厘清其中的逻辑关系。

【例】2009年《侵权责任法》第22条：侵害他人人身权益，造成他人严重精神损害的，被侵权人可以请求精神损害赔偿。

此处出现了两个“他人”，一个“被侵权人”，他们之间是什么关系？仔细分析，发现他们其实就是同一主体。该条的基本表述结构是：侵害某人造成损害，其有权请求赔偿。《民法典》第1183条就是这样表述的。原句重复的显然不仅一个“他人”而是两个都有问题：一个人称不对、指代错误，另一个明显重复。

上述问题，如果能够娴熟地运用逻辑思维，就很容易分析出其中的语法和逻辑错误：“他人”在汉语中就是第三人。按照一般的表述逻辑，只有出现了第三方，才会用第三人称指代。上述条文中，对方还没有出现，上来就是“他人”。其实，该条中最终出现的恰恰就是作为对方的被侵权人，确实没有、也不可能找到“他人”。于是，逻辑和语法错误同时出现了：一个主体用了两个不同的称谓。

【例】2009年《民法通则》第101条：公民、法人享有名誉权……禁止用侮辱、诽谤等方式损害公民、法人的名誉。

《民法典》第1024条第1款将其改为：“民事主体享有名誉权。任何组织或者个人不得以侮辱、诽谤等方式侵害他人的名誉权。”其中有三处涉及主体称谓和指代：“民事主体”“任何组织或者个人”“他人”：“民事主体”和“他人”分别替代了先后出现但表述相同的“公民、法人”，这个更改非常到位。原条文在“禁止”和“损害”两个动词之间，实际上省略了“公民、法人”作为宾语从句的主语：“禁止公民、法人用侮辱、诽谤等方式损害公民、法人的名誉。”既然该宾语从句的主语和宾语都是“公民、法人”，则“损害”（谓语）“公民、法人”名誉的那个“公民、法人”就不排除本人，如自损、自污等；换成“他人”，就不存在这个可能了。这是《民法典》编纂时强调逻辑自洽的细微但暖心的一幕。

第七节　充分借助体系

任何复杂的知识体系，其具体内容的表述都离不开其内在的逻辑联系。相应地，指代的明确，也需要借助体系的力量，即语言文化的“集体”力量。

【例】2007年《物权法》第31条：本法第二十八条至第三十条规定。

此处提到的该法第28~31条，构成该法中完整的“第三节其他规定”。其内容整体移入《民法典》后对应的第229~232条，也构成单独的第三节。于是，《民法典》第232条将上述内容修改为“本节规定”。这是一个简单、睿智的省略方式。由此提醒我们，精简，永远是立法的一个基本目标，但需要知识、阅历和语法技术的积累和支撑。

【例】2007年《物权法》第159条：允许地役权人利用其土地。

《民法典》第375条将“土地”改为“不动产”，纠正了原表述的疏漏。因为《物权法》第156条第1款定义的地役权就是“利用他人的不动产”，而不仅仅是“土地”。而且在我国，土地要么是国家所有，要么是集体所有，将地役权的供役地限定为土地，还会有多少地役权？现实中存在地役权的主要场合，都是基于房产而非真正的土地，如相邻关系中的谦让、各种入户管线的铺设等。

第八节 把握指代层级

既然要采用指代以求简约，就要指对内容；否则还不如表述得“啰唆”一些。既要简约又要准确确实不易。而立法恰恰要在各类两难甚至多难中作出正确选择或者兼顾。

分层指代，或者说分级指代，就是提高指代精度的手段之一。

表达要分层次，指代当然也要呼应。指代的层次实质是逻辑层次，即在复杂的法律关系叙事中，当进入更深层次的法律关系时，作为后续法律关系基础的前一法律关系中的指代，最好让位于后续法律关系中新主体的新指代。

【例】2009年《侵权责任法》第77条：承担高度危险责任，法律规定赔偿限额的，依照其规定。

《民法典》第1244条增加的但书“但是行为人有故意或者重大过失的除外”，理解时有一些难度。有些人会认为有些前言不搭后语：前言是“法律规定赔偿限额的，依照其规定”，但书应当是“侵权人自愿承担的除外”，即法律规定的限额是不能突破的，但自愿额外赔偿的除外。《民法典》规定的意思是，法律规定的限额是可以突破的，但仅限于“行为人有故意或者重大过失”时。之所以会出现理解偏差和误解，是因为不知“行为人”一词之所指。

这里的“行为人”其实是承担高度危险责任的人，即因其高度危险行为而承担责任的人。只有理解到这一层次，才能确保对《民法典》上述法条的理解没有偏差。但新法条既然已经讨论到承担高度危险责任的赔偿限额，哪个人该负责、该负何种责任已经明确，身份更为具体、更有助于法律问题解决的“责任人”已确定，就没必要回到早先的责任认定阶段，再使用上一个法律阶段中的“行为人”。

也就是说，在一个因侵权而产生的法律责任追诉过程中，至少有三个层级或者说阶段：一是致害阶段，对应的是“行为人”；二是追诉阶段，致害人成了追诉的对象，如被告人；三是求偿阶段，即如果追诉成立，被告人将被依法认定为“责任人”。“赔偿限额”的确立发生在第三阶段，最适宜的指代词是“责任人”。

事实上，作为高度危险责任的承担者（如特高压输电设施的运营方），“责任人”实际上是没有实施任何行为的。恰恰是那个诉请此等责任的人，可能实施了某种“故意或者重大过失”的行为。上述规定中的“行为人”还有一种可能，即指实施与“高度危险责任”相关的行为的那个人，如自杀者、过失触电者、故意碰瓷者等。此时，“行为人”与“责任人”是对立的但不统一的两个人。

【例】2001年《婚姻法》第5条：结婚必须男女双方完全自愿，不许任何一方对他方加以强迫或任何第三者加以干涉。

此处出现了四个指代词，最多可以指代五方：“男女双方、任何一方、他方、第三者”。关于“第三者”的问题，前文已讨论过，在此仅讨论其他四者的关系。基本的结论是，该条最多涉及三方：男女双方及可能“加以干涉”的第三方。仔细研读，其内容共分三个层次。

一是基本原则：“结婚必须男女双方完全自愿”，简言之即婚姻自主。

二是不得强迫：由于脱离了此前的男女双方的叙事基础，另提出“任何一方”和“他方”，都会让人不知其想指哪一方、与“男女双方”是什么关系。实际上，该条根本没有涉及太多主体，“任何一方”就是指男女双方中的一方、“他方”仅指另一方。

三是不得干涉：其中的“第三者”，仅是男女双方之外的第三方。

第九节　控制指代频次

代词用得多了，难免有迷失、迷茫、迷乱之虞，需要不时用原词校正。

这种做法在立法中的确出现过，只是发展趋势或者规律性尚不明显。

【例】1998年《收养法》[1]第21条第2款：收养人应当提供由其所在国有权机构出具的有关收养人的年龄……的证明材料。

此处在第一个“收养人”之后用了一个“其”字，接下来却不用了，又回到了“收养人”，是担心接连出现两个“其”，影响“其”的具体所指？还是因其后出现了“所在国有权机构”，而担心再用“其”可能会指向该机构？但该机构显然不存在年龄问题。《民法典》第1109条将第二个“收养人”改为“其”，足以提示我们：只要指代没有歧义，代词就不必拘泥、纠结于表述频次。

但上述结论的前提非常关键：指代没有歧义，也没有可能、疑似的歧义。

【例】2009年《侵权责任法》第62条：医疗机构及其医务人员应当对患者的隐私保密。泄露患者隐私或者未经患者同意公开其病历资料，造成患者损害的，应当承担侵权责任。

“医疗机构及其医务人员”中的“其”指医疗机构，“未经患者同意公开其病历资料”中的“其”指患者，两个“其”的指代内容明显不同。为什么不用“其”指代该句中第一个“患者”后出现的所有“患者”呢？上述例句及《民法典》第1226条都使用“患者”与“其”的混搭模式的理由是，要避免出现太多的“其”字。

这又回到了表述频次的问题上，其关键在于说明白即可：在表述明白的基础上，兼顾语感（即读起来比较通顺），就是最好的选择。

第十节　慎用通用代词

通用代词，又称万能代词，最典型的代表就是“其”。“其”作为万能代词，当潜在的被替代词较多时必须十分小心。

万能代词的通用性有时会使其具体所指难以把控，甚至出现指代偏移。

【例】1993年《商标法》第14条：注册商标需要改变文字、图形的，应

---

① 2021年1月1日起《收养法》废止，其主要内容此前已经并入2020年《民法典》。下同。

当重新提出注册申请。

2001年修正时将“文字、图形”改为“其标志”，此处的“其”就是必需的。没有这个“其”，作为主语的“注册商标”就成了一个意志主体，给人的感觉是“注册商标”要“改变”什么，而实际的意思是注册申请人要“改变注册商标”的“标志”。

只是这一处修改，由于与将“文字、图形”改为“标志”一并完成，其标志性意义被掩盖或者淡化了。将“文字、图形”改为“标志”，是因为“文字、图形”不能表述、涵盖“标志”所代表的更为广泛、更符合新的商标概念的整体意思。

【例】2009年《民法通则》第23条：公民有下列情形之一的，利害关系人可以向人民法院申请宣告他死亡……

《民法典》第46条第1款将其中的“他”改为“该自然人”，一方面纠正了旧法以“他”指人、不区分男女的历史问题，同时还指明了在与本条类似的语言环境下，慎用、更准确地说是禁用“其”的立法技术规则。因为“自然人、利害关系人、人民法院”等主体都是“其”的潜在被替代者，特别是在“自然人”之后出现了“利害关系人”时，用“其”指代有可能造成误解。

当然，有人会说，即使有“其”，按常理分析，也不可能理解为指“利害关系人”。因为在正常情况下，利害关系人不可能申请宣告自己死亡；也不可能是指人民法院，因为这违反法理。但从形式逻辑或者字面上看，这确实都有可能。

第十一节 慎用反身代词

反身代词在日常生活中很常用，但在强调严谨的正式公文中用得极少。

立法对此也非常谨慎，偶尔一用，都是因为不得不用，故使用频率低于日常写作。

【例】2009年《侵权责任法》第35条：提供劳务一方因劳务自己受到损害的。

此处的“自己”，完全没有必要，反而会造成语句不通甚至理解障碍。

【例】2009年《民法通则》第63条第1款、第3款分别规定：公民、法人可以通过代理人实施民事法律行为。……应当由本人实施的民事法律行为，不得代理。

“本人亲自实施”的表述有没有必要？在不太严谨的交谈、交流中显然没有必要。但在法律中，尤其是从立法逻辑上考虑，这两款的规定似乎自相矛盾：通过代理人实施的行为是否属于本人实施？关键在于，法律所讨论的代理制度，其本质就是非本人实施的行为也可以视为本人实施，其途径和桥梁就是“代理”。

但是，有些民事法律行为，包括某些不太好认定是否属于民事法律行为的活动，如婚姻、亲属关系中的某些行为（对此类行为有个专用的修饰词：亲昵），是必须由本人实施、不能代理的。为此只能加上“亲自”，以进一步强调本人属性。

由此可见，日常汉语中的“本人实施”尽管有亲力亲为的意思，但放在法律的上下文中，就必须再加上一个“亲自”的限定，以凿实确为本人实施，而非他人代为。

第十二节　用“的”字结构指代

“的”字结构的这一用途给指代提供了无限空间，因为几乎所有的指代都需要描述被指代对象，而这恰恰是“的”字结构最为擅长的，而且越复杂越好。

【**例**】1996年《刑事诉讼法》第45条第3款：凡是伪造证据、隐匿证据或者毁灭证据的，无论属于何方，必须受法律追究。

此处的“的”字结构，显然是指人，不是指事。这一点，是从紧接着的下文，即“无论属于何方，必须受法律追究”推断出来的。这说明，在我国的立法语言中，“的”字结构具有广泛适用性，既可以指人、指物，又可以指事、指情形。

第十三节　避免多余指代

多余的指代，就是因代词或者用于指代的字词的使用不当产生的重复和累赘，不但无益于表意的准确，反而造成更为严重的语意混乱。

【例】2000年《立法法》第48条：法律草案的说明应当包括制定该法律的……

此处的“该”确实多余（2015年删除）。2015年修法时在该条中增加“修改法律”后，这一点更加明显。因为在“制定”法律的情形中，因“该”法律尚不存在，故可以说“该法律”的表述不合适。但在“修改”法律的情形下，“该法律”确已存在，是不是就可以用“该”了呢？也没有必要。因为从前后文看，没有其他的干扰因素会使读者误解还有“该法律”以外的其他“法律”。在这种情况下，强调“该”法律完全没有必要。这种一般人不注意的事，写到法条中就是个bug（漏洞），能剔除的当然要改了。2015年《立法法》第59条第3款规定，“法律被废止的，除由其他法律规定废止该法律的以外，由国家主席签署主席令予以公布”，此处的“该法律”就是必需的，因为出现了两部不同的法律。

第十四节　避免指错对象

法律中最可怕的，就是对象错误，如错判、误杀。虽然用错指代词不会产生这么严重的后果，但立法中也要尽量避免这种可能。

【例】法院对于因一方当事人的行为或者其他原因，可能使行政行为或者法院生效裁判不能或者难以执行的案件，根据对方当事人的申请，可以裁定对其财产进行保全、责令其作出一定行为或者禁止其作出一定行为。

精读后是不是觉得“其”有点莫名其妙的感觉？

“根据对方当事人的申请，可以裁定对其财产进行保全”中的“其”从法理上讲，显然是指“对方当事人”的相对方，即“因一方当事人的行为或者其他原因，可能使行政行为或者法院生效裁判不能或者难以执行”的那一方当事人。但在汉语中，“其”总是指向前面距离最近的词，很少会指该词相对的另一方。

指代的底线要求，是要把相互间的关系交代清楚，避免关系不清。

【例】A国外长在某次会议上训斥B国代表后，不但得到了国内的一致好评，也在B国的盟友圈子里引起强烈的反响。

国内是哪国的国内？B国国内还是A国国内？有人说肯定是A国国内，因为以前从来没有人敢训斥B国代表，这次真的是大力出奇迹了！但另有人说，也可能是B国国内，理由也是以前从来没有人敢这样训斥B国的代表，B国人觉得非常惊讶。对于这种猜测，客观地讲没有意义，因为这句话本身确实没有说明白。

第十五节　避免范围失控

指代最大的风险，是有时难以估量其扩大的倍数。

【例】1996年《刑事诉讼法》第38条：辩护律师和其他辩护人，不得帮助犯罪嫌疑人、被告人隐匿、毁灭、伪造证据或者串供，不得……

从该条的“辩护律师和其他辩护人”到2012年《刑事诉讼法》的“辩护人或者其他任何人”，范围扩大了不止千万倍。因为旧法中该条的适用主体局限于诉讼程序中的“辩护人”，每个被告人仅有一两个“辩护人”而已，而新法规定的“任何人”，当然是指“辩护人”，但已不限于此，而适用于一切人。显然，1996年《刑事诉讼法》规定得太狭窄了，直到2012年才予以修正。

第十六节　避免指代偏移

指代的目的是避免累赘，但用得不好可能反受其乱，如指代偏移，反而得不偿失。指代偏移在我国传统文化中，既是市井幽默的源泉，也是无数人引颈受戮的祸因，其形象的展现包括：张冠李戴、指鹿为马、指桑骂槐等。

【例】2007年《物权法》第159条：供役地权利人应当按照合同约定，允许地役权人利用其土地，不得妨害地役权人行使权利。

此处的“其”是指“供役地权利人”，还是“地役权人”，需要根据上下文及民法法理推断；字数一个没少，问题却引出了不少。用“其土地”或者“其不动产”，都不如用“供役地”更直截了当。由此可见，如果用代词指代含义不明确，不如直接使用原词或者其他含义更明确的名词。

第十七节 避免指代混同

指代混同，就是常说的张冠李戴、弄混了。中文中有这个成语，说明很早以前就有这样的问题了：“张冠”通常是对应张某的，也就是如今所说的指代。

指代混同现象在日常写作中经常发生，不足为虑；但在立法中也屡见不鲜，就要引起我们的重视了：这在证明其顽固性、隐蔽性的同时，也说明其有很大的欺骗性。许多看似没有问题的指代，其实存在混同的问题。

【例】2009年《侵权责任法》第23条：因防止、制止他人民事权益被侵害而使自己受到损害的，由侵权人承担责任。侵权人逃逸或者无力承担责任，被侵权人请求补偿的，受益人应当给予适当补偿。

上述规定至少涉及5个主体，“因防止、制止他人民事权益被侵害而使自己受到损害”的人，是实际受到损害的人，即本条中的“被侵权人”；因该被侵权人的努力，防止或者制止了侵害而未被侵害的“他人”，因此成了“受益人”。如此一来，对同一法条中的同一人，却用了不同的指代，尽管是从不同角度着眼的正确指代，但也不可避免地造成了概念的重叠。

《民法典》第183条将其改为：“因保护他人民事权益使自己受到损害的，由侵权人承担民事责任，受益人可以给予适当补偿。没有侵权人、侵权人逃逸或者无力承担民事责任，受害人请求补偿的，受益人应当给予适当补偿。”该规定涉及人与人之间的多重关系，必须协调“他人、自己、侵权人、被侵权人、受益人、受害人、侵害人”等7种可能，实际出现了5种：“他人、自己、侵权人、受益人、受害人”。从逻辑上看，“侵权人”与“侵害人”，“被侵权人”与“受害人”重叠；从现实情况看，“他人”就是“受益人”，“自己”就是“受害人”。

第十八节 避免迂回指代

【例】1999年《合同法》第73条：因债务人怠于行使其到期债权。

如果不看上下文，确实会让人怀疑是不是写错了。即使没有上述规定，只要债务人确实“怠于行使其债权”，其债权人即可直接起诉该债务人、通知该债务人的债务人作为第三人参加诉讼，这是《民法典》明确规定的制度，并不需要另行规定。

从语言逻辑的角度分析，“债务人的债权”存在指代错误，其根源是没有表述清楚其中的三方关系。因为“债务人”的“债”，与“债权”中的“债”，不是一个债务关系。从条文的实际内容看，与债务人相对的债权人的债权，并不是债务人所负的。《民法典》第535条改为“因债务人怠于行使其债权或者与该债权有关的从权利，影响债权人的到期债权实现的，债权人可以向人民法院请求以自己的名义代位行使债务人对相对人的权利”，尽可能将不同的债权分开来说，以避免混淆；并引入了第三人暨“相对人”，才把上述三方的关系交代清楚。

【例】2009年《民法通则》第24条第1款：被宣告死亡的人重新出现或者确知他没有死亡，经本人或者利害关系人申请，人民法院应当撤销对他的死亡宣告。

上述规定中的“他”固然有性别指代不全的问题，但还不是最严重的问题。

更严重的问题在于，“对他的”中的“他”究竟指谁？在“对他的”之前，先后出现了“被宣告死亡的人、他、本人、利害关系人、人民法院”5个主体，其中，“人民法院”不涉及指代的问题。“他”及“本人”虽在“被宣告死亡的人”之后先后出现，但指代没有疑义。由于“本人”或者“利害关系人”并列，对于“利害关系人”提出的申请，人民法院是撤销哪个“他”的死亡宣告？

当然，这里要撤销的既然是死亡宣告，当然要针对“被宣告死亡的人”了。这类解释，其实不是在解释法律，而是在说情。立法是不需要这种情有可原的。

仔细分析原条文不难发现，引起歧义和麻烦的“对他的”，是完全多余的。删除这个多此一举的赘述，反而会使条文更加周到全面，这正是《民法典》第50条的成果。类似情形，还有《民法典》第45条对《民法通则》第22条中有关失踪宣告中同一内容的删除，说明这一问题在当时的认知条件下，确实普遍却难以被发现。

【例】2007年《物权法》第15条：当事人之间订立有关设立、变更、转让和消灭不动产物权的合同，除法律另有规定或者合同另有约定外，自合同成立时生效……

《民法典》第215条将“合同另有约定”修改为“当事人另有约定”，解决了该处存在的两个问题：一是“合同另有约定”指意不明，如果就是前述“当事人之间订立的合同”，其“约定”应当在该合同中，不能称为另有约定；如果不是，当事人之间有没有另订合同呢？二是“自合同成立时生效”，在“合同另有约定”时因可能有两个合同而不知是指哪个合同。改成“当事人另有约定”，则只有前文提到的那个合同，其成立时间就是确定的。而且从上下文看，也应当是指主合同的成立、生效，不是另有约定的从合同，即使当事人另有约定时确实签订了合同。

第十九节　避免节外生枝

【例】1993年《商标法》第22条：对初步审定、予以公告的商标提出异议的，商标局应当听取异议人和申请人陈述事实和理由。

此处的指代不是很清楚，概因基于不同的程序来指称：“申请人”对应注册申请程序，“异议人”对应针对“注册申请”的异议程序。从商标注册实务考虑，针对相同或者相似商标提出注册申请的各申请人互为竞争对手，一人得手，其他申请人如果不甘心，就成了异议人。这恰恰是商标注册异议最常发生的形态。

在这种情况下，用“被异议人”指代异议人的相对一方当事人，总是对的（2001年《商标法》第33条第1款、2019年《商标法》第35条第1款，用的都是这一表述）。这不仅把被异议人一方说清楚了，而且把异议的双方都说清楚了。否则，由于商标注册的申请人及利害关系人的多样可能性，不仅异议人与申请人的关系比较难以说清楚，被异议人与申请人的关系也说不明白。但无论三者的关系如何，就本条规范的实质内容而言，只要把“异议人和被异议人”或称“异议双方”乃至“异议各方”作为异议当事人的关系说清楚了，就足够了。这种直奔主题的解决问题方式，完全避开了没有必要、无中生有的“申请人”，把规则本来想表达的听取当事双方乃至各方意见的意思，表达得清清楚楚。

这一思路为2001年该法对应的第33条第2款采用，用的是“对方当事人”。

第五章　表意准确的技巧

表意准确，就是要准确地叙事、精准地表达、透彻地说理。

表意准确，就是要文字圆融，没有明显缺失或原则性纰漏。

语言是用来表意的，而不是用来表演的。如果说了、写了半天，却没有传达有价值的信息，说与写就是以文字为载体的空泛的行为艺术，与吹牛没什么区别：白白浪费自己的时间不说，也会浪费阅读者的时间。

写作用词的基本要求是表意清楚，所要避免的是词不达意。但这个看似简单的要求并不容易满足，也并不总能满足；每个写作者要做到整个写作生涯写下的绝大多数字句，都能够达到这个最基本的标准，更是难上加难。

第一节　找准本位

叙事从何处出发、以什么为本，是写作的根本问题。

【例】2009年《民法通则》第12条第1款：十周岁以上的未成年人是限制民事行为能力人，可以进行与他的年龄、智力相适应的民事活动；其他民事活动由他的法定代理人代理，或者征得他的法定代理人的同意。

上述规定以"未成年人"本人为本位，强调其一般性地具有"进行与他的年龄、智力相适应的民事活动"的民事行为能力，并以"法定代理人代理"或者"同意"为辅（即例外）。《民法典》第19条改为："八周岁以上的未成年人为限制民事行为能力人，实施民事法律行为由其法定代理人代理或者经其法定代理人同意、追认；但是，可以独立实施纯获利益的民事法律行为或者与其年龄、智力相适应的民事法律行为。"调整了未成年人的行为效力的出发点或者逻辑前提，即倒置了未成年人及其法定代理人二者之间的关系：以"其法定代理人代理或者经其法定代理人同意、追认"为本位，例外才是"纯获利益的民事法律行为或者与其年龄、智力相适应的民事法律行为"。究其法理逻辑的根源，是秉承、延续《民法典》一以贯之的中心思想：

以民事法律行为的叙事为逻辑主线，不受局部的“以人为本”的拘束或者干扰。因为在绝大多数情况下，与未成年人等限制民事行为能力人相对的，是完全民事行为能力人，如果在主要规定“未成年人”等限制行为能力人的条文中强调以他们“为本”，实际上就妨碍了这些条文中隐而未现的完全民事行为能力人的正当权利；以民事法律行为为本，对各方都公平。

第二节　意象宜简

表意明确，就是要把话说明白，为此，不要想太多，也不要说太多；最好一句话只说一个意思，千万不要有胸有千言万语却说不出口之哽咽感。这个写作中的起码要求其实并不高，表述到位即可。但越是简单的道理，越容易被忽略。

【例】阅后退张三、李四。

这简单的几个字，至少可以有5种理解：

一是“阅后先退给张三再退给李四”。因为张三在语序上排在李四的前面。由此产生的问题是，谁负责退给李四，是张三还是仍由负责退给张三者？

二是“阅后退张三或者李四中的任何一人”。这涉及对“、”与“或者”意思的理解，而通常，“、”与“和”的意思更接近些。

三是“阅后既退给张三、又退给李四”。显然，这在物理上或者说客观实际上没法操作。而再复印一份后分送张三、李四，显然又不是“退”的本义。

四是“阅后退给张三和李四”。这句话的意思基本上就是“阅后既退给张三、又退给李四”，同样存在无法操作、难以落实的问题。

五是“阅后同时退给张三和李四”。这就更离谱了。因为在物理上，这是绝对做不到的：如果只有一份材料，只能先给张三或者李四中的一个人，不可能同时给张三和李四两个人。即使有两份材料，如果送材料的人只有一人，也不可能实现同时向张三和李四分送材料。即使有两个人、分别拿着两份材料并分别交给张三和李四，这种“同时”性，也是不可能的：只要计时精度足够高，就会测出时差。

可以直接改为“阅后退张三”。如果退张三不妥，就改为：“阅后退李四。”其实，用人与写作都是一样的，用人不疑、疑人不用，这个原理是互通的。用人不就是人尽其才，以实现共同的目标？写作无非就是利用一个个字词实现表意的目的。明确的表意可以去除我们心中的疑惑，也可以避免理解者领会上的偏差。

一个简单的便签用语，竟然能解释出如此多的内容，是不是有点“过分”？不然。从这一极端的例子中，可以举一反三地自警我们日常生活中习以为常的表达漏洞，特别是不严谨的表述习惯，从而不断提高我们精确表达的意识、能力和水平。

第三节　用词要准

表意准确首先要从用词准确着手。要想表意准确，必须注意用词，慎用词义宽泛的词，以避免歧义，特别是在有可能颠覆前文的原则性内容时。

但表意准确是前提、是基础，只有在表意准确的基础上，才谈得上用词的斟酌；否则就是舍本逐末、因文害义。

法律语言的表达，最强调精准。因为不精准就容易产生歧义，而对法律上的事实、权利义务等的不同的理解，会引起法律上的纠纷。法律要想解决这些纠纷，最有效的手段就是未雨绸缪，通过规范的法律语言，防患于未然。

【例】以言语、文字、图像等方式扬言或者暗示暴力伤害。

此处的“扬言”，类似对“言语、文字、图像等方式”的“概括”，但有点问题：“言语”还勉强说得过去，“文字、图像等方式”怎么“扬言”？

其实，可以承担这一概括作用，并与后面的“暗示”相呼应的，有一个现成的词——“明示”。但总体而言，由于此处已经有了“等方式”的概括，再去找另外一个词进一步概括，没有必要。在这一点上，《民法典》第1010条第1款的表述可以作为模板：违背他人意愿，以言语、文字、图像、肢体行为等方式对他人实施性骚扰的，受害人有权依法请求行为人承担民事责任。

【例】2007年《政府信息公开条例》第21条第3项：依法不属于本行政机关公开或者该政府信息不存在的，应当告知申请人，对能够确定该政府信息的公开机关的，应当告知申请人该行政机关的名称、联系方式。

申请人申请的信息不属于某行政机关公开的范围，从便民角度讲，如果接收该申请的行政机关“能够确定该政府信息的公开机关”，是不是都“应当告知申请人该行政机关的名称、联系方式”？前提是该机关必须是“行政机关”，因为《政府信息公开条例》规范的限于涉及政府信息的行政机关，如果被申请公开信息的是人大、政协、法院、检察院等机关，行政机关依《政府信息公开条例》告知申请人该机关的名称、联系方式，便超出其职权了。

有人也许会说，“公开机关”的前面不是有“该政府信息”的限定语吗？在此之后，也写明了“应当告知申请人该行政机关的名称、联系方式”，而这恰恰说明了其前后表述的不一致和含混不清：前面提到的“能够确定该政府信息的公开机关”中，不应当笼统地提“公开机关”，而应当用“能够确定负责公开该政府信息的行政机关”。2019年修订后的条例第36条就特意增加了“行政”二字。立法是顶层设计，准确且前后一致的表达是最起码的要求，该有的字，两个绝不嫌多；不该有的字，一个也是多余。对文字表述的这种态度，甚至不能称之为严谨，而是最基本要求。

第四节　厘清词义

语句的表意要想清楚，写作者对于词义的把握必须准确。

准确把握所用词的本义，既是写作的起点，也是难点。写作者使用的每个词正如其“派出”的每个“兵”，不了解其“人”，就不能做到知己；不了解自己的读者群，就不能算知彼。唯有两相呼应，才能相得益彰：作者写得清楚，读者读得明白。

不仅如此，任何文字的表达，至少还需要满足两个基本前提，一是写作者明白其所要表达的内容，即其想说什么、表达什么意思；二是写作者精确地了解其用于表意的字词的本义，即其用词是否达意。

当然，在现实生活中，很多情况下我们是在对某些字词的本义不太了解或者了解得不完全准确的情况下进行写作的，也并没有出现多么严重的错误。之所以会如此，并不是因为如此也能够确保表意的准确性，而只能说明我们的许多日常表述场景还没有对表意的准确性提出如此高的要求。

【例】泊位，航运上指港区内能停靠船舶的位置。能停一条船的位置称为一个泊位。

理解上述释义，关键是要明确“港区”“停靠”的准确含义。

《现代汉语词典》没有收录“港区”这个词。2019年修订的《内河交通安全管理条例》第24条规定，“船舶应当在码头、泊位或者依法公布的锚地、停泊区、作业区停泊”，这说明至少在该条例看来，“泊位”与“锚地”不同；该条例第30条还提到，“从事危险货物装卸的码头、泊位”，说明了“泊位”与“货物装卸”的关系；1979年《对外国籍船舶管理规则》第29条也明确要求：“船舶……并在港务监督指定的泊位进行装载。”《内河交通安全管理条例》第45条还提到了“港区外锚地”。据此，“锚地”似乎不属于“港区”，但反过来是不是提示“港区内”仍可能有“锚地”，从而可以成为船舶停靠的“泊位”？

“停靠”从字面上理解，有不但停、而且靠上去、接触到岸边的意思，区别于只停驰但仍无所依靠地漂在水面上的锚泊。《现代汉语词典》收录了“停靠”一词，但只解释为“轮船、火车停留在某个地方”，并没有强调靠岸、靠泊的意思，从而仍无法区分供船舶锚泊的锚位、船舶靠港后用于装卸货物的位置。

可见，单凭词典的现有解释，无法确定“泊位”的准确含义。

为准确理解上述一系列概念，需要系统梳理涉及港口的相关概念及其相互关系：港口是一个较为中观的地理概念，通常依托于河、湖、海岸，并常有相应的天然港湾；通常包括多个港区，港区通常按装卸货物的品类和装卸方式分类，是装卸作业的主要工作场所；每个港口都有相应的锚地，一般位于港区外，供船舶等候进港实施装卸作业时锚泊；港区的标志性建筑及设施是港区沿岸用于装卸货物的港机（俗称大吊车），船舶靠岸、就近港机以装卸货物的位置，才是通常所称的泊位，泊位的数量及其总的作业能力，是衡量一个港口吞吐能力的最重要指标。

总之，上述例证及其讨论的过程充分说明，要准确把握诸如“泊位”之类术语的本义，必须将其置于整个专业体系之中，在明确其自身含义的同时，也确保与其相关的概念语意相互衔接、彼此没有龃龉。

第五节　言至义尽

言至义尽就是要在尽可能简洁的表述中做到知无不言、言无不尽，把事说明、把理讲透，既要避免话说一半，让人不明就里，又要避免词不达意的絮絮叨叨。

【例】2004年《公司法》第118条第2款：出席会议的董事和记录员在会议记录上签名。

2005年修订时增加了“应当”（第113条）。本来，原规定中隐含着“应当”的内容，但也可以说隐含着的是“可以”，为了明确，就要在字面上表达出来，不能让执法者、守法者去猜。

【例】1993年《公司法》对于“股东大会作出决议的表决”权重的表述，都是原则上：股东大会作出决议，必须经出席会议的股东所持表决权的半数以上通过。股东大会对公司合并、分立或者解散公司作出决议，必须经出席会议的股东所持表决权的三分之二以上通过。

但是，上述法条中的两种情形之间，没有“但是”。上述表述自该法1993年颁布，历经1999年、2004年两次修正都未修改，即完全由语意本身的转折来传达但书的意思。这是立法者对司法者、执法者、守法者的“信任”，相信他们会懂的。

但是，2005年还是增加了“但是，”。显然，立法的倾向性已非常明确：再理所当然的意思，如果事关理解、属于重大情势，就要通过更缜密的文字表达清楚；在今后的立法中，凡是涉及但书的转折性表述，“但是”都不应再省略。

第六节　时间准确

时间是现代社会非常重要的指标，读者对此也非常敏感，必须非常精准。

【例】确保在6月底前未脱贫的375户1171名贫困人口达到脱贫标准。

正常理解，“达到脱贫标准”应当是指成功脱贫，即便如此，对上述例句仍可有两种理解：一是“确保在6月底前”，让未脱贫的375户1171名贫困人口脱贫。二是确保“在6月底前还未脱贫的375户1171名贫困人口”脱贫，那不就是在6月底后脱贫？于是，这“375户1171名贫困人口”何时脱贫，就不确定了。

第七节　数据准确

在行文中引入数据，是当代写作展现客观、准确的努力及其成效的最主要方法和手段，但所提供的数据必须在数值、单位及数量概念等方面尽可能做到无可挑剔。

【例】某动物身体的厚度也达到了一米。

对人类或者动物身体的衡量，一般使用高度表达，个别动物使用宽度表达，但“厚度”令人费解。因此，尽管该例句引用了数据，但由于不知其具体所指、如何衡量，其提供的数据不但谈不上精准，连是否有效、是否有意义，都无从谈起。

【例】某公司总部拟裁员20%，房源已收缩近25万间。

此处所用的“近”的字义，还没有被收入《现代汉语词典》，因为该词典的相关释义只有：动词，接近。例句中的“近”，应当是“将近”的简省写法。但无论怎么理解“近”，上述例句中的意思都可以作两种以上理解。

一是房源已收缩至不足25万间，其推理过程是：近=将近=不到。

二是房源已收缩了将近25万间，但剩余多少没有说。

读者固然可以在原文中查找答案、解除疑惑，但这应当是写作者的本职工作。

第八节　对象明确

在什么场合说什么话，是任何语言系统都必须解决的一个现实问题。说话人也必须了解本民族语言对此的一些既有的技术性处理手段，这是语言学习特别是训练表达水平非常重要的内容。

语意表达的难度在于，同样的话，说话的场合不同、对象不同，会产生截然不同的理解效果。这还不同于多重语意的表达：一句话能够表达多个意思，这可以是看问题深入、说话水平高的标志，但前提是这些意思是层层递进的、互不冲突的。否则，就会造成歧义理解，是语言表达的大忌。

例如，某词典对“嫂夫人”的释义如下：对朋友尊称他的妻子。“尊称”场所的选择与适用，将直接影响对其语意的理解；加之没有实质主语，更需要读者去猜这是对谁说、在什么情况下说的。“嫂夫人”这种称谓，通常仅用于当着某人的面的尊称。因此，在释义时强调：对朋友尊称他的妻子，是比较准确的。也可改为“对朋友妻子的尊称”或者“朋友妻子的尊称”。

任何表意行为都要避免把话说大、说死。此时，选好说话的前提非常重要。

【例】2009年《民法通则》第3条：当事人在民事活动中的地位平等。

《民法典》第4条将其改为：民事主体在民事活动中的法律地位一律平等。就法说法，显然是立法的本分。法律能够保障“民事主体”的“法律地位一律平等”已属不易，要实现“当事人的地位平等”，即便仅在民事活动中也难以做到。

第九节　关系清楚

本节讨论的关系清楚，是前文讨论的对象明确的更进一步的要求。当然，二者间的联系非常紧密：关系搞不清楚的原因，往往是对象还没有搞清楚。

写作的一项重要任务，就是说清楚各方的关系，以及各方与其关联的物的关系。用法学的思维表达则是，要让所有人都明白：哪些是你的，哪些是我的；你的是你的，我的是我的，其他的都是别人的。例如《民法典》第318条规定，遗失物自发布招领公告之日起一年内无人认领的，归国家所有。这一规定早在2007年《物权法》第113条就有，是法律上的老问题。

【例】如果不看下面的内容，很多人可能根本未曾意识到有人会混淆这两个字，包括他们自己。

此处的“包括他们自己”的意思说明白了吗？有人会说，当然说明白了，就是指“他们自己也可能根本未曾意识到”。但为什么不是“他们自己会混淆这两个字”。因为在“他们”之前，已经出现了两个主体：“很多人”和“有人”，这两类人显然不是一类人，不能用一个“他们自己”统一地指代。因此，以语言表达准确、清楚的标准考量，还是补齐相应的内容，把话说明白为好：如在“包括”之前增加“更没有想到其中会”，从而指明很多人会在不自觉中混淆。

【例】人类历史一直就是和各种战争纠缠在一起。

这句话或许本身没有错，从文学的角度看，还很有些诗意。但从表意的准确性上分析，由于战争本身就是历史的主要内容，二者的这种密切关系，反而不能用“纠缠在一起”了，因为二者的关系不是“纠缠”，而是相互重叠与包容。

同时，历史和战争确属于不同类的概念，说二者“纠缠在一起”，正如说羊与草纠缠在一起一样：它们确实天天在一起，但不能这样表达。

【例】某某一人拍板，向某公司借款6000万元。

此处的“借款”是谁借谁的钱？这涉及对借贷关系及其表述的理解和认定。

借贷关系属于经济还是法律？笔者愿意从法律的角度讨论这个问题。从字面上看，某某（更有可能是其所在公司，否则不会有“一人拍板”之说）“向某公司借款6000万元”可以有两种理解：一是从某公司借入6000万元，某公司据此成为债权人；二是借给某公司6000万元，某公司据此成为债务人。

由此可见，“借款”或者“向某公司借款”这种表述，在汉语中具有不确定性，如果用在借贷合同中，肯定会产生歧义。本例句介绍的，是某某的贪腐问题，即“一人拍板”就决定向另一公司发放6000万元的贷款（这是上述第二层意思）。

第十节　合乎逻辑

立法表述要精准妥当首先要合乎逻辑，其次才是合乎法理、常识。

【例】1989年《行政诉讼法》曾有证据是“定案的根据”的表述。

2014年《行政诉讼法》将其改为“认定案件事实的根据”。就功能和作用而言，显然比“定案的根据”更谦和一些，因为“定案的根据”显然不限于证据一端。

【例】从家里出发上班——先乘18路公交车，再到新街口转3路。

此处的“再”与前面的“先乘”联系起来后，就成了“先乘18路公交车”“后到新街口”“再转3路”的意思。当然，有南京市民会说，例句说的就是直接在新街口转3路，因为3路和18路公交车可以在新街口同站换乘。

对此，读者一定要明白其中的区别和道理所在：无论实际情况如何，眼下讨论的是从单纯的文字表述中所能领会出的意思。确有可能，例句的写作者比绝大多数南京市民还了解上述事实，但似乎也无法保证他的上述例句真的把他的认知表达清楚了。

第十一节　适当解释

要想表意准确，除尽可能把话说明白外，创造必要的自我解释机会，对此也会有所帮助，尤其是在一些比较专业的领域中。

例如，某某在自己的第二个发球胜盘局中，终于抓住了机会，兑现了本盘的第三个盘点，大比分1∶0领先。这一表述比较准确而专业，特别是在介绍比赛的上下文语境中，就没有问题。有读者可能认为“大比分1∶0”不妥：1∶0哪能算大比分？但是在网球比赛中，最小的比分恰恰是15∶0，出现在每局的第一次得分后，再多得一分就是30∶0。

女子网球比赛一般是三盘两胜制，如果是2∶1，就赢得比赛了，故称之为大比分；与之相对的小比分，则是每一盘中每一局的比分。当然，“大比分”还有一层意思：就是差距很大的比分。而例句中的“大比分”是指盘分，而不是就双方局分的差距而言的。由于其具体表述是“大比分1∶0领先”，看似多余的“1∶0”实际上区分了盘分与“差距较大的比分”这两种不同的语意。可见，写作者真的很专业。

第十二节　远离俗俚

此处的俗俚，指日常的俗语，并没有贬低老百姓聊天的意思。只是由于本书旨在辅导正规的写作，因此更强调书面用语的规范性，避免口头用语的随意性。

【例】如果不教训一下甲的话，乙的威信将会扫地。

或许有人认同此处“威信”“扫地”的搭配，但严格来说，这属于网络俗俚。

很多年轻人一看这句话就懂。因此，在网络空间、特定的语境下，真不能说这就是错的。但是规范一点儿的汉语文章能这么写吗？

正如宋元以来的白话到了晚清，大家在街上互相交流，都听得懂。但是正宗的、书面的汉语也与之并行发展，两者都不可替代。当然，确实有这种情况：正统的汉语会随着市井流行语的变化而变化，但是要滞后一些，因此也稳定一些。这种稳定对于文化的传播是非常有价值的。失去了这种稳定，一个国家、一种文明，要么只能随波逐流、永远产生不出深刻的思想或者流传百年以上的作品；要么会因语言演变得太快、前后严重脱节，形成历史断裂，致使整个民族因缺乏知识、文化的有效传承，而在喧嚣剧变中迅速沦落。

【例】2009年《侵权责任法》第91条：在公共场所或者道路上挖坑、修缮安装地下设施等……

【例】1986年《民法通则》第125条：在公共场所、道旁或者通道上挖坑……

追溯“挖坑”的立法史，还真与民法领域有很深的渊源。现在看来，30多年前将“挖坑”引入法律领域确实不算什么创举，因为该词就是一个普通用语。但在《民法典》实施后的今天看来，由于特殊的历史文化原因，“挖坑”一词已经不适宜作为“法言法语”出现在立法中了，故其第1258条第1款将“挖坑”改为“挖掘”。

每一种伟大的语言，都必须有一些固定的表述格式。这些格式，也可以说是一些条条框框，只用于那些非常严肃、正规的场合。但是，如果没有这些表达严格的语句结构的话，一种语言的风骨、气节、档次就会被俚语、俗语掩埋。

第十三节　避免混淆

要避免用语混淆，必须把好用词关，确保所用字词不会引起混淆。

【例】1993年《公司法》规定“股份有限公司章程应当载明”事项的第79条第13项中“股东大会认为需要规定的其他事项”的表述。

在中文中，“会”既指会议，又指一个机构，通常还是一个拥有重要决策权的议决机构。故在立法中，有时是需要区分二者的。自1993年《公司法》颁行，经1999年和2004年两次修订，上述规定一直都在。直到2005年该法大修，才将这一表述调整为“股东大会会议认为需要规定的其他事项”，说明立法者已经注意到“股东大会”与“股东大会会议”二者的区分。

类似的问题，在日常写作中也会经常遇到。

【例】支委会或局务会没有研究具体整改措施。

此处的“局务会”是指局领导班子成员召开的工作会，一般不会引起误解。但对“支委会”则有两种理解：一是党支部的支部委员构成的组织，二是该组织召开的会议。由于与“局务会”并列，问题还不是太大：“支委会”应当理解为其会议。

【例】2004年《公司法》第177条第1款：公司分配当年税后利润时，应当提取利润的百分之十列入公司法定公积金；该条第3款：公司在从税后利润中提取法定公积金后，经股东会决议，可以提取任意公积金。

严格来说，该条第1款规定“公司法定公积金”、第3款规定“任意公积金”，各说各的，后者不应被视为前者的“但书”。但是，第3款确实规定了不同于前者的例外内容，特别是其中的“任意”，如果不加限定，是否可以理解为不受该条“从税后利润中”提取“公积金”的约束？显然不能，否则，“提取任意公积金”就成了任意提取公积金了，甚至可以从“税前利润”中提取，国家的税收还如何保障？

立法者当初可能根本没想这么复杂，一般人也会想当然地认为既然是规定“公积金”的，而且前面已经说了“从税后利润中提取法定公积金后”，怎么还能再从“税前”利润中提取公积金呢？立法的严谨性和执法严肃性，要求法律规范必须防备所有的可能，更何况此处还有一个可以引人无限遐想的“任意”呢？

于是，2005年《公司法》修订时，就在“任意”前加了一个略显重复的限定：“还可以从税后利润中提取任意公积金”，避免了歧义的可能。

第十四节　避免徇私释法

本章最后要讨论的这个问题，其实是一个更为严重的反面典型：如果法律都可以徇私解释，再精准的表述岂不也归于无助？

当然，这也从反面说明了表意准确的必要性，否则肆意解释的空间会更大。

法律依其字面加以解释，并照其字面意思执行，这是常理。但现实生活中，相当多的、相对而言“高级别”的违法，恰恰是在立法的字面意思之外解释法律，进而在法外适用法律；而其最根本的用心，还是出于私心。

【例】2017年《计量法实施细则》第23条：凡没有产品合格印、证和《制造计量器具许可证》标志的计量器具不得销售。

由于《制造计量器具许可证》在现实生活中已经失去了存在的意义，沦为个别部门、少数人搭车收费、依法寻租的牟利工具。故该行政许可于2018年被依法取消了。相应地，2018年修法时相关内容遂改为：凡没有产品合格印、证标志的计量器具不得销售。

有人也许会问，这句话有意义吗？

意义确实不大。因为从生产者的角度讲，由于不再有《制造计量器具许可证》，其制造的计量器具的“产品合格印、证标志”，应当是由其自己印制的。多这一句规定，是不是要增加企业相应的负担呢？如此的善意当然体现了对经营者的关爱，但从法治角度，真正需要担心的是，有关部门据此将“产品合格印、证标志”把控起来，将其理解并实际操作为“计量器具”没有有关主管部门核发或者监制的“产品合格印、证标志”就“不得销售”，并继续其在《制造计量器具许可证》存在时的蝇营狗苟。

第六章　措辞严谨的技巧

措辞严谨是中文自古的追求，其方法就是斟酌字词，其手段就是推敲。

本章涉及的领域与许多章有交叉，因为汉语中，措辞的核心就是基于词义辨析的语词选择。故概念、术语、成语的运用等，广义上都是措辞。本书从强调特定领域的差异化的角度切入，分别对各领域的应用技巧进行了探讨。

字词的斟酌与搭配的选择，在汉语里几乎就是一个意思，仅有细微的区别。如有些名词、动词的选用，确实没有太多搭配上的考虑。如果考虑到这种斟酌也都是基于语境的，就已经与搭配扯上关系了。在涉及词语结构时，核心仍是搭配。

第一节　严格辨析词义

措辞严谨的基础是辨析词义。斟酌字词的技巧，是汉语中最为看重的提高措辞水平。汉语写作不仅动词要“推敲”，名词、形容词，甚至助词，都要斟酌。修辞如修身，几乎没有止境。

【例】1986年《土地管理法》第2条第3款：国家为了公共利益的需要，可以依法对集体所有的土地实行征用。2004年同法第2条第4款：国家为了公共利益的需要，可以依法对土地实行征收或者征用并给予补偿。

上述情形说明，我国法律在“征用”“征收”的含义及用法上，曾经相当模糊。

如果不考虑历史因素，以我们现在的眼光和意识看，“征收”与“征用”的区分是非常明显而简洁的：“征收”就是所有权永久变换；“征用”则是暂时的、占用状态的变化。这种区分显然是基于对所有权这一法律概念的明确界定。

在被修改的法律、法规中，虽然已经出现“征收”“征用”并用的现象，但当时的并用仍不是建立在明确二者含义区分的前提下的，“征用”的意思还是“征收”，如1998年《土地管理法实施条例》第2条第2项、第3项规定，下列土地属于全民所有即国家所有：农村和城市郊区中已经依法没收、征收、征购为国有的土地；国家依法征用的土地。在《土地管理法》已经明确区分“征收”“征用”的法律概念的前提下，1998年《土地管理法实施条例》这样混用二者的情形就不应算作概念不清，而是错别字。

【例】2009年《民法通则》第22条：被宣告失踪的人重新出现或者确知他的下落；第24条第1款：被宣告死亡的人重新出现或者确知他没有死亡。

类似的表述先后出现，写作中就要掂量一下。仔细琢磨“确知他的下落”和“确知他没有死亡”，其本质都是“重新出现”。如果非要说有什么区别，“确知他的下落”肯定是出现在某地了，只不过没有出现在眼前而已；“确知他没有死亡”也只需要证明其“重新出现”即可，这也是证明这一点的唯一方法。

【例】2001年《商标法》第52条列举了侵犯注册商标专用权的情形，其第1项规定，未经商标注册人的许可，在同一种商品或者类似商品上使用与其注册商标相同或者近似的商标的。

上述规定过于笼统，没有注意对“类似”“近似”等的解释和区分，其规定的重点，似乎落在了“未经商标注册人的许可”上。由此给人的印象是，只要“未经商标注册人的许可”，就很容易认定他人构成“侵犯注册商标专用权”。这就太主观、太随意了，实际操作时，执法者、司法者反而容易为滥用商标专用权者所裹挟，难以判断是非、更不易适用法律。

这里的关键是，“近似”“类似”必须有一个限度，不能一概而论。2013年将上述第1项改为两项（第57条第1项、第2项）：（1）未经商标注册人的许可，在同一种商品上使用与其注册商标相同的商标的；（2）未经商标注册人的许可，在同一种商品上使用与其注册商标近似的商标，或者在类似商品上使用与其注册商标相同或者近似的商标，容易导致混淆的。

此处的修改将相关情形作了明确区分：先说“未经商标注册人的许可”，此时，只要“在同一种商品上使用与其注册商标相同的商标”，就构成侵权；再说“未经商标注册人的许可”涉及“近似”“类似”两种情况。一是“在同一种商品上使用与其注册商标近似的商标”，二是“在类似商品上使用与其注册商标相同或者近似的商标”，都涉及“近似”“类似”，但如何区分

"近似""类似"也确实不容易。

随后，对"侵犯注册商标专用权"的行为则作了一个更为严谨的界定。立法者智慧地进行了一个观念和程序的转换，将对"近似""类似"的区分，转化为对是否"混淆"的判断，即在上述两种涉及"近似""类似"的情形后，统一加了一个程度性限定，即"容易导致混淆的"（第57条第2项），就把这个问题更为清晰地提了出来，并更为明确地一并解决了。

第二节　动词的斟酌选用

动词是语句的"灵魂"，对其本义的理解和运用，是遣词造句的精要所在。

任何通行的语言，动词的量都不大，但用法非常丰富多样，对语意的影响也非常大；相比于数以十万计的花花草草的植物名称，命名这些名词所需要的动词，数以十计足矣，甚至一两个都行。

在任何语言中，动词都是最能动的部分。这一点，仅从时态、语态等最基本的语法现象都与动词有关上就可以看得分明。

立法中的字斟句酌，也有相当一部分与动词的选用密切相关。

【例】某司法解释：原审法院应当在收到答辩状之日起5日内将副本送达当事人。

在规定法律文书的递送期限时，"发送"与"送达"一字之差，却会产生截然不同的效果。特别是对于那些仅有几天的期限而言，用词稍有不慎，就会导致执行中不必要的忙乱，甚至程序违法。原《行政诉讼法》第43条及新法第67条的第1款都是对答辩状转送的规定，其前后表述都是"法院应当在收到答辩状之日起五日内，将答辩状副本发送原告"。看来"发送"早已有之，且确实比"送达"好。试想，在快递业极不发达，甚至快递业社会化还没有起步的20世纪90年代，要求法院在收到答辩状之日起5日内将副本送达原告，无疑会把法院搞得非常狼狈。

类似的担心在原《行政诉讼法》中确实没有成为现实，说明其在立法技术细节方面的考虑还是比较周全和细致的。新司法解释将"送达"修改为"发送"。

【例】2016年《进出口商品检验法实施条例》第6条第1款：……暂准进出境的货物……免予检验。

从字面上看，这似乎是个赋权条款：免检；但其背后却隐藏着一个更大的“瓜”：“暂准”，这就需要批准、就可以“做文章”了。

2017年3月1日《国务院关于修改和废止部分行政法规的决定》（国务院令第676号）只改了一个字，就解决了一项行政许可的去留问题：将上述的“暂准”改为“暂时”。如此一改明确了一个原则：“暂时进出境的货物免予检验”，至于货物是否可以“暂时进出境”，本来就不属于该条例的调整范围。

【例】1993年《商标法》第12条：同一申请人在不同类别的商品上使用同一商标的，应当按商品分类表提出注册申请。

“使用”显然不是规范用语，更重要的是，“使用同一商标”不是专属于商标注册环节的事，针对性也不强。既然是规范商标注册环节的内容，当然是“申请注册”更为规范。而且“同一申请人在不同类别的商品上使用同一商标”，从商标制度本身看并没有问题，而且商标注册本身也不都是强制性的。总之，原表述从各个方面看，都不是妥当的立法表述。

【例】1996年《刑事诉讼法》第47条：证人证言必须在法庭上经过公诉人、被害人和被告人、辩护人双方讯问……

2012年该法修正时删除了“讯问”二字，是对旧刑事司法观念的清算和涤除的应然之笔：在相当长的一段时间里，公诉人与被告人的法律地位是绝对不平等的，“讯问”就是二者法律地位最明显的写照。当然，从逻辑上分析，“讯问”的存在确实营造了一个悖论：公诉人问被告人是“讯问”，那被告人问公诉人怎么办。这个逻辑死结是通过当时的法律现实解决的：被告人只能坦白以求从宽，绝不允许其反问，反问就是抗拒，法官绝对是要当庭喝止的。只有在2012年《刑事诉讼法》确立了无罪推定原则之后，公诉人才“落回凡间”，“不得不”与法律上与其平等的被告人在程序上周旋。这是中国刑事司法领域巨大进步的真实写照。

【例】1999年《合同法》第299条：承运人应当按照客票载明的时间和班次运输旅客。

客票就是一张小纸片，上面写得是否清楚都不用强调“载明”，用“记载”足矣：既客观叙事、不事张扬，又准确表意。“记载”一词展现了《民法典》第820条全新的立法风格。

【例】1999年《合同法》第121条：当事人一方因第三人的原因造成违约的，应当向对方承担违约责任。当事人一方和第三人之间的纠纷，依照法律规定或者按照约定解决。

《民法典》第593条将“解决”改为“处理”。因为“处理”的含义相对宽泛，而“解决”则有明确的结果导向：依法“处理”的问题未必都能“解决”。

【例】1999年《合同法》第323条：订立技术合同，应当有利于科学技术的进步，加速科学技术成果的转化、应用和推广。

这个倡议性条款所用的“加速”，明显给人以只注重速度，没有顾及质量的片面感。《民法典》第844条取而代之的“促进”虽然也很常用，但传达了立法所倡导的方向性和全局性，高下立判。

【例】2009年《民法通则》第154条第2款：规定按照小时计算期间的，从规定时开始计算。

“规定按照”的表述，是指民事法律文书上注明“按照日、月、年计算期间”，还是法律、法规中的“规定”要求这些法律文书中必须写明要“按照日、月、年计算期间”？由于“按照”这一实质性内容已经包含“规定”的形式要求，就没有必要再重复，删除“规定”后并不影响想表达的意思。

“规定”一般用于书面形式，“按照日、月、年计算期间”实施的民事法律行为许多只是口头诺成，并没有具体的物质载体。

此外，“规定”通常用于立法等抽象性规则的制定，如在制定《民事诉讼法》时将有关内容写入，即成为该法的规定。但上述条文所表述的内容只是民事主体之间约定的事项，此时，说当事人同意“按照日、月、年计算期间”没有问题；但实践中如约定快递收件时间等小事，说当事人“规定”，用词显然过大、不合适。

更重要的是，此处用“规定”很容易被误解为法律、法规等规范性文件的规定，而不是当事人的约定。即便是与法院裁判文书搭配的相应动词，可以用“载明”“指出”，但极少用“规定”。至于当事人的约定，就更不宜用“规定”了，因为民事活动当事人间的约定只能约束彼此，无权约束他人。

从以上各方面看，“规定”确实多余，最终为《民法典》第201条删除。

第三节　名词的斟酌选用

汉语的精妙，在于一字一词之间就有乾坤变化。《刑事诉讼法》对有关监视居住的“处所”的修改，很能体现该法修订者的中文造诣，值得借鉴、学习。

【例】1996年《刑事诉讼法》第57条第1款第1项：被监视居住的犯罪嫌疑人、被告人未经执行机关批准不得离开住处，无固定住处的，未经批准不得离开指定的居所。

上述规定充分考虑了“被监视居住”人的居住条件，针对有“住处”和“无固定住处”两种情况，分别规定了相应的要求。但实际上没有这个必要，“执行机关”只需要指定“执行监视居住的处所”就可以了。这正是2012年《刑事诉讼法》第75条第1款第1项的规定：未经执行机关批准不得离开执行监视居住的处所。最精妙的恰恰就是此处的“处所”，正好是从1996年《刑事诉讼法》规定中的“住处”和“居所”中各取一字；这两字都是相应动宾结构中的宾词、名词，由此组成一个新词；省略的动词“住”“居”恰恰是“监视居住”制度中名词化的动词“居住”。由此产生的错位，正是汉语的精妙之处：“居住”与“处所”的对应有时是必需的，有时只取其一，就可以表达完整的意思。

【例】毋庸置疑，每个人的生活水平比30年前已经有了决定性的改变。

“决定性的改变”不太好理解。在与“决定”无关的场合，最好不要用此类表述，改为“根本性”都要好一些，如果不是为了抓人眼球，用“很大”“显著”也就可以了。

【例】2009年《民法通则》第23条第1款第2项：因意外事故下落不明，从事故发生之日起满二年的。

《民法典》第46条中将“意外事故”改为“意外事件”，显然更具有普适性。“事故”通常具有人为因素，最典型的就是交通事故。但失踪人经常遭遇自然灾害，如地震、水灾，通常很少称这类情形为“事故”，而是“事件”。

【例】1996年《刑事诉讼法》第42条第2款：证据有……鉴定结论。

"鉴定结论"作为证据的一种，未经法院审查认定，怎么可能成为"结论"？2012年将其改为"鉴定意见"，定位就比较到位了：这是鉴定人给出的对事实材料的一种认识，能否证明案件事实，还需要经法庭进一步审理、查明。也就是说，"证据必须经过查证属实，才能作为定案的根据"，在此之前不可能是"结论"。

第四节　代词的斟酌选用

本书第四章系统讨论过这个问题，可以参阅。

【例】1985年《继承法》[①]第21条：遗嘱继承或者遗赠附有义务的，继承人或者受遗赠人应当履行义务。没有正当理由不履行义务的，经有关单位或者个人请求，人民法院可以取消他接受遗产的权利。

按照权威辞典的说法，"他"可以指双性，因为古代汉语中没有"她"。但许多老百姓已不熟悉这一用法。用"他"指代"继承人或者受遗赠人"似乎有点突兀。《民法典》第1144条改为"其"，解决了这个问题。此前立法对"其"字的使用比较谨慎，而《民法典》的编纂打破了这种禁锢。详见前章相关内容。

【例】2009年《民法通则》第20条第1款：公民下落不明满二年的，利害关系人可以向人民法院申请宣告他为失踪人。

此处的"他"显然是指"下落不明满二年的"公民。从立法史看，1986年《民法通则》就是这样表述的。《民法典》第40条将"他"改为"该自然人"，是因为同时有4类"人"："利害关系人、人民法院、该自然人、失踪人"，为了避免对指代的疑惑，用更为具体、更有针对性的"该自然人"显然更好。

【例】2001年《婚姻法》第23条中有"国家、集体或他人"的表述。

《民法典》第1068条将其改为"他人"，直观地解读了对该词的用法：中文中的"他人"是没有性别的，因为根本就没有"她人"。"他人"还没有

① 2021年1月1日起《继承法》废止，其主要内容此前已经并入2020年《民法典》。下同。

数的概念：既可以指单数，也可以指复数；既可以指自然人，也可以指法律上的其他人，完全可以包容或者说兼容“国家、集体”。

第五节　数量用词的斟酌

2015年《立法法》第61条第3款规定：“法律标题的题注应当载明制定机关、通过日期。经过修改的法律，应当依次载明修改机关、修改日期。”这里的“依次”很有讲究。因为在“应当依次载明修改机关、修改日期”的前一句中，也提到“应当载明制定机关、通过日期”，但没有“依次”。其道理在于，没有“经过修改的法律”的“标题的题注”，显然是“制定机关”在先、“通过日期”在后，但无须强调“依次”；“经过修改的法律”，才需要将每“次”修改的“制定机关、通过日期”“依次”载明，当然，其“依次”的标准，就是修改时间。如修改次数较多、因而比较具有典型性的《刑法》的题注的内容就比较丰富，确实有必要“依次”：从1979年7月1日第五届全国人大第二次会议通过，到2020年10月26日《刑法修正案（十一）》，前后跨越40多年、修改11次，题注长达300多字，不“依次”，真的有点乱。

【例】1989年《行政诉讼法》第37条：先向上一级行政机关或者法律、法规规定的行政机关申请复议。

这是该法一并设定行政复议制度的基础条款，2014年修正时删除了其中的“上一级”，充分体现了当代立法严谨性的与日俱增。

据此，行政复议概念须重新定义：行政相对人对行政机关的行政行为不服，向法定的行政机关申请审查该行政行为的行政监督和行政救济制度，原因有二。

一是《行政复议法》规定了原级复议。这是原《行政诉讼法》出台时没有的新情势，故新法只能强调“先向行政机关申请复议”，不能再提“上一级”。

二是1989年《行政诉讼法》第37条前后两款的规定本身就不一致。第1款的表述是“先向上一级行政机关或者法律、法规规定的行政机关申请复议”，第2款又表述为“先向行政机关申请复议”。这固然可以理解为第2款重复第1款的部分内容时必要的省略，而且旧法此后的其他涉及行政复议机关的条款中，也都没有再提“上一级”。但就立法本身而言，同一法律概念，前面加不加限定词，是非常慎重、特别讲究的。如提及法院时，加不加“上一级”，甚至加“上一级”还是“上级”，都是需要反复掂量、认真权衡的；尤其是在同一条中，上下两款的表述不一，难免让人产生不同的理解、解释。2014年《行政诉讼法》结合《行政复议法》有关原级复议的规定，修订这一内容。

第六节　修饰词的选用

汉语以单字表意，故超过两个字在一起，就会产生搭配的问题，特别是修饰词的选用，都要注意搭配。搭配是汉语表达、特别是写作的基本功。

【例】某国的地形也非常好，想要修建基础设施的话也没有什么为难的。

“为难”与“难”，一字之差，但意思迥异。显然，此处的“为”是多余的。“为难”是为难别人；自己要做某难做之事，那就是“难”。“为难”的另一层意思是能做而不好意思去做，但某国人似乎没有那么脸皮薄。

第七节　助词的斟酌选用

【例】1989年《行政诉讼法》第42条：人民法院接到起诉状，经审查，应当在七日内立案或者作出裁定不予受理。

2014年《行政诉讼法》第51条第1款将其改为：人民法院在接到起诉状时对符合本法规定的起诉条件的，应当登记立案。该规定确立了直接立案，甚至可以做到当场立案，只要法院委派的负责立案工作的法官业务足够过硬、获得足够授权。

核心要旨、制度转换的关键，仅用一个“时”字，但价值倾城：强调了新法环境下，“接到起诉状”的即时性、当场性。即时性，对法院而言是果敢、权威；当场性，对行政相对人而言就是便捷、高效。由此确立了新法践行初心使命，贴近百姓、符合民心、体现公正为民、有效服务群众的一大创新。

【例】2001年《商标法》第56条第3款：销售不知道是侵犯注册商标专用权的商品，能证明该商品是自己合法取得的并说明提供者的，不承担赔偿责任。

2013年《商标法》第64条第2款只改了一个字：删除了“能证明该商品是自己合法取得”后面的那个“的”字。因为该句的主语是一个“的”字结构，不删除句中的这个“的”，句末的那个“的”就构不成“纯粹”的“的”字结构，因为已经使用了“并”字以并联两个“的”字结构，故前一个“的”字必须删除，这就是立法的严谨性所在。在这类问题上，必须拿出“锱铢必较”的劲头来，字字斟酌、不容含糊。

【例】2001年《商标法》第10条第1款第2项：同外国的国家名称、国旗、国徽、军旗相同或者近似的，但该国政府同意的除外。

2013年《商标法》修正时，对此作了两处“小小不然”的修订。

一是在罗列不得申请商标的标志时，在“外国的国家名称、国旗、国徽、军旗”后，增加了一个“等”字，即不限于已经列明的，与之类似的其他“标志”，也不能以与之“相同或者近似的标志”在中国申请商标注册。

二是在“但该国政府同意的除外”中，增加了一个“经”字。这可真是一个神来之笔，不但解决了这一制度如何操作的程序性问题，也一并解决了如何证明“该国政府同意”的实质性问题。也就是说，在申请此类商标注册时，需要一并提供这方面的证明；这类证明，可以通过函件等的往来，从“该国政府”处取得。

第八节　用好“的”字

字词的斟酌，不限于语义丰满的实词，以下几节探讨一下虚词的措辞。

虚词在某些场合其实有些名不副实，如某些必不可少的“的”字。

“的”字在立法中的重要性，可以从其在立法中的出现频率、文字占比上体现。《民法典》总计106894字，共出现了4260个“的”字，占总字数约3.98%，平均每25个字就有一个，几乎每行都会有一个。其中包括“目的”中的35个、“标的”中的157个已经融入语词中的“的”，它们并非汉语演化历史进程中“的”字脱虚向实的结果，反而恰恰是“的”字古老的实体本义的残留。

【例】2007年《物权法》第24条：船舶、航空器和机动车等物权的设立、变更、转让和消灭，未经登记，不得对抗善意第三人。

《民法典》第225条在“等”后增加了个“的”，充分体现了《民法典》编纂的严肃、认真和细致，这才是日常写作中不必且难以苛求但应努力的方向。

因为本条规范的是物权的设立等，而不是物的设立，故在诸“物”之后加了“等”字之后，必须顾及其所归纳的与机动车等类同的只是“物”，这些物对应的物权才有所谓“设立、变更”等的具体所指。否则，“航空器和机动车等”就成物权了。

类似的情形，《民法典》中还有3处：第128条“……妇女、消费者等的民事权利”，第185条“英雄烈士等的姓名、肖像”，第243条“……青苗等的补偿费用”，都属于“等”字后的“的”字必须加而且也确实加了的情形。

【例】1998年《收养法》第28条：当事人协议解除收养关系的，应当到民政部门办理解除收养关系的登记。

“的登记”是为了区分或者强调“登记”是“解除收养关系”的“登记”，但也完全可以不用“的”。与“办理”搭配，不加“的”字显然更顺畅。

类似这样的咬文嚼字，如果不是《民法典》第1116条改成这样，很难体会其深意。《民法典》在这些方面细微的考量，体现了语法规范在立法实践中的存在与运用价值，这是对涵养文字表达能力的最好激励和鞭策。

第九节　用好“等”字

上一节已提到了“等”的一种用法：在列举时概括、兜底，这是其最主要的功用。

《民法典》第110条第1款规定：“自然人享有生命权、身体权、健康权、姓名权、肖像权、名誉权、荣誉权、隐私权、婚姻自主权等权利。”这个表述相当长，但如果知道这是从2009年《民法通则》第98~103条多达6条的繁复表述中归纳而来的，就不会认为其冗长了。

更重要的是其以“等权利”收尾，而2009年《民法通则》的6条事关权利主体与权利类别的规定中，却一个“等”字也没用。法人享有名誉权和荣誉权，一般人对此不会有意见，但非法人组织是不是也享有？这个问题就有争议了，因为《民法通则》第101条只规定公民、法人享有名誉权。

无独有偶，《民法通则》第99条在第1款规定公民享有姓名权之后，在第2款仅规定法人、个体工商户、个人合伙享有名称权，也没有用“等”字，意味着其他主体连姓名权都没有，更不要说名誉权、荣誉权等。从历史角度看，《民法典》在涉及人格权的表述上的贡献特别值得珍惜和铭记。

与《民法典》第110条第1款在罗列了9项权利之后才用“等”字不同，《民法典》第112条“自然人因婚姻家庭关系等产生的人身权利受法律保护”所用的“等”字充分说明，只需要单一列举，就可以用“等”指代与之类似的一类，而不需要给这类情形赋予统一的上位概念，这解决了在相当多的场合，因为不便归类、特别是不便给某类情形命名时，应如何表述的难题。

第十节　用好“之”字

“之乎者也”属于典型的古汉语虚词，在现代汉语中已经用得越来越少，在立法这样的严肃场合，每次出现更要严格把关。

有些情形，如“之一、之日、之时”中的“之”，确实不宜省略，现代汉语目前还找不到其他可以替换它的恰当的现当代词素。但在有些情形，特别是在某些特意修改之处，如果前后不一，有的地方改、有的地方不改，就有些不妥了。

【例】1999年《合同法》第17条：撤回要约的通知应当在要约到达受要约人之前或者与要约同时到达受要约人。

【例】1999年《合同法》第47条第2款中的“被追认之前”。

《民法典》第141条、第145条分别删除了“之前”中的“之”，代表了一种趋向：尽可能省略不必要的虚词，特别是“之乎者也”一类的虚词。

《民法典》中目前仍有20个“之前”，其在总则编、物权编中都已绝迹，其中总则编中至少有3处是明显地删除了原条文“之前”中的“之”；《物权法》在2007年就没有“之前”了，并“荫及”物权编。

《民法典》合同编中遗留的“之前”最多，但该编后的《民法典》各编中只有人格权编的第1022条中出现了2处“之前”，而且还有明显的《合同法》印迹，例如：任何一方当事人可以随时解除肖像许可使用合同，但是应当在合理期限之前通知对方。这样梳理下来，“之前”出现的脉络就清楚了：大部分出现在合同法领域。

上述例句中，《合同法》的出镜率较高，间接解释了其为什么保留那么多“之前”。由此提醒我们，写作功力的提升是个综合性的基础性工程，短板的出现往往有其隐秘的系统性原因。

第十一节 提高用词精度

通过语法技术分析被审查的法律条文中的文字错误，这不是单纯的文字校对工作，而是运用立法技术，发现普通校对无法发现的更深层次的文字表述错误。

【例】无论如何，打击犯罪本身都应该是一件严重的事，也是一件要拿出百分之百热度来对待的事。

此处的“严重”似乎应当是“严肃”，“热度”似乎也应当用“热忱”之类的词替代。一句话中2个词使用不当，难免就让人觉得不着调。

【例】他的专业水平，在国际上也是顶尖的。以至于2007年他选择全职回国时，引发美国科学界震动。

这句话有多处值得推敲，尤其是“全职回国”，难道还有“兼职回国”？

提高用词精度的本质是字词的斟酌，这是精准表达的重要方面、基础性环节。

【例】前方道路，只能右转。

这是某处交通指示牌上的文字。仅8个字，却有3个方面的问题：一是“前方”有多远？这涉及规则的调整范围。因此，这样的指示牌只能设在每个可右转的路口，不能“一杆子”指到天边。二是都能限制谁？如果前方有人行横道线或者地下通道，行人可不可以左转？这也涉及规则的调整范围，即规范的对象。三是“只能”是什么意思？是“能”右转也不得右转？还是“能”右转才可以右转？这涉及规则的本义及道路上的行为人的行为能力问题，如针对机动车、非机动车还是行人。

也许有读者会说，这是不是太矫情了？对于规则的制定者而言，不能把自己的标准降得太低，要力争让普通市民或者具有常识的普通人基本挑不出毛病。

其实，上述路牌涉及的问题，完全可以用道路标线（长实线）加文字说明解决。指示牌只需要写“右转专用”，再用长实线在拐弯处引导一下，就同时解决了两个方面的问题：提前指引、准确引导。这就是立法、立规的基本精神所在。

【例】2001年《婚姻法》第14条：夫妻双方都有各用自己姓名的权利。

这句话的意思，是不是各用各名、以免重名？《民法典》第1056条强调了双方对各自姓名的使用权，但没有提及命名权、改名权。因此仍不免让人担心：男方是否可以不经女方同意给女方改名，只要不妨碍女方使用新名的权利？

之所以将“各用”改为“各自使用”，根本原因是“各用”留在《民法典》里确实有些不妥，而“各自使用”中规中矩，不会让人感觉明显的不协调。

如上对比剖析再往深、往实里走，往法理、往立法中走，不难引出条文中规定的历史脉络，这其实是我国《婚姻法》一直坚持的制度：女方不必随夫姓。考虑到夫妻双方都是成年人，只需要强调夫妻双方都有姓名权就可以了。

第十二节　不放过一字

斟酌字词的最高境界是什么？就汉语表达而言，无非是一字也争了。

日常写作中肯定要反复斟酌字词，但其强度和深度与立法相比，还是小巫见大巫。有人会说，有见大巫的必要吗？问话人应当是没摊上大事，真摊上了，哪怕不太大，就有直观感受了：原来坑我的人不仅城府极深，而且是个“文字专家”。例如，该人借了张三的钱后立字为据：今借张三500万元。这钱张三要得回来吗？

法律规范对字词的选择的精细化程度，超出常人想象，如“支解、枝解、肢解”这3个词，均为正统辞典所接纳，故都已不算错别字了，关键是谁更“正宗”。

【例】1999年《合同法》第272条第1款中的“肢解”。

【例】《建筑法》（1997年、2011年、2019年）、《招标投标法》（1999年、2017年）中的“肢解”。

《民法典》第791条第1款将“肢解”改为“支解”。由于《民法典》基本法律的法律位阶及其广泛而深远的影响，后续立法都该用“支解”而非“肢解”，进而会推动现代汉语以“支解”替代“肢解”。“肢解”多形容器官分离，毕竟有些血腥。

早在1978年第1版《现代汉语词典》中，就将“支解、肢解”并列（“支解”在前）并解释为：古代割去四肢的酷刑。字面上看，“肢解”似乎更能形象地体现其酷刑的本义，“支解”应当是出自“肢解”，但这是靠不住的望文生义。该版中也有“枝解”，但认为“同支解”。可见“支解”是当时最“本分”的用词。2016年第7版《现代汉语词典》则改为“支解见肢解”（“肢解”词条中二者并列，释义未变）。

至于为什么还要在这个词上斟酌，最主要的原因是，在我国现行法律、行政法规中，除《合同法》外，在建筑、建设领域的法律、行政法规，如《建筑法》《招标投标法》等早年立法中仍多处使用“肢解”，“肢解发包”俨然已成为建筑业术语。而截至《民法典》颁布，“支解”在我国的法律、行政法规中还从未出现过。

第十三节　用词与时俱进

语言的演化，最能展现“与时俱进”这个词的风采。从许多新式搭配中并不能反推原搭配的错误，只能说原来的搭配落伍了；有些方言就是这样成为方言的。

【例】2009年《民法通则》第62条：民事法律行为可以附条件，附条件的民事法律行为在符合所附条件时生效。

《民法典》第158条将“符合所附条件时”改为“条件成就时”，这是《民法典》对规范当代汉语作出的贡献：虽然不是首创者，却是坚定的推广者。

其实，“成就”搭配“条件”，早在1999年《合同法》中就有了，但《民法典》之后，凡提到“条件”需要搭配动词的，“成就”就是标准的搭配了。

第二编

公文写作中的语法运用

汉语文化崇尚文以载道。这里的文，不只是文字的文，也是文过饰非的文。于是，古往今来，经典因其载道而成为美文。由此推及立法，良法也必须借助法律语言这个平台，而限定规则就是保障嘉言成为良法的最重要的语法手段。

除语法避错外，本编讨论的内容都不属于狭义的语法的范畴，但精准限定、搭配得当、学会说不、褒贬一致、顺畅表达等，确实是在通常意义的语法规则之上，更高层次写作必须恪守的金科玉律，特别是在立法等要求较严格的写作领域。

第七章　精准限定的技巧

本章本来是以“定语规则”为主题的，但收集资料后发现，立法中还有不限于此的限定现象，如副词对动词的修饰等。

第一节　有限限定

这是立法对限定的要求集中概括：要有必要的限定，不要不必要的限定。

确保限定有限性的最稳妥方式，是将限定权交给法律、行政法规等。如《民法典》第179条第2款“法律规定惩罚性赔偿的，依照其规定”确立了惩罚性赔偿制度，但其将设定权限交给了法律，而不包括法规、规章。

必要的限定，是法律规范的精髓所在。法律规范是现实社会的约束条件，其自身也是由一系列相互限定的法律规则构筑的逻辑体系。同时，要尽可能去除不必要的限定，特别是那些本身无关紧要，但会影响整个条文的主旨的情形。

有限限定的要求存在一个逻辑上一眼就能看得出的两难选择：要明确表述，就必须尽可能将意思限定在其合逻辑、合情理、合法理的范围内，限定必不可少；但避免不必要限定的最直接方式，就是减少限定，从而有可能使表述过于笼统。要处理好这一对矛盾，就需要把握好有限限定的分寸。

【例】2007年《物权法》第18条：权利人、利害关系人可以申请查询、复制登记资料，登记机构应当提供。

这里的登记资料指什么？单看本条显然看不明白。但该条如果放在上一条（同法第17条：不动产权属证书记载的事项，应当与不动产登记簿一致；记载不一致的，除有证据证明不动产登记簿确有错误外，以不动产登记簿为准。）第一分句之后，或者将其第二分句移至本条，就不存在这个问题了。既然分成了两条，为了保险起见，《民法典》第218条在“登记资料”前加上“不动产”这个必要的限定，就使表述的意思更连贯协调了。

【例】2001年《婚姻法》第13条：夫妻在家庭中地位平等。

《民法典》第1055条将其改为“夫妻在婚姻家庭中地位平等”，将我国的婚姻家庭法律制度提高了一个档级。从立法语言的角度看，“夫妻在家庭中地位平等”通俗易懂，但不像法律用语。从法理层面分析，夫妻应当地位平等的领域，不限于家庭关系、更不能局限于回到家里（“家庭中”可以理解为包括厨房在内），还包括更多精神、社会层面的内容，某些内容只有婚姻关系才能包容，如偕夫人出访。

【例】领导班子整改主体责任没有充分压实。

“压实”实际上是个动补复合词，兼有“行为+效果”的意思。由于自带结果，往往不能再加程度性限定词了：“压实”就是已经压到底了，压而不实谈何压实？

类似的词还有不少，如补强、彻底、促进、激活、加大、开好、扛起、落实、提高、扎紧、筑牢、抓紧、走好、做到等，对其进一步限定时要多加小心。

第二节　利用语境

语境，就是语句构成的意思表达氛围，是表意的外部环境。限定是适应这个环境的自我约束，因此，限定必须在语意包容的范围内表述，既不要自缚手脚，也不能过度自我膨胀。利用语境简省文字有相当的风险，通常不建议采用，以免弄巧成拙，但也不能太教条：上下文及整部法中都明了的内容，不必重复。

【例】2004年《公司法》第32条：股东有权查阅股东会会议记录和公司财务会计报告。

这里的“公司”显然是多余的，甚至“财务”也不必要。

【例】某司法解释：民事争议当事人要求人民法院一并解决相关民事争议。

从事后诸葛亮的角度看，“当事人”前的“民事争议”明显累赘，而且还重复。新司法解释“当事人申请一并解决相关民事争议”的表述不仅更为简洁，还避免了不必要的枝节，如“申请”与“要求人民法院”相比，更好地体现了“当事人”与法院的关系：让普通老百姓用“要求”之类的词与法院打交道，有些言重了。

【例】1999年《合同法》第45条：当事人对合同的效力可以约定附条件。

《民法典》第158条改为“民事法律行为可以附条件”。由此确立的规则是，从条文本身的意思中必然可以推断出来的内容，如效力和约定，可以不写。或有人担心，不约定行吗？民事法律行为所附的条件，肯定就是与该民事行为的成立、生效、解除等条件相关的，这些条件的确立，正如民事法律行为本身的确立一样，都是民事主体行为的结果，其中当然包括约定。

反观例句中的规定，有两个局限，一个是历史性的，另一个是其本身的。

就《合同法》本身而言，当然只能就事论事，在《合同法》言合同。故纳入《民法典》后这个问题肯定被克服了。否则是否就是低级的文字错误？那倒未必，因为法律，特别是像《民法典》这样的基本法律，其规范内容除《宪法》的要求外是不受约束的。如果《民法典》一字不差地重复《合同法》，那肯定不是立法起草者的疏忽，而是有意为之——至少要从这个角度统一思想。而且，将民事法律行为效力可约定的范围限于合同领域，在这一制度拓展之前，也是完全必要的。只是如此解释时需要注意一个事实：该规定在《合同法》中存在至少10年了，其在合同领域实施的事实证明，不会出什么大问题。

在《合同法》之外，上述规定还有一个局限，就是仅限“效力”而没有推而广之，这个问题可以说是历史原因造成的。弥补这个局限，只有靠编纂《民法典》这样的历史性机遇。该法也确实肩负起了这一使命，将附条件的领域不仅拓展到所有民事法律行为，而且进一步细化、深入民事法律行为的所有环节。

据此，在“民事法律行为”这个最低限度的限制条件下，无论当事人如何约定、附什么条件，能够影响到第三人甚至公序良俗的毕竟只是少数；即便当事人有约在先，也不得损害第三人或公序良俗。

【例】诉讼标的为生效判决的效力所羁束的，应当裁定不予受理。

上述规定后改为：诉讼标的已为生效裁判或者调解书所羁束的。“为生效裁判所羁束”，当然就是“为生效裁判的效力所羁束”。在法律规则的语境下，“的效力”就是多余的，“生效”就是发生效力，已经包含“效力”既存的事实和语意。

第三节 重复限定

避免重复的限定，就是要去除非必要限定的累赘。

在一部法律文件中先行界定某一法律概念的含义，进而展开规范，是一项越来越普遍适用的立法技术。由此产生的立法技术规则是，已经界定过或者描述过的法律概念就不要再次重复定义或者重复已经定义的内容。对此，本书在概念的限定中已经提到过，但以下例证说明，这个问题确实还有再次提醒的必要。

【例】70年代以后，随着……中产阶级兴起，成为主要社会力量之一。

此处的“主要”与“之一”，有些许重叠，但不是太严重，勉强说得过去。

【例】2007年《政府信息公开条例》第24条第3款：申请公开的政府信息涉及第三方权益的，行政机关征求第三方意见所需时间不计算在本条第二款规定的期限内。

考虑到该条例第23条已经明确规定，“行政机关认为申请公开的政府信息涉及商业秘密、个人隐私，公开后可能损害第三方合法权益的，应当书面征求第三方的意见”。因此，“行政机关征求第三方意见”肯定是因为，而且也只能是因为“申请公开的政府信息涉及第三方权益的”，所以这个前提就是当然的，且是可以省略的。而且，如果立法要表达（无论基于什么理由）“行政机关征求第三方和其他机关意见所需时间”都“不计算在前款规定的期限内”的意思，更不能设置此等不必要的限制条件。2019年新条例第33条正是这样修改的。

【例】2001年《行政法规制定程序条例》第8条第1款：国务院法制机构应当根据国家总体工作部署对部门报送的行政法规立项申请汇总研究。

“部门报送的”显然是多余的、重复的定义。因为其上一条即第7条第2款已有规定，“行政法规立项申请”肯定由国务院部门报送，此后再涉及该事宜时，就不必再重复了：2017年修订时，删除了“部门报送的”这5个字。

【例】2002年《互联网上网服务营业场所管理条例》第10条：设立互联

网上网服务营业场所经营单位，应当向县级以上地方人民政府文化行政部门提出申请，并提交下列文件……第11条第1款：文化行政部门应当自收到设立申请之日起20个工作日内作出决定。

“设立申请”中的“设立”显然是多余的。立法中的前后条文，不仅时序上先后为次，语意上也紧密相连。前条规定“提出申请”，再提“申请”，肯定是指该“申请”；“申请”前再加限定，并不能进一步明确其所指，反而啰唆。2016年该法修订时，相应删除了第11条第1款中的“设立”，并将其他“设立”改为“从事”。

第四节　画蛇添足

不必要的限定的最突出的表现形式，就是反受其乱的重复限定。

【例】书稿中还存在一些表述重复、衔接不畅、引用不完整等问题。

此处用到两个概括列举的表述结构：“还存在一些……的问题”“还存在……等问题”，二者任用其一即可，但叠套使用，就没有必要了，可删去“一些”。

【例】1999年《合同法》第55条：有下列情形之一的，撤销权消灭……具有撤销权的当事人自知道或者应当知道撤销事由之日起……

在“有下列情形之一的，撤销权消灭”的前提下，不必将“具有撤销权的当事人”作为所列各项情形的主语，《民法典》第152条将其改为“当事人”。

【例】2007年《物权法》第129条：土地承包经营权人将土地承包经营权互换、转让，当事人要求登记的，应当向县级以上地方人民政府申请土地承包经营权变更登记；未经登记，不得对抗善意第三人。

《民法典》第335条对此大为简化，删除了“土地承包经营权人将”“当事人要求登记的，应当向县级以上地方人民政府申请土地承包经营权变更登记”等对“登记”实质内容不必要的重复限定，改为“当事人可以向登记机构申请登记”。这一点除了从法理上可以推断出来以外，从语法上看也是如此：如果觉得对“登记”不加限定不妥，为何对前文的“要求登记”以及后文的“未经登记”都不加限定？事实上，该条规定涉及的都是“土地承包经营权互换、转让”登记；第一次提及“登记”时未加限定，此后也不必多此一举，但一定要保持前后文的统一规整。

【例】2009年《民法通则》中许多有关法人登记的内容（如第44条、第45条），都是在“企业法人”的名下部署的。

以“企业”限定“法人”的立法格局，建立在以企业为中心的法人分类基础之上。《民法典》放弃了这一分类模式，故删除了“企业”以使调整范围覆盖所有法人。

【例】2007年《物权法》第130条第2款“依照农村土地承包法等法律规定”、第126条第2款“按照国家有关规定”。

上述内容在《民法典》第336条、第332条中，都被改成了“依照农村土地承包的法律规定”；第337条更是进一步将其改为“法律”。《民法典》中此类修改还有多处。类似问题对《民法典》来说，确实只是简单的文字统一措施，但解决了《物权法》在此类具体表述的把关方面的问题：如果《农村土地承包法》被改名了、废止了，《物权法》是不是也要改？如果其他现有法律或者今后又有法律“另有规定”了，单说《农村土地承包法》也不妥。既然“法律”完全可以替代“农村土地承包法等法律”，多出的几个字正应了言多语失的古训。

【例】2007年《物权法》第151条：集体所有的土地作为建设用地的，应当依照土地管理法等法律规定办理。

《民法典》第361条将“土地管理法等法律”改为“土地管理的法律”。

第五节　过分限定

过分限定与画蛇添足有点类似，但情形相对轻微，属于高标准的要求。

【例】2009年《民法通则》第37条第2项：有必要的财产或者经费。

上述有关法人应当具备的条件的规定，《民法典》第58条第2款删除了限定“财产或者经费”的“必要”，因为这个限定没有实际意义。立法涉及的所有条件都有“必要”的问题，如适当大小的“住所”。这些都是在法人登记时由登记机关自由裁量的，或者在一定的原则要求基础上自由裁量的。而且，在不同的历史时期、不同的地域，对此也会有不同的要求，如为了鼓励大众创业，就会降低要求，由实缴制到认缴制的演变等。对“住所”的要求也在不断调整中，如商住两用、集中办公等也都允许了。特别是明确了“法人成立的具体条件和程序，依照法律、行政法规的规定”之后，“必要”之类的限定，就更没有必要了。

【例】2009年《民法通则》第17条第1款：担任精神病人监护人的第三顺位候选人是“成年子女”。

《民法典》第28条改为“子女”，最根本的原因，就是新条文中增加了“有监护能力”的总体限定条件，足以覆盖“成年”这个更为初级的要求。

第六节　限定缺失

绝大多数的语意都必须在一定的约束条件下表达，凡是在法律上认定为具有民事行为能力的人，都要对其“大话”负责。

普通人的言语尚且如此，日常写作，尤其是比较正式的行文，更不能不谨小慎微。尽管如此，限定缺失的现象仍屡见不鲜，即便是在最需要小心的立法领域。

【例】2007年《物权法》第62条：集体经济组织或者村民委员会、村民小组应当……

《民法典》第264条纠正了其中一个很明显的错误：漏了“集体经济组织”前的“农村”。因为“村民委员会、村民小组”中的“村”就是“农村”；与“村民委员会、村民小组”对应的，只能是“农村集体经济组织”。

【例】2007年《物权法》第154条：宅基地因自然灾害等原因灭失的，宅基地使用权消灭。对失去宅基地的村民，应当重新分配宅基地。

《民法典》第364条在“应当重新分配宅基地”中增加的“依法”很有必要。立法固然要避免口惠而实不至，但更要避免明显的有法不依，埋没法律体系已有的或者将有的成果。宅基地属于农村集体土地，不完全由农村村民意思自治。

【例】2009年《民法通则》第16条第3款：对担任监护人有争议的，由未成年人的父、母的所在单位或者未成年人住所地的居民委员会、村民委员会在近亲属中指定。对指定不服提起诉讼的，由人民法院裁决。第17条第2

款也有“对指定不服提起诉讼的，由人民法院裁决”的表述。

由于“对指定不服提起诉讼的，由人民法院裁决”与前文有关监护人指定的规定，是由句号截然断开的完整独立的语句，彼此是形式分开、内容独立的，因此可以理解为：有权以不服为由向法院起诉的人，包括全世界所有的人。

有人在理解时“自觉”地将起诉人的范围限定为与此相关的人：怎么能允许其他无关的人来起诉呢？这种思维恰恰是立法时必须克服的，法治思维的核心就此处而言只有“唯法”。《民法典》第31条第1款增加了两处“有关当事人”：对监护人的确定有争议的，由被监护人住所地的居民委员会、村民委员会或者民政部门指定监护人，有关当事人对指定不服的，可以向人民法院申请指定监护人；有关当事人也可以直接向人民法院申请指定监护人。

第七节　限定失据

相对于限定缺失，限定失据似乎“罪过”要轻一些，毕竟还不是“一丝不挂”，但也真好不到哪去：严重不妥的限定，比没有限定给人的印象更坏。

【例】2001年《婚姻法》第21条：父母对子女有抚养教育的义务。

此处没有限定子女的年龄，似乎成了现实版“啃老”的法律依据。虽然司法实践中还没听说过有健康的成年子女能够成功获得此处明文规定的“抚养费”的，但如果确有子女就此将父母告上法庭，法官还真得为这些父母找到该处规定之外的判决理由。事实上，2001年《婚姻法》第23条已经规定“父母有保护和教育未成年子女的权利和义务”，强调父母只有“对未成年子女”的义务，弥补了该法第21条第1款“父母对子女有抚养教育的义务”的泛泛表述。但严格从立法技术的角度分析和要求，这两处规定要么重复，要么自相矛盾。

《民法典》第1058条中“子女”前的“未成年”，解决了上述问题。

【例】2001年《婚姻法》第36条第3款：哺乳期内的子女，以随哺乳的母亲抚养为原则。

《民法典》第1084条将“哺乳期内的子女”改为“不满两周岁的子女”，把一个不确定、更难以证明的期间，改为一个相对合理的固定期间，减少了规则的不确定性。同时，还一并解决了一个原条文词不达意或者说事与愿违的“瑕疵”：“哺乳期”以实际哺乳的现实还是大致公认的哺乳期为准，不好确定；更重要的是，如果出生即无法母乳喂养，是不是就没有“哺乳期”？如此一来，未满月的孩子也将无法适用上述原则，以致作出明显不合理的判决。

第八章　搭配得当的技巧

汉语的精华、难点和玄妙之机，在于搭配。汉语中的搭配无处不在：名词要和动词搭配、动词要和宾语搭配、形容词要和名词搭配、数词要和量词搭配……

了解并熟练掌握汉语字词搭配的捷径就是避免犯忌，即避开字词之间的配伍禁忌。中文对此有严格的规则，甚至成为“老外”们埋怨中文难学之痛点之一。数词与量词的不当搭配，就属于最明显的禁忌。例如，通常可以说“一棵树、一朵花、一座塔”，但如果改成“一棵竹、一朵山、一座路”，可能就要接受侧目礼了。

虽然中国文化强调人的和融，但中国的字却不那么好凑合：不是什么字都可以拿来随便搭配的。中文正如中药一样，不是独立表意的单个字词的单打独斗，而是由字词组合而成的词群来表情达意。在这个过程中，中文字词也像中药一样，形成了非常复杂的相互间的配合要求以及更具有约束性的配伍禁忌。

这方面的内容具体到本书中，涉及跨词类、跨句子成分的语法现象及其相应错误的预防与纠正，此前此后各章多有牵涉，不限于本章的内容。

第一节　基本要求

汉语写作对搭配的最基本要求不是搭配合理，搭配合理的要求太理想化；也不是搭配准确，汉语对某些搭配的要求确实比较严格，不用这些搭配，确实会被视为严重的语法错误，但本章讨论的范围，还不限于这个相对狭小的领域。

搭配妥帖，是笔者构想的一个外延适度的概念：既不过于广泛，使汉语表述中的搭配过于灵活；又不过于狭隘，不限于必须严格适用的搭配要求。

【例】即便领导分润了一点点小红包，底层普通员工在公安精锐的问话手段面前也不可能保的了密。

此句中的“分润”确有其词，指分配利益（多指金钱）。但“公安精锐的问话手段”的搭配，就有点离谱了：精锐通常指（军队）装备精良、战斗力强。或许写作者想表达公安干警的问话精准而锐利，让底层普通员工无法招架、只能老实交代。但这种临时现编的词语的表意功能实在不敢恭维。结合该例句中同时还出现了“保的了密”的低级错误（应当用“得”），结合“分润”这等比较少见的书面措辞，多少反映出一种比较普遍的写作状态：好猎奇以求哗众取宠，却不注意打好基本的文字功底、先把最简单的话说明白。

由此可见，汉语搭配的本质是义合，只有词义贴合、逻辑和谐的搭配，才有可能产生琴瑟和鸣的效果。不理解或者不能准确理解任何一个参与搭配的字词的本义，都有可能将好端端的字词搭配煮成夹生饭。

当然，汉语因其长达数千年的文字著录史，其间形成了大量的经典（包括每个时代的伟人、大家的经典语录），这些经典中的章句，千百年来为一代代国人传诵，已经形成中文表述结构及搭配的惯性法则，对这些章句可以直接引用，但不要随便模仿。如“我们正在做我们的前人从来没有做过的极其光荣伟大的事业”，随意更易这句话中任何文字或者语序而变造出来的新句子，都会出现搭配不当的问题。

第二节　名词搭配

与名词搭配最多的就是形容词。[①]这种搭配主要表现为限定语与其主词的搭配，如定语与主语、定语与宾语、定语与补语、定语与表语的搭配等，故本书分别将其归入前述语句级搭配的各节。

名词与形容词的搭配，有些是比较固定的，或者说得到比较普遍的认可和坚持的，故一旦这类搭配出了问题，就很容易看出来。

【例】……为后续战斗奠定了优势基础。

【例】某市是首座因打架斗殴而被取消全国文明城市的城市，这已是非

① 名词与动词的搭配也很重要，最典型的是主谓搭配，比较容易出错的是动宾搭配。

常严重的力度了。

这两句话的问题，出在“优势”与“基础”、“严重”与“力度”的搭配上。

【例】河砂的表面具有一定的光滑性。

此句的关键或者说实质，涉及名词化后的形容词与其修饰的名词之间的关系。显然，写作者此处很想表现出一定的专业水准，但给人的感觉却是不够专业：“表面”与“光滑性”的搭配不是很和谐，而且很生硬。从专业的角度讲，表面的显微结构比对比材料更光滑还是粗糙，决定了河砂是否适宜做建筑材料。但由于表述问题，上述例句不足以给人以权威结论的印象，写作者的目的没有达到。

【例】……存在一定的漏洞。

这种话经常有人说，但“漏洞”，能够用“一定”来描摹或者度量吗?

“一定”具有相当的通用性，大致表示某种程度。而漏洞就是漏洞，不存在半个漏洞和局部漏洞的问题，这里想强调的其实应当是漏洞的发生率，而不是漏洞的大小，即有无的问题而不是程度的问题。因此，“存在一定漏洞”，正如存在一定的破绽一样。如果确实想强调程度的话，可以用“存在明显的漏洞”表达。

【例】当今世界面临日益加剧的国际大国之间的关系。

“日益加剧”的不是大国之间的“关系”，而是大国之间的“对立”。

按照例句的表述逻辑，与“大国之间的对立”相匹配的，应当是大国之间关系的改善，而大国关系的加剧则不知其所云。

【例】这些人并不对自己有太大的想法了。最多考虑的都是子女，这些父母大多没有受过很高教育也没有很大见识。

此处的问题，一时还真不好说或者不知怎么说好，总之读来如芒在背、浑身不舒服。其比较突出的还是基本的搭配问题：“想法、见识”能论大小?“受教育”能论高低?这也是目前网络文字普遍存在的搭配误区：对文字的驾驭水平还不太高的时候，就已经踉踉跄跄地上路了，而且是直奔庙堂、指点江山。

第三节　动词结构

笔者依直觉判断，动词与副词的搭配应当会有不少的病句实例，但实际搜罗的结果却是，并没有想象的那么多，至少比名词与形容词的搭配错误要少得多。

【例】苍鹭的捕食能力也非常令人称赞。

这句话很难说有什么大问题，但就是觉得某种鸟的“能力”“非常令人称赞”的表述不太自然，用“令人惊奇”“值得称赞”替换一下是不是更好？

对动词搭配的宾语的选择固然主要基于汉语的表述习惯，但也不排除法理、常理在其中的基础性引领作用。语法正确时，法理的作用就会凸显出来。

【例】2001年《婚姻法》第40条中有“付出较多义务”的表述。

《民法典》第1088条将“付出”改为“负担”，当然也可以改为“承担”，因为《民法典》中“负担”义务仅出现过这一次，而“承担”义务则在《民法典》第273条第1款、第958条第1款中出现过2次。在其他法律、行政法规中，也是“承担”义务用得更多一些：“负担”感觉过于沉重，“承担”显得更恰当。

更重要的是，“承担”是个中性词，没有“负担”那么多感情色彩。而此处表达所需要的，正是一个可以描述尽了较多义务的事实的一个中性词。

【例】走投无路的专家们被迫把目光投向了已经废弃了多年的罗布泊。

“废弃”的本义是弃而不再用，本例句想用其表达罗布泊“干涸”的意思。将湖泊的“干涸”与开发利用过之后的“废弃”联系起来，真是让人“脑洞大开”啊。

【例】2007年《物权法》第214条中有“给出质人造成损害”的表述。

【例】1999年《合同法》第74条中有“对债权人造成损害”的表述。

【例】1999年《合同法》第43条中有“给对方造成损失”的表述。

《民法典》第431条将“给出质人造成损害”改为“造成出质人损害”，第538条、第539条将“对债权人造成损害”改为“影响债权人的债权实现”，第501条将“给对方造成损失”改为“造成对方损失”。

【例】2007年《物权法》第216条：质权人可以拍卖、变卖质押财产，并与出质人通过协议将拍卖、变卖所得的价款提前清偿债务或者提存。

《民法典》第433条将“通过协议”改成“协议”，即直接选择及物动词做谓语，将复合的多重动词简化为单动词，摆脱了“通过+名词”的烦琐方式。

以上这几处修改共同指向一个重要的语法规范方向：尽可能直接用动词，而不用动词结构。如直接用及物动词的动宾结构替代“给”“对”“通过”等动词结构。

《民法典》中也不乏“造成损害”“造成……损害”的表述，但多出现在“损害”没有宾语的场合，如第1165条第1款、第1168条。此时的“损害”成了名词，是“造成”的宾语。在“损害”为动词、有明确宾语时，则直接用“损害”，如第83条“损害法人或者其他出资人的利益”。

第四节　动向一致

本书所称“动向”主要指动词所指示、隐含的方向性；但不限于动词，动词名词化后，其“动向”基因仍在，如出口、进口、欠债、偿还等。

由于“动向”的存在，必须照顾各搭配语素之间指向的一致性，如从国外进口、向某国出口、欠了银行的钱、还了多年情债等，“偿还了国家的税款”就有问题。

【例】2007年《物权法》第219条中有“清偿所担保的债权”的表述。

这种表述方式与《民法典》第433条“清偿债务”的表述语义类似，但表述所指示的方向不同。关键是，“债权、债务”在法律上是直接相对的，共用一个具有明显动向的动词“清偿”，多少让人有些担心：不太符合汉语动词的通常习性。

从《民法典》的规定看，“清偿”在绝大多数情况下都是与“债务”搭配的，如第438条及第455条的“由债务人清偿”、第104条及第442~445条中的“清偿债务”、第560条的“由债务人在清偿时”、第561条的“清偿全部债务”、第973条及第978条的“清偿合伙债务”、第985条的“债务到期之前的清偿”、第1089条的“夫妻共同债务应当共同偿还。共同财产不足清偿”、第1159条及第1161~1163条的“清偿……应当缴纳的税款和债务”。但确实有为数不多的几次，“清偿”与债权或者抵押权相连，如第414条。

恰恰是《民法典》第414条第1款第1项，提示了汉语中的动词的“方向”的法律意义和语法价值：“抵押权已经登记的，按照登记的时间先后确定清偿顺序”；同款第2项：“抵押权已经登记的先于未登记的受偿”。虽然该条中出现了多次“清偿”，但这里唯一一次出现的“受偿”，显然可以替换“清偿”，进而可将该法中涉及债权的“清偿”都改为“受偿”。据此，债务应当与“清偿”搭配、债权与“受偿”搭配，区分的原因和标准，就是搭配的方向。

第五节　介词搭配

介词是字词的联系纽带，用得好可以画龙点睛，用得不好则让人摸不着头脑。

汉语中，介词的一个重要功能是表示方向，而汉语中的动词也是有方向性的，故二者搭配时，一定要注意方向协同的问题。

一、介词搭配的固定模式

汉语在数千年的发展中形成了大量相对固定的介词搭配，这些搭配已成为汉语言文化的重要组成部分，是写作者需要不断积累的文化素养的重要方面。

与汉语中的其他词类一样，介词也有相当多的固定搭配，在关键场合的搭配错误就会让人茫然，如“以”常与“为由”配对，如果只具其一便要查找原因。

【例】2007年《物权法》第72条第1款：不得以放弃权利不履行义务。

《民法典》第273条配齐“以……为由”，整个句子表述的意思就通顺了。

【例】2001年《婚姻法》第36条中有“随哺乳的母亲抚养”的表述。

《民法典》第1084条调整了词语搭配，改为“由母亲直接抚养”。“随”是跟随、伴随的意思，但与“抚养”不搭。

【例】以饮食哲学的角度思考。

此处涉及“角度”和与其适配的介词的选择，“从”显然比“以”合适。

另如“和”作为介词，在汉语中非常普遍，如“我和我的祖国”“我和你，在一起”“好多年没有和她联系了”等，但在立法条文中出现便是另外一种景象了。

【例】1999年《合同法》第417条：委托物交付给行纪人时有瑕疵或者容易腐烂、变质的，经委托人同意，行纪人可以处分该物；和委托人不能及时取得联系的，行纪人可以合理处分。

“和……取得联系”至今仍在口语及非正式文本中广泛使用，但出现在法条里确实不太妥当。“与”与“和”的意思完全相同，但语感明显不同，关键是搭配对象有别。《民法典》第954条遂舍“和”而取“与”。

二、注意介词的方向性

介词虽然通常划入虚词的范畴，但却并不是完全没有内在含义的：介词的方向性就是介词本身的内在意义。汉语中的许多方向性表述，正是通过介词完成的。

【例】2009年《民法通则》第44条第1款：企业法人分立、合并或者有其他重要事项变更，应当向登记机关办理登记并公告。

“办理”没有方向性，与“向”存在搭配问题。相比较而言，《民法典》第64条“向登记机关申请变更登记”表达更顺畅，这反映的不仅仅是语感问题。

【例】欧洲停止向该国进口石油。

此处的表述，可以用下列任一表述替代：

“欧洲停止自该国进口石油。”其中的“自”可以替换为“从”“由”。

“该国停止向欧洲出口石油。”其中的“向”可以替换为“对”。

三、介词搭配的完整性

汉语中的介词与其他主要语种的介词一样，是其语法中变化比较丰富的所在，于是产生了两种规则性要求：一方面是配齐必要的介词搭配的结构要素，结构不齐整有时就会出问题；另一方面要克制滥用介词的冲动，尽可能省略、删除不必要的冗余介词。

虽然大多数动宾搭配可以独立表意，但在某些情况下，配齐介词确实更好一些。

【例】要深化新时代巡视工作规律性认识。

此处的“深化”是汉语中，特别是现在文章中非常活跃的动词，可以与许多名词搭配，以提高文章的理论水平和政治站位。为此，更需要熟悉其搭配要求，如涉及“认识”，通常用“深化对……的认识”。但如果直接使用，也可以用“深化认识”，此时的“认识”具有了动词性，但不宜也不必再搭配宾语。

【例】1999年《合同法》第235条：返还的租赁物应当符合按照约定或者租赁物的性质使用后的状态。

“按照约定”的动宾搭配没有问题，而“按照”越过“或者”后与“租赁物的性质”搭配时，就不是很妥当。《民法典》第733条遂在“或者”后增加了“根据”。

【例】2009年《侵权责任法》第89条：在公共道路上堆放、倾倒、遗撒妨碍通行的物品造成他人损害的，有关单位或者个人应当承担侵权责任。

《民法典》第1256条将“有关单位或者个人应当承担”修改为“由行为人承担”，确立了“由行为人承担侵权责任”与“行为人应当承担侵权责任”的等效地位，即“由”在不同句式中可以和“应当”相互替代，在某些情况下，如承担法律责任领域，甚至是目前更具倾向性的表述。

四、介词搭配的简约化

汉语中的介词结构，本来就因为多了一个介词而显得比较臃肿，如果在介词结构中再添加其他不必要的字词，就更啰唆了。

在汉语中，尤其是在立法中，“在”是个非常常用的介词。但其使用也在立法语言演化的过程中出现了归一的现象：如导引时间副词时有时可以省略。这预示着“在”字的这种功能，可能要逐渐淡出“立法圈”了。

如“审查再审申请期间”，没有用“在”，更没有用比较“老土”的“在……时候”，但并不影响理解。此外，“在……日内”被“自……日内”取代也是大势所趋。

【例】2004年《公司法》第8条第3款：法律、行政法规对设立公司规定必须报经审批的。

虽然有“对”的引领，但如此密集的动词连用，语感上还是很不舒服。

故2005年改为"法律、行政法规规定设立公司必须报经批准的"，一下子就疏朗了许多。至于究竟是因为纠正了"对"字结构的使用不当，还是因为避免了动词过于密集的使用才有这样的效果并不重要。

"由"字结构在立法中高频出现，2008年《专利法》中出现了25个"由"，2000年《专利法》中也有24个，说明"由"通常无可替代，尤其是规范用语中的特殊结构。

规则就是日常生活中的命令，其主要形态就是由"应当、不得、禁止"等引导的祈使结构，但其在立法上的表现形式却不一定都是由情态动词搭配的祈使结构。

第六节　数量词搭配

本节探讨的内容涉及一高一低两个维度、一表一里两个层次。其浅层次、低水平的搭配问题，就是通常所说的、比较常见的数量词的搭配问题；更高层级、更深程度的症结，是对数量关系的理解与在把握上可能出现的问题。

即便浅低水平的搭配，也需要一大堆很难掌握精熟的知识：一本书、两棵树、三捆葱、四只鸟、五双鞋、六壶酒、七尺布、八匹马、九顶毡房、十座大山、千户苗寨、万顷良田……类似这些，还有很多，都是不能随便换的。

【例】昨晚做了一筐梦。

如果一个"老外"大清早这样说，能说他汉语不好吗？太好了，好到超出了许多国人的想象力：梦了一筐，多么梦幻的夜晚。但除了诗歌或者与文艺青年交谈外，一般人还是别这样说话为好。

第七节　串烧用词

"串烧用词"是笔者"发明"的对某种语法乱象的称谓，不同于搭配失当或者过度修饰，而是指将两个以上的固定用法重新排列组合后使用的做法。其最突出的表现形式，就是将成语重新拆解，与其他字词组合成的不文不白的表述结构。

【例】这不禁让他有点飘飘所以然了。

此处的“有点飘飘所以然了”，似乎是“有点飘飘然”与“忘乎所以”“串烧”在一起的成果。类似的做法，还出现在对成语的“恶搞”上，如“迅雷不及掩耳之势”与“掩耳盗铃”串烧的结果就是“迅雷不及掩耳盗铃之势”。

汉语中的这类现象，其最初的渊源，多由于口误、笔误。早年由于口误很难为多人所见证，很难流传下来，笔误是主要的流传方式。但随着传播方式的转变，广播、电视、电影中的此类变造词也可以大量传播了。近年来，随着网络写作大行其道，在每年新“创造”出来的网络新词中，这类“串烧词”都占了相当大的比例。

对于此类“串烧词语”，本书的态度是敬而远之。本书的着力点是专业、规范、严肃的写作，此类哗众取宠之巧，难登大雅之堂，也不建议读者攻乎此等异端。

“词语串烧”的表象是搭配错位，即将不同的搭配掐头去尾式地拼接所导致的错误。而其根源，则是因为对相关语词及其搭配的本义不了解，弄巧成拙。

第八节　主谓搭配

主语与谓语的搭配，涉及一句话的“脸面”，此处出了问题，不免全句尽墨。

【例】各班子成员重心放在分管处室，对其他处室的工作不够关心。

此处的“重心”作为主语，感觉不是太好：有必要改为“把工作重心”。

【例】2007年《政府信息公开条例》第21条：对申请公开的政府信息，行政机关根据下列情况分别作出答复。

此处的“答复”究竟是针对“政府信息”“申请公开的政府信息”，还是“对政府信息公开申请”？虽然只差一字（“的”），意思可就大不相同了。对“政府信息”怎么“答复”，这是明显的语病。故2019年《政府信息公开条例》第36条改为“对政府信息公开申请，行政机关根据下列情况分别作出答复”。

【例】三峡大坝是解决长江中下游地区洪水要挟的一项控制性工程。

本句的问题在于，如果严格按句子成分划分，不是普通意义上的主谓搭配问题；但其涉及的谁要挟谁的问题，本质上仍属于这个范畴。

这里的关键是“要挟”，通常只有以人为主体时，才有“要挟”可言，并且只有在存在敌意时用这个词才合适；自然界的“洪水”本身是无意识的客观现象，不存在“要挟”人类的问题，拟人化地使用“威胁”就好一些。

【例】无论在经济上还是军事上，都是其他国家无法触及的。

此处的“触及”显然过于具体化了，国家和国家很难发展成如此亲密的类似肌肤相亲的密切接触关系。比较常见的用法是“企及”。

【例】这则消息存在很大争议。

舆论对“消息”的核心关切是其真实性，对此可以有争议；但对于消息本身，争议什么？可以说：这则消息引起了轩然大波。

第九节　动宾搭配原理

动宾搭配是宾语这一语法成分最具有价值、同时最容易出问题的所在。宾语，主者之宾也，如按古代汉语这样理解，难免会降低对宾语重要性的认识。其实，宾语就是与主语相对的另一主体，主语有多重要，宾语就有多关键。

动宾搭配的本质，在某种意义上说就是主谓搭配的一体两面，特别是在被动结构或者看似主动、实为被动的表述结构中。

动词与其宾语的搭配，是中文中很有意思也很有难度的领域，属于每个习用汉语的人必须终身修炼、与时俱进的基本功，稍有不慎就有可能露怯。

动词与宾词的搭配，主要表现为谓语与宾语的搭配，但又略有不同。动词与宾词的搭配，属于更为基础性的词法的范畴，运行于词与词的层面；而谓语与宾语的搭配，属于结构更为宏大的句法的范畴，是语句层面更为大尺度的展现。

【例】……也没受到太大波动。

【例】这天早晨，导弹基地的工作人员正在聆听有关导弹维护的会议。

上述例句中，“受到……波动、聆听……会议”，都存在比较初级的动宾搭配问题，比较好分辨，也比较好避免或者纠正。“受到……波及（影响）”“参加……会议”“聆听……指示”等，都是较为固定的字词级动宾搭配。

【例】行政执法人员的培训实行统一管理、分级组织的原则。

与“原则”搭配的动词，一般是“遵循”等。“实行原则”虽然勉强说得过去，但显然有些别扭。因为“实行”一般搭配“方针”“制度”，如“国家对煤炭开发实行统一规划、合理布局、综合利用的方针”或者直接用“实行正规合理开发和有序发展”，不加“原则”“方针”之类的概括。故直接删除“的原则”就没事了。

【例】该型火箭炮的研究总师和他的团队，采用了十年的时间，才攻克了所有的技术难关。

动宾搭配确实是个比较容易出错的“是非之地”，但如上这样离谱的，还真不容易寻见。

第十节　动宾搭配基础

动宾搭配是汉语动词运用的基本技能，反映一个人的文化水平和汉语基本功。就更为广泛的知识领域而言，则反映其对相关领域基本概念的认知程度。

【例】对于两个邻国的劝诫，该国压根就没有听进去，甚至还想变本加厉地搅动地区局势的风浪。

“搅动……风浪”的搭配，涉及类似物理模型的问题，如果是因“搅动”而生的浪，其动因就不是风，故不能称“风浪”；同时也不会太大，否则也无法“搅”。这与“掀起”不同，“掀”与“风浪”更搭一些，才有兴风作浪的意思。

第十一节　动宾搭配结构

动宾搭配妥帖，是谓语准确与否的关键。这一点，既与动词本身的词义、用法有关，又与动宾搭配的实际语境有关。如果说前者是后者的理论基础，后者就是检验前者的实践战场了。

【例】1999年《合同法》第29条：因其他原因承诺到达要约人时超过承诺期限。

该句的基本表述结构是：因其他原因承诺超期到达。严格从语法角度分析，这样写没有原则性错误，但《民法典》第487条的修改说明，还是加上"致使"衔接、转承一下为好。"因……致使"属于汉语最常见的搭配。

值得注意的是，动宾搭配的应用场景不限于句子的谓语部分，其他表述不顺的根源，有许多也可以归因于此，其表现形式可能是动宾结构的名词性短语。

【例】根据该电力集团的说法，是因为对方无法支付电力公司的风险而暂停交易。

上述例句有非常明显的错误，但是致错的根本原因还不在于"支付……风险"的搭配不当，而是写作者未能有效驾驭看似简单的法律关系：承担……风险。

第十二节 动宾搭配分寸

动词究竟如何与宾语搭配，有时取决于动词本身，有时取决于宾语，对此很难概括出通行的、规律性的东西，只能针对不同动词，日积月累其不同搭配和用法。

【例】A国希望在一年内为B国提供开采和使用所有石油的权利，他们只从中获得红利。

此处的"所有石油"是什么意思？是B国需要的所有石油还是A国能开采的所有石油？B国需要的"所有石油"是A国一个国家提供不了的，而A国出口的所有石油都给B国，也是不可能的。

【例】制定涉及全局性、长远性的社会经济发展规划……

"涉及""全局性"的搭配有没有问题？问题不是很大，但还可以精益求精。"涉及"自身就带有关联某种属性的意思，因此，最好不要用"涉及""某某性"的搭配，而直接用"涉及某某"，避免使用将名词进一步名词化的"某某性"。当然，如果前面没有"涉及"，直接用"某某性"就没有问题了。

至于“涉及”的词类，是不是可以如“关于”一样划定为介词?《现代汉语词典》将其认定为动词，故可以作为动宾搭配在此讨论；但对此种分类存疑。

【例】2014年《行政诉讼法》第73条：人民法院经过审理，查明被告依法负有给付义务的。

严格从法律上分析，给付义务怎么“查明”？从诉讼实践的角度讲，“给付义务”正如法定职责，有些是需要从法律上“查找”依据的，有些则需要从现实中查明特定个体与法律规定的契合点。因此，“查明”的表述有点别扭，但没有全错，只是要避免片面地理解为只是查明“事实”，更重要的是要查明“依据”。

更准确的说法是“查明被告没有依法履行给付义务的”。这既与该条对假设的处理“判决被告履行给付义务”相吻合，又与其上一条“查明被告不履行法定职责”的规定相呼应、相统一。事实上，法院经过审理“查明被告依法负有给付义务的”，并不适宜一律“判决被告履行给付义务”，特别是在“查明”被告已经履行了“给付义务”时。此时的情形，正是2017年《行政诉讼法》第69条中明确的“原告申请被告履行法定职责或者给付义务理由不成立的，人民法院判决驳回原告的诉讼请求”，这说明无论在法理逻辑上还是现实生活中，确实存在虽然“查明被告依法负有给付义务”但并不能据此“判决被告履行给付义务”的可能。

第十三节　动宾术语搭配

由于动宾搭配的相对稳定性，许多专业领域的动宾搭配也具有相当的专业性：本学科、本专业的专家学者通常用比较固定的动宾搭配表达本专业涉及的特定问题。于是，要想高效率地讨论该专业的特定问题，有时就需要用一些固定的搭配。否则就显得专业性不足，这在语法上问题也许不大，但“不专业”“业余”的“头衔”，就要了此类写作的命。

【例】改善两个大国之间的危机沟通。

这两个大国之间的关系，显然没有融洽到和谐地应对危机的程度。但是，建立应对危机的沟通机制，即事先通过适当的沟通、采取预防措施，避免危机发生、升级，还是有意义的，也是现阶段唯一可行的。也就是说，真正需要“改善”的，不是“危机沟通”，而是应对危机的沟通机制。

【例】……作出行政处罚。

这又是一个比较专业的问题，没有搞过法律甚至没有搞过行政法的人，很难看出其中有什么问题，更不好意思随便提出修改意见。

也许有人会说，仅这么6个字，能有什么问题？是否需要放在特定语境中？对此，可以从两个方面适当展开一下：一是在1996年《行政处罚法》颁布后，“行政处罚”就是一个专门的法律术语了，任何有关“行政处罚”的表述，都必须遵循《行政处罚法》确立的规则，而不再可能按通用汉语的语法判断其表述的得失了。二是注意此处的标点“。”，这表示法律上的结果，很多人没有注意到这一点，只注意字了。有些人可能觉得没必要，那是因为还没有领教过法律的威严。

此处的“行政处罚”，是行政机关实施的一种行政管理行为，其通常表述是“实施行政处罚”；如果非要用“作出”的话，则其搭配的宾语通常是“决定”，即“作出行政处罚决定”。一字之差，在法律上会构成重大的立法、执法事故，更不用说涉及“决定”之有无这样是非悬殊的差异了。

第十四节　双重宾语

汉语中也有直接宾语与间接宾语。二者的功能区分，与宾语表意的确定性有关。由于对宾语的这种双重性认识不深，有些人的造句往往只具其一，致使表意不准确、不完整。

【例】甲国没有采取军事行动支持乙国。

此处的“支持”，写作者只提到了“乙国”，但没有明确支持的具体内容。更重要的是，“支持乙国”的方式有很多，“没有采取军事行动支持”的言外之意，似乎还有其他的支持方式，从而有可能引发外交上的不必要猜想甚至争端。

更好、更稳妥的表达方式包括但不限于：甲国没有采取某种方式支持乙国所采取的军事行动。这种表述比较周全，因此稍显啰唆。另如：甲国没有支持乙国的军事行动。这样表述既表达了最基本的语意，又不失简洁。

当然，有读者会说，这些都不是原句的意思。确实，一个句子如果能让读者从不同角度猜出不同的意思，甚至让阅读者打起来，那么这是写作者的成功还是失败呢？

第十五节　宾语冗余

宾语冗余，就是在动词已经完整表意时不必要的宾语。严格来说，这仍属于动宾搭配的一种变态，但为了提醒读者对这种错误的认识，特单独再强调一下。

汉语字词本身的词义蕴含量，有时超出许多国人的想象，更超出了许多人合理地开发并有效利用字词的能力范围。由此造成的后果是，许多动词已经包含的意思有些写作者没有意识到，或者仍嫌不足，又画蛇添足地再给其加上一个冗余的宾语。

【例】这20多年，是我国对高科技废寝忘食的追索。

真有人望文生义，将“追索”理解为追求、探索，并据此造句、作文。

第十六节　宾语与主语、谓语的搭配

这是一种复合型或者说双向搭配要求，即要兼顾前后两个维度的搭配和谐。

【例】双方已“基本确定”会将“美国核武器和常规力量更进一步防卫日本”这一条共识写进联合声明中，报道还称“此举旨在针对中俄”。

“旨在针对中俄”，这是目的还是结果？如果是目的，那么就是故意挑衅、激惹中俄；如果是结果的话，就不需要加“旨在”。由于是“报道还称”，因此是“报道”者的推断，故只能用“显然是”之类的词，而不宜用“旨在”这样明确的词。

也就是说，宾语的用词，必须同时注意与主语和谓语的匹配。

【例】打击精度2米，堪称非常恐怖了。

此处以“恐怖”匹配“打击精度”和“堪称”，两个方面都不够精准。

这样的表述，具有典型的网络N次元风格。其语意，勉强可以理解；

但对其用词的新奇，只能叹为观止。对此种文风，正规写作还是敬而远之为妙。

【例】压力传导不到底。

如果此处的“不到底”只是将“不到位”打错了，则不是本书关注的重点。如果写作者确实这样认为，则其出错的原因在于其对“压力”“传导”这一形象的说法用在此处的喻义的理解可能有偏差。“压力”“传导”模型所要表达的意思是，压力必须加对地方（即加之于责任人），不是没有目的地传导到底。

第十七节　避免搭配重叠

对于同样的表述需求，汉语往往会预备两种以上的搭配结构，这不能不让人感叹汉语表现手法的丰富，确实无愧为人类历史最悠久且未断绝过的史诗级语言。但这同时也增加了汉语写作者选择的难度。最好不要犯的错误，是将两种甚至多种表述结构“混搭”，更要避免笔者在本书中反复提醒的“串烧”用法。

【例】一个男人在外面上班，就可以足以养活一家人。

此处的“可以”与“足以”明显重叠，择一即可。

第十八节　避免搭配干涉

【例】这一事件经过舆论的发酵后几乎是打脸了我们这几年来工作的成果。

“打脸”应是网络新词，至少2016年《现代汉语词典》还未收录。尽管在非正式媒体上，各种“打脸”已经铺天盖地，但是不是都用得对呢？还真不一定。网络语言也不能太随意、让人太意外。“打脸”显然是个动宾词组，已经有“脸”做宾语了，再加个“我们”或者“成果”，就有点说不通。

其实，类似“打脸”这样的词，中国人是可以见字明义、拿来就用的。但无论是使用还是难度更高的发明新词，都必须以扎实的文字功底、广博的学识见识、开放的情怀打底，没点文化，信口雌黄随便乱用，肯定是要被“打脸”的。

【例】……二是要依靠执法人员的判断。

此处连续出现的3个动词“是、要、依靠”，性质上各不相同：“是”是系动词，“要”属于情态动词，而“依靠”是实义动词。三者的这种并列模式，是时下公文的常态，但仔细推敲，以下搭配要更好一些：“二是依靠执法人员的判断”“二要依靠执法人员的判断”“二要靠执法人员判断”。

第十九节　避免歧义搭配

歧义的产生并不仅由于用词错误本身，也会因搭配不当而节外生枝。

【例】原审判决遗漏了必须参加诉讼的当事人或者诉讼请求的，第二审人民法院应当裁定撤销原审判决，发回重审。

这一表述易生歧义：“必须参加诉讼的当事人或者诉讼请求”怎么理解？有必须参加诉讼的诉讼请求吗？改成“遗漏了诉讼请求或者必须参加诉讼的当事人”，就通顺一些。但进一步改为“遗漏了必须审理的诉讼请求或者必须参加诉讼的当事人”，单纯从文字表述逻辑周延方面看要更好一些；但结合诉讼实践就会发现问题：有不必审理的诉讼请求吗？

第二十节　并列结构的搭配

【例】“某会议”奠定了其最高宗教领袖和最高武装力量的领导地位。

此处的问题，属于一种混合错误：在对“奠定……地位”的适用过程中，由于没有妥当地处理“的”字的位置，使得最终的表述效果出现了错位。

但更深层次的原因是，并列结构的错搭，搅乱了全句的表述框架：本来应当“最高宗教领袖”和“最高武装力量领导”并列，但“领导”之前加了“的”后，产生了“一石三鸟”的效果：一是并列的主体变成了“最高宗教领袖”和“最高武装力量”，二者明显不是同等、可并列的概念；二是新的并列格局下，个人成了“最高武装力量”，语意和逻辑上都说不通了；三是“领导地位”与“宗教领袖”语意重叠。

可改为：“某会议”奠定了其最高宗教领袖和武装力量最高统帅的领导地位。也可以简化一下：“某会议”奠定了其在宗教和军队的最高领导地位。

第二十一节　搭配的“射程”

本书多处讨论“射程”问题，如介词的“射程”、连词的“射程”、否定词的“射程”等。字词搭配也同样需要注意这个问题，即不同语词的搭配的投射距离和影响范围。

汉语中字词搭配的稳定性，使得一旦在文字表述中嵌入了这种固定搭配，参与搭配的字词之间，就会形成一种相对固定的语意表述环境，从而影响在其范围内的其他字词的表达效果。立法时如不注意这种效应，表述结果就会事与愿违。

【例】2007年《物权法》第20条：当事人签订买卖房屋或者其他不动产物权的协议。

《民法典》第221条改为“当事人签订买卖房屋的协议或者签订其他不动产物权的协议”，严格补齐了“签订”与“协议”的搭配。

原条文存在的问题：一是陷入了房屋是不是不动产物权的逻辑圈套。有“房屋肯定是不动产”的常识在，房屋肯定不是不动产物权。二是限定了该条的适用范围，即“买卖不动产物权”的“协议”，而《民法典》的表述则将协议范围扩展到各类“不动产物权的协议”，不限于“买卖房屋的协议”，也不限于买卖“不动产”的协议。之所以能够做到这一点，就是将原条文包容于“签订”“协议”表述结构之中的“买卖房屋或者其他不动产物权”，扩展为两个并列的签订协议行为：签订买卖房屋的协议或者签订其他不动产物权的协议，从而使协议范围扩展到所有“不动产物权”。

第二十二节　字词级搭配

相对于句群级搭配、语句级搭配，字词级搭配是最基本的搭配层级，也是最普遍的搭配层级，包括修饰关系的搭配、词类的搭配、词性的搭配等字词与字词之间的配伍关系，如动词与其副词、名词与其形容词、数量词之间的搭配等。

【例】调研的规划研究、落实推动用力不够。

此处的“调研的规划研究”，由于与“调研”本身内含的调查研究的本义有所交叠，让人不知道这是在研究什么。其实，其想表达的意思是，对调研的前期规划研究得不够，这一点，从“落实推动”的结构和语意呼应上可以进一步印证。据此，可以将“规划研究”改为“前期规划”。有人或许担心，这不把“研究”的意思给改没了吗？这就多虑了：有不研究随便规划的吗？而且，“前期规划”与“落实推动”在时序上也更加清晰，更符合中文写作节奏感的要求。

字词间的配伍大致都可以转化为句子成分的搭配，如名词与形容词的配伍可以转化为定语与主语、定语与宾语的搭配，动词与副词的配伍可以转化为状语与谓语的搭配，等等。为增加分析问题、解决问题的现场感、实战性，本书将所有涉及词类之间配伍禁忌的内容，都调整入下一节介绍的语句级合理搭配的场景。

【例】摄影师是一个很辛苦的行业。

此句的毛病在于，违反了表语与主语一致性的基本原则：摄影师不是行业是职业。在由“是”等动词构建的系表结构中，其最核心的搭配要求，就是主语必须与表语具有同质性。概念通常就是这样界定的，而概念与其定义肯定是要逻辑同一、语意同义的。

第二十三节　语句级搭配

语句级搭配，是字词在一个语句内的搭配，即该语句内主、谓、宾、定、补、状等句子成分之间的搭配，如主谓、动宾之间的搭配等。

特别是汉语中有许多固定的句式，其搭配是前后呼应的，如“没到……的程度”，使用这类搭配时，如果未能“瞻前顾后”，就会因搭配缺失而首尾不能相济。

【例】然而这于苦难深重的民众有何裨益呢？

“于……有裨益”，这是显摆汉语功底的入门级搭配，其中的“于”不宜改为“对于”，虽然“对于”更适合当代汉语的朗读风格。

相对于上述语句级搭配的正确使用，“是源于”的表述则明显属于搭配不当。其中的“是”没有必要，“源于”即可独立做谓语。

第二十四节　句群级搭配

汉语是由单个汉字拼在一起表意的。不同汉字的这种排列组合如果完全没有规矩，会大大增加读者理解的难度。于是，汉语中逐渐衍生出大量的相对固定的搭配，就像汉语语句的骨架、筋络一样，搭起了汉语语句的基本表意结构；在此基础上再添加不同字词，形成了比较容易为熟悉这一语法规律的人所理解的汉语表达。

当然，汉语的这种搭配有多个层次，比较基础的是字词级的搭配，居中者为语句级的搭配，更为复杂的是句群级的搭配，如“之所以……是因为”。

【例】那些自由民主和私有财产神圣不可侵犯等最后的遮羞布全部揭下来的时候，标志着冷战结束后的全球化自由市场进程已经全面崩溃。

这句话的意思，总的来说还是基本清楚的：由于无法继续靠“自由民主和私有财产神圣不可侵犯等”唬人，冷战结束后开启的全球化自由市场进程全面崩溃。但其存在的真正问题，是想用形象生动的词，作出一个重大严肃的论断，却由于对“遮羞布、标志”的本义把握不准，相应的搭配也不够精准，读来很费解。

具体的搭配问题包括：“那些”能不能与“遮羞布”混搭，即“遮羞布”是只有一块，还是可以有多块？“遮羞布”搭配的动词用“揭”合不合适？“标志着”对应的是事件，而句中对应的却是表示时间的“时候”。“崩溃”的是“市场”还是“进程”？“全球化”是个过程，故可以有“进程”，但“自由市场”作为一个静态的存在，很难搭配表动态的“进程”。

上述例句比较全面地集中了多处搭配不当的表现。但除了对语法研究的贡献以外，如此众多的前言不搭后语堆叠在一起，读起来确实让人眼很花、心很累。

第二十五节　搭配要符合逻辑

汉语的字词搭配需要遵循哪些规则？对此很难有足够的共识。本书尝试从逻辑、法理等几个方面提出如下的希望，是否合适，还请读者揣摩。

虽然说字词搭配的要旨主要基于语言习惯和语感，但也不能完全排除语法、逻辑、法理的辅助作用；更进一步的字词表达，肯定也需要语法、逻辑、法理的辅佐。立法从来不是简单的语言现象，而是要对当代、后世负责的，完全为语言的风俗习惯左右的立法，难免陷于流弊甚至低俗。

【例】1999年《合同法》第55条第2项：具有撤销权的当事人知道撤销事由后明确表示或者以自己的行为放弃撤销权。

“以自己的行为放弃撤销权”的搭配符合逻辑、常识、法理吗？

《民法典》第152条第1款第3项给出了答案：否。行为本身不能放弃撤销权，但可以以行为表明放弃撤销权。这里的关键，还是法律上的“意思表示”的表达。以自己的行为表明放弃撤销权，应当是指以人的肢体语言、实际行动，而不是明示拒绝接收行使撤销权的文书。故《民法典》第152条第2款规定，当事人自民事法律行为发生之日起5年内没有行使撤销权的，撤销权消灭。这恰恰说明，如果以自己的行为放弃撤销权，必须超过法定时效。

【例】1999年《合同法》第324条：技术合同的内容由当事人约定，一般包括以下条款……

该规定表达了两层意思：一是技术合同的内容由当事人约定，这是实体规范；二是技术合同一般包括以下条款，这是形式规范。究竟是“技术合同”还是“技术合同的内容”包括以下条款？这个问题显然有争议，但确实要避免以“合同的内容”为“条款”的逻辑错位。因为条款是法律规范的内容的表现形式，如果非要把合同与条款联系起来，那也只能是“合同包括以下条款”。

《民法典》在多处涉及不同类别合同的条款处使用了“合同一般包括下列条款”的表述结构，没有用“合同内容包括……等条款”，如第348条第2款建设用地使用权出让合同、第367条第2款居住权合同、第373条第2款地役权合同、第400条第2款抵押合同、第427条第2款质押合同等。

【例】1999年《合同法》第211条第1款：自然人之间的借款合同对支付利息没有约定或者约定不明确的，视为不支付利息。

与习惯性搭配不同，此处涉及更为细腻的法意表达的语意对应。“借款合同对支付利息没有约定或者约定不明确”，应当与“没有利息”相对；与“不支付利息”不对应。《民法典》第680条第2款、第3款印证了这一点：借款合同对支付利息没有约定的，视为没有利息。借款合同对支付利息约定不明确，当事人不能达成补充协议的，按照当地或者当事人的交易方式、交易习惯、市场利率等因素确定利息；自然人之间借款的，视为没有利息。

第二十六节　搭配要符合法理

搭配一旦涉及法理，一般人可能就不怎么关心了，当然，也就错失了一个自我提升的机会。其实，法理即情理、人情即是非，法理无非是解决这些人间是非的道理而已。这样一说，大家就都明白了：谁还不会捣点是非。会捣是非，肯定就懂点法理，只是表达不清楚而已：法律就是明辨是非曲直的逻辑和道理。

【例】2009年《民法通则》第58条第1款第1项：无民事行为能力人实施的民事行为无效。

《民法典》第144条改为：无民事行为能力人实施的民事法律行为无效。二者仅差“法律”二字，其原因在于，《民法通则》将民事法律行为界定为合法行为，有可能涉及行为违法时，不便称其为法律行为；《民法典》跳出了民事法律行为的合法性之争，只强调其法律上的影响、效果、效力，故回旋的空间要大得多。

《民法典》的上述规定充分说明，民事法律行为虽然无效，但不能就此否定其为民事法律行为，也没有必要因此称其为民事行为。在《民法典》确立的全新话语体系中，民事法律行为不一定是合法有效的；而绝大多数民事行为、民事活动，根本没必要讨论其法律价值：民事主体天天周而复始地起床、刷牙、洗脸、穿衣服、走路、上厕所、洗衣服、睡觉……有什么法律意义？

第二十七节　搭配要综合协同

字词搭配的更高层级是综合协同，要糅合逻辑、常识、法理等要素的要求。

【例】2007年《物权法》第25条：动产物权设立和转让前，权利人已经依法占有该动产的，物权自法律行为生效时发生效力。

《民法典》第226条删除了“依法”，在“法律行为”前增加了“民事”。如此修改最直接的目的是增强法条的针对性，让人一眼就看出这是民法规范。

“依法”在法理上也有重要意义：删除“依法”后，“占有”并非完全没有法律根据：通过下文“民事法律行为”体现；最终结果和底线是：“占有”不能是抢占。

相对于对“依法”的取舍，对“民事”法律行为的强调，主要在于保持概念统一的需要。整部《民法典》统一使用“民事法律行为”，每处表达的都是同一概念。

第二十八节　搭配要有舒适感

搭配的舒适感，根本还是个语感问题。语言是交流工具，语感事关交流效果。

汉语的搭配，不应当仅满足于表意没有错误；但日常的写作，也没有必要追求美文的效果。尽管如此，舒适的搭配还是一个可以不时考虑一下的小目标。

这个目标，显然是妥帖的基本要求之上的、更高一点的要求，但也并不过分。

【例】孩子们大饱这场精彩音乐会的耳福。

“耳福”这个词，虽然不如口福、眼福、艳福等常见，但也收入了《现代汉语词典》，而且这些词都与感官有关。此处存在的问题显然不是“大饱耳福”的搭配问题，而是表达语序及语词之间的相互衔接问题。改为“这场精彩的音乐会让孩子们大饱耳福”，是不是感觉更舒适一些？

【例】织牢制度的笼子。

这句话，显然是从“把权力关进制度的笼子里”衍生出来的。但笼子是织出来的吗？在汉语中，“织”是比较细密的操作，所用的是比较细的线，故有织布、织锦等；用到比较粗的绳、草时，就用“编”了，如编中国结、编筐、编篓；更大的物体，如笼、篱笆，就要用更粗的树枝等，用“扎紧”之类的动词。这样看来，织笼子的说法不能说完全错，但至少搭配不是很讲究，让人感觉有点像张飞绣花。

第二十九节　搭配要深层契合

汉语搭配所要解决的问题并不限于表面的字词搭配，还有更深层次的语意契合。这需要多方面知识的积累，“厚积”到一定程度，偶尔“薄发”才不会露怯。

【例】为了解决中国的化肥问题，中国的地质工作者也开始了钾盐的提炼。

显然，该文的写作者不是“地质工作者”，否则不会不知道“地质工作者”是干什么的。但其力不从心之处在于，“钾盐”肯定不是“提炼”出来的，而是开采并适当提纯后的产品。退十步讲，无论“钾盐”是怎么生产的，都不是“地质工作者”的主业，他们只负责发现“钾盐”矿，后续的工作就要交给其他人去做了。

类似的问题算搭配问题吗？有些人可能不以为然。但农民伯伯保家卫国、工人叔叔种地、解放军叔叔大炼钢铁，这样的问题，还是尽可能避免为妙。

专业领域写作对搭配的要求往往比日常写作更高。这多少与进入门槛有关：由于术语的限制，很多外行连看都看不懂，更不用说精研其搭配了。

【例】1999年《合同法》第79条：债权人可以将合同的权利……转让给第三人。

该表述的主语是债权人，转让的标的却是合同的权利，在匹配上明显错位。《民法典》第545条改为：债权人可以将债权……转让给第三人，表述更为顺畅。

原法条之所以会出现对债权人讲合同权利的错位，根本原因是这是在《合同法》中，当然要言合同了。任何法律部门都有自己的专业性，但这种专业性，应当建立在通用常识的基础上，不应当对本部门早年立法中的一些表述敝帚自珍。

【例】1999年《合同法》第81条：债权人转让权利的，受让人取得与债权有关的从权利。

此处也存在类似的明显错位：既然“债权人转让”的是“权利”，“受让人取得”的就应当是权利本身（即债权）以及与权利有关的从权利，而不限于从权利。

【例】1999年《合同法》第105条：债权人免除债务人部分或者全部债务的，合同的权利义务部分或者全部终止。

这一表述存在明显的文字或者逻辑错误：前提是债权人免除债务人债务，结论却是合同的权利义务终止，懂法律的人知道其大致在说什么，不懂法律的人肯定觉得其表述有问题。《民法典》第575条将“合同的权利义务”改为“债权债务”，避免了将《合同法》的内容纳入《民法典》后的局限性，前后表述一致也更符合普通百姓的思维习惯。

第九章　学会说“不”的技巧

学会说“不”，是处世的基本技巧、成熟的基本量度，也是自立的基本能力。但不容忽视的是，在大量的处世哲学类文章反复强调说“不”的艺术的同时，许多人并不了解也不太会用否定的基本结构，例如双重否定、被动语态中的否定。

日常生活中否定形式多样，不仅有直接的，还有双重、多重否定及反问等。

否定，在法律上即禁止，对法律主体及其行为和权利而言，是限制甚至剥夺。

但法律上的禁止并不是一味地否定，而是原则基础上的例外，这就是但书。

第一节　否定的逻辑

“非”的语义逻辑，直指旗帜鲜明反对的东西；其最直观的表现，就是根本性禁止规范，但也不限于此。立法中还有大量关于是与非的判断和表述，这也是“非”的语义逻辑可以驰骋的疆场，一些看似简单的场景有时也会出现一些问题。

【例】2009年《民法通则》第58条第1款第1项：无民事行为能力人实施的民事行为无效。

《民法典》第144条改为，无民事行为能力人实施的民事法律行为无效。但这一表述，如果是在《民法通则》时期，就是大错特错。

上述例句的意思是，无民事行为能力人无法实施有法律效力的民事行为。之所以强调“民事行为”，是因为在《民法通则》时期，民事法律行为必须是合法行为。无民事行为能力人实施的行为中不可能有“民事法律行为”。而《民法典》第133条规定：“民事法律行为是民事主体通过意思表示设立、变更、终止民事法律关系的行为。”无民事行为能力人，不正是不能正确表达自己意思的人吗？

上述表述差异，固然与民法领域的术语界定有关，但也涉及汉语中否定语的正确使用。很多说汉语的人、包括许多用汉语写作乃至立法的人常犯的一个错误是，在将肯定表述变换为否定表述时，因不了解、不理解、无法准确抉择逻辑学上“逆否命题”与原命题等价的原理，其所使用的否定表述并没有肯定表述那样准确。

因为在汉语中，不仅主动与被动在表述上不对称，肯定和否定也是如此。例如，法律规范表述为“具备下列条件的……无效”，感觉就不甚舒服，改为“有效”就好得多。但这完全是个语感问题，不具有普遍的指导意义。

但这反过来说明，在有些情况下，用肯定条件更好表述，有些则相反。

第二节　否定的方法

否定关系就是逻辑“非”，在立法上则主要是排除、免除。“不”表示否定；但在法律上，表达否定关系的用语不限于“不”。

“非”逻辑在立法中最常用的表现就是禁止，这是法律的基本职能。如果一部法在禁止内容上没有规定清楚，这部法就是有问题的。《民法典》特别强调的这一态度，应当成为后续立法旗帜鲜明地敢于且善于运用“非”逻辑说“不”的典范。

《民法典》第505条规定：“当事人超越经营范围订立的合同的效力，应当依照本法第一编第六章第三节和本编的有关规定确定，不得仅以超越经营范围确认合同无效。”在立法中明确提出“不得仅以超越经营范围确认合同无效”具有很强的针对性，足见立法者对此类行为的否定态度。

如此表述给人的最直观印象，就是要废除“仅以超越经营范围确认合同无效”的做法和相关规定，其结果是任何以经营范围为名限制当事人缔约能力的规定，依据《民法典》都是无效的，这主要针对的是某些设定经营范围的行政机关。

第三节　否定的用词

许多人对于如何作出否定判断的理解，局限于否定词的使用。而事实上，否定判断就是我们日常接触得最多的规则的主要表述形式，一国的整个法律体系中，最典型的正是其禁止性规范部分，其占整个法律体系的篇幅可想而知。

【例】1999年《合同法》第143条：因买受人的原因致使标的物不能按照约定的期限交付的。

《民法典》第605条将“不能”改为“未”。这不仅是减少一个字的问题，而是扩大了否定的意域，使之不限于“不能”涵盖的不可能、不能够等情形。至少从形式逻辑的角度分析，“不能”因内涵更为丰富，故外延应当比“不”“未”等小一些。因为无论“不能”是指客观上不能、主观上不能、还是主客观上都不能，都只涉及一种情形、一种可能，即能不能的问题，而“未”涵盖所有的否定性结果。

上述结论可以回答如下问题：《民法典》第799条第2款规定：“建设工程竣工经验收合格后，方可交付使用；未经验收或者验收不合格的，不得交付使用。”其中的“未经验收或者验收不合格”与“未验收合格”是否等价？

第四节　否定词的位置

否定词的位置的重要性在于，可以决定其后的内容是不是真被否定了。在有可能对此产生歧义时，必须预为谋划，如多用几个否定词、调整否定词的位置等。

【例】2007年《物权法》第89条：建造建筑物，不得违反国家有关工程建设标准，妨碍相邻建筑物的通风、采光和日照。

《民法典》第293条在“妨碍”前又增加了一个“不得”，很好地诠释了对否定词“不得”的效力范围越不过“，”的担心。由于第二个“不得”后的“通风、采光和日照”已经用到“、”，故不能为了省略第二个“不得”而用“、”替代“，”，以免与后面的“、”混在一起，造成表述逻辑的混乱。

【例】1999年《合同法》第191条第2款：赠与人故意不告知瑕疵或者保证无瑕疵，造成受赠人损失的，应当承担损害赔偿责任。

《民法典》第662条第2款保留了“故意不告知瑕疵或者保证无瑕疵”。“故意”一词后的“不”是否能够越过“或者”影响到“保证无瑕疵”？如果将

"保证无瑕疵"与"故意不告知瑕疵"调换一下位置，上述问题就都不存在了。

第五节　敢于连续说"不"

本书倡导并反复诠释、强调"射程"的概念，如连词的"射程"，是指某个限定词、否定词经过连词的转接后，对连词后面的词是否继续有效。连续说"不"涉及多重否定的正确表达问题。如公民的自由范围，是由法律上的禁止性条款多维限定的。

【例】2009年《民法通则》第57条：行为人非依法律规定或者取得对方同意。

《民法典》第136条第2款改为"行为人非依法律规定或者未经对方同意"。

原条文中的"非"字是否及于"或者"之后的"取得对方同意"？或者说，此处的意思是不是：行为人非依法律规定或者经对方同意二选一？为了避免此等歧义，《民法典》特将此处修改为"非……或者未……"结构。由此确立的语法规则是，在可能引起歧义时，"或者"一词前后都要用否定词，即否定无法越过"或者"。

立法上的否定有时并不直接表现为"否定"，而更普遍地以"禁止"的形态存在，此时也有"禁止"的连续表达的问题。

【例】1982年《商标法》第38条第2项列举了"擅自制造或者销售他人注册商标标识的"违法行为。

这属于由并列连词"或者"诱发的逻辑和语义错误。立法真正需要禁止的不限于"擅自制造他人注册商标标识"，还应当包括，或者说应当重点打击的是"伪造他人注册商标标识"；立法并不需要禁止"销售他人注册商标标识"，而是要禁止"销售伪造、擅自制造的注册商标标识"。1993年《商标法》在这些问题上实现了正本清源："伪造、擅自制造他人注册商标标识或者销售伪造、擅自制造的注册商标标识"。

第六节　学会使用但书

但书，作为法律术语，是指由"但是"引导的意思较前文有所转折的语句，常用于表达保留意见、例外情形等反转语意。但书是婉转表达反对、反义的技法，是立法中常用的技术，其使用规则也比较成熟、系统。

但书的使用，与精确地否定暨精准地说“不”有关，这在日常交往中，是技术含量很高的脑力劳动；但在法律界，这是日常的基本操作：禁止就是依法说“不”。

但书最基本的功能是表示转折，通常是表达反义。但是，但书并非总表达反义、消极或者负面的意思，也会用于表达开拓、扩展、进取等正向的规范。

引领但书的但书标识涉及汉语中转折意思的表达和专门语词的用法。“但是”是最鲜明的但书标识。《民法典》对但书的表达作出了许多新的贡献，如“；”的使用就在不言之中表达了但书之意，如《民法典》第83条、第84条、第135条。

【例】2009年《民法通则》第56条：民事法律行为可以采用书面形式、口头形式或者其他形式。法律规定用特定形式的，应当依照法律规定。

《民法典》第135条将中间的“。”改为“；”非常恰如其分：“。”表示前后两句可以各说各话，但本条中的两层意思恰恰是相互联系的，截然断句会使意思表达不连贯；更重要的是，本条有转折的意思，后一句实为前一句的但书，用“。”分开后，但书在形式上已经看不出来，只能意会了。

更具证明力的实例是“但是”对“；”的直接替换：标点还是不如文字表意清晰。

【例】2009年《民法通则》第13条第2款：……限制民事行为能力人，可以进行与他的精神健康状况相适应的民事活动；其他民事活动由他的法定代理人代理……

《民法典》第22条改为：“……限制民事行为能力人，实施民事法律行为由其法定代理人代理或者经其法定代理人同意、追认；但是，可以独立实施纯获利益的民事法律行为或者与其智力、精神健康状况相适应的民事法律行为。”

第七节　但书的结构

但书不但会有词语、词语组合及词语标点组合等表现形式上的不同，在表述结构上也有多种不同的搭配；即使在一部立法文件内部，也会同时出现多种形态，这往往是该法演化过程中不断整合其他法律文件、并入新的内容的结果。《民法典》恰恰就是这种演化的最具典型性的代表。

一、“但是……除外”

“但是”后可加标点也可以不加标点，不加标点通常适用于文字较少的但书，但这个阈值要凭语感把握。如《民法典》第136条在2009年《民法通则》第57条“民事法律行为从成立时起具有法律约束力”的基础上，增加了“但是法律另有规定或者当事人另有约定的除外”，丰富了民事法律行为的效力空间。

【例】1999年《合同法》第28条：除要约人及时通知受要约人该承诺有效的以外。

该条规定了一种但书格式。《民法典》第486条改为：“但是，要约人及时通知受要约人该承诺有效的除外”，有明显的统一但书的表述格式的意味，表明今后“除……外”的表述格式，将让位于“但是……除外”。

二、“法律另有规定的，依照其规定”

【例】2009年《民法通则》第8条第1款：在中华人民共和国领域内的民事活动，适用中华人民共和国法律，法律另有规定的除外。

上述但书的意思是“法律另有规定的就可以不适用中国法律”吗？《民法典》第12条改为“法律另有规定的，依照其规定”，明确地将决定权交给法律。

三、“不在此限”

【例】2001年《婚姻法》第34条：女方在怀孕期间、分娩后一年内或中止妊娠后六个月内，男方不得提出离婚。女方提出离婚的，或人民法院认为确有必要受理男方离婚请求的，不在此限。

作为但书的重要表达方式之一，“不在此限”的使用越来越少了。究其原因有二：一是它多少有些文言的影子，其中的“此”在现代汉语中逐渐被“这”代替。二是其中的“此”指代不明。它实际上是指整个这种情况，但在现代汉语中保留用“此”的场合，如“此人、此时、此情此景”都是非常具体的，用这种惯常思维去理解有可能产生歧义。因为在“此”之前，先后出现了“怀孕期间”“分娩后一年内”“中止妊娠后六个月内”“男方不得提出离婚”，都可以成为“此”指代的对象。

第八节　但书的标点

法律中但书最具特色、最典型、最经典的标识是“但是”，“但是”前后的标点也很有讲究。

一、“但是，”

《民法典》第85条涉及但书的表达形式的调整：将“但是营利法人……”改为“但是，营利法人……”即在“但是”后的语句太长时，改用“但是，”。这显然顺应了口语表达的习惯：加了“，”之后要有停顿，转折的意味显然更果断了。

不过，《民法典》中仍有不少“但是”后不加“，”，如第136条第1款，尽管“但是”后的文字也不少。说明标准还没有明确、固定下来，故还未统一。

比较好的修改思路是，所有但书都由“但是，”引导，其前面的标点通常用“；”，在极个别情况下（如语句超长时）可以用“。”。《民法典》第421条（“，但是”）、第422条（“。但是，”），很好地解释了对上述规则的实际应用，特别是“但是”前的标点符号的使用。

二、“；但是，”

【例】2007年《物权法》第107条的但书，用的是“，但”。

《民法典》第312条改为“；但是，”。本条只改了这一处，应当是有意、用心为之，不是顺便、随意之笔。这样改，突出了“；”的使用导向：区分并列且相对的内容。因为“；”之前的3个分句总字数已达63字、已经用过2个“，”；但书之后的2个分句也有50字，也有1个“，”。在一个100多字的长句中，连用4个“，”确实有些多；加之还有意思的转折；但书使用“；”显然是恰当的。

【例】2017年《民法总则》第19条中的“，但是”。

《民法典》第19条将其修改为"；但是，"，结合其他多处的"但是"（不带"，"），充分说明，如果其后的字数多于10个字，往往就需要加"，"。但这一用法并未成为立法上的共识。《民法典》第313条只有50字，其中但书前23字，却用了"。但是，"。但按理说，"。"隔断的字句应当比"；"更长。

更重要的是，但书之所以为但书，正是就意思的转折而言的，转折前后的表述的总和才构成一个完整的意思，因此最好不要用"。"断开。否则，各执一意，但书就不是但书了。当然，这都是理论，立法实践要丰富多彩得多。

第九节　转折后的转折

立法的委婉之处，体现着立法的德性，表现为双重但书：转折后的转折。

【例】1998年《收养法》第26条第1款：收养人在被收养人成年以前，不得解除收养关系，但收养人、送养人双方协议解除的除外，养子女年满十周岁以上的，应当征得本人同意。

此处在常见的但书之外，增加了一个新的、类似于但书的情形，即协议解除收养应当征得年满十周岁的养子女同意。《民法典》第1114条第1款将"除外"之后的"，"改为"。"后，本款就成了彼此独立的两句话，但书仅存在于前一句话中。"养子女八周岁以上的，应当征得本人同意"独立成句，类似的情形，在《民法典》中通常用"；"而不用"。"。

用"；"的好处是，将全款内容分为三种情形、两个层次："；"之前的两种情形，以但书区分，作为第一个层次；"；"之后的第三种情形，与"；"之前的情形既有联系，又分出层次，不会因"。"断句而隔断了前句的约束条件，即"征得本人同意"的内容是"解除收养关系"，而不会使人联想到其他内容。

第十节　尽可能正面表述

尽管本书强调写作者要掌握表达否定的技巧，即学会说"不"，但在汉语的日常表达中，通行的规则依然是：如果能够正面表达，还是不要用否定。这与会不会表达否定的意思，完全是两码事。

【例】2007年《政府信息公开条例》第7条第2款在规定经批准的信息公

开的原则时规定，“未经批准不得发布”。

2019年《政府信息公开条例》第11条第2款改为“经批准予以公开”。这样改，最直接的原因有二：一是省一个字，二是脑子少转一道弯。立法，就是要简单明了，辞达而已。

第十章 褒贬一致的技巧

所谓“褒贬一致”，就是在一定的表述语境内，对某一件事、某一个人的褒贬要尽可能保持一致，不要进行相互矛盾的表达，如伟大的懦夫、正直的骗子等。中文的表达非常强调褒贬一致的默契，这种默契往往是潜在的，违反了这种默契，会让人产生对写作者的疏离感。

褒贬一致是建立在对汉语词性的理解和把握的基础之上的，是以词性贯通为目标的表述要求。相当一部分汉语字词的鲜明词性，在展现这些字词词义上的个性的同时，也对其使用，特别是在相互之间及与其他字词的搭配上，提出了更高的特殊要求。遵循这些要求，注意领会并把握汉语字词的这些微妙的倾向性，务使其相互搭配、组合成句时表述通达、语意顺畅，就是“词性融洽”所要追求的目标。

第一节 词性指向

通常，绝大多数的单字，因其特定的本义，决定了其所构成的词组的词性相对恒定：要么都是褒义，要么都是贬义。如“奸”字打头的词，即使奸雄，用在一般人身上，也未必是个好词。但确有个别字，由它们构成的词组的词性是因词而异的，这些词在使用时要特别小心。

【例】用得不好，就会铸就完成时态的错用。

“成”与“就”都有大功告成的意思，故可以合成“成就”；但将“成、就”拆开来分别组词时，词性指向就可能大变。“铸成”与“酿成”类似，都有造成的意思，但一般预示着不好的后果，故与相应的否定性用词搭配，如铸成大错、酿成大祸。而“铸就”则不同，一般指向比较风光、正面的成就，相应地与比较正面的名词搭配。

对词性指向的搭配，有时可以提出很高的要求。

【例】当时的一位汉奸……

此处的搭配有没有问题，关键就看“汉奸”配不配得上“位”。有人或许会说，这是不是有点过分？但这正是要求“高”之所指。笔者的意见是，对此等细微的用词及搭配的考虑，应以尽可能息事宁人为原则。既然“一位汉奸”可以找到“某汉奸”等非常现成的说法，为什么非要冒风险呢？

第二节　负面字词

汉语中，有些字词具有明显的负面或者不雅的含义，此类用字应当尽可能避免出现在比较正式的文字中。如常用的骂人用语、人体的某些部位等。对此，显然不便在此罗列哪怕其中一小部分，唯望读者谨慎为是：肩负的使命越重大、从事的工作越重要，越要在这方面加倍谨慎。

确实在有些情况下，加倍的谨慎都无法避免用词的无奈。

据《现代汉语词典》，“把玩”属书面用语，本义为“拿着赏玩”，并举例如“展卷把玩，不忍释手”（1978年第1版）或“把玩良久，不忍释手”（2016年第7版）。从词典的释义及举例看，都没有强调其为贬义词，也没有提到其有戏谑之意，从其举例看还主要用于鉴赏类活动。但就是这样一个词，也有可能因其“玩”字，让人联想到“亵玩、玩弄”等。正所谓说者无意，听者有心，说者怎么可能想到有些听者此前的那段（或那些段）往事呢？更不可能想到这足以让有些听者走极端。

【例】很难说何谓语序的最佳境界，至少对此很有争议，但对于何谓语序的至暗时刻，语无伦次恐怕难找到能出其右者。

此处的“能出其右者”，显然是从“无出其右”之类的词衍化过来的，但仔细推敲，其用法特别是其实际表达的意思，可能出乎写作者所料。古代以“右”为尊，故“无出其右”的意思就是“没有人能够超过”，即在排位上位于其右。但对于例句的语境而言，其需要的显然是个负面词汇，以与“至暗”呼应。由于有“至暗”打底，找个比其更优的词反而非常容易，甚至可以说，所有其他选项都“能出其右”。

因此，要想修正例句中的表意错误，就必须找到一个适当的负面字词，但登峰造极、无与伦比、当仁不让都属于正面字词；比较妥当的，也许就是比较中性的“首当其冲”或者“少有争议”了：“语无伦次恐怕要首当其冲了。”

第三节　词性统一

所谓词性统一，就是指在同一表述结构中，搭配使用的字词的词性要保持统一。其中最常见的是褒贬统一，但不限于此。褒义词、贬义词通常的使用规则是，尽可能同向使用，即同向发力、同频共振；尽量避免二者“混搭”的情形，除非中间有反转词（如否定词，或者“好”之类的特殊功能词），实现褒贬的逻辑统一。

如“帝国主义亡我之心不死”，是“帝国主义、亡我之心”两个贬义词的协同使用。“我们坚信，任何侵略者都没有好下场”。涉及贬义词的多重反转使用。《现代汉语词典》明确提到“下场，多指不好的”，即其本身具有贬义；加上“好”之后，其本义会反转，经“没有”进一步否定后，“没有好下场”与具有贬义、敌意的“侵略者”搭配，就实现了贬义的前后一致性。

【例】为了保障本国的能源短缺问题……

此处既有动宾搭配惯例的问题，如“保障……供给”“解决……问题”；也有类似褒贬统一的词性一致问题，如正面的“保障”通常不与负面的“问题”搭配。

【例】轻轻松松地就把这个恶行扣在咱们头上。

此例句有两处不妥，一是“恶行”显然说不通，应为“恶名”；二是“轻轻松松”与“扣在”的搭配，违反了词性一致的搭配基本要求。“轻轻松松”是个正面的词，一般指干好事；而将“恶名”扣在某人头上，显然不是表彰其道德高尚的事。将二者硬扭在一起的结果就是，因取向的不一致导致表意拧巴：可改成“随随便便”。

第四节　词性混淆

词性混淆最大的风险，是意识不到这种风险。

【例】新司法解释将申请执行的最长期限由半年（180天）、1年，统一延长到2年，之所以有如此巨变，最根本的原因，还是与我国行政强制执行思路的调整有很大干系。

"干系"不同于"关系"，而是牵涉责任或能引起纠纷的关系，如重大干系，脱不掉干系。用"关系"虽然平实，但更为稳妥；用"干系"，多少有些风险。

第五节　词性转变

汉语中的许多词，其褒贬也会随着时代不断变化；有些词"生来"比较微妙，需要仔细拿捏使用的分寸。例如，"奇葩"应当本不是个坏词，否则也不会称誉某人为"艺苑奇葩"；但如今说某人"真是我们单位的奇葩"，意思就真有点变了。这还不同于某个字词在特定语境下表意的差异，即本节讨论的词性转变。

有些词的词性会随着语境的不同发生变化，由中性字词衍化为贬义词。例如，"鼓吹"的本义是打击乐和管乐合奏，引申为传播、宣扬，但用着用着，就成了个贬义词，大概是因为说得太多、声势太大，物极必反的缘故吧。

更为夸张的是褒义词用出了贬义的情形。这就是常见的冷嘲热讽或者明褒实贬、"低级红高级黑"：往往因溜须拍马失败而自取其辱，甚至因拍到"马腿"上而反受伤害。但这种用法在中文中相当常见。几千年的中文使用史，数以百亿计的中文使用者，积累了无数含沙射影、指桑骂槐的文字技巧及相应用法的"传世经典"。

【例】某国沿边境线建造的大量高原机场，在为其守边部队提供大量后期保障的同时，也很令邻国头痛。

这里的"头痛"看似是个贬义词，却实际上产生了赞美对方的褒义效果。这种细微的差异，很多写作者没有给予足够的重视，于是其写出的东西，读起来就不免让人觉得不快。这是中文写作进阶的障碍，也是突破口。

第六节　庄谐有度

在网络这样的是非之地，总有人喜欢一惊一乍，通过夸大其词以哗众取宠。这种表述风格从正规写作的角度看，就显得不够庄重。

【例】联合国突然对外宣布……

此处的“突然”，给人一种不靠谱的观感。联合国作为当今世界上最重要的国际组织，显然不宜对其如此用词。类似的要求对于比较正式的写作也是一样的：但凡对正规的组织机构进行描述，措辞一定要庄重、正面。

【例】杀人犯遭公安机关调查。

【例】多家教育培训机构遭调查。

作为被动语态的标识词“遭”和“被”，都可以用于上述语境，但效果有所不同。“遭”具有负面倾向，有遭受了不公正对待的隐喻；而“被”则是客观描述。

第七节　正话说反

对汉语字词的褒贬、庄谐等引申义，如果把握不好，有时就会把话说反，特别是在严肃的文章中、场合下，就会生出尴尬、幽默抑或悲情的“戏码”来。

褒义词与贬义词错搭的例子，多出现在各种网络段子或相声中，当然，有些不是严格意义上的褒义词与贬义词的搭配，只是具有类似倾向性的词的“混搭”。

【例】他们成功地创造了压力。

【例】他们抵制了主人的盛情邀请。

【例】他们坚决地迎合了对方不良动机。

通常，“总结经验”“汲取教训”配对使用，体现动词与名词在表意倾向性上的一致，但很少换着说。因为“总结”的都是值得总结的好东西，目的是挖掘既有的成绩和辉煌的原因，以为日后重现做准备。而“汲取”虽然是个中性词，但“教训”总是与“失败”相联系、与“经验”相对立的；“教训”固然要汲取，但不能也不必再“总结”了。由此可见，不光名词有贬褒之分，动词的倾向性也不容忽视，更重要的是二者必须结合起来，确保倾向性一致，以避免龃龉。

【例】自觉不自觉地沿用一些得心应手的方法。

“得心应手的方法”当然要传承、“沿用”了，但“自觉不自觉”的意思又有不应该、唯恐避之不及的意思。一句话字不多，但意思非常拧巴。

其实这句话想表达的意思（这需要从其上下文推断），是指某些人不思进取、固步自封，不愿意接纳新事物，老是想用自己熟悉的老办法去解决新问题。

要在写作中避免此类问题，就必须从熟悉语词本身入手。当然，由于这两个词都不是非常明显的褒义词或贬义词，故只能考虑其倾向。

第八节　语意陡转

本节要讨论的语法现象是，某些词语虽然构词并不复杂，却发生了褒贬词义的翻转，这是写作中必须持续关注的，否则就会因疏漏产生比较隐蔽的语病。

【例】老张退休后身体一直不错，而且非常健忘。

此处的“健忘”的本义是容易忘，记忆力不强。这倒不是什么坏事，但汉语的语意表达，需要注意前后文之间的连贯性。上述例句前半句显然是肯定的、正面的描述，而后半句中出现的“健忘”，显然与前文有语意上的转折。改为“老张退休后身体一直不错，就是有点健忘”，是不是就有明显的改观?

汉语中类似的情形，即通常词性正面的字词相互组合后呈现相反的意思，还真不在少数。仍以“健”字为例，“健饭”是什么意思？这个词在《新华字典》中是作为例词出现的，《现代汉语词典》也没有收录。这个词的难用之处在于，如果在古代，能吃饭是好事，是有本事（有饭吃）、能力强（老当益壮）的表现。而到了现代，难道是指吃货吗？因此，用此类词语时一定要小心。比较中肯的建议是，如果是连《现代汉语词典》都没有收录，因而查不到准确词义和用法的词语，还是不要在比较正式的文书中使用。当然，文学创作、网络写作除外：文学创作有其特殊的表达需要；网络写作则因鱼龙混杂，确实难以规范，因此也不必多此一举。

第九节　“自虐式”表述

这种情形虽然极端，但也并非没有，属于话说反了、伤及自身的情形。

【例】面对敌人一波波打压，摇尾乞怜、甘居下流绝不可以。

此处的错误，已经到了让人同情的地步：“甘居”什么都可以，只有“下流”不行。能够找到类似这样的例子，真的很不容易。写作者肯定没有意识到，其“甘居下流”中的“下流”，其实就是很“下流”的那个“下流”。如果不是因为打字错误，如把“下游”“末流”打错了，这样的错误多少有些黑色幽默的味道。

第十一章　顺畅表达的技巧

文以载道，文理不通，则道理亦不通。故顺畅的表达，就是要实现语意通达。

第一节　态度鲜明

言为心之声，这是写作的首要；就是要有话直说，最忌话留半边。

【例】2009年《民法通则》第11条第1款：十八周岁以上的公民是成年人……

该款只规定18周岁以上的公民是成年人，但没有界定未成年人。

从逻辑和常识上判断，除了成年人以外当然就是未成年人。但条文中没有规定，在法律上就不能这样认为。《民法典》第17条新加了一句话，明确了未成年人的概念：不满18周岁的自然人为未成年人。

由此确立的规则是，概念最好明说，不能想当然。《民法典》充分意识到了这一点。既然下文反复出现，那么在界定成年人的同时，就一并明确了未成年人的概念。

第二节　语意贯通

《民法典》第807条规定了"发包人"欠款的讨还手段，包括："承包人"催告发包人限期支付、承包人与发包人协议将工程折价、请求法院将工程拍卖等。但最后一句是："建设工程的价款就该工程折价或者拍卖的价款优先受偿。"此前一直说的都是承包人如何，最后优先受偿的主语却成了建设工程的价款。

这句话的意思是：承包人"就该工程折价或者拍卖的价款优先受偿"，因为本条讨论的是"发包人未按照约定支付价款"，即承包人按照约定应得的承包价款，而不是建设工程的价款。如果施工人未得到约定的价款，其应当得到的也只是施工款，而不是“建设工程的价款”。

当然，“建设工程的价款”可以笼统地代指建设工程的勘探、设计、施工的价款，但确实太笼统了。改为承包人，虽然一样笼统，但肯定是针对某个承包环节或者总承包而言的，指向就会更加明确、表述也会更加简洁。

第三节　外延贯通

概念统一的要求，不仅要求单个概念自身的前后统一，也要求这一概念的对应表述的外延也必须与该概念的外延一致。这就是立法技术原理为上下呼应、前后照应的要求所确定的理论基础。

【例】2009年《民法通则》第25条规定被撤销死亡宣告的人请求返还财产的事宜，就如何“返还财产”的具体要求是：依照继承法取得他的财产的公民或者组织，应当返还原物；原物不存在的，给予适当补偿。

这一细化规定有陷入具象、不能自拔之嫌，出现了前后概念对不上的问题：前半句还在说“财产”，后半句却转成了“原物”。须知，被继承的财产不限于“物”，更不限于“原物”；同时，既然前文要求“返还原物”，对于不能满足这一要求的最简单明快的响应，应当是“无法返还”而不是“原物不存在”。对上位概念的细化处理，反而产生了概括不全、包罗不尽、考虑不周的问题。

《民法典》第53条强调概念对位：针对“取得其财产的”情形，规定“返还财产”；与此对应的“无法返还的”，应当给予适当补偿。这样，涉及的每一概念都能够实现全外延严格对应，不致出现原条文头大尾小、照应不全的问题。

第四节　逻辑贯通

逻辑贯通是表述统一的前提。最简单意义上的表述统一，只要求法律概念的前后用词一致，避免同一概念多个表述。这是最低层级的表述统一。

在更高层面上，表述统一指法律规范前后条文逻辑上的统一与和谐。这主要表现为前后条文在调整范围、适用主体、可能情形等各个方面的前后一致，即不仅指概念的用法前后一致，也指整个表述逻辑的前后一致。

逻辑的一致，不是“形”的一致，而是“神”的统一。立法表述中的前后呼应，必须是形神兼备的立法精神和表述意志的统一。

如果说概念在字面上的表述统一是文字、字词级别的前后一致；前后呼应就是整部立法在语义、法意层面的更为深刻的前后统一，是比字面表述统一更为高级，也更难以满足的要求，尤其是像《民法典》这样长达千条的鸿篇巨制。但是，即使一些篇幅不长的法律规定，也可能前言不搭后语。可见前后失应，不完全取决于前后照应的难度，而在一定程度上取决于写作者是否重视这个问题。

【例】1985年《继承法》第27条：有下列情形之一的，遗产中的有关部分按照法定继承办理……遗嘱继承人、受遗赠人先于遗嘱人死亡的……

考虑到该法第16条第3款已经将“国家、集体或者法定继承人以外的人”列入受遗赠人的范围，故只提及自然人才有的“死亡”，显然有疏漏。《民法典》第1154条考虑到了组织，将“死亡”扩充为“死亡或者终止”，克服了上述问题。

【例】2001年《婚姻法》第37条第1款规定了未直接抚养的一方应当负担的费用：必要的生活费和教育费。

《民法典》第1085条改为“抚养费”，但是按照其第1084条第2款的规定，离婚后父母对于子女仍有抚养、教育、保护的权利和义务。在这种三分法中，抚养费只对应三种义务之一。因此，不提“教育费”似乎不合理，因为在有些地方，特别是大城市，教育费并不比抚养费少多少，甚至多得多。考虑到“保护”是《民法典》新增加的内容，“保护”的支出也应当有所体现。

第五节　法理贯通

表述顺畅的更高境界，是法理逻辑与常理逻辑的统一。满足这个要求，仅靠细心校对文字的基础性工作是远远不够的，必须对整部立法的精神实质，特别是其中涉及的法理、常识都要有既全面、宏观又深刻、细致的理解。当然，法理的融会贯通也是基本的立法技术，没有心神合一，难免言不由衷。

【例】2009年《民法通则》第16条第3款、第17条第2款分别规定了未成年人及精神病人两种情况下对担任其监护人有争议时的指定程序。

但其共同的指向只有在近亲属中指定的表述，存在很强的局限性。因为该法第17条第1款第5项中已经规定“关系密切的其他亲属、朋友”可以担任监护人。既然如此，为什么不给他们一个“被指定”的机会？当然，这里确实有一个亲疏远近问题：“近亲属”被指定比较说得通，指定“关系密切的其他亲属、朋友”感觉比较牵强。但仔细研究《民法典》就会发现，监护人的指定所适用的法律规范，和“监护人”与“被监护人”的相互抚养、扶养、扶助义务有交叉，但不完全对应。因此，“近亲属”与其他有资格担任监护人的人，就监护人的指定而言，法律地位是完全平等的，确实没必要将其排除。《民法典》第31条遂作如是调整。

【例】1985年《继承法》第31条第1款：公民可以与扶养人签订遗赠扶养协议。

该表述看似就事论事、四平八稳，但实际上却存在一个法理逻辑上的悖论：这里的“扶养人”是否包括子女、其他法定继承人？因为根据《民法典》第1133条第3款，自然人可以立遗嘱将个人财产赠与国家、集体或者法定继承人以外的组织、个人。该条明确遗赠是针对“继承人以外”的组织或者个人的。这个问题在《民法典》第1158条中被妥善解决了：“自然人可以与继承人以外的组织或者个人签订遗赠扶养协议。”由此实现了上下文法理逻辑与常理逻辑的和谐。

第六节 表意法治化

【例】2009年《民法通则》第100条：公民享有肖像权，未经本人同意，不得以营利为目的使用公民的肖像。

是不是只要不“以营利为目的”就可以未经本人同意使用其肖像？如今看来，这也太把钱当事了。《民法典》第1018条第1款的要求是，自然人有权“许可他人使用自己的肖像”，言外之意，无论以什么为目的，未经许可都不行。

这里有个前后表述不一的小问题：此前的《民法典》第697条特意对此进行改动，以避免已经由《行政许可法》规定的“许可”再出现在《民法典》中。

第七节　思路大众化

思路大众化就是尽可能让老百姓一眼就能看明白法律的要求，而不需要猜测与揣摩。

【例】1999年《合同法》第294条：旅客应当持有效客票乘运。

经过这些年的道德展示和人性历练，再看这一规定，不难发现其中的问题：不按车票“记载的时间、班次和座位号”乘坐，是否属于持有效客票？这样的纠纷屡次发生后，要以法治方式解决，就必须在立法上有所作为。故《民法典》第815条第1款改为“旅客应当按照有效客票记载的时间、班次和座位号乘坐”，绝大多数相应问题就可基本避免，而不必纠缠于相对而言形而上学的无效与否之争了。

《民法典》第815条还在《合同法》上述条文后增加了第2款：“实名制客运合同的旅客丢失客票的，可以请求承运人挂失补办，承运人不得再次收取票款和其他不合理费用。”该规定显然是针对《民法典》编纂过程中网上热议的丢失客票问题所作的与时俱进的回应：旅客明明能够证明确实买过票，甚至承运人自己都不否认，却根据“有关规定”再次收取票款和其他不合理费用。

正是为了避免这种不必要的“恶”，《民法典》不等铁路等客运系统自我完善其制度：有关客票遗失的部门习惯做法，必须向《民法典》靠拢。

当然，在实际适用时，必须解决的一个首要问题，就是旅客丢失客票的证明问题。如果旅客不能证明，就不是补办而是补票的问题了。

另如，1999年《合同法》第144条及随后的《民法典》第606条均规定了“在途风险”的负担：出卖人出卖交由承运人运输的在途标的物，除当事人另有约定外，毁损、灭失的风险自合同成立时起由买受人承担。

控制风险转移的关键点有两个：一是“合同成立”的时点；二是“在途”。

这样的规定考验当事人的常识和法律知识。如果具有丰富的常识，就能预见上述规定的后果，但也可能自以为由对方负担风险。但无论如何，谨慎的“生意人”都有必要查法条、咨询律师，更直接的是“询问一下对方当事人”，如果要求对方书面回复，那就更稳妥了（相当于有关风险的“另有约定”）。否则，买受人就会在未约定时承担其可能未预见、出卖人意识到但故意不提醒的风险。

第八节　用语通俗化

为民立法体现为便于人民守法，即尽可能用老百姓都可以理解的普通用语叙事（法律概念除外），尽量避免那些专业领域的业内人士熟谙但不易为大众领会的术语。

【例】1999年《合同法》第294条：旅客无票乘运、超程乘运、越级乘运或者持失效客票乘运的，应当补交票款，承运人可以按照规定加收票款。

《民法典》第815条将比较拗口、不太大众化的“乘运”，改为容易为大众所理解和遵循的“乘坐”；将明显不太可能发生、即使发生也极有可能属于混合过错的“持失效客票乘运”，改为更为普遍的“持不符合减价条件的优惠客票乘坐”。

第九节　语不通则“命不长”

“言之无文，行而不远”。即便不追求文采，通顺也是写作的生命。法律条文的语意不通，有时是法理逻辑混乱的结果，有时则是不同条款之间的内容重叠。

【例】2017年《河道管理条例》第14条：堤防上已修建的涵闸、泵站和埋设的穿堤管道、缆线等建筑物及设施，河道主管机关应当定期检查，对不符合工程安全要求的，限期改建。在堤防上新建前款所指建筑物及设施，必须经河道主管机关验收合格后方可启用，并服从河道主管机关的安全管理。

上述例句之所以要分两款规定，就是为了区分“已修建”与“新建”。但由于第2款规定“必须经河道主管机关验收合格后方可启用”，“新建”的就成了“已修建”的，是不是与第1款规定的“已修建”情形下的“安全管理”重复？

其实，之所以产生这样的“疑问”，还在于“必须经河道主管机关验收合格后方可启用”。这句话的目的，本来是要设定一项“在堤防上新建前款所指建筑物及设施”的“验收”的行政许可。按照简政放权的改革要求，既然“堤防上已修建的前款所指建筑物及设施”要服从“河道主管机关定期检查”等“安全管理”措施，对“新建建筑物及设施”的“验收”就可以合并到这种日常管理中去，而不必单独设立一项行政许可。故该条例在2017年刚修订后不久（7个月后的2017年10月7日），国务院又决定再次修订，删除该表述及其设定的行政许可。

这一修改捎带着解决的问题是，该第2款的文字重新调整后，因为省去了中间横插出来的上述枝节，变成“新建前款所指建筑物及设施”应当“服从河道主管机关的安全管理”，从而与第1款在时间和逻辑上都实现了严格对应，不再有重叠之嫌。

由此得出的规律性的认识是，那些在表述的文字上、逻辑上存在疑点的制度，总是最先、最容易成为改革的对象。反过来看，要想使一项法律制度经得起历史的考验，就要先过文字关、逻辑关；在文字表达上“先天不足”的制度，正如有基因缺陷的生物体，更易夭折。

第十二章　语法避错的技巧

语法就是语意表达的规矩，潜行于日常表述的底层，强于习惯，弱于法律。

第一节　语法的作用

语法就是写作的规矩，学会规避语法错误，是借助语法分析工具尽快提高写作水平的一条捷径。当然，语法要发挥作用，也需要其他技能和知识等的协同、配合。

汉语的语法对于写作到底有没有价值、有什么价值？按理说，语法是写作的规矩，应当成为我们汉语教育、至少是写作教学的基础内容。我们的中学、小学语文教学，以大量的篇幅介绍中国古典、现代文学中的名著、名篇。这些文字确实是中华文化的精华，其中的具体表述在特定的语境下，特别是在名著的上下文中是可以理解的，甚至可以称为经典、美文。但是，用这类表述去考学生，考的是文学史，而不是汉语写作。如此教、学、考出来的学生，可能还是不会写最简单的白话应用文，如一个群通知、一封信、一篇在网络上“抬杠”的短文。

本书所有章节都多多少少在探讨汉语语法，本章涉及的则是语法的使用问题。

第二节　补齐结构零件

语法对于写作最重要的功能，是提示最低级的语法错误，如句子成分缺失。

【例】<u>调研工作制度未能针对新形势社会领域突出问题及时完善。</u>

这句话因缺了几个不太重要的语法小零件，失去了助词、介词等虚词对表意结构的指示和辅佐，令人读起来很费劲。如果加上个“下”、补上个“的”，相应内容改为“针对新形势下社会领域的突出问题及时完善”，感觉立马舒畅了很多。

【例】某日，某某会议系统总结某某理论，没有第一时间及时组织学习。

此句一气呵成，但没有打头的主句、少了最关键的主语。

【例】2004年《公司法》第177条第5款：股东会或者董事会违反前款规定，在公司弥补亏损和提取法定公积金、法定公益金之前向股东分配利润的，必须将违反规定分配的利润退还公司。

从语法上分析，“必须将”“利润退还公司”的主体暨本句的主语，是“股东会或者董事会”。但从逻辑和情理上分析，股东会或者董事会只是错分了利润，此时利润已经到了股东手里，让“股东会或者董事会”怎么“退还”？2005年遂改为：“股东必须将违反规定分配的利润退还公司”（第167条第5款）。

第三节　避免结构重叠

语法结构不能残缺，但层峦叠嶂则过犹不及。语法总是提醒中庸的表述结构，处处按语法写作成不了大家，但可以避免小失误，正合日常写作的品位。

【例】整改工作进展情况报告请于反馈后三个月内向领导小组书面报告。

此处出现了两个“报告”，明显提示要掂量一下是不是言重了。其实，“进展情况”本身既可以做“报告”的内容，也可以做全句的主语，不必叠床架屋。

【例】1994年《预算法》第60条：编制决算草案要“做到收支数额准确”。

就反映预算最终执行情况的决算而言，究竟是收支的数额准确，还是收支本身？故2014年修改为“收支真实、数额准确”。从文字角度讲，二者一比，高下立见。不仅如此，新法的核心，强调“收支”的真实性，避免虚假列支。当然，严格从逻辑上争辩，“收支数额准确”确实涵盖了“收支真实”，虚假的收支根本没有发生，谈何数额，更谈不上数额准确。但如果立法起草者这样为自己辩解，那就不是不讲法理、语法、逻辑了。

第四节　用好被动语态

用不好被动语态，是许多国人的通病。

【例】某条例在2018年起连续三年被列入国务院立法计划。

“被列入”属于被动语态使用中常见的陷阱。中文的玄妙之处在于，在使用许多动词的被动语意时可以直接用该动词，而不需要加被动标识“被”，如“列入”。

此外，该例句中“在”与“起”的搭配也有问题，可以将“在”改为“自”。

第五节　避免错用动词

动词错用所引发的语病很多，比较典型的是由动词连用导致的表意混乱。这种错误很大程度上囿于写作者的写作能力而“迫不得已”，需要借助专业领域的常识辅助理解、破除此等在日常写作中不好克服的困难。

【例】2004年《公司法》第8条第2款：法律、行政法规对设立公司规定必须报经审批的。

“规定必须报经审批”全是动词，故2005年修改为“法律、行政法规规定设立公司必须报经批准的”，一下子疏朗了许多。至于究竟是纠正了“对”字结构使用不当，还是动词过于密集的使用，则是个形而上学的问题，暂可放在一边。

第六节　避免限定失范

限定失范属于定语使用错误，包括重复限定、限定欠妥等。

定语是修饰、限定主词的。主词中已经蕴含的意思，就不必多此一举了，否则就是实质性的重复限定，尽管没有语词直接重复那么显眼。

【例】1996年《刑事诉讼法》第92条第2款：传唤、拘传持续的时间最长不得超过十二小时。

此处的“最长”是后置定语，用于限定“时间”，但显属多余；如此表达，日常生活中虽然无关紧要，立法中也无可厚非，但2012年修法时还是删了。1996年之所以用“最长”，与当时的时间观念或者对法律上期间概念的理解有关：期间、期限显然都是指最长时间（包括对最短期限的规定，其实质仍是“最短”中的最长时间）。新法的修订，同时也是对这一法理逻辑的澄清。

第七节　破除“射程”影响

网上常有人说，“真理总在射程之内”。从语法的角度理解这句话，关键不是怎样认定真理，而是如何控制“射程”。其实，这正与国际政治领域大家普遍的理解是一致的。定语的“射程”，就是定语可以修饰进而影响的词的多少或者范围。

【例】2004年《公司法》第169条第2款第3项：记名公司债券的存根簿上应当载明“债券总额，债券的票面金额，债券的利率，债券的还本付息的期限和方式”。

是不是“债券”用得太多了？之所以不敢像2005年该法第158条第2款第3项那样修改为：“债券总额，债券的票面金额、利率、还本付息的期限和方式”，主要是担心“债券”的“管辖臂长”不够。当然，新法在修改时也充分考虑到了这个问题，同时也为了强调和分级，故没有简省到只用一个“债券”。

【例】2007年《政府信息公开条例》第21条第3项：依法不属于本行政机关公开或者该政府信息不存在的，应当告知申请人。

实际操作中，“该政府信息不存在”很好理解，但其前面还有一个必须与其联系起来理解的“依法”，就让经办人员及申请人都很困惑，经办人员很难向申请人解释，于是有些申请人就以此为突破口“难为”经办人员及其所属信息公开义务机关：政府信息怎么可能“依法”不存在？

事实上，“不属于本行政机关公开”“该政府信息不存在”这两种情形，不可能同时出现，但立法将其并列在一起，且因为“不属于本行政机关公开”属于法定情形，于是前面加上“依法”没有问题，但没有考虑到“依法”对“或者”之后的“该政府信息不存在”的辐射效果，于是就出现了现实中理解与操作时的不知所措。

2019年《政府信息公开条例》第36条将这两种情形分开规定，其中，“该政府信息不存在”既然不是因为“依法”，而是因为“经检索没有所申请公开信息”；至于“所申请公开信息不属于本行政机关负责公开的”，虽然是基于法律的规定，但也没有必要过分强调、乱贴“依法”的标签。

第三编

公文写作中结构的特殊作用

写作的最终成果，即便如短文、小曲，也都有其结构。就较为规整的公文写作而言，其对结构的要求更是远在其他文体之上，“八股”等对文章的贬损用语，其实表达的无非就是对结构上过于形而上学式的变态追求的厌恶。

本编不可能涉及文章结构的方方面面，只从常见错误切入，从内容简约、避免重复、删繁就简、语序讲究、结构紧致、表述统一、前后照应等方面分析相关领域出错的情形及原因，进而提出提升能力的相应建议。

第十三章　内容简约的技巧

本章着重从内容角度出发，探讨写作的内核问题；与之有密切关系的“避免重复、删繁就简”两章，则从表述形式出发，分析表面上的逻辑、语法等错误。

第一节　基础信息不能缺

内容简约的要求针对的是两个极端：要么过于繁，以致重复累赘；要么过简，以致语焉不详、影响语意的表达。这两个方面，尽管本书都有专章讨论，在此仍需强调，要从对度的把握入手，进一步处理好繁与简的关系。

第二节　语法要素不能少

【例】大家期盼核航母心情可以理解，但技术问题还是得一步一个脚印。

这句话的意思大致可以理解：大家确实非常期待中国的003型航母是核动力航母，但是航母建造技术方面的问题，还需要一步一个脚印地解决。原表述让人很难理解到这层意思，究其根源，还是省略了过多基本的语法要素、句子成分。

【例】通过对市政府某局工作的全面检查，发现如下问题：某某重要会议提出……市政府在第一时间组织传达学习后，没有及时跟进学习……

汉语中的主语可以缺省，但前提是没有出现其他主体。而上述例句字面上的一个明显的矛盾之处是：前面说“组织传达学习”，后面又说“没有及时跟进学习”。这里边存在一个主体转换及谓语相应调整的问题。

实际上，上述两个“学习”分别对应不同的主体，由于通篇是检查市政府某局工作发现的问题，因此在没有出现其他主体时，可以一口气往下写；但在出现了其他主体（市政府）后，就要强调“跟进学习”的主体是某局了。

当然，将“市政府在第一时间组织传达学习后”改为“在市政府第一时间组织传达学习后”，也可以解决上述问题。

第三节　关键语词不能丢

汉语表达水平的提高是个漫长的系统工程，凡是易犯的低级错误都会纷纷且紧紧地追随某些人，直至他们的文字水平基本过关才悻悻离去。

【例】如果A国继续追随B国，将极大地损害国家利益，不利于国家发展。

本句由“如果”引导的条件状语从句后，是两个并列的分句，但都没有主语，其宾语也没有限定用的定语。由此导致的结果是，两个分句表达的意思存在歧义：谁损害了谁的利益？不利于哪个国家的发展。

因为从语法结构看，在“A国继续追随B国”的前提条件下，确实有4种可能，B国损害A国的利益、B国损害自己的利益、A国损害B国的利益、A国损害自己的利益。不仅如此，“不利于国家发展”也有2种可能：不利于B国的发展、不利于A国国家的发展。这些可能组合起来，又会产生更多不同的理解。

由此可见，上述例句存在的问题，是如何准确、鲜明地表达观点，这对于一篇政论文或者智库的研究报告而言，是最重要的原则性问题。要想深入地研讨上述例句涉及的问题，写作者有必要将自己的观点进一步明确，而且要明确到只有一种可能的地步：如果A国继续追随B国，将极大地损害A国国家利益，不利于A国国家的发展。当然，此处没有进一步明确损害A国国家利益的主体是B国还是A国自己，但从只强调A国国家利益受损的角度讲，也是可以的。

第四节　逻辑关系不能简

过于简略的一种比较“高级”的形式是，没有说清楚因果关系的来龙去脉。称其“高级”，是因为这种错误往往出现在比较复杂的语句结构中，或者比较艰深的学术文章中。但正因如此，才更要注意表述结构或者语意的严谨。

【例】这些失误，可以归结为以前没遇到过，甚至都没有想过。

此句想表达的只是这些失误的原因，但省略“的原因”后，“失误”与“遇到过”“想过”在逻辑上等价了，给人的印象是：失误只是因没有偶遇而错过？

第五节　运用转引简化

运用转引节省篇幅是语言表达中非常重要的基本写作手法。“上述、前文、下列”等词，就是专门设计出来用于这些场景的。而引经据典、参考文献，则是科学技术领域及其他学术圈层的常规做法。在法律等要求更准确表达的专业领域，转引相关法条，则不仅是必需的，也是省心省力的基本方法。

【例】起草行政法规，除应当遵循立法法确定的立法原则，并符合宪法和法律的规定外，还应当符合下列要求……

上述例句本身没有错，但2001年《行政法规制定程序条例》第11条第1款的这一规定几乎全文抄录了该条例第3条，这从写作技巧上看就是重复。简化的技术也很简单：直接指明某条。2017年正是如此规定的：起草行政法规，应当符合本条例第3条、第4条的规定，并符合下列要求……

第六节　运用概念简化

内容简约最基本的前提是精准囊括足够多义项的上位归类概念。

【例】2009年《民法通则》第16条第3款和第17条第2款，分别规定了未成年人或者精神病人的监护人的指定争议的解决机制。

《民法典》第31条第1款将其归纳为“对监护人的确定有争议的”解决机制，从而不必区分是为哪种被监护人（未成年人还是精神病人）指定监护人，这样不仅节省了文字，更重要的是大大简化了现实工作中区分不同情况的程序和实际操作中的麻烦。同时，“被监护人”的表述是一个实用的归类和概括，也是《民法典》立法技术创新达到炉火纯青境界的标志，其在以下三个领域都有重大突破。

一是概念运用。“被监护人”的概念不仅惠及《民法典》后续条文，甚至可以惠及后续立法。更重要的是，养成尽可能归纳法律概念、使用法律概念的意识和习惯，对于培养法治意识和法治思维具有重要的理论意义和实践价值。

二是被动语态。汉语口语中很少用“被”字，即便在书面语甚至立法中，也应尽可能用其他类似的表述替代。

三是力求简洁。这个概念将原来必须分别表达的未成年人、精神病人、无民事行为能力人、限制民事行为能力人的意思都表达清楚了。

第七节　运用语法简化

语法是写作之法，可以用于写作的方方面面，自然也可以用于简化表述。

一、简化主语结构

【例】1999年《合同法》第255条：承揽人提供材料的，承揽人应当按照约定选用材料，并接受定作人检验。

《民法典》第774条删除了第2个“承揽人”，充分表明，重复的主语必须删除。这不仅是为了简化表述，也是立法区别于日常写作最本质的要求。

【例】1999年《合同法》第394条：储存期间，因保管人保管不善造成仓储物毁损、灭失的，保管人应当承担损害赔偿责任。

此处出现了2次“保管人”、1次“保管”；“因保管人保管不善”更是出现了“保管”连用的现象：“保管人”确属多余。更重要的是，即使不考虑此处的叠词现象，随后出现的“保管人应当”的表述也充分说明，前句的主语确属重复。

二、简化宾语结构

【例】1999年《合同法》第109条：当事人一方未支付价款或者报酬的，对方可以要求其支付价款或者报酬。

《民法典》第579条删除了明显重复的宾语：即已提到的“价款或者报酬”。

【例】1985年《继承法》第33条第1款：继承遗产应当清偿被继承人依

法应当缴纳的税款和债务，缴纳税款和清偿债务以他的遗产实际价值为限。

《民法典》第1161条省略了与前句的宾语重复的后句的主语，改为“继承人以所得遗产实际价值为限清偿被继承人依法应当缴纳的税款和债务”。

第八节　简化表述结构

表述简约的一个最具成长性的领域是表述结构的优化，其动力源自对简明表述的追求，其立法上的表现是合并条款项目，并体现为法条表述上的简约。

【例】1999年《合同法》第96条第2款：法律、行政法规规定解除合同应当办理批准、登记等手续的，依照其规定。

该款与该法第44条第2款“法律、行政法规规定应当办理批准、登记等手续生效的，依照其规定”内容大致相同，在转为《民法典》第565条时被删除，因为其内容已经并入《民法典》第502条第3款。

【例】1995年《担保法》第16条：保证的方式有：（一）一般保证；（二）连带责任保证。

全条满打满算只有25个字，却分为两项，没有必要。《民法典》第686条第1款是最典型的合并款项以简化表述结构的范例：保证的方式包括一般保证和连带责任保证。

第九节　简化表述文字

删繁就简是立法始终如一的追求。

【例】2009年《民法通则》第16条第2款：由下列人员中有监护能力的人担任监护人。

该表述不长，却出现了3次“人”，其中的“人员”是落伍的老式赘语；《民法典》第27条第2款“由下列有监护能力的人按顺序担任监护人”完全可以完美替代。

【例】1995年《担保法》第18条第2款：债务人在主合同规定的债务履行期届满没有履行债务的。

这句话用字不少，但意思不如字数更少的“债务人不履行到期债务”说得明白。《民法典》第688条正是这样修改的。

【例】2009年《民法通则》第23条第2款：战争期间下落不明的，下落不明的时间从战争结束之日起计算。

该款之所以被删除，是因为之前的第20条第2款已经一字不差地表述过一遍了。所不同的是，分别用于宣告“失踪”、宣告“死亡”。在同一部立法中、在款的规模上，出现一字不差的重复，是绝对不能容忍的。

【例】2009年《民法通则》第23条第1款第2项：从事故发生之日起。

《民法典》对应条文删除了上述内容，即仍从“下落不明”时开始计算。但二者殊途同归：因意外事故（件）开始下落不明的日期，当然是事故（件）发生之日。这既是个常识问题，也是个逻辑问题，其实质是对“意外事件”的理解：只要是意外事件，客观的事件与主观的对其之所以感到意外的认识，通常同时发生，主体的失踪与客观的事件也只能推定同时发生。

第十节　精简仍需有度

越是正规的写作，越要求表述简洁，这是一般的、原则性的要求，但不能因此而因陋就简、因文害义，该有的文字还得保留。

【例】1996年《刑事诉讼法》第118条：……经查明确实与案件无关的，……退还原主或者原邮电机关。

2012年《刑事诉讼法》将其改为非常简洁的“予以退还”，即“原路”退还、无论从哪儿查封、扣押、冻结都恢复原状，当然包括“退还原主或者原邮电机关”。

如此“简化”处理在很大程度上避免了原规定情况下究竟是“退还原主”还是退还“原邮电机关”的问题。因为涉及退还“原邮电机关”的，无非是“邮件、电报”，“退还原主或者原邮电机关”有可能都不合适：“邮件、电报”的“原主”究竟是发件人还是收件人？不是从“原邮电机关查封、扣押的邮件、电报”，也要退还“原邮电机关”？对于类似问题，规定得越多，越不如“予以退还”更便于操作。

第十四章　避免重复的技巧

重复与简洁此消彼长。要简化表述，就得消除重复。简约的核心要旨，就是避免重复。但重复这个顽疾非常难以根除：不仅会重复文字、重述常识，在立法领域还有更为隐蔽的重复法条。

本章讨论的重复累赘，涉及两类不同的语病：一类是明显的重复用词，另一类则是表述啰唆。重复用词，即同义词叠用，包括最简单的一眼就能看得出来的形式上的重复用词，也包括在了解了各用词的本义后发现的内容重叠的实质性重复用词。至于表述啰唆，不能说完全是错，但行文简洁始终应是目标。

本章罗列了一些易生重复的常见情形，并提示了一些避免重复的成熟方法。当然，本书的相当篇幅，也多少涉及避免重复的其他要求。

本章大致分前后两部分：先罗列、分析“病状、病因”，后提供一些“解药”。

第一节　重复累赘的病因

在汉语写作中，重复地肯定一般没有问题，甚至有某种强调的功能。而且中文也比较喜欢用重复的、肯定的溢美之词来突出事物的正面特性，如时下最典型的用语“高大上”，及曾经与之类似的“伟光正”（伟大、光荣、正确）。

限于笔者搜罗工作不够深入，挂一漏万还真不是谦辞。但对于写作者而言，真没有必要穷尽所有具体的可能。重要的是要养成直接、深入的逻辑思维习惯，学会识别肤浅、啰唆、累赘的表述，戒除“说得不好但是喜欢说”的毛病。

所有成熟的语言都具备完整的、系统的避免重复的语言技巧，这些技巧在日常写作中可能没必要强求，但在立法的表述中却是最基本的要求。因此，从事日常写作，特别是公文写作者，如果能够经常揣摩法律、法规、规范性文件的表述，通过对照发现自己的倾向性问题，未尝不是一种很好的自我提升方法。

法律要确立原则，就不能太啰唆，立法语言必须简明凝练，这是一个大题目。

立法是在笔尖上跳舞的艺术：既要简约，又要达意；必须删繁就简，但又不能因陋就简、过于“骨感”甚至因文害义，要有度的权衡。最常用的系统性简化表述的手法是借用：借用立法成果，借用通用制度，条文间相互借力。

法律条文的简约，有时不仅体现在文字上，更体现在条理的集约上。立法既然是语言的艺术，就不可能不追求语言本身的对仗与工整，在文不害义的前提下，当然要追求字面的齐整；确实无法做到的，才遵循内容为上的原则。

立法技术最重要的功能就是通过对逻辑、语法、情理、法理的分析，找出不必要的重复的症结，运用前人在类似环节的经验做法，给累赘的法条“瘦身”，实现立法表述的简洁。法律条文的表意重复，有时是法理逻辑混乱的结果。

第二节　同位异构

此处的同位异构是指，汉语在表达比较等语意时，本来应当用同样的结构，但为了表述的简洁明快，可以将同等表述地位的重复的词省略，使前后的表达结构略有不同，但并不影响语意。不了解这种“门道”的语句，难免让人觉得重复。

【例】直接证据的证明力往往大于间接证据的证明力。

此处出现了两个“证据”、两个“证明力”，差异仅在“直接”与“间接”上，而比较用词“大于”也正是比较二者的差异的。由于“直接证据”与“间接证据”是比较的对象，二者显然都不宜再简略；但二者的“证明力”，是比较的内容，可以省略后一个，但并不影响语意：直接证据的证明力往往大于间接证据。

【例】某省气象条例未按上位法修改而修改。

这句话想表达的意思是，上位法修改了，相应的下位法也应该修改，但是没有修改。改正的方法很简单：把“按”改成“依”，同时删除“而修改”。

第三节　用词重叠

在中国的语言文字传统中，比较钟爱同义词或者近义词的叠用，以增强情感、加重语势。但必须注意的是，此时并列的语词，必须词义相当、词性相近、词形对称，彼此能够相互呼应、前后照应；不能为了凑数而同义反复。

用词重复属于比较典型的文字错误，字面上反复出现的字、词是最直观的证据。对法律草案的审查，最基本的工作就是剔除此类重复。

【例】为了规范行政法规制定程序，保证行政法规质量，根据宪法、立法法和国务院组织法的有关规定，制定本条例。

此处“的有关规定”，与其前的“根据……法”存在语意重叠。类似的表述，在法律文件第1条中常见：“根据宪法，制定本法”（2015年《立法法》），“根据《中华人民共和国土地管理法》和《中华人民共和国统计法》，制定本条例”（2016年《土地调查条例》）。因为宪法、某某法本身就是规定“有关规定”的，特别是与“根据”一起使用时，这层意思更为明确。因此，根据《宪法》、某法、某条例等，已足以表达根据其规定的意思了，不必重复“的有关规定”。

【例】他每年都获得一等奖奖学金。

此句不长，但出现了两个“奖”字，而且还连在一起。汉语写作中但凡出现此等场景，最好斟酌一下：是否重复？养成这种习惯，最终会培养出敏感的直觉：在日常写作中，潜意识已经足以帮你完成此类筛选和过滤了。

【例】2009年《民法通则》第16条第1款：未成年人的父母是未成年人的监护人。

此句寥寥数字，几个字的重复也非常扎眼。《民法典》第27条第1款改为“父母是未成年子女的监护人”，省略了出现2次的“未成年人”中的1个。

【例】2007年《政府信息公开条例》第24条第2款：延长答复的期限最

长不得超过15个工作日。

这是有关信息公开延期答复的规定。由于该条的上文一直在说“延长答复”的情形，故没有必要再说“延长答复的期限”，直接说“延长的期限”即可。2019年《政府信息公开条例》第33条就是这么改的。足见立法者对此等二字之省，还是非常认真、非常在意的。

【例】2007年《物权法》第139条：登记机构应当向建设用地使用权人发放建设用地使用权证书。

总共只有27个字的表述，“建设用地使用权”就占了14个字，因为出现了2次。《民法典》第349条消除了这一明显的重复。

【例】1999年《合同法》第148条：因标的物质量不符合质量要求，致使不能实现合同目的的……

《民法典》第610条删除了一个“质量”，修正了一处重复。

第四节　名词叠用

重复累赘有很多种表现形式，由同一词类的重叠使用导致的比较普遍。以下各节即分述此等情形的不同表现。

【例】某某礼貌和善，举止投足也是温文尔雅。

此处的“礼貌”与“和善”词义近同，二者并列，用法得当。但由于“投足”通常与“举手”一起，构成对“举止”的另一种称谓，如果单用“投足”，难免让人觉得有所闪失，与“举止”并列更觉得好似跛了一足一般。但“举止”与“举手投足”并用，因两个词长短不齐，也让人觉得不太自然，起不到语词叠加的修辞效果。

也就是说，上述例句中，单用“举止”可以，单用“举手投足”也可以，但目前的二者并用不妥。当然，此处的错误，不排除“举止”就是“举手”的错拼。

【例】某某的爸爸和大伯都是地道的农民人。

此处“农民人”的用法，显然既没能展现名词叠用的修辞感，也没有强化“地道”的侧重效果，更像是打字时多打了个“人”字。

【例】人民生活流离失所。

此处的成语“流离失所”，其实是一个动宾结构的固定搭配，而其搭配的主角，应当是“人民”：是人民“流离失所”，而不是“生活”或者“人民生活”“流离失所”。因为显然，“流离”就是“失所”后的颠沛状态，“失所”的字面理解就是失去居住之所，二者的主体都不应当是“生活”，故“生活”多余。

第五节 代词叠用

汉语中的代词总量不大，但足够使用，大可不必逮住某个词往死里用。一般来说，同一语句中，一个代词最好只用一次，不同的事物最好不用同一代词。

【例】A国之所以这么“难啃”，最大的原因就是这是个内陆国家。

本例句最鲜明的特点，就是“这”显得有些多。每个代词必有所指，这种意识和习惯必须从小养成，它可以指引并提醒我们随时检视所写的内容中代词的指向，从而删除多余的、反受其乱的不必要的代词。

如果该例句之前，提到过A国“难啃”，则强调“这么难啃”，是说得过去的，也不显多余；但“这是个”就显得累赘，改为“其为”或者“它是”，会好些。

第六节 动词叠用

动词叠用导致的明显重复，或称“多动词”，是汉语表达中常见的语病，但也是涉及动词使用的重复中比较简单的一种（较之于下节的“动意重叠”）。

【例】这真是太令人感到寒心了。

据《现代汉语词典》，“寒心”是因失望而伤心，如孩子这样不争气，真叫人寒心。据此，“寒心”不需要感觉就可以直达人心：故此处的“感到”没有必要。

【例】有趣的是，头上的摄像头是用了某品牌车上用的摄像头，而且大脑也是用的某品牌FSD（完全无人驾驶系统）的模组。

“是用”没有必要，“用”即可，修改后文字将大为精简：有意思的是，其摄像头用的是某品牌车上的摄像头，大脑也采用了某品牌FSD模组。

有必要提醒的是，此处特意将原文中的“有趣”改为了“有意思”。从字面上看，二者没有太大区别，但“有意思”所包含的意思显然比“有趣”丰富。同时，用“其”代替了“头上”，因为该机器人很可能不光“头上”有摄像头。

【例】2004年《公司法》第25条第2款：股东不按照前款规定缴纳所认缴的出资。

令非业内人士摸不着头脑的是：“认缴的出资”究竟出了没出、缴了没缴？即便业内人士从法理的角度分析，“所认缴的”也是多余的。因为该法“前款”已经有“股东应当足额缴纳公司章程中规定的各自所认缴的出资额”的内容了，到了第2款，“缴纳出资”就足以表达清楚了。这正是2005年对此条的改法。

第七节　动意重叠

动词的重叠使用，可以分为两种情形，一是动词本身的重叠使用，即同时使用多个词义重复的动词。二是动意重叠，即虽然只用了一个动词，但其前其后的语词中，有些已经表达了足够的、相似的动意。此时，究竟谁是多余的，还真不好说，需要结合句子结构，寻找并确定一种更为妥当的表达结构和表述方式。

【例】据《苏州府志》载，苏州城内大小园林有150多座，可算名副其实的园林之城。

此处的“据”“载”重叠，用其一即可。

动意，是决定动词之所以为动词的该词本义所蕴含的，但有动意的词并不限于动词，有些动词在名词化后仍有动意。因此，一个语句中没有必要出现多个具有相同或者相似动意的词。分析动意及其重叠的可能性，是避免语病的一种非常简便的手段。

【例】他与队伍走散，从此就失踪不见。

此处的“失踪不见”，明显用词重叠，但这属于比较简单、容易发现的用词错误，只是不太好避免，因此一定要慎重对待。

【例】罗布泊钾盐的发现也突破了国外垄断钾盐的封锁。

“垄断”与“封锁”，虽然不能说是同义词，但意思有相通之处，用在此句中，语意会相互重叠，故没有必要。这类语意重叠，属于相对而言中等难度的情形，比较难以发现，因此需要一定的知识积累。

第八节　时态重叠

汉语对时态的表达主要靠意会，但越来越明显的趋势是，充分利用“了”“过”等时态标识。只是必须注意的是，时态的表达点到即可，重复的表述反而会导致表意的错乱，影响读者的理解。

【例】尽管随即予以了否认。

此处的“随即”的意思是“随后、即”，“予以”本身也有完成时态的意思，再加上最具有标志性的“了”，短短几个字的一句话，全用来表达时态了。事实上，上述例句大可以简化为：“尽管随即予以否认”，甚至“尽管随即否认”。

第九节　形容词叠用

【例】这篇文章的主要重点是……

“重点”就是“主要”的。但二者的顺序不同，表述效果就会不一样，如：这篇文章的重点主要有……

【例】不要心存侥幸心理。

《现代汉语词典》中没有收录“心存”及“心存侥幸”这两个词条，只在“侥幸”词条中举了两个例子：心存侥幸、侥幸心理。

“侥幸”就是一种心理，因此可以直接用“心存侥幸”，而不必叠床架屋。

【例】只会令该国内部矛盾加剧恶化。

“加剧”这个词儿，通常指恶性程度或者负面情形加重的状况，如病情加剧。故“加剧”本身就有恶化的意思，“加剧恶化”，确实有点儿过了。

【例】2004年《公司法》第26条：股东全部缴纳出资后，必须经法定的验资机构验资并出具证明。

此处的“全部”显然是多余的。因为一般“缴纳出资后”就是“全部”缴纳出资的意思，如果没有缴全，那就还没有缴纳完，就不应当用“后”。

【例】建议小学生学习古代的儒家思想。

此处的“古代”属于对“儒家思想”的不必要的限定，也属于叠用、重复。

【例】第一次世界大战和第二次世界大战中，各个列强在互殴。

这是比较典型的网络语言，用传统的汉语标准去衡量，也许有点苛刻甚至残酷，但是其对于“列强”的理解确实存在问题，所谓“列”者，就是“各个”的意思。

2016年《现代汉语词典》认定“各”为指示代词，表示不止一个（指某一范围内的所有个体），如各方、各界；将“各个”亦认定为代词（如各个方面）、副词（如各个击破）；将“列”认定为量词，义为类（如不在此列）或者各、众（如列国、列祖列宗、列位观众）。对比上述解释不难发现，当“列”义为“各、众”时，其与“各”的词义及用法，是差不多的，此时，分别将其认定为代词或者量词，就是问题了。而这个问题，体现在实际使用中，就是例句中的叠用现象。

至于究竟将“各”与“列”认定为代词还是量词，固然是个学术问题，日常写作时可以不必拘泥，但也确实从一个个例，反映出了汉语字词分类的难度。

第十节　副词叠用

此处需要提醒的是含有复合含义的副词：其同义词的叠用，也会造成语意重叠。

【例】又是什么使干枯了60年的罗布泊又重新碧波荡漾了起来呢?

写作者似乎不甚了解“重新”的本义。此处的“重新”，是含义更丰富的“又”，即恢复到曾经的状态。于是，“又重新”就出现了语意重叠，择一即可。

【例】请大家提前准备好身份证，站在脚下黄线处排队。

此句存在时间和方位表述上的双重累赘，“准备”需不需要“提前”?

"黄线"需不需要"脚下"？看来这是写作者自身的习惯：比较喜欢唠叨。

【例】对此就不再过多赘述了。

这是一个典型的"赘述"的例子："过多"就是"赘述"。

【例】到处逢人说项斯。

并不是古人的诗句就不重复，有时为了律诗字数的要求，也会重复用词。上述例句，据说就是"说项"的典故所出，其中"到处"就是"逢人"。

【例】某部A级通缉令公开通缉拐卖犯罪在逃人员。

此处的"公开"有没有必要？"通缉"一般应当公开，不公开的叫协查。

【例】对于动辄杀功臣的朱元璋来说，符坚确实是太……宽厚有余。

"太"就是过分，"有余"也是多余，二者确实没有必要重叠使用。

【例】武力强大的民族征服了其他民族后，随后放弃了自己的语言和文化。

此句中征服"后"与"随后"的重叠使用，显然没有必要。此处"随后"想表达的意思，应当是转折，改为"却"，在逻辑上、语气上，都更顺一些。

【例】幼童接种率也还在继续提高。

"也"和"还"是一个意思，不必重复。

第十一节　介词叠用

介词等"小词"往往引不起重视，错用、误用、叠用的情形反而更容易发生。

【例】根据土地管理法规定……

可以用"根据土地管理法"或者"土地管理法规定"，但没有必要叠合使用。

【例】根据竺可桢对5000年来中国气候的初步研究指出……

此处的"根据"，在词义和功能上，与"指出"重叠。

第十二节　量词叠用

【例】这件T恤用的就是整整60支高支纱线，面料更细更软。

"支"可作为纱线质量的衡量指标。"高支纱"是指"支"数比较高的纱，但是不能再用“支”来衡量“高支纱”了。

【例】最新型战斗力的052D导弹驱逐舰终于露出真面目，战力提升了好几个倍。

“几”字也属于自带量词的少数数词之一，“几倍”就行了，不必“几个倍”。

【例】我们看任何一件事物，都不能脱离时代的背景。

宽泛地看，“任何一件事物”说得过去，但细品其表述的精当性，“任何事物”也足以表达同样的意思。此处的关键在于，名词前的数量词或者类似修饰词，有一即可，如果同时用两个以上的此类修饰词，就要先排除多余、累赘的表述。

第十三节　转折词叠用

两个以上表转折的词重叠使用，词义上重叠不说，读起来也有转筋的感觉。

【例】但却有额外的意想不到的惊喜。

据《现代汉语词典》，“却、但”分别是表转折的副词、连词，再加上“额外”“意想不到”“惊喜”，不好说此句是哪类词的叠用，但肯定是转折的转折无疑了。

不仅如此，“额外”就是“意想不到”，“惊喜”也有“意想不到”的意思。

第十四节　语句级重复

无论文章的字数多少，语句层级的重复、唠叨才是最浪费笔墨纸张及读者的宝贵阅读时间的。

【例】2004年《公司法》第3条第2款、第3款在分别规定“有限责任公司”和“股份有限公司”的责任时，都有“公司以其全部资产对公司的债务承担责任”的规定。

显然，从合并“同类项”的角度看，这两款规定都可以合并到有关“公司”的第1款规定中，这正是2005年修订时完成的。

至于2005年《公司法》第6条仍规定：符合本法规定的设立条件的，由公司登记机关分别登记为有限责任公司或者股份有限公司。这就不是可以简化的内容了，因为最终需要依申请设立的公司的类型分别予以登记，不能笼统地登记为“公司”。因为下文确实又明确提到“不符合本法规定的设立条件的，不得登记为有限责任公司或者股份有限公司”，即对应不同的申请、有不同的“设立”条件和登记结果。

第十五节　避免词义重叠

词义重叠较之用词重叠，显然要隐蔽一些；但较之语意重叠，则直观一些。当然，词义重复时语意往往也是重复的，除非相同的字词具有不同的词义，这在法律界比较少见，甚至是立法的大忌。

【例】法律规定必须由法定或者指定代理人、代表人为诉讼行为，未由法定或者指定代理人、代表人为诉讼行为的，应当裁定不予受理。

上述内容可改为：未按照法律规定由法定代理人、指定代理人、代表人为诉讼行为的，应当裁定不予受理。省略、删除不必要且重复的“必须由法定或者指定代理人、代表人为诉讼行为”。同一内容在一句话里两次出现，本身就是重复最明显的标识，是立法、修法时必须重点关注的内容。只是能不能简下来，还需要一些法学文字功力的积淀。

【例】2001年《职业病防治法》第33条第3款：用人单位不得因此解除或者终止与劳动者所订立的劳动合同。

“解除”与“终止”劳动合同有区别吗？这要看法律是怎样规定的：如果法律就是如此表述的，那肯定是有区别的，否则法律怎么会这么写呢？有人肯定会这样想，有人就得为此作出一系列解释。但说一千道一万，可能无非就是为了遮掩或者圆某个立法起草者的用语习惯。但2011年修法时删去了“或者终止”，说明确实用错了。

第十六节　避免同义反复

【例】行政执法是行政机关执行法律、法规、规章的行为，是行政管理的直接体现形式。

事物“体现”出来的就是其形式，故“直接体现形式”属于三重同义反复。

【例】2004年《公司法》第136条：股份有限公司登记成立后，即向股东正式交付股票。

显然，此处“登记”与“成立”并列，有些累赘。《公司法》一直就有设立公司，应当依法向公司登记机关申请设立登记的规定。故成立股份有限公司，申请登记是必经程序。正因如此，公司一旦设立或者说成立了，肯定已经“登记”过了；规定成立以后的事，就不必再拖着成立以前的“登记”这个累赘了。故2005年《公司法》修订时，将例句中的“公司登记成立”改成了“公司成立”。

第十七节　避免无聊用词

重复累赘的本质，就是用了完全可以不用、用后反而让人更难受的语词。

重复最基本的表现，就是该省略的没有省略。不必要的用词，属于情节比较轻的“无聊用词”，可改可不改。

如今的网络写手有一个普遍的毛病，就是无病呻吟式的啰唆：喜欢用一些比较专业（其实还不算很专业）的词或者想探讨一些比较专业的议题，却没有足够的学养，以致弄巧成拙，让人一眼就看出其文化水平和专业能力。

【例】行政责任是一种与民事责任、刑事责任相并列的法律责任，因而是一种独立的、不能由其他法律责任形式替代的责任形式。

“相并列”中的“相”属于不必要的重复。

【例】行政程序的恰当设定和适用，直接影响到行政活动的效率。

“到”字纯属多余。原因何在？可能与有些方言的习惯有关。“到”在汉语构词或者语法结构中，可以表示动作的结果（如达到等），因此可以做完成时态的标识词。但汉语并不严格要求所有的完成时态都用时态标识，许多汉语字词（如“影响”）自带“到”所表达的结果意，不必用“到”。

【例】苏军损失2675架飞机，直接作战损失的有114架战斗机、333架直升机，及少数其他一些机种。

“其他一些”就是无意义的重复、絮叨，留“其他”足矣。

【例】在实践中，为讨论的方便，往往将我国的法律体系简化称为法律、法规（包括行政法规、地方性法规）、规章。

“简化称为”，通常用“简称”。

【例】目前仅存在的，只有行政裁决。

“仅存”即可，“仅存在”的表述，容易让人觉得青涩。

第十八节　避免啰唆表述

有些大道理，如必须依法办事，不用天天挂在嘴上，撸起袖子加油干就是了。尤其是在法律领域，“依法”确实是万能标签，但时时用、处处用，就显得絮叨了。当然，实际情况中不限于“依法”二字，还有其他类似的变种。

【例】2003年《行政许可法》第82条：本法规定的行政机关实施行政许可的期限以工作日计算，不含法定节假日。

2017年后的《民事诉讼法》《刑事诉讼法》等基本法律，都用“节假日”而不强调“法定”；只有《行政许可法》等个别法律提到“法定节假日”。显然，所有国家机关在计算期间、期日时，都是以法定节假日为准，或者说推定“节假日”就是“法定节假日”。故“法定”节假日的表述在法律规范中没有必要。

即使在日常写作中，只有公众放假的才叫节假日，其实质都必须是法定节假日，但也不必出现“法定”，因为民间、网上的各种节庆，可以称节日，但不是节假日。

【例】2007年《政府信息公开条例》第20条：公民、法人或者其他组织依照本条例第十三条规定向行政机关申请获取政府信息。

“依照本条例第十三条规定向行政机关”显然多余：无论其是否“依照本条例第十三条规定”，甚至是否“向行政机关”提出信息公开申请，都不影响其申请政府信息公开行为的定性及相应的处理程序。更具体地讲，该条例第13条仅是规定“除行政机关依本条例主动公开的内容外，还可以依申请获取政府信息”这样一个授权性决定，确实没有多少可供行政机关行使职权时“依据”的内容。

故2019年《政府信息公开条例》第29条直接规定：公民、法人或者其他组织申请获取政府信息的，应当向行政机关的政府信息公开工作机构提出。这就解决了向谁提出、谁来处理、谁负责公开等问题。

第十九节　避免语意交织

语意交织，就是采用多种类同方式表达同一意思，造成语意重复。

【例】解决这个问题的方法很好办。

问题很好解决就是很好办。例句想表达：“这个问题很好解决”，直接说就行。

语意重复是相对比较隐蔽的重复，没点文字功底，有时还真不一定看得出来。在专业技术领域，要发现此类问题，还需要更为精深的知识储备和洞察力。

语意重叠是较用词重叠更为隐晦的重复累赘。究其成因，是汉语字词的多义性，如果未注意到有些字词较隐蔽的内涵，就容易与并用的其他字词重叠语意。

语意重叠与词义重叠略有不同：词义重叠的实质是同义词的重复使用。

【例】俄军的火箭炮系统，可发射温压弹，以巨大的爆炸力，将潜在的致命冲击波发送到掩体或战壕中。

炸弹已经“发送到掩体或战壕中”了，还能说“潜在”吗？有人会说，此处的“潜在”，是指“可能”致命，而不是绝对要人命，故称“潜在的致命冲击波”。但这恰恰是问题所在：“致命”本身就是“可能”要人命，而不是必然要人命。因此，“潜在”与“致命”存在语意重叠、意思冲突，让人不明就里。

【例】1996年《刑事诉讼法》第74条：犯罪嫌疑人、被告人被羁押的案件，不能在本法规定的侦查羁押、审查起诉、一审、二审期限内办结，需要继续查证、审理的，可以取保候审或者监视居住。

此处的“，需要继续查证、审理”，就属于没有必要的重复。因为只要是对于“犯罪嫌疑人、被告人被羁押的案件，不能在本法规定的侦查羁押、审查起诉、一审、二审期限内办结”，要解决的问题就不是是否“需要继续查证、审理”，而是是否要解除“羁押”，即变更强制措施。同时，这类案件的后续处理，也不限于“继续查证、审理”，多说的这一解除“羁押”条件，没有增加条文的严谨性，反而留下了不必考虑却又有考虑不周之嫌的逻辑陷阱，2012年《刑事诉讼法》以一分为二的方式，对此予以剔除。

【例】2009年《侵权责任法》第23条：因防止、制止他人民事权益被侵害而使自己受到损害的，由侵权人承担责任。侵权人逃逸或者无力承担责任，被侵权人请求补偿的，受益人应当给予适当补偿。

“防止、制止他人民事权益被侵害”，显然不如《民法典》第183条“保护他人民事权益”简洁。

第二十节　避免内容重叠

内容重叠不同于字面重复，实质内容的交叉重叠未必会表现在字面上。

【例】2013年《粮食流通管理条例》第9条第1款：取得粮食收购资格，并依照《中华人民共和国公司登记管理条例》等规定办理登记的经营者，方可从事粮食收购活动。第10条：取得粮食行政管理部门粮食收购资格许可的，应当依法向工商行政管理部门办理设立登记，在经营范围中注明粮食收购；已在工商行政管理部门登记的，从事粮食收购活动也应当取得粮食行政管理部门的粮食收购资格许可，并依法向工商行政管理部门办理变更经营范围登记，在经营范围中注明粮食收购。

上述第10条规定的实质，就是依照《公司登记管理条例》办理登记，这已经在上述第9条第1款中说明白了。

故2016年修订该条例时，果断删除了第10条。至于同时对第9条第1款所作的修改（依照《公司登记管理条例》等规定办理登记的经营者，取得粮食收购资格后，方可从事粮食收购活动），只是对表述顺序的调整，不涉及第10条的赘述问题。也就是说，新条例顺应“先照后证”①的行政管理体制改革思路，对证、照关系进行了调整。

【例】2004年《公司法》第十章法律责任中，有19处“构成犯罪的，依

① 指先办理营业执照，设立相应市场经济主体，再由这些主体申请办理所需行政许可证的管理模式。

法追究刑事责任”的表述。

该章其他条文也涉及法律责任，特别是行政责任，就没有这样规定。抛开这些条款中刑事责任是否必要这个实质性问题不谈，仅从立法技术的角度考虑，如此“频繁”地重复这一表述，是不是有点“啰唆”？“重要的事情说三遍”，但在立法上说一遍也就可以了。故2005年修法时，类似表述都合为一条（第216条）：违反本法规定，构成犯罪的，依法追究刑事责任。

第二十一节　不必重复常识

【例】2009年《民法通则》第68条：应当事先取得被代理人的同意。

“事先”有没有必要？征得“同意”就应当是事先，否则就是追认。这里面的语义逻辑，无须明说也蕴含其中。这一点，随着《民法典》第169条将此处改为“同意或者追认”而进一步明了：同意必须在事先，事后才需要追认。

【例】2001年《婚姻法》第32条第3款第1项：重婚或有配偶者与他人同居。

既然“与他人同居”是与“重婚”并列的，那肯定是“有配偶者”；而且本条涉及的就是离婚双方，没有配偶谈何离婚。因此，无论从哪个角度讲，都不应当再重复“有配偶”。用归谬法推演：是不是“重婚”前也需加“有配偶”？

而且，《民法典》第1042条第2款已经明确：“禁止有配偶者与他人同居”，这相当于给“与他人同居”下了定义：仅指“有配偶者与他人同居”。无配偶者只能与对方同居：双方都没有“他人”。

第二十二节　通过转引避免重复

为了避免过多重复其他立法中的规定，可能通过“依法”予以转引，这涉及法律规范的参互引用，是“依法”的正面效果。

【例】2001年《商标法》第57条第1款：在起诉前向人民法院申请采取责令停止有关行为和财产保全的措施；该条第2款：人民法院处理前款申请，

适用《中华人民共和国民事诉讼法》第九十三条至第九十六条和第九十九条的规定。

上述规定，就其实质内容而言，无可厚非。美中不足的是，太啰唆了。涉及民事诉讼的内容当然要适用《民事诉讼法》的相关规定了。2013年《商标法》第65条只用“依法”两字，就解决了此前用一款的文字所要解决的问题。更能说明问题的是，2001年《商标法》第58条第2款至第4款，都是对法院如何保全证据的具体规定，2013年修法时也都删除了，也是在第1款中增加了“依法”。由于这两处修订中涉及的内容，无论是证据保全还是财产保全，都应当并且已经被规定在《民事诉讼法》中了，其他法律文件只要明确要求法院“依法”即可。至于依什么法，法院及所有相关方都是十分清楚的。其他立法中如果再重述《民事诉讼法》等特别法的规定，不但没必要，规定得不一致时，还会出现如何选择适用的问题。

第二十三节　通过归并消除重复

适当地将概念归类进而合并同类内容，是避免表述重复的重要方法和手段。

【例】2009年《民法通则》第63条第2款：代理人在代理权限内，以被代理人的名义实施民事法律行为。被代理人对代理人的代理行为，承担民事责任。

《民法典》第162条的表述大为简化：代理人在代理权限内，以被代理人名义实施的民事法律行为，对被代理人发生效力。原条文的表述结构是，第一句描述代理人的代理行为，第二句描述该行为对被代理人的法律意义。在两句的衔接中，就有重复的内容：“代理人的代理行为”。由于第二句以“被代理人”为主语，这一重复不可避免。但如果换一种表述方式，即由主动语态变为被动语态，就很容易想到简化的思路了：“代理人的代理行为”由被代理人负责。

【例】2004年《公司法》第169条第2款第3项：债券总额，债券的票面金额，债券的利率，债券的还本付息的期限和方式。

显然，作为共同限定词的“债券”是可以归并进而省略的，但这一1993年《公司法》颁布时就有的内容（条款项的次序没有变），直到2005年才调整为：债券总额，债券的票面金额、利率、还本付息的期限和方式（第158条第2款第3项）。

【例】2001年《商标法》第4条第1款、第2款：自然人、法人或者其他组织对其生产、制造、加工、拣选或者经销的商品，需要取得商标专用权的，应当向商标局申请商品商标注册。自然人、法人或者其他组织对其提供的服务项目，需要取得商标专用权的，应当向商标局申请服务商标注册。

上述规定存在明显的重复："自然人、法人或者其他组织""对其""需要取得商标专用权的，应当向商标局申请""商标注册"表述了2遍。

之所以有如此大量的重复，原因就在于《商标法》在1982年立法时，该条本来只有1款，即有关商品商标的规定。后来因1993年该法修订时新增了有关"服务商标"的规定，故增加了一款。随着我国商标制度的不断发展完善，商品商标与服务商标作为最主要的商标类型已经为大家所熟知，同时又有新的商标类型出现，如集体商标等。此时，已经没有必要为了突出服务商标与商品商标的区分而保留分立的两款了；考虑到该条位于总则部分，其核心规范主旨，就是确立"取得商标专用权"必须注册商标的原则。故将二者合并的时机已经成熟。

2013年修订后该条内容为："自然人、法人或者其他组织在生产经营活动中，对其商品或者服务需要取得商标专用权的，应当向商标局申请商标注册。"这是通过合并同类表述、实现立法言简意赅的典范。当然，这个过程是建立在我国立法界立法规范化、系统化认知的基础之上的，更是建立在部门法特别是《商标法》对其自身分类理论及实践操作认识不断提高、深化的基础之上的。更重要的是，合并后省去了其他新类型的商标专用权如何保护、是否需要注册才能得到保护等一系列新问题。

第十五章　删繁就简的技巧

删繁就简不同于避免重复累赘，而是在克服此等低级错误后的更高要求。但重要的是，能简则简、不能勉强：重复累赘固然让人烦，因陋就简也会词不达意。

第一节　需要综合施策

用文字鲜明、准确地表达立法本意，一是要明，二是要确。

明，就是鲜明地提出规则，不能隐而不发、意犹未尽，做到知无不言。

确，就是准确地表述规则，不能含混不清、词不达意，做到言而有信。

上述简单的要求，落实到写作的具体实践中，必须多管齐下、综合施策。

如本书第二十三章提到的合理排序的技巧，合理排序是语言简洁的底层逻辑。充分运用合理排序的技巧管理所掌握的写作材料，可大大简化表述的层次和内容。

另如本书第三十八章提到的借助体系的技巧。借助制度体系简化文字不是法学领域的专利，日常写作中亦可借鉴。

再如优化表达方式，也有助于文字的精练。

【例】2009年《农村土地承包法》第47条：以其他方式承包农村土地，在同等条件下，本集体经济组织成员享有优先承包权。

2018年修法时将“享有优先承包权”改为“有权优先承包”，表面上看只少了一个字，体现的却是一种简约达意、生动有力的风格，彰显了立法对精细化的追求。

此外，合并冗余文字也是实现文字表达精简洗练很重要的手段。

【例】2004年《公司法》第40条：公司可以修改章程。修改公司章程的决议，必须经代表三分之二以上表决权的股东通过。

该条前一条暨第39条第2款中也有“……决议，必须经代表三分之二以上表决权的股东通过”的字句，所不同的是，主语是“股东会”；第40条的主语是“公司”。但从第40条的实际内容看，“经代表三分之二以上表决权的股东通过”肯定是借助股东会的形式。因此，这两条的内容完全可以合并，不仅可以减少一条，而且可以大大简化表述。2005年修订后的第44条正是如此。

以上及本书以下各节，都是实现删繁就简目标的多重手段，必须综合运用。

第二节　养成精简习惯

写作必须确立删繁就简的指导思想。指导思想很重要，失之就会失去方向、陷入迷茫。日常写作的根本目的是交流，不是文学创作，没必要花里胡哨。

我国当代立法的集大成者《民法典》就大力倡导简约，并身体力行，具体表现为其开篇第1条的表述，就树立了当代汉语简明表达的标杆。

立法是语言艺术之花，要言不烦、大道至简。立法的全部要旨，就在于如何以最精简的文字，全面、准确地立规矩。因此，立法技术中相当重要的一块，就是如何使法律的语言更为言简意赅，其能够助力表述简化的方面包括：概念界定准确，语义表达明确，时态、语态、搭配等语法手法正确等。

语法层面上语义与表述的统一不同于概念本身的统一，但与此密切相关。与概念定义的明确统一要求相对应，对立法中语义表达的要求也是如此。

简化表述是立法技术最核心、最实用的部分，甚至可以说，绝大多数的立法技术都是围绕如何简化、优化立法表述开发的，其主要内容是避免重复的各种技巧和要求，其对象则是立法中啰唆、累赘的种种表述。

立法务求简约，这是个总体、永恒的要求。落实到立法现实中，要坚信这一原则，其最模范的体现，就是《民法典》“一字也省”的精神。

【例】2009年《民法通则》第1条：为了保障公民、法人的合法的民事权益，正确调整民事关系，适应社会主义现代化建设事业发展的需要，根据宪法和我国实际情况，总结民事活动的实践经验，制定本法。

相应内容移入《民法典》第1条时，连删了“合法的民事权益”“发展的需要”中2个不必要的“的”，开篇即指明了简约的方向。

【例】1999年《合同法》第297条第1款中的“有可能”。

《民法典》第818条改为“可能”，一字之差，却足以说明，立法是字斟句酌的严肃工作，多余的表述无论存在几个21年，都会因不够简洁明了而被删除。

【例】2009年《民法通则》第68条：为了保护被代理人的利益而转托他人代理的除外。

《民法典》第169条省略了其中可有可无的“而”。

【例】2009年《民法通则》第60条：民事行为部分无效，不影响其他部分的效力的，其他部分仍然有效。

【例】1999年《合同法》第56条：合同部分无效，不影响其他部分效力的，其他部分仍然有效。

显然，“其他部分的效力”与“其他部分效力”，放在不太正式的场合，都没有问题，但放在要求极高的立法中，就是问题了：如果表述必须统一，具体朝哪个方向统一？往精简方向统一。这正是《民法典》第156条指明的方向。

第三节　发挥概念作用

从某种意义上说，概念就是特定事物的简称，在完成概念的界定之后，充分地利用概念，可以省去相当多的文字。

【例】2004年《公司法》第2条：本法所称公司是指依照本法在中国境内设立的有限责任公司和股份有限公司；第3条第1款：有限责任公司和股份有限公司是企业法人。

上述第2条完成了对“公司”概念的界定，据此，《公司法》中凡再提到“公司”，就是指“有限责任公司和股份有限公司”。于是，2005年改为“公司是企业法人”。

第四节　借助分类概括

通过分类概括以精简文字是中文写作的基础，任何时代都要坚持。

【例】2009年《民法通则》第48条在罗列了各种法人的形式后分别规定：各以其所有的财产承担民事责任，多达一百余字。

与之相应的《民法典》第60条“法人以其全部财产独立承担民事责任”只有16个字，却把同样的规范交代得清清楚楚，其秘诀就在于，将各类法人概括为法人。这就是归纳、概括在写作中的重要性，否则就必须面面俱到。

第五节　借助逻辑分析

写作者要充分利用逻辑分析的方法，发现语句中存在的重复表述问题。有时，在删除重复的同时，可以一并解决因重复而生的逻辑问题，算是一箭双雕的额外收获。

【例】1999年《合同法》第275条在规定施工合同的内容的最后，提到了“双方相互协作”。

《民法典》第795条删除了“双方”。显然，从逻辑上分析，“协作”肯定是两方以上主体之间的互动，此时加“双方”一词不仅语义重复，而且还有逻辑不严密的问题：难道三方甚至更多方就不能相互协作？

第六节　直接使用动词

汉语动词强大而丰富的表现力对表意的突出贡献就是简化表述。活用动词可以简化表述的机理在于，通过突出动意可以大大简化表述结构和文字。

【例】2007年《物权法》第31条：依照本法第二十八条至第三十条规定享有不动产物权的，处分该物权时……

出现“该物权”说明已有重复。《民法典》第232条的修改思路是突出动词的作用，删简累赘、重复的内容：处分依照本节规定享有的不动产物权……

第七节　少用通用动词

通用动词，就是“百搭”动词，不太挑搭配对象的那种，如“进行、采取、出现”等。通用动词通常是实在找不到合适的词时拿来使用的，故其滥用说明：写作者要么是不用心，懒得去找更有针对性的词；要么是没本事，绞尽脑汁也想不出更好的词。

当然，确实存在找到了合适的措辞，但仍不放心，或者过于迷恋通用动词的情况。

【例】2009年《农村土地承包法》第10条：国家保护承包方依法、自愿、有偿地进行土地承包经营权流转。

2018年修法时，顺便破除了“进行”“流转”的搭配：“流转”兼有动词、名称属性，新表述“国家保护承包方依法、自愿、有偿流转土地经营权”直接使用兼有名词含义的动词，意思完全相同，但更为简洁、明快，更符合法律原则的表述形式。

第八节　指代未必简省

一般而言，指代通常是代称、简称，故可以简化表述，但也不尽然。

【例】1998年《收养法》第7条第2款：华侨收养三代以内同辈旁系血亲的子女，还可以不受收养人无子女的限制。

“收养人无子女”，在《民法典》第1099条第2款中被替换为“本法第一千零九十八条第一项规定”，该项的规定是，“无子女或者只有一名子女”。显然，需要指代的实际内容非常精简，但要指向该内容却比较复杂，用条文定向方式，使用了15个字，而直接用改写原文的方式，只用了6个字。

在绝大多数情况下，代称可以精简文字是肯定的。上述情形显然属于孤证、例外。考虑到表述统一的需要，有时哪怕多用一些文字，在立法中也是可以的，《民法典》本条的规定就比较典型：其他都用条文指引方式，即使有个别可以节省文字的直接引述，也要让位于规范格式统一的要求。

第九节　适时使用代词

【例】2009年《侵权责任法》第6条第2款：根据法律规定推定行为人有过错，行为人不能证明自己没有过错的，应当承担侵权责任。

此处出现了2个“行为人”,《民法典》第1165条第2款将后者改为“其”，强调了在前后相连的语句中出现同一名词时，用代词以简化表述的必要性。

【例】2001年《婚姻法》第47条第1款：离婚时，一方隐藏、转移、变卖、毁损夫妻共同财产，或伪造债务企图侵占另一方财产的，分割夫妻共同财产时，对隐藏、转移、变卖、毁损夫妻共同财产或伪造债务的一方，可以少分或不分。

此处的“隐藏、转移、变卖、毁损夫妻共同财产或伪造债务”明显重复,《民法典》第1092条只用了一个字就替代了如此冗长的文字：“该”。由此确立了两个立法先例：一是“该”作为代词可以大胆地使用；二是要尽最大可能避免不必要的文字重复。“该”作为代词，在法律上的使用比较普遍。

第十节　勿入简称陷阱

许多简称看似理所当然，但也未必尽然，因简称引起不必要的曲解，得不偿失。

简称是保证表述统一的重要方式，但也可能因前后文既用简称又用全称而不统一。不加说明即将“侵权责任”简写为“责任”，绝不是一般意义上的前后表述不统一，而是极为低级而严重的立法技术失误。

【例】2009年《侵权责任法》第81条：动物园的动物造成他人损害的，动物园应当承担侵权责任，但能够证明尽到管理职责的，不承担责任。

该条最后的“不承担责任”中的“责任”，是前文“侵权责任”的简写。《民法典》第1248条在纳入上述条文时却没有用简写，而是改为“侵权责任”。

【例】1994年《预算法》第13条第2款中有“审查和批准本级政府决算（以下简称本级决算）”的表述。

2014年修法时调整为“审查和批准本级决算”。这一修订有一大一小两重意义。从小处说，新法解决了旧法将“本级政府决算”“简称”并由“本级决算”替代的概念错误，至少从制度上、概念上和逻辑上宣示，“县级以上地方各级人民代表大会常务委员会”的“监督”对象，是“本级总预算”等，而不限于“本级政府决算”。

从大处说，或者从根本上说，立法中确实要少用、慎用、尽可能不用“以下简称”。因为立法是一项严肃而重大的制度建设系统工程，法律条文中的每一句话，都有可能被拿出来单独适用。如果需要单独适用的法律条文中，有“以下简称”涉及的内容，其条文的意思就不完全是字面上的，而需要结合规定“以下简称”的前文一并理解，这在引述条文时是很“危险”的，很容易因漏引了“以下简称”的原始表述而引起误解。故重要的法律文件，如《宪法》《刑法》《刑事诉讼法》《民事诉讼法》《行政诉讼法》中都没有用“以下简称”；只有《国境卫生检疫法》等非常专门的法律，才对“国境口岸”等该法中最重要并且为业内熟知、通用、常用的概念，在该法首次出现时使用一两次“以下简称”。

从数量上看，“以下简称”在专业性很强的行业法律法规中并不罕见，特别是在行政法规中还很常见，但对其的运用必须坚持以下两个原则。

一是慎用、少用。就是仅在专业性非常强的领域，对相应规范性文件中最重要并且为业内熟知、通用、常用的概念，可能偶尔为之。因为这些概念都是业内常用概念，不会因简称而引起误解。

二是早用。按照我国的立法体例，要在总则或者开篇，特别是作为宗旨的第1条后、界定“本法”适用范围的第2条中，结合对最重要概念的界定一并使用。

第十一节 简化介词结构

中国当代立法表述习惯的演化方向是：减少或者弱化“把、对、将”等间接表述结构的比重，转而用直接的“动宾”结构，使立法语言更加短促、简洁、有力，体现规范的严肃性和指向性。

【例】2009年《兵役法》第25条第2款中有“在战时”的表述。

中文中，表示时间的状语可以直接用表示时间的词，不用标识“在”等指示时间的介词引导。2011年改为“战时”后，形成了新的搭配“战时根据需要”，从语感的角度着眼，此时更不能再用“在”。这也是删除“在”更应当考虑的因素。

【例】2009年《农村土地承包法》第39条第1款：承包方可以在一定期

限内将部分或者全部土地承包经营权转包或者出租给第三方，承包方与发包方的承包关系不变。

其前半句的核心表意结构是：承包方将土地承包经营权转包或者出租。考虑到“转包或者出租”本身都是动词，而且是及物动词，可以直接带宾语，不必用“将”字结构表示动词性含义。故2018年调整为“动宾”结构：承包方流转土地经营权。

当然，上述修改还有个重要的原因，就是原条文想用一个表述体系表达两层意思：首先是赋权，即承包方可以流转土地经营权；其次才是对此的担保：承包方与发包方的承包关系不变。从法理上分析，有保障的权利才是权利，既然承包关系不变已明确，土地流转就可以放心了，“可以”是当然的。但不用“可以”更为果断、干脆，没有拖泥带水；用“有权”代替“可以”，自然更好。

第十二节　少用冗余介词

就汉语整体而言，介词是必要的；但就某些具体表述而言，介词不总是必需的。《民法典》从简洁出发，形成了一以贯之的态度：可用可不用的，一般不用。

【例】2009年《民法通则》第8条：在中华人民共和国领域内的民事活动……

《民法典》第12条改为“中华人民共和国领域内的民事活动”，说明简化是立法的基本习惯。“在……领域内”表意重复，“领域内”包含“在……内”的意思。但在法律上“领域”有特殊的内涵，指领土、领海、内水等国家主权可控的全部范围，故不能再省。

【例】2001年《婚姻法》第27条第2款：适用本法对父母子女关系的有关规定。

《民法典》第1072条改为“适用本法关于父母子女关系的规定”，明确了条款转引的表述方式“适用本法关于某某的规定”，不用“对某某的有关规定”，其核心就是不用“对”字结构。

【例】1999年《合同法》第298条：向旅客及时告知。

《民法典》第819条改为“及时告知旅客”，看似只删一字，却坚持了立法语言必须言简意赅的基本原则以及简化文字表述的基本方法：尽可能直接。

介词的冗余并非都如上文所列这般明确与直接，只需要下决心修改即可。确有一些情形习以为常，有时很难发现。

【例】2007年《物权法》第133条：土地承包经营权可以转让、入股、抵押或者以其他方式流转。

上述表述中出现了2次“以”，其实应当出现3次，即“可以以”省略、更准确地说是归并为“可以”了。既然如此，其后的入股、抵押等流转方式，包括兜底的其他方式都是“以”字统辖的，在其他方式之前就不应当再重复出现该字，正如不宜在“入股”“抵押”之前分别用“以”一样。故《民法典》第342条改为：可以依法采取出租、入股、抵押或者其他方式流转土地经营权。

第十三节 少用不实之词

汉语中经常会用到一些可有可无的词，有的本身就属于虚词，有的则因其可有可无而成为实质上的虚词。

【例】贯穿于行政诉讼法及行政诉讼……

【例】体现并反映着行政诉讼的客观规律……

【例】任何一个法律部门都有自己的基本原则。

上述例句涉及介词“于”、助词“着”及数量词等小词的用法及去留。事实上，“贯穿于行政诉讼法及行政诉讼”，与“贯穿行政诉讼法及行政诉讼”没什么区别；“体现并反映着行政诉讼的客观规律”与“体现并反映行政诉讼的客观规律”也差别不大。数量词的使用也是如此，“任何一个法律部门都有自己的基本原则”，完全可以用“任何法律部门都有自己的基本原则”替代。

【例】2009年《民法通则》第18条第1款：被监护人的利益。

《民法典》第35条第1款将其改为“被监护人利益”，书面语不必为了口语中的换气或者抑扬顿挫的需要，添加不必要的“的”。

【例】1999年《合同法》第49条：行为人没有代理权……相对人有理由

相信行为人有代理权的，该代理行为有效。

《民法典》第172条删除了可用可不用的“该”。

【例】2009年《民法通则》第129条：如果危险是由自然原因引起的，紧急避险人不承担民事责任或者承担适当的民事责任。

其中的“如果”引导了一个条件状语从句，其功能是明确法律规范中的“假定”，但法律规范的假定不需要“如果”引导。因为法律中的每一条，基本上都是一个完整的法律规范，都有其“假定”，基本的表述结构是具备某种情形；具体的表述形式，就是如本条的“的”字结构。这种具有鲜明指向性的“的”字结构，与法律规范的逻辑架构相呼应，足以充分表达条件状语的意思，故“如果”可以删除。《民法典》第182条第2款作出明确、针对性的删除处理后，这一点进一步得到确认。

【例】2009年《民法通则》第129条：因紧急避险采取措施不当或者超过必要的限度，造成不应有的损害的，紧急避险人应当承担适当的民事责任。

此处的“因”也在引导一个条件状语从句，该从句在法律规范中的功能也是“假定”，也可以隐去。这正是《民法典》第182条第3款所做的。

【例】2009年《民法通则》第67条：代理人知道被委托代理的事项违法仍然进行代理活动。

上述条文的问题，一是逻辑上不简洁：在规范代理时又提到了产生代理的委托。二是表述太啰唆。“被委托代理的事项”可以简化为“被代理的事项”，不必赘言委托代理的过程；还可进一步简化为“被代理事项”，省去可有可无的“的”。《民法典》第167条采取了最彻底的简化方案“代理事项”。这无疑给后续立法提出了更鲜明的指向。

第十六章　语序讲究的技巧

本书中的“语序”，就是词语在句中的排列顺序。

这种意义上的语序，应该是所有语法规则中最接近语句通顺与否的判断标准。

汉语的表达基于单字表意，故单字的排序非常重要：单字构词时涉及词内的排序问题，字词组句时相互之间的排序，更直接决定着语意的表达。

汉语中基于语感的语序是一种主要的语法手段，语序的变动能使词组或句子具有不同的意义。汉语中的某些特别的单字，即使被组成词语，语序不同时仍会影响词语表意，如“完全不懂”和“不完全懂”，基本上可以说完全是两码事。

严格说来，中文并没有严格或者明确的语序标准，只有一些语序上的大致习惯，但这些习惯又因不同的字词表意而有大量更为复杂、无规律可言的例外，于是主要根据语感来判断语序之妥否，这与拼音文字有很大的不同。

第一节　讲究语序的价值

词序问题不同于搭配问题，但二者密切关联：词序相对固定是汉语一大特色，也是一大难点。严格说来，字词顺序不属于字词搭配范畴，但推而广之，确实也说得通：字词的顺序，不也是其在纸面二维空间上的排列、搭配形式吗？

汉字象形文字的鲜明个性、显著特征，决定了字词排序的突出重要性。

汉语是形义文字，构成词句的每个字不但有其独特的形，大多还有其独立的义。将这些有形有义的字拼接成一行或者一列，就是汉语中的语句。至于整句的意思，既取决于所用的词，也取决于排列的顺序，排序不同，就会有不同的语义，进而有可能引起理解偏差甚至误解。汉语的语序可以讲究到什么程度？

【例】这类字实际上已经成为文字化石、死文字。

【例】字典提到已"死"的某字时，一般解释为古书上说的一种兽、鸟、鱼、虫、树、草等，有的还会给出其现当代的所指，有的就至此而已。

上述两个例句，都可进一步完善。考虑到"化石"的生成都在"死"后，按"死文字、文字化石"排显然更考究一些；由于"至此而已"与前面的文字间隔较远，中间还隔着"当代所指"的表述，"此"的具体所指有可能偏移，故颠倒一下语序，改为"有的就至此而已，有的还会给出其现当代的所指"可能更好。当然，这些都算不上语病，有过于讲究之嫌。以下探讨的才是更明显的、语病级的问题。

【例】自2020年基层执法联系点建立以来……

此处的"基层执法联系点"是指联系的"基层执法"单位？还是上级单位联系的"执法点"？这个问题对于汉语的现有表达能力而言，其实是无解的：要想用简单的几个字表达一个相对固定的概念，只能表述到这个程度。至于由此可能产生的歧义，只能通过更为宏观的语境、特别是专业领域的约定俗成来弥补。

【例】对督导期间发现的领导干部问题反映情况……

此处的"领导干部问题反映情况"，由于词序问题，其表意有些让人摸不着头脑，改成："反映领导干部问题的情况"，也许更好一些。

【例】2001年《婚姻法》第5条：结婚必须男女双方完全自愿，不许任何一方对他方加以强迫或任何第三者加以干涉。

从语法上分析，这一规定可谓"漏洞百出"。一是"必须"一词的使用不符合立法统一用语的要求；二是"他方"一词可能节外生枝，明显感觉似是"男女双方"之外的第三方；三是"第三者"一词的出现；四是"第三者"因前文中的"男女双方""他方"，在计数上也有问题：是不是应当算为"第四者"；五是两个"加以"各为其主：一个用于禁止强迫，另一个用于禁止干预。《民法典》第1046条仍然保留了两个"加以"，但用法完全不同："结婚应当男女双方完全自愿，禁止任何一方对另一方加以强迫，禁止任何组织或者个人加以干涉。"字还是那些字，但调整排列组合后，明显感觉文字清朗了许多、重叠感减轻了许多。

【例】1999年《合同法》第147条：出卖人按照约定未交付有关标的物

的单证和资料的，不影响标的物毁损、灭失风险的转移。

汉语中，句子成分的位置不同会表达不同的含义，这在拼音文字中，特别是语法要求比较严格的语言系统中是不会出现的。但在汉语中，“按照约定未交付”与“未按照约定交付”一字未改，但意思迥异。关键是这一表述在业内人士看来已习以为常，但外行不明白的是：为何要故意约定不交付？

《民法典》侵权责任编第9章名为“饲养动物损害责任”，这里的“饲养动物”是指动物还是行为？这个问题，仅从字面上显然得不出答案。

有人认为“饲养动物”当然是指“饲养的动物”，因为只有饲养的动物才会造成损害，才会有相应的责任承担问题。另有人认为，正是由于有些人饲养了动物，才有饲养动物造成的损害，才要追究这些动物的饲养人或者管理人相应的责任。如此看来，这类表述已经触及汉语表达能力的“天花板”，是立法技术无法解决的问题。

从字面上看，“饲养动物损害责任”中的“饲养动物”既有饲养动物行为的意思，又有饲养的动物的意思，后者更能够涵盖该章涉及的所有内容。至于“饲养动物”的确切所指，还真得根据条文的具体内容，结合法理、事理具体分析。

该章第1条暨《民法典》第1245条规定的“饲养的动物造成他人损害”，“饲养动物”是饲养人的行为，而致害的是其饲养的动物：正因为其饲养动物的行为，才要其对其饲养的动物所造成的损害承担赔偿责任。

但在另外一些条文中，如《民法典》第1251条（2009年《侵权责任法》第84条）中，“饲养动物”肯定是饲养人的行为，因为不可能要求饲养的动物“遵守法律法规，尊重社会公德，不得妨碍他人生活”。

第二节　逻辑决定的语序

古人常说，文以载道。什么是“道”？事实上，逻辑是中国传统的“道”的现代称谓。《现代汉语词典》中，“逻辑”的第2个义项是：客观的规律性。

【例】尤其是对于那些使用拼音输入法用电脑写作的读者……

此处的表述既涉及时间顺序，又涉及逻辑顺序：“使用拼音输入法”与“用电脑写作”哪个在先？应当是后者逻辑在先、时间也占先，故调整为

“用电脑并用拼音输入法写作”更合逻辑。

【例】五岭指越城岭……在湖南、江西南部和广东、广西北部交界处。

据此，“五岭”是指湖南的南部、江西的南部与广西的北部、广东的北部的交界处。由于江西在湖南的东边，广东在广西的东边，因此，上述表述中，广东、广西的位置调换一下，更能体现四省交界处的地理分布状态。

【例】制定行政法规，应当遵循立法法确定的立法原则，符合宪法和法律的规定。

如果仔细、反复研读该例句，不免生疑：将“遵循立法法确定的立法原则”置于“符合宪法和法律的规定”之前是否合适？2017年修订时调整了二者的顺序，在证明上述疑问的现实性的同时，也权威地回答了上述疑问。

不仅如此，修订时还一并在“符合宪法和法律的规定”前，增加了“贯彻落实党的路线方针政策和决策部署”，这是加强党对立法的全面领导的体现，与党必须在宪法和法律范围内活动并不抵触。在“符合宪法和法律的规定”的前提下“贯彻落实党的路线方针政策和决策部署”，与将“遵循立法法确定的立法原则”置于“符合宪法和法律的规定”之后，显然不是同一个层面的问题。

值得一提的是，2017年一并修订的另一条例的表述是：“制定规章，应当贯彻落实党的路线方针政策和决策部署，遵循立法法确定的立法原则，符合宪法、法律、行政法规和其他上位法的规定”，如此排序，逻辑一致性是不是更强些？

第三节　事理决定的语序

对古人常说的文以载道的“道”可以有多重理解，其中就有对道理、事理和规律性的认识。文字表达事理，本质上还是表达对事理的认识。因此，在日常写作中，要时刻自省：语序本身也在反映写作者对事理的理解和把握。

【例】按照一定的标准和原则。

仔细推敲，先有原则还是先有标准？或者说，原则重要还是标准重要？能够提出这样的问题，实际上答案已经不言而喻。但类似这样的思辨，已经属于非常高的写作境界了，唯有同侪之间的友善切磋，才能讨论到这个层次。

当然，更进一步的讨论，就要进入专业领域了。

【例】行政执法人员遇到当事人的投诉……

此类专业性的表述已经很难用通常的汉语语法来判明其完善方向了，但如果列举出与之形成对比的表述："遇到当事人投诉行政执法人员"，是不是就可以比较出个高下来？仍不行，因为仍需要从专业的角度出发。这实际上已经不完全是汉语写作的问题了，而是对法学专业的理论研究所得出的结论的表达了。

"行政执法人员遇到当事人的投诉"，主语是"行政执法人员"，这在实践中往往概括不全甚至会指向错误。因为实践中，当事人的投诉主要是向"行政执法人员"的上级领导或者上级单位提出的，直接向"行政执法人员"提出的反而是少数。当然，有人会说，"行政执法人员遇到当事人的投诉"就是指"遇到当事人投诉行政执法人员"时的情形，但这显然属于一种非常牵强的解释，或者是对表意不明的语句过于"善意"的理解，语言表达中的所有歧义表述确实都可以因如此的宽容和大度而化解；但现实生活中的误解、纠纷乃至上升为法律讼争的矛盾，确实有许多也是因为这种表述上的歧义引发的。如果能以更为明确的语序表达更为准确的语意，还是不要寄希望于这种事后诸葛亮式的小聪明。

第四节　时间决定的语序

正常的表述语序既要符合逻辑的顺序，又要符合时间的顺序。不仅因为时序是宇宙间最基本的逻辑顺序，也是因为语意表达通常遵循时间上的先后顺序。

【例】又给拨付孔子后裔土地与银钱。

给动词排队，就是给写作者的思绪排序。该例句涉及的动词及行为顺序是：先拨、后付、再给，故"给拨付"应为"拨付给"。

【例】青铜面具是三星堆出土迄今最大的青铜器。

这句话虽然短，但相对而言，问题的成因可能更复杂、隐藏得也更深。乍一看，此处的"出土迄今最大"似乎就是"迄今出土的最大"的错误排序。但仔细揣摩会发现，写作者想表达的是从“三星堆出土”至“今”，这期间出土的“最大”的意思。但这个意思，不就是“三星堆迄今出土的最大”的意思吗？确实如此，但究其成因，还是写作者想表达一个更为复杂的意思，但没有把握好表达的语序。

第五节 语序的逆向思维

按照正常的文以载道的逻辑，文字及其顺序是用来表达写作者的想法的，但这个过程落实到文字上后，他人阅读的过程则正相反：读者总是从文字所表达的意思中，揣摩写作者的意图。故这个过程离不开逻辑的辅佐，但读者理解出来的结果不一定能还原为写作者当初的意图。

【例】某国是最爱模仿中国的国家。

无论写作者当时是怎么想的，从逻辑上分析，上述表述至少有两个意思：一是“最爱”的对象是那些“模仿中国的国家”，此时，这个国家因为其模仿中国而被爱；二是各国中那个“最爱模仿中国”的“国家”，此时，写作者只想表达这个国家喜欢模仿中国，但有没有人爱这个国家，那可没说。

可见，从不同角度分析该例句，会得出不同的结论，而这个分析的过程，当然不能局限于阅读中，而必须预留在写作者的脑海中。如果写作者没有这个意识，或者没有这个能力，则其作品被“误解”的可能性就会大大增加。届时，真正被历史所淘汰的，显然不是“误解”了写作者的读者，而是那个不懂逻辑的写作者。

第六节 语序的表述结构

汉语的表述结构，是其语法结构与语意表达结构相结合的产物。同样的语意，可以用不同的表述结构实现；而表述结构上的差异，直观的表现就是语序上的不同。当然，确有一些表述，其语序的妥当性在两可之间，此时，采取哪种表述，很大程度上取决于个人的风格，或者一个单位的风格。

【例】如果一概不追究决策者的责任，则决策难保不成为儿戏。

此处的“则决策难保不成为儿戏”并没有太大的问题。也许有人会说，

“就难保决策不成为儿戏”是不是更好一些？这已经不完全是主语与谓语位置的先后问题了，而是用主谓结构还是动宾结构的问题了。

“则决策难保不成为儿戏”是主谓结构，但其主语是抽象的非人的“决策”，因此其强调的重点是决策本身的严肃性，与决策者的关系就远了些。

“就难保决策不成为儿戏”是动宾结构，其中的“难保”是谓语，其后面的“决策不成为儿戏”仍是一个主谓结构“决策成为儿戏”的否定形态。由于这一表述结构中出现了一个虽然并未“谋面”，却是“难保”的实际主语的主体，其负责任的分量，反而比“决策难保不成为儿戏”时更大了。进一步分析还会发现，这一隐而未现的主体，并不限于例句前半部分提到的“决策者”，而是指一个包括决策者，更主要的是包括决策的体制、机制的更为体系化的存在。说得更直白一些，这一主体包括作为决策者的监督者、领导者的上级决策主体。从这个意义上说，用“难保决策不成为儿戏”能够体现更为宏大的叙事。

第七节　主谓的基本次序

主语与谓语的次序，通常不应当成为严重的问题，主语在前、谓语在后是天经地义的。但是在实际的语言表达中，特别是在一些需要用从句表达多层意思的、结构比较复杂的句群中，对主谓次序的上述基本信条有时就会动摇。

【例】已部署好的BM–21“冰雹”火箭炮开火，将“瓦西里·贝科夫”号覆盖，“瓦西里·贝科夫”号被击中多枚火箭弹，最终沉没。

此处的“被击中多枚火箭弹”，显然就是“被多枚火箭弹击中”。

第八节　定语的绝对位置

本节及下一节都将讨论定语的位置。仔细研究发现，这个位置有两种可能：定语本身有多个修饰词时，各词之间的相对位置，笔者称之为定语的相对位置，拟于下一节讨论；定语本身与其他句子成分的相互位置，因涉及定语作为一个整体的定位，而不是其内部诸字词之间的相对定位，故称为绝对定位，在本节讨论。需要提醒的是，定语的这种区分，在状语中也有相对应的存在。

定语是修饰名词性的句子成分的，如主语、宾语、表语等；具体而言，则是修饰作为此类句子成分的名词、代词等的。原则上，定语应当尽可能贴近其修饰的对象，尤其是在句子中有多个定语或者存在相互修饰的可能时。

【例】这次的战争是在社交媒体的全球围观下打的。

这是语序影响表意的一个比较典型的例子：怎么“围”、怎么“观”？显然，“在全球社交媒体的围观下”更有可能，因为网络世界本身就是全球性的。

【例】座谈会等邀请人大代表、政协委员和群众代表参加的次数不多。

此处的定语“邀请人大代表、政协委员和群众代表参加的”较长，加之位置的问题，让人猜不透是“座谈会”的次数太少，还是邀请人大代表等参加这些会的次数太少；应为：邀请人大代表、政协委员和群众代表参加的座谈会等次数不多。

该例句既有绝对定位问题，也有相对定位问题，因为座谈会本身也是定语。

第九节　定语的相对位置

定语的相对位置，是同为定语的多个语词之间的相对位置，故只出现在多个语词修饰一个主词的情形下。要避免因位置不当引发相互修饰，以及语感上的不适。

【例】某公司被曝出，停招大量我们某国的部分高校的学生。

此处的表述，给人的第一印象是拐扭，但一时又不好说如何将其捋顺。解决这类问题的基本方法是，先找出一个比较可行的方案，然后论证其合理性。

“某国的部分高校”与“部分某国高校”半斤八两，显然不是问题的主因。最根本的问题是不应当用“大量”修饰“我们”：我们怎么可能有大量呢？难道还有“少量我们”不成？当然，这里的“我们”本属多余，但在网络语言中却很常见。

但是，即使删除这个“我们”后，“大量某国”仍不合常理，因为某国只有一个。这就是定语诸字词之间的相互修饰。避免这个问题的唯一办法，就是隔离可能相互修饰的词。具体就是将“大量”换成同义副词后改为状语，从而避免其与其他定语相互修饰："大规模停招某国部分高校的学生。"

第十节　介词位置的选择

【例】1999年《合同法》第19条第1项：要约人确定了承诺期限或者以其他形式明示要约不可撤销。

该表述比较令人费解，感觉"要约人确定了承诺期限"与"以其他形式明示要约不可撤销"，是完全不相关的两件事，原因在于"以"字的错位。《民法典》第476条将"以"字提前，使之居于统辖地位，并与"形式"搭配构成介词结构后，表述就通畅了：要约人以确定承诺期限或者其他形式明示要约不可撤销。

由此强化的语法规则是，具有统辖作用的"以"等介词，其位置要尽可能靠前，尤其不能放在距离"其他"这类代词太近的地方，以免打乱表述结构、引起歧义。

第十一节　状语的基本位置

状语是用来描述谓语动词所表达的意思的实现程度的，因此应当尽可能贴近其所修饰的动词，特别是语句中还有其他可相互修饰的语词时。

【例】准确地说，A国几乎拿到了所需要的一切——也就是说，A国几乎所有在国际外交上的诉求，都获得了B国的全面支持。

此处的"几乎"，可以修饰"所有在国际外交上的诉求"，也可以修饰"都获得"；修饰的对象不同，"几乎"的位置也应当不同。当然，仔细揣摩不同修饰情形下的语意，没有太大的差别：前者通过限定主语的范围，使被满足的诉求限于"几乎所有"；后者在主语为全称"所有"的情况下，通过限定谓语动词的实现程度，使得满足的度停留在"几乎都"的未完满状态。除此之外，"几乎"对"诉求"的修饰，也有语序的选择问题，于是，就有了如下多种可能：

A国几乎所有在国际外交上的诉求，都获得了B国的全面支持。

几乎A国在国际外交上的所有诉求，都获得了B国的全面支持。

A国所有在国际外交上的诉求，几乎都获得了B国的全面支持。

A国在国际外交上的几乎所有诉求，都获得了B国的全面支持。

A国在国际外交上的所有诉求，几乎都获得了B国的全面支持。

哪个表述更好呢？这要看表述者想强调的是什么了。此处要表达的意思，显然不是所有诉求都获得了支持，而是要强调“几乎所有”，这已经非常不容易了。上面列举的最后两种表述，最接近这个意思；但最好选最后一种表述。

第十二节　语序与相互修饰

当定语、状语有多个语词“联袂”时，其内部也会涉及用词的语序问题：相互之间如果可能形成修饰关系，一定要打起十二分的精神认真对待。

【例】对外投资大幅度增长，开始成为净资本输出地区。

此处的“净”是在修饰“资本”吗？似乎不是，但放在“资本”的前面，就会让人这样理解。此处强调的是“资本”的“净输出”，而不是输出的资本“净不净”。

第十三节　重复所致的错误

笔者在本书的写作过程中发现，重复是语法错误等诸多语病中一个非常简单、直白的警告信号。这提醒写作者，只要语句中出现了哪怕一个字的重复，都在提示我们眼下所写的这个语句可能存在语法上的问题。对此一定要重视。

【例】榫，指器物两部分利用凹凸相接的突出的部分。

上述释义的意思大致是能够理解的。但由于句中有两个“部分”、两个“的”，断句上似乎存在问题。“利用凹凸相接的器物中突出的部分”，要好一点，更为精当的表述是：“器物或构件上利用凹凸方式相接处突出的部分。”

第十四节　语序凌乱的根源

语序凌乱已经不是不讲究的问题了，而是上述应当考虑的各方面都欠考虑。

语序问题的核心或底层逻辑还是对被动语态等基本语法结构把握不住。

【例】2020年以来召开的支委会一半以上人数不齐。

上述表述给人的感觉是，字词非常凌乱，一时都看不出具体是什么意思。但仔细梳理发现，其实并不是语序的问题，读者真正纠结的，是如何断句。

这样表述："2020年以来召开的支委会，有一半以上人数不齐"，不好吗？

第十七章 结构紧致的技巧

中文历来强调结构的严整，古代的律诗、骈文、离骚体，更是把这种要求发挥到了极致，以至于直到今日，我们在表述时还不时希望追寻古人的魏晋遗风。

任何语言的表达，特别是在落笔之后，都是有结构的，五言、七律乃至排比、对仗，都是结构：不仅是文字排列等有形的结构，也是语意所体现的无形的对称。

本章讨论表达中的结构紧致要求及达不到该要求的各种表现、后果及补救。

结构齐整或结构严整，是建立在语法规范基础上的更高标准和要求；表述紧密，则是要文字紧凑、表意干练，把握好表达的节奏，避免松松垮垮、拖泥带水。

第一节 内容齐整打底

相对于形式上的齐整，内容齐整才是根本。

【例】2004年《公司法》罗列董事会职权的第46条第9项：聘任或者解聘公司经理（总经理）（以下简称经理），根据经理的提名，聘任或者解聘公司副经理、财务负责人，决定其报酬事项。

此处有一个比较明显的遗漏：在涉及“公司副经理、财务负责人”的事项中，除了“聘任或者解聘”以外还有“决定其报酬事项”；但在涉及“经理”的事项中，则只有“聘任或者解聘”而没有“决定其报酬事项”的内容。从逻辑和事理上看，显然不够齐整：“经理”就不关注或者不需要考虑“报酬”吗？但要将这一因素同时规定，又存在一个动词搭配的问题，因为“聘任或者解聘”都是动词，可以直接使用，而“报酬”是个名词，必须为其搭配个动词，即“决定”。

于是，2005年修订时修改为：决定聘任或者解聘公司经理及其报酬事项，并根据经理的提名决定聘任或者解聘公司副经理、财务负责人及其报酬事项。即统一用“决定”统辖“聘任或者解聘”及“报酬”3大事项，并覆盖“经理、副经理、财务负责人”3类人员，不但结构和逻辑上均衡、齐整，而且事理上、法理上也通透了。

第二节　注意突出重点

言简意赅是写作的首要要求。突出重点、集中表达虽然看似写作在形式上的目标，最终还是要服务于内容。突出重点的要求，谁都知道、谁都会说，但知易行难。最重要的是何谓重点，找到了重点，才有如何突出的问题。

至于其具体形式，最常见的就是单独表述。实际操作时，需要视议题大小、重要程度来确定在语篇、章节、语句的哪一层级对其予以单独表述。

《民法典》第35条第1款规定：“监护人应当按照最有利于被监护人的原则履行监护职责。监护人除为维护被监护人利益外，不得处分被监护人的财产。”有人也许会说，既然两句的主语都是“监护人”，而且也不长，为何不合为一句？合并表述确实更简洁，但有一个更为重大的问题，就是淡化了监护人基本履责原则的影响。有时，立法为了突出重点，必须适当地重复，以突出特定内容。

汉语中用重复强调重点的例子比比皆是（不仅是汉语，各种语言中都不乏这样的表达技巧），在立法中也经常会用到这一方法。

【例】1996年《刑事诉讼法》第35条：辩护人的责任是……维护犯罪嫌疑人、被告人的合法权益。

2012年将“合法权益”改为“诉讼权利和其他合法权益”，强调合法权益主要包括“诉讼权利”，但不限于此。这是立法中常见的表示强调的方法。

【例】1996年《刑事诉讼法》第14条第1款：人民法院、人民检察院和公安机关应当保障诉讼参与人依法享有的诉讼权利。

2012年修改后，对“犯罪嫌疑人、被告人和其他诉讼参与人”“辩护权和其他诉讼权利”，都使用了必要的重复以示强调的手法。

第三节　尽量集中表述

之所以要集中表述，最主要的理由是，如果同一内容分散表达、多处提及，难免给人絮絮叨叨、不得要领的感觉。这一点，在立法文件中体现得尤为明显。

《民法典》第243条长达244个字，其实质是整合《土地管理法》《物权法》中相互交叉的核心内容，以使《民法典》足以覆盖最基本的所有权类型及其最主要的变更形态。该条涉及的行为主体是国家和农民，调整的利害关系最为重大，但主要是行政法，不是严格意义上的民法规范，故《民法典》只需要点到为止，其他条款也未再提及此事。

【例】2001年《婚姻法》第23条：父母有保护和教育未成年子女的权利和义务。

该规定实际上是对该法第21条第1款“父母对子女有抚养教育的义务”的补充和完善。《民法典》第26条第1款“父母对未成年子女负有抚养、教育和保护的义务”表明，立法中的此类补充，正在通过整合逐步消除。这提醒后续立法必须遵循的基本规则：同一内容、同一规范要尽可能合并头绪、集中表述。

第四节　语法结构严整

结构严整，就是句子表意所必需的主要成分一个不缺。汉语中确实有相当多的省略句子成分的表述方法，但表意必需的句子成分仍不可或缺。

日常写作中，主语的重要性尽人皆知，一般也不会故意缺省，但本书强调的主语缺失是表意必需的主语的缺失：非必需的主语可以省略。

【例】他母亲希望以被害人亲属身份出庭，并依法追究牟某某的责任。

此处涉及的问题是：谁有权追责？按现有表述，“依法追究牟某某的责任”的主语是“他母亲”，她哪有这个权力。当然，“依法追究责任”也可以理解为“希望”的宾语，但还是表述为“并希望有关部门依法追究……”比较稳妥。

【例】政治理论学习以念文件为主，载体不够丰富，重点不突出，存在雨过地皮湿现象。

上述语句的后3个分句长短不齐，是否可以改进一下？比较不敢动的是“存在雨过地皮湿现象”，在此类文章中，既然敢用“雨过地皮湿”，就没有必要再穿靴戴帽，硬套“存在……现象”之类的结构。同时，“载体”对于政治理论学习而言太抽象，不知道其具体所指，写作者想说的其实就是“形式”。据此，例句可改为：“形式不丰富、重点不突出、雨过地皮湿”，五五对仗，是不是严整一些？

第五节　保持结构一致

内容的内在统一性，必然要求作为外部表现形式的结构的一致性。

【例】问题归纳总结不具体，表述不准确，举例要翔实。

前2个分句罗列的2种情形用的都是否定结构；第3个分句却出现了肯定结构的要求，通读全句会觉得非常别扭。这种语感给予我们的提示已经足以说明，其表达结构肯定存在问题：以结构不一致为表现形式的语意表达结构的不统一。其实，只需要将“举例要翔实”中的“要”改为“不”，问题就解决了。

【例】2004年《公司法》第118条第1款：董事会会议，应由董事本人出席。董事因故不能出席，可以书面委托其他董事代为出席董事会。

这里一共用了3个“出席”，说的都是出席董事会。除第1个“出席”因主语正是“董事会”，不需要明确表述为“出席董事会”外，后面两个“董事会”都可加可不加，即省略不影响意思的表达。旧法只加了一个，即有的省了、有的没省，让人很不舒服；但没有2个甚至3个“董事会”都加时显得那么刺眼，因而直到2005年才改过来。

第六节　多用动宾结构

动宾结构显然要比等效的介词结构简洁。以动宾为骨架的“对”字结构，往往可以转化为相应的动宾结构。表面上看这是个用语习惯问题，但从语感角度判断，用动宾结构表述的句子，节奏会更紧凑一些。

【例】2004年《公司法》第39条第2款：股东会对公司增加或者减少注册资本、分立、合并、解散或者变更公司形式作出决议，必须经代表三分之二以上表决权的股东通过。

由于“对”后面的介词宾语“公司增加或者减少注册资本、分立、合并、解散或者变更公司形式”非常长，而本句的谓语又是“作出决议”，因此完全可以直接改为股东会“作出……的决议”的句式。2005年《公司法》第44条，就是这么改的。

第七节　避免结构残缺

句子的结构不全、成分残缺，不可避免地表现为语意表达上的疏漏或者凝滞不通。其具体表现形式既有状语缺失等，连词等缺失的情形也不少。

【例】不然我真不知道解释这个事了。

上述例句明显缺状语，即“我不知道”的不是“解释这个事儿”，而是“如何”解释，故在“不知道”与“解释”之间，增加“该如何”“怎么”或者“该怎么”之类的状语之后，整个句子的意思就通达了。

第八节　用逻辑简化结构

借助逻辑关系简化表述的方法很多，如“或者”表示并列关系，遇有两种以上可选情形时，可以省略后续重复部分。当然，要注意结构齐整的反向要求。

【例】2009年《侵权责任法》第43条第1款：因产品存在缺陷造成损害的，被侵权人可以向产品的生产者请求赔偿，也可以向产品的销售者请求赔偿。

更为简洁的表述是：被侵权人可以向产品的生产者或者销售者请求赔偿。

第九节　依常理简化结构

已经常识化的内容，如现行法律法规和国家管理的内容，没必要重复。

【例】2007年《政府信息公开条例》第13条有“国务院部门、地方各级人民政府及县级以上地方人民政府部门”的表述。

“国务院部门”和“县级以上地方人民政府部门”可以合称“县级以上人民政府部门”。2019年修改后，猛一看还以为免除了“国务院部门”的依申请公开义务。

【例】2007年《政府信息公开条例》第10条第1款第7项：行政许可的事项、依据、条件、数量、程序、期限以及申请行政许可需要提交的全部材料目录及办理情况。

前文已经明确了“行政许可的事项、依据、条件”，后面就没有必要重复作为行政许可的条件的“申请行政许可需要提交的全部材料目录”。该条例2019年修订时，不仅删除了这一重复的内容，更进一步将整个条文归并简化为：“办理行政许可和其他对外管理服务事项的依据、条件、程序以及办理结果。”

第十节　把握表述节奏

中文与生俱来的禀赋之一就是对节奏与韵律的不懈追求，无论作诗还是作文。故在表述紧密之后需要考虑的，就是对表述节奏的把握：话不要说得太急。

【例】1996年《刑事诉讼法》第75条：人民法院、人民检察院或者公安机关对于被采取强制措施超过法定期限的犯罪嫌疑人、被告人应当予以释放、解除取保候审、监视居住或者依法变更强制措施。

2012年在“犯罪嫌疑人、被告人应当”的“应当”前增加了一个“，”，这很有必要。原句在日常汉语中已经算长的了，在立法中也不算短。尤其是句中出现了“采取”等多个动词、“对、被”等多个语助词以及多个“、”，不妥当的断句会影响识读效果，甚至很容易让不太专业的“外人”第一遍看完后不知所云。在长长的由介词短语修饰的主语后，加一个“，”突出全句结构、控制表述节奏很有必要，有助于读者对条文的理解。

【例】1994年《预算法》第25条：中央预算和地方各级政府预算，应当参考上一年预算执行情况和本年度收支预测进行编制。

该条在2014年《预算法》中改为第32条第1款：“各级预算应当根据年

度经济社会发展目标、国家宏观调控总体要求和跨年度预算平衡的需要，参考上一年预算执行情况、有关支出绩效评价结果和本年度收支预测，按照规定程序征求各方面意见后，进行编制。”由于内容增加，出现多重动宾结构，故分别用“，”予以区隔，至最后的谓语主干“进行编制”时，虽然只有4个字，但仍可以用“，”将其分离出来、以示强调的同时，还有助于厘清全句的主干、使读者准确理解把握全句的本意。

第十一节　把握断句分寸

标点符号，特别是顿号、逗号、分号、句号等常用标点符号，其最基本的功能就是断句。但用好这一功能并非易事。

【例】1994年《预算法》第35条第2款：编制预算草案的具体事项，由国务院财政部门部署。

2014年修法删除了其中的“，”。由此确立的表述原则是，如果句子不是太长，譬如没有超过1行，可以考虑不断句；但如果句子较长，就可以考虑在主谓两大表述部分之间，用逗号断句；如果句子更长，则可以用逗号、分号多层次断句。

【例】2001年《婚姻法》第34条：女方在怀孕期间、分娩后一年内或中止妊娠后六个月内，男方不得提出离婚。女方提出离婚的，或人民法院认为确有必要受理男方离婚请求的，不在此限。

该条有一个实质性但书，是从中间的“。”后开始的；但“。”的断句能力太强，阻断了但书与前文的联系，更使“不在此限”范围不定、不知所指。

《民法典》第1082条对原条文进行了首尾兼顾的全面升级：一方面将中间的“。”改为“；但是，”，直接用但书标识标明本来需要“猜测”悟出的意味；另一方面将收尾处的“不在此限”改为更简洁、果断、无歧义的“除外”。如此重构后，但书的结构和内容都非常齐整，意思遂不言而喻。

第十二节　字面表达齐整

汉语强调字面上的对仗工整。虽然如今的写作已经不太要求如律诗、辞赋那样严格对仗，但对仗比较工整的语句，还是更让人赏心悦目、更教人过目难忘、更容易成为金句。因此，高质量写作还是要尽可能强化表述齐整的意识和实践。

汉语写作中的齐整不光为好看。表述齐整，是在表述内容一致基础上的更高水平的文字修炼的要求，不齐整就容易引发不必要的联想。

第十八章　表述统一的技巧

表述统一主要体现为用语一致，如果从大处着眼，这都谈不上技巧，而是基本要求。但这个基本的要求，即便在立法这样非常严肃的文体中仍未尽落实，充分说明强调这一要求的客观现实性和基础必要性。

第一节　概念同一

此处的概念同一，有形式和内容的双重含义：究其实质，是指同一篇文章中所用的同一概念的用法要前后统一，尽管其表现形式，即文字构成，可能会略有出入。这其实也正是表述统一涉及的辩证法：不统一就凌乱，太统一就呆板。

表意的一致性，就是每句话都尽可能准确、各句话共同指向一个共同的意思。

表述统一，是最典型的知易行难。对于表述统一是否可以成为中文写作的标准可能会有争议，人们为了绕开其繁难，甚至预想了借口。

有人会说，即使一段话中的某几个句子有歧义，只要整体上能够说得通，这个句群或段落还是可以准确表意的。这种说法其实很经不起推敲，甚至完全是托词：几个句子有歧义，仅在不严格的场合说得过去，而比较严肃的写作是无法接受的。

表述统一要建立在概念辨析的基础上。类似的表述，如果通过概念辨析发现其实是或者应当是同一概念，那就是表述不统一的问题了。

【例】1999年《合同法》第252条规定的“承揽合同的内容”中有“承揽的标的、数量、质量”等。

其中“数量”是指“承揽的数量”，更准确地说是“承揽的标的”的“数量”。但“质量”就不同了，无论是“承揽的”质量还是“承揽的标的”的质量，都说不通。但只需跳出本条就能找到答案：如《民法典》第794条规定，“勘察、设计合同的内容一般包括提交有关基础资料和概预算等文件的期限、质量要求……”

《民法典》的制度设计纵深辽远、涵盖领域广阔，需要频繁地用到各种指代词，不仅有不同人称的主体指代，还有动物、事物、情形乃至语句的指代等多种情形。以第一人称指代为例，就有第45条第1款的“本人”、第161条第2款的“亲自”、第183条的“自己”等。更为复杂的是，在《民法典》的编纂过程中，由于其体量过于巨大、涉及的内容过于广泛，各编分别由各领域专家分头把关，以致在最终颁布的《民法典》中，残留了各种指代相互冲突、互相替代的现象，如多个与“自己”类同甚至可以完全替换的“本人”“亲自”等表述。

表述统一与概念的统一界定有一定的联系，但二者并不完全重叠；概念本身的统一界定是前提，有此基础才谈得上表意一致。在此基础上，进一步要求表述形式的统一，基本做到在一篇文章甚至整部书稿中，对于某些重要的概念、做法、制度等的表述基本前后一致，而不随便加字、减字，引起误解。

第二节　内涵一致

表述统一是就概念的表现形式而言的形式标准，其实质是内涵统一的本质要求。没有内涵一致为基础、为灵魂，表述统一就难免形影相吊，甚至貌合神离。

通常，每一个法律概念都有特定的表述，在定义完成后，后续条文只出现概念的名称，似乎并不存在内涵统一的需求产生的基础。现实立法中之所以会出现这种需求，根源在于不同的限定条件或者语言环境。

概念的界定必须统一，这本身很容易理解也较容易做到。真正具有挑战性的是，同一概念在不同限定条件下，也必须含义统一，如自然人与法人的“住所”。

【例】2009年《民法通则》第39条：法人以它的主要办事机构所在地为住所。

此处的“它的”有些搞笑，不像“法言法语”，《民法典》第63条改为

"其"，就避免了这个问题；但仍只是强调法人"住所"的地域性，没有突出其建筑物要素。

《民法典》与此对应的第25条规定，"自然人以户籍登记或者其他有效身份登记记载的居所为住所"，其中的"居所"就是"居者有其屋"的房舍，再加上"户籍登记"等的进一步限定，自然人的"住所"的定位精度就具体到了居室房，比较容易找到。这才是"住所"真正的现实意义：有人居住且快递可以直接送达的处所。

"住所"，不仅应当是快递、外卖可以送达的处所，也应当是法律文书可以送达的地址，而不是笼统的法人"所在地"。"所在地"的范围太大，中华人民共和国领域内也是在指示法人所在地。由此可见，"住所"确实有进一步统一的空间。

第三节　标准一致

表述一致的更高层次的要求是规则一致、标准一致。如果作为规则基础的法律规范本身不能保持前后一致，则其外在表述肯定是不一致的。

【例】1999年《合同法》第125条第2款：合同文本采用两种以上文字……各文本使用的词句不一致的，应当根据合同的目的予以解释。

这个原则显然狭隘了，与该条第1款"应当按照合同所使用的词句、合同的有关条款、合同的目的、交易习惯以及诚实信用原则，确定该条款的真实意思"也不一致。《民法典》第466条第2款至少从明面上清除了明显的规则不一。

第四节　表述统一

文学作品中，用不同的词指代同一个人或者物，是文采的需要；在法学论文中，这也不成为什么问题。但在立法中，用不同的表述指代同一概念，这就属于比较简单的违反基本逻辑的现象，虽然不是很严重，但也要尽量避免。

概念表述的统一，就是同一概念用同一表述，而且要确保在整个法律文件中前后一致。如行政诉讼中经常出现的“不作为”“不履行法定职责”“不履行保护公民合法权益的法定职责”等表述就存在这个问题。

在这个问题上，国标《标点符号用法》有一处非常精妙的范例。其正文第五部分多处提出“某些标点不能居行首或行末的要求”，但其表述分别有“分隔号占半个字位置，不出现在一行之首或一行之末”，“破折号”“省略号”“不能中间断开分处上行之末和下行之首”。这三种不同的表述是不是表述不统一呢？笔者仔细、反复研究过后发现，还真不是，特别是其“和”与“或”的选择，非常讲究。

【例】（做阅读理解题有两个办法）办法之一：先读题干，再读原文，带着问题，有针对性地读课文。办法之二：直接读原文，读完再做题，减少先入为主的干扰。

这是一个典型的前后表述不一的例句，而且作为示例，出现在非常正式的文本中。

此处的“课文”与“原文”是什么关系？有直接出成阅读理解题的课文吗？如果是教科书中的课文，就不是阅读理解题；如果是阅读理解题，就不是课文。

第五节　用字统一

表述统一最根本的要求，在于不能出现影响理解的细微用字差异。

【例】1998年《收养法》第24条：养子女可以随养父或者养母的姓，经当事人协商一致，也可以保留原姓。

《民法典》第1112条将“姓”都改为“姓氏”，进一步强化了《民法典》尽可能统一概念表述的中心思想，相较于旧法中“姓”与“姓氏”混用的情形，在原则性、规范性、体系化上都上了一个很大的台阶。

【例】1996年《刑事诉讼法》第51条：人民法院、人民检察院和公安机关对于有下列情形之一的犯罪嫌疑人、被告人，可以取保候审或者监视居住。

2012年将“对于”改为“对”。考虑到1996年《刑事诉讼法》第133条中“对直接受理的案件”用的是“对”不是“对于”，说明二者在1996年《刑事诉讼法》中确实是混用的。这也正是2012年《刑事诉讼法》将其简化、统一的理由所在。

第六节　用词统一

统一的表述会在事实上形成统一的概念，或者强化既有概念的统一，进而形成以相应概念为轴心的表述体系，一并简化因表达该概念而需要重复的文字。

表述统一的语义逻辑基础，是一个词只能有一个意思。只有这样，才有前后表述统一的前提。词义都不统一，形式上的表述一致只能是摆设。

【例】1999年《合同法》第153条：出卖人应当按照约定的质量要求交付标的物。出卖人提供有关标的物质量说明的，交付的标的物应当符合该说明的质量要求。

仔细分析上述条文的表述不难发现，其中竟然有“按照约定的质量要求交付标的物”“标的物质量说明”“该说明的质量要求”3种不同但相关的表述。从该法下文的表述看，“质量要求说明”是标准用语，“质量说明”不太规范。

如果要统一的话，可以将第一个“质量要求”统一为“质量要求说明”，其后用两次“该说明”替代现有的不同的表述。如此修改后不难发现，原文可以大为简化，第二句甚至可以删除。因为如此简化后，暴露出原来的第二句话完全是多余的：双方约定的质量要求说明，不必区分由哪方提供。反言之，如果非要保留第二句，是不是还要加两句：买受人提供该说明的，交付的标的物应当符合该说明？

这是一个通过统一表述，发现更简洁的表述方式或者原表述冗长的好例子。

【例】1999年《合同法》第226条并用“支付期限”“租赁期间”。

这两个词虽然指向不同的内容，但所涉及的事项都是法律上的时间。在将该条内容纳入《民法典》第721条时，这两个词被统一为“租赁期限”。

用词统一的极致，是连助词的使用都向这个方向努力，这在立法上已属常态。

【例】2009年《兵役法》第51条：现役军人，革命残废军人，退出现役的军人……应当受到社会的尊重，受到国家和人民群众的优待。

与“现役军人”并列的“退出现役的军人”中“的”字，是否必要？如果有必要，“现役军人”也应当表述为“现役的军人”。事实上，在汉语中，“的”作为定语标识，很多情况下可有可无，关键是在行文上要保持前后或者整体上的一致和统一。因此，2011年修法时，特意删除了“退出现役的军人”中的“的”字。

如果不是在法律条文中，也许都不会有这么高的要求。即便如此，在日常写作中，类似的要求也大致可以划入高标准的范畴，如标题中、距离很近的表述中，如果一会儿是“现役军人”，一会儿是“退役的军人”，是不是不太合适？

【例】2009年《民法通则》第21条第2款：失踪人所欠税款、债务和应付的其他费用，由代管人从失踪人的财产中支付。

在《民法通则》的体系中，代管人实为失踪人财产的代管人，但并未用“财产代管人”。2017年《民法总则》第42条开始使用失踪人的“财产代管人”，故《民法典》第43条顺理成章地将上述例句中的“代管人”统一为“财产代管人”。

由此确立的语法规则是，尽可能用统一的法律术语统一整部法的表述体系，确保同一法律概念在同一部法中只用一个表述、一个表述只对应一个法律概念。

第七节　标点统一

这是在字、词等统一的基础上，更为严格的要求。

【例】1996年《刑事诉讼法》第114条第1款：在勘验、搜查中发现的可用以证明犯罪嫌疑人有罪或者无罪的各种物品和文件，应当扣押。

2012年《刑事诉讼法》第139条第1款将“各种物品和文件”改为“各种财物、文件”。但从该条第2款“对查封、扣押的财物、文件，要妥善保管或者封存，不得使用、调换或者损毁”看，两词或者多词使用“、”“和”“或者”时，究竟如何是好，仍没有标准和答案：由于该款同时使用以“、”分隔两词、以“或者”连接两词、“、”与“或者”并用连接三词三种不同的手法，上述标准问题进一步复杂化了。

第八节　删改统一

这是表述统一的一种极端形式，即同样的内容前文已经删改的，后面也要作相应的修改，主要出现在立法修订或者如《民法典》编纂这样的历史性大事件中。

【例】1999年《合同法》第158条第2款中的“两年”。

《民法典》第621条第2款都改为了“二年”，但第3款（“两款”）中没有改。

【例】2009年《侵权责任法》第34条第2款：承担相应的补充责任。

《民法典》第1191条第2款删除了其中的“补充”，因为“相应的责任”，就是各负其责，已经包含“补充”的意思。但类似情形并未统一：第1198条第2款有2处、第1201条有2处。这些条文都来自2009年《侵权责任法》，都归入了《民法典》侵权责任编，《民法典》其他各编中没有“补充责任”之说。

【例】2007年《物权法》第163条：未经用益物权人同意，土地所有权人不得设立地役权。

此处只需要强调“不得设立地役权”，不需要“土地所有权人”。强调“土地所有权人不得设立地役权”限制了“设立地役权”的主体的范围，因为该法界定地役权的第156条中的表述是“利用他人的不动产”，而不限于“土地”。这种情况在2007年《物权法》中出现了多次，《民法典》都作了相应调整，如第375条只修改了《物权法》第159条中的一处：将“土地”改为“不动产”。

第九节　规范用语

同一篇文章中，同义词只用其一，如此严格的标准只在法律领域才有。不仅如此，立法中还有一个趋势：统一使用某些字词，如“应当”“禁止”等。

例如，法律规范中经常出现的“应当”“必须”，已经逐渐向“应当”统一。《民法典》使用了750个“应当”；仅有4处“必须”，其中2处还是必须使用“必须”。

【例】2001年《婚姻法》第5条：结婚必须男女双方完全自愿，不许任何一方对他方加以强迫或任何第三者加以干涉。

《民法典》第1046条将“必须”改为“应当”，将“不许”改为“禁止”，这是我国立法规范化演进的象征：逐步通过用语的统一，实现立法语言的规范化。

【例】2009年《民法通则》第18条第1款：不得处理被监护人的财产。

《民法典》第35条将“处理”改为“处分”，是立法技术上精益求精的重要体现。“处理”是日常用语，用在原条文中还有变卖被监护人的变质或者不宜保存的财产等与本条内容无关的意思。而“处分”是标准的法律用语，特别是在民法中，是物权变更的基本途径。易言之，在《民法典》看来，其规范的重点，不是监护人对“被监护人的财产”的“处理”，而是这种处理是否能够达到“处分”的法律效果。据此，监护人固然可以处理被监护人的财产，但要达到“处分”的效果，还必须符合《民法典》第35条的要求：为维护被监护人利益。相应地，达不到“处分”的法律效果的“处理”，在法律上没有意义，文字上也就必须替换了。

【例】2001年《婚姻法》第27条第2款：适用本法对父母子女关系的有关规定。

《民法典》第1072条第2款改为“适用本法关于父母子女关系的规定”，明确了内容转引的表述方式：“适用本法关于……的规定。”

【例】1999年《合同法》第2条第2款：婚姻、收养、监护等有关身份关系的协议，适用其他法律的规定。

《民法典》第464条第2款将“适用其他法律的规定”改为“适用有关该身份关系的法律规定；没有规定的，可以根据其性质参照适用本编规定”，法典化整合的意味更为浓郁。

“适用有关该身份关系的法律规定”与“适用其他法律的规定”的最主要、最重大的区别在于，前者当然包括《民法典》；后者肯定不包括。《民法典》颁行后，将“有关该身份关系的法律”基本收编在其旗下，想适用其他法律都不太可能了。

【例】2001年《婚姻法》第33条：现役军人的配偶要求离婚，须得军人同意。

《民法典》第1081条将“须得”改为“应当征得”。将“须”“必须”统一为“应当”，是《民法典》对《婚姻法》最基础的改造，并与《婚姻法》退出历史舞台同步。

【例】1999年《合同法》第314条：货物在运输过程中因不可抗力灭失，未收取运费的，承运人不得要求支付运费；已收取运费的……

此处的“已”，在《民法典》第835条中统一为“已经”，这是《民法典》倡导尽可能使用完整、规范的用词的又一例证，如尽可能用“但是”而不用“但”等。但在本条中，还有一个字，“因”是不是可以改为“因为”？不行！因为此处的“因”不完全是通用汉语中的“因为”，而特指法律上的因果关系。这大致类似于（但不完全等同于）民法中的“债”不能随便改为“债务”或者“债权”一样。

整部《民法典》中，一个“因为”也没用。因为法律上几乎不强调原因，只规范行为及其结果。法条中主要通过“有下列情形之一”等形式表示因果关系。

第十节　前后一致

类似的表述先后出现，却指向大致相同的意思，这种问题如只停留在研讨阶段，还构不成大问题，但到了法律、法规公布阶段，就是立法的大忌了。

前后一致，当然是指同一概念的前后表述一致。但还有一个重要的方面是，修改的内容要前后一致，这方面的例子前文已经举过。

【例】2007年《物权法》第4条：物权受法律保护，任何单位和个人不得侵犯。

《民法典》第207条将“受法律保护”修改为“受法律平等保护”，呼应了其第113条“民事主体的财产权利受法律平等保护”。这是用语统一的典范。

《民法典》第791条第1款中，出现过“勘察人、设计人、施工人”的表述，均没有单独明确其含义，但从上下文的语境中可以精确地把握其分别的含义，至少不会产生重大误解或者指代错误。基于此等铺垫，该条第2款出现了“勘察、设计、施工承包人”的表述，显然，“勘察、设计、施工承包人”就是“勘察人、设计人、施工人”，但是表述确实不尽一致，不能说不是瑕疵。

【例】2009年《民法通则》第17条第1款：精神病人，由下列人员担任监护人……（五）关系密切的其他亲属、朋友愿意承担监护责任……

上述表述中，先后出现了“担任监护人”“承担监护责任”2种表述。由此形成的表述规则是，在同一篇文章中，甚至在某个部门法的所有立法中，要尽可能统一概念、统一表述。“担任监护人”与“承担监护责任”相比，还有许多其他好处：

一是“承担监护责任”易使人将其与“承担法律责任”联想到一起。

二是“担任监护人”的法律外延更广，不仅涉及监护义务及相应责任，还包括教育、抚养、保护、代为追索、请求赔偿等监护权利和义务。

表述一致的要求其实简单至极：同一件事前后都用同一指代、同一表述。只是实际做起来并非易事，连基本法律都难以尽善尽美地落实。

《民法典》第101条第2款“未设立村集体经济组织的，村民委员会可以依法代行村集体经济组织的职能”中提到了“村集体经济组织”，而在此之前，该法第96条、第99条第1款提到的都是“农村集体经济组织”，二者有什么区别？特别是第96条还强调：“本节规定的机关法人、农村集体经济组织法人、城镇农村的合作经济组织法人、基层群众性自治组织法人，为特别法人。”第101条作为该节最后一条，其中出现的“村集体经济组织”，应当就是本节（特别法人）规范的“农村集体经济组织”。

《民法典》第83条分2款规定：“营利法人的出资人不得滥用出资人权利损害法人或者其他出资人的利益；滥用出资人权利造成法人或者其他出资人损失的，应当依法承担民事责任。”“营利法人的出资人不得滥用法人独立地位和出资人有限责任损害法人债权人的利益；滥用法人独立地位和出资人有限责任，逃避债务，严重损害法人债权人的利益的，应当对法人债务承担连带责任。”仔细推敲本条的表述，特别是对照第1款、第2款的措辞不难发现，第1款是“不得损害利益”对应“造成损失”，而第2款则是“不得损害利益”对应“损害利益”。

【例】2007年《物权法》第106条第2款：请求赔偿损失。

《民法典》第311条第2款中改为“请求损害赔偿”。之所以这样改，是因为《物权法》自身“不守规矩”：上述例句后再未出现“请求赔偿损失”，却出现了两处“请求损害赔偿”（第107条、第245条）。《民法典》的修改使前后条文保持了统一。

【例】1999年《合同法》第93条：当事人可以约定一方解除合同的条件。解除合同的条件成就时，解除权人可以解除合同。

《民法典》第562条将“条件成就”改为“事由发生”。此处涉及的“解除合同”属于“附条件的民事法律行为”，《民法典》有关此事宜的第159条的表述仍是“条件成就”：“附条件的民事法律行为，当事人为自己的利益不正当地阻止条件成就的，视为条件已经成就；不正当地促成条件成就的，视为条件不成就。”

第十一节　从起草做起

日常写作中确实没有必要过于在意用词一致、表述统一，但在有些场合，如立法中，专改一字以求表述统一的例子比比皆是。如今这样的情形已经很少发生了，那是因为这在立法中已成为惯例：起草阶段就统一了。

【例】2007年《政府信息公开条例》第23条：行政机关认为申请公开的政府信息涉及商业秘密、个人隐私……第三方不同意公开的，不得公开……行政机关认为不公开可能对公共利益造成重大影响的，应当予以公开。

此处的“得”要不要改成“予”？“不得公开”与“应当予以公开”，涉及一个意思的正反两面，却用了不同的“得”和“予”。至少在这种场合，没必要用两种不同的表述。故2019年修法时将前面的“得”改成了“予”，实现了统一。

第十九章　前后照应的技巧

呼应的重要性在于文以载道，“道”必须始终如一。尤其是在一篇文章中，如果前后都不能呼应，还有何“道”可言。

前后呼应既是语言表达的内在需要，也是逻辑呼应的基本要求。前有伏笔，后有照应，可以使内容更为完整，结构更为紧密。我们常说的前言不搭后语，就是语言表达的大忌：不知依归的发散性表达。

“呼应”本身没有正反之分。但中文的特点就在于，“呼”与“应”这两个中性的描述性单字一旦结合在一起，就往往指正面的，或者说正确的前后照应。与之相反的前后无法呼应，就必须再找一个词来表达，笔者能够想到的是“龃龉”：单就上下文一以贯之而言，用得好叫“呼应”，用得不好就是“龃龉”。

前后内容的照应，有时并不仅是基于逻辑的、语义的，还应当包括专业的考量。如涉及法律、政策的专业文章，就要通过基于法理、法律制度本身内在的制度架构实现上下文及整个法律规范体系的“前后照应”。

特别需要强调的一点是，无论文章、论著的篇幅有多大（多小），成文后的通读、成书后的统稿都是非常重要的，这对多人合著的作品更是必需的。通读、统稿是在创作环节达成前后呼应的最后一道关口和必要方法，很重要、很基本，一定要有耐心。写作者要转换自己的角色，以第一读者的身份、用挑剔的眼光将自己的作品作为一个整体认真地审视，站在一个更高的、相对超脱的位置，及时发现并及时纠正写作时未注意到的前后不协调、不统一等结构性、总体性问题。

第一节　谋篇考虑周全

表述周详，显然建立在通篇考虑周全的基础上。立法应当恰如其分，不越权也不缺位。

【例】2009年《民法通则》第40条：法人终止，应当依法进行清算，停止清算范围外的活动。

此处的问题是，清算是在法人终止前还是后？类似的问题是：继承应当在死亡之后还是之前？上述条文的意思是，法人“死亡”（终止），要清算且只能清算，不能干别的。法人都“死”了，还怎么清算？显然，《民法通则》没有把“死”与“活”的关系说清楚。

《民法典》第72条第1款以近乎相同的文字，表达了完全不同的意思：“清算期间法人存续，但是不得从事与清算无关的活动。”转换成通用语言就是：清算时法人还“活”着，但只能清算，不能干别的。该条第3款还规定，清算结束并完成法人注销登记时，法人终止；依法不需要办理法人登记的，清算结束时，法人终止。就是说，法人清算结束且注销后才终止。这样就把一个常识性的事实表述清楚了，不再存在逻辑上的低级错误。

第二节　内容表述周详

把内容表述周详，是语意层面上的立法技术目标，就是要在逻辑上、常理上不能有明显的疏漏和缺陷。这是比概念的表述统一更高的要求，但相对于表述妥当而言，又是较低层次的目标：只需要周到、详尽，是不是最佳，还得另说。但如果周详尚且做不到，更谈不上妥当。

【例】2009年《民法通则》第13条第2款在规定限制民事行为能力人的有限行为能力的外部约束条件时，提到了“与他的精神健康状况相适应”。

《民法典》第22条改为“与其智力、精神健康状况相适应”。

以“智力、精神健康状况”代替单纯的“精神健康状况”，是对民事行为能力的自然属性的认识更为深刻的法律表现：民事行为能力不仅取决于精神健康状况，还取决于智力发展与退化程度。有些人确实没有精神病，但由于年龄过大、过小或者智力严重缺陷，照样不能辨认自己的行为，成为限制民事行为能力人。

【例】2009年《民法通则》第15条：公民以他的户籍所在地的居住地为住所，经常居住地与住所不一致的，经常居住地视为住所。

该规定强调的当事人住所，具有相当大的不确定性，认定难度非常大。

《民法典》第25条改为："自然人以户籍登记或者其他有效身份登记记载的居所为住所；经常居所与住所不一致的，经常居所视为住所。"其中的"登记"或者"记载"强调了两点：一是以书面记录为准；二是强化了法定"登记"的权威性，引导民事主体尊重法定"登记"、寻求法定"登记"，及时更新完善法定"登记"。

第三节　协调表述语境

前后照应的关键是语意的连贯性，而语境的存在，在很大程度上可以承担起前后照应的任务。当然，这里面的分寸很难拿捏，必须慎之又慎。

【例】1999年《合同法》第45条第2款：当事人为自己的利益不正当地阻止条件成就的，视为条件已成就。

单看该款不是太好理解，但放到《合同法》设定的体系中就明白了：该款前款规定，当事人对合同的效力可以约定附条件。这就是对合同效力约定的条件。

《民法典》第159条调整为，附条件的民事法律行为，当事人为自己的利益不正当地阻止条件成就的，视为条件已经成就。居首的"附条件的民事法律行为"是否有必要？为什么不直接规定"当事人为自己的利益"？还是回到《民法典》的上下文中，便一目了然：该条独立成条，其前条虽然也规定了"民事法律行为可以附条件……"但两条规定之间，还是要内外有别，作为引导语的"附条件的民事法律行为"是衔接上下两条规定的纽带，还是非常必要的。

这确立了两项立法技术规则：一是同一条规定内前后款、前后项之间可以相互"借力"，不必重复本条、本款中已有的前提。但如果可能引起歧义，如中间隔了另外一个事项，就需要另行提醒、重复该前提。当然，此时要先考虑通过调序，把相同、相近的内容放在一起，以避免这种重复。

二是每一法条都必须逻辑严谨、语法结构齐整，不能过于简略，以致因缺少基本的句子成分而使表意不完全或者引发歧义。对此的判断标准，就是将某一条单独拿出来时，基本可以读懂其中完整的意思，而不需要将其放在整部立法中、借助上下文才能看清其全貌、明白其大意。

第四节　契合勾连关系

对勾连关系的观照，是更高层级的前后照应。写作中讨论的勾连涉及三个方面的内容：一是逻辑的契合，这是底层的勾连，或者说是文字勾连的基础；二是搭配的规则，这是约定俗成的字词之间相对固定的表意关系，是写作中必须遵循的基本规矩；三是上下文的统一、协调，这是更为抽象但也更为高级、更有落实难度的勾连。

【例】2004年《公司法》第57条第1款罗列了“不得担任公司的董事、监事”等的情形，该条第2款进一步明确了公司违反前款规定选举、委派董事、监事等的法律后果：该选举、委派或者聘任无效。

从以上两款中自然产生的疑虑是，如果这些人已经被任命了，但在任职期间出现该条第1款所列情形的，怎么办？2004年《公司法》对此没有回应，2005年修法时才予以弥补：公司应当解除其职务。

第五节　注意逻辑呼应

逻辑呼应，先是表述逻辑上的呼应。所谓表述的逻辑，就是表意时需要注意的前后呼应。前面提到的，后面就要有所回应；特别是对前面提到的只作了少部分回应时，读者难免要操心余下的、更多的那部分：另一只靴子何时落地。

【例】翻开××的黑历史不难发现，其在端午节的言行仅仅是冰山一角，他只想借讽刺挖苦屈原，来嘲笑中国几千年的愚忠文化，彰显自己的人间清醒。

如果是“冰山一角”的话，那就不能用“只想……”否则，冰山一角以外的内容在何处体现呢？只提“冰山一角”的用意何在？又有何益？例句所表述的，其实只是××在端午节的言行，完全可以在此之后进一步说，“这只是其黑历史的冰山一角”。

第六节　注意语意呼应

语意呼应，最直观地表现为文字的一气呵成承载的语意贯通。例如，

“没有体会过失恋的伤痛，没有经过婚姻的煎熬，甚至没有基本的性体验，这样的人从事婚姻家庭方面的法律工作，其乱点鸳鸯谱的风险之大，远远超过一个不懂医术的巫医当上了外科医生”。这里的呼应是双重的、并行的，既有前提条件的递进，也有结果的递进，二者构成的语义呼应，很有针对性地加重了表意的力度。

【例】依法行政，就是要以法律为依据作出行政行为。作为行政行为依据的法律，并非单一的某个法，而是一个法律体系，包括法律、法规和规章。通过立法形成的法律体系，学理上称为法律渊源，是行政机关执法、人民法院司法所适用的法律依据。《立法法》规定了法律、法规、规章，构成法律体系。

此处有一个明显的重复：“法律、法规和规章”出现了两遍，但梳理一下前后文的呼应关系，不难发现这种重复完全可以通过语序调整予以避免，即删除本身表述不通顺且重复的“《立法法》规定了法律、法规、规章，构成法律体系”，将“，包括法律、法规和规章”移至“通过立法形成的法律体系”之后，这样既解决了重复的问题，又通过递进式的表述增进了前后文之间语意呼应，同时还强化了作为法律体系构件的“法律、法规和规章”与法律体系之间的密切关系。

第七节　注意主体呼应

前后呼应不仅是正面的原则性要求，有时也要从反面避免由此引发的误解。

人们对语言文字所表达的意思的理解，总是自然地依其文字排列的顺序展开。如果不注意这种对于语句意思的前后呼应的自然预期，前文的主语就会在不知不觉中被理解为下文的主语。这种语病，即使在很严谨的法律语言中也会出现。

【例】2001年《行政法规制定程序条例》第7条第1款：国务院有关部门认为需要制定行政法规的，应当于每年年初编制国务院年度立法工作计划前，向国务院报请立项。

这个例句涉及的问题较多，如本章第九节中涉及的问题。

例句第一分句的主语是“国务院有关部门”，第二分句没有主语，但其中“编制国务院年度立法工作计划”的主体，按照正常的语义逻辑分析，当然是“国务院有关部门”，但这显然与现行的法律制度相左。于是，2017年改为“国务院编制年度立法工作计划”，从字面上看只是调整了一下语序，结果却完全不同了。

第八节　注意语词呼应

语词的前后呼应，就是前后出现的具有呼应需要的语词的词类、词性等要素，要尽可能相同或者匹配，如名词对名词、动宾词组对动宾词组等。

【例】与行政权对应的是滥用职权，同样，与行政职责对应的是不作为。

对于这一表述，熟悉行政法的人大致知道是什么意思：既然有行政权，就会有行政权的滥用；提到行政职责，就要考虑到不履行法定职责的不作为。但能如此善解人意，处处替写作者着想、说情的读者太少了。一般的读者看到这样的字句，通常的反应是先扔到一边。

比较中规中矩地表达上述意思的方式是：“与依法行使行政权对应的是滥用职权，同样，与依法履行行政职责对应的是不作为。”

语词呼应的本质，是意思的前后一致，即前后表述的统一性。这一点，在系表结构表达的语意解释类语句中特别重要。

【例】农业农村主管部门取得这些证据，就是收集证据的过程。

粗看这一表述似乎没问题，但细品还是有点瑕疵：“取得这些证据”是动词性的，表达的是个动作，“收集证据的过程”是名词性的，最好前后都有“过程”。

由此可见，写作中的语词呼应，与其说是起码要求，不如说是勘误的基本方法，至少是一种排除合理怀疑的纠错提示：但凡出现语词不匹配，除非能够排除歧解的可能，一般不要冒险使用。

此外还要注意，语词呼应往往与特定的并列连词的使用相从，即并列连词对一致性的要求。但这只能算一个特例，最根本的还是取决于语意表达的实际需要，因为在很多类似的情况下，汉语中恰恰会省略此类起并列连接作用的连词。

第九节　注意语句呼应

中文中的呼应，有时在结构上，有时在文字上，有时二者兼具。例如，“当初，他追求我的时候，九个壮汉都拉不住；如今，他想离婚的时候，九头牛也拉不回。”显然，“壮汉”和“牛”不可同日而语，但放在上面的语句中，由于句子结构、涉及的时间的先后特别是前后的“九”字的存在，上下文之间的呼应关系活灵活现。这是中文表达中经常使用的修辞手法。

在严肃的法律语言中，对法律规范的前后呼应的要求更为严格，连上下文之间不必要的重复，都在尽力避免之列。

【例】2001年《行政法规制定程序条例》第6条：国务院于每年年初编制本年度的立法工作计划。第7条第1款：国务院有关部门认为需要制定行政法规的，应当于每年年初编制国务院年度立法工作计划前，向国务院报请立项。

前后紧邻的条款中，都出现了“每年年初”。国务院的年度立法工作计划确实是每年年初编制，但正因如此，反而没必要重复强调，故2017年删除了后者。

第十节　注意语篇呼应

写作中前后呼应的最高境界，就是篇章级别的呼应。如在章回体小说中，在前回书中某个人物已经死了，过了20多回，又让他再死一回。类似的毛病，不完全是茶余饭后听到的笑话，而是非常严肃的文稿中也不免疏漏。

【例】2001年《行政法规制定程序条例》第7条第1款：国务院有关部门认为需要制定行政法规的，应当于每年年初编制国务院年度立法工作计划前，向国务院报请立项。第8条第1款：国务院法制机构应当根据国家总体工作部署对部门报送的行政法规立项申请汇总研究，突出重点……

上述规定没有太大的问题（“部门报送的”确实没有必要）。但该条例2017年修订时，在“对部门报送的行政法规立项申请”后增加了“和公开征集的行政法规制定项目建议进行评估论证”。之所以这样修改，是因为2017

年修订时，在上述规定前新增了一款：“国务院法制机构应当向社会公开征集行政法规制定项目建议。”给后续的相关内容设定了必须与之呼应的要求。如果不作相应调整，前后就会呼应不上。

第十一节　注意体系呼应

立法中前后文的相互照应有更为宏大的立意和追求，即全体系范围内的总体呼应，而其基础则是一个完整的法治体系及其各个部门法的相对独立的规范系统。这显然是有相当技术含量的。日常写作未必需要，但可以学习。

体系化、程式化的立法技术规范有助于防范系统性的立法表述缺陷。具体而言，就是立法中的逻辑运用。这在逻辑学上并非难题：但凡分类，就必须分别有所回应；话分两头，如果只说一半，就会出现前后不照应问题。

【例】2009年《侵权责任法》第20条：侵害他人人身权益造成财产损失的，按照被侵权人因此受到的损失赔偿；被侵权人的损失难以确定，侵权人因此获得利益的，按照其获得的利益赔偿；侵权人因此获得的利益难以确定，被侵权人和侵权人就赔偿数额协商不一致，向人民法院提起诉讼的，由人民法院根据实际情况确定赔偿数额。

“被侵权人的损失难以确定，侵权人因此获得利益的，按照其获得的利益赔偿”的表述明显拗口。对当事人起诉情形的概括也不全面：“侵权人因此获得的利益难以确定”只是个次要的、衍生出来的原因，更主要的原因是更前面的表述提到的“被侵权人的损失难以确定”。该条文话分两头说，结果却只规定了一种情况下的起诉情形，没有规定更为普遍情形下的起诉事宜。

【例】1996年《刑事诉讼法》第36条：辩护律师自人民检察院对案件审查起诉之日起，可以查阅、摘抄、复制本案的诉讼文书、技术性鉴定材料。

2012年修改为辩护律师“自案件移送审查起诉之日起，可以向犯罪嫌疑人、被告人核实有关证据”。“自案件移送审查起诉”显然是指移送“人民检察院审查起诉”，省略了旧法中的“人民检察院”，并不影响表意的完整性，这就是利用制度本身的内涵简化条文的立法技术。而且，“自人民检察院对案件审查起诉之日起”的确定性，显然不如“案件移送审查起诉之日”准确，因为“移送”后至“对案件审查”之日，可能有多日甚至多月的迟延。新表述更就事论事，因而更加严谨周延。

第十二节　注意删改呼应

【例】2003年《行政许可法》第5条第1款：设定和实施行政许可，应当遵循公开、公平、公正的原则。

该法同条第3款规定，符合法定条件、标准的，申请人有依法取得行政许可的平等权利，行政机关不得歧视。这就是行政许可申请的不歧视原则。这一原则应当不限于“依法取得行政许可”，而应及于“设定和实施行政许可”的各方面。故2019年该法修订时，在第5条第1款中明确了这一点：增加了“、非歧视”。

【例】1993年《商标法》第1条：为了加强商标管理，保护商标专用权，促使生产者保证商品质量和维护商标信誉……

1993年《商标法》第4条第2款已经增加了“服务商标”的规定：“企业、事业单位和个体工商业者，对其提供的服务项目，需要取得商标专用权的，应当向商标局申请服务商标注册。”但上述第1条的立法宗旨没有进行相应修正（仍只限于商品生产领域）。这个任务是随后在2001年完成的：首次在立法宗旨中明确要并列保护，“促使生产、经营者保证商品和服务质量，维护商标信誉”。

第十三节　避免首尾不济

前后照应的缺失，最直观的就是前后矛盾、首尾不能相济。

【例】1996年《刑事诉讼法》第115条：对于扣押的物品和文件，应当会同在场见证人和被扣押物品持有人查点清楚。

该例句的前半句刚提到的“物品和文件”，到了下半句就只剩下“物品”，没有再提“文件”。2012年该法第140条中用“财物、文件”，实现了前后照应。

此外，上述规定中的“持有人”，新旧《刑事诉讼法》的规定一致，但存在一个共同的问题，即“被查封、扣押财物、文件持有人”，与“由侦查人员、见证人和持有人签名或者盖章”中的“持有人”应当是同一人，但在其“签名或者盖章”之后，甚至在此之前，就已经因为“扣押”的缘故，而不是其原持有的“财物、文件”的“持有人”了。此时，要求将“一式二份”的“清单”“一份交给持有人，另一份附卷备查”，是不是应当“交给”原“持有人”？因为此时的原“财物、文件”可能已经因该程序确定了新的“持有人”。更好的办法是规定：清单一式三份，一份交“查封、扣押”的实际执行人（新的持有人），一份交原持有人，另一份附卷备查。

第四编

公文写作中逻辑的特殊价值

无论什么文体，文章的内在逻辑都是其灵魂。不符合逻辑的写作成果，很难被称为作品，因为在其徒具其表的散乱的文字背后，没有可以为读者所理解的“道”。

本编从精准分类入手，分析了列举周全、分层表述、合理排序、逻辑严密、避免歧义、勿生枝节等与写作内在逻辑相通的领域中错误的情形及规避的技巧。

第二十章　精准分类的技巧

分类是人类加深对客观、主观世界认知的有效手段，也是使较为复杂的文字表述条理化以便于驾驭的方法。对概念的分类的深化，是人类文明的最主要成果。没有区分，就没有认识；认识不深，就不可能掌握规律；没有分类整理，就没有体系化的知识。

第一节　分类致知

语言表达中，经常会遇到几个概念之间的包容关系、范围界定等，特别是涉及概念之间的相互比较时，这些都与概念的分类体系有关。

在语言表述的逻辑中，最基本的是分类，但这也是最容易被忽视、最容易出错的所在。

【例】能够立即整改的……不能立即整改的……需要长期整改的……

上述表述，就是日常写作中最常见的分类各表的“套路”。有人可能试图先将其分为“立即整改”与“长期整改”两类，“立即整改”又进一步区分为“能够立即整改”与“不能立即整改”。但问题反而由此暴露得更清楚了：“立即整改”怎么可能包括“不能立即整改”？

从逻辑上看，“不能立即整改”可以包括“需要长期整改”，正如未成年人包括成年人以外的所有人一样；从事理上说，或者从讲政治的角度看，无论能否立即整改，都得改，“不能立即整改”不就是“需要长期整改”吗？

第二节　分类各表

分类的目的，是进一步比较、研究和阐发。

分类与比较的关系是，分类是比较的前提和基础。但即使有很好的分类基础，很多人仍不会比较，或比较后得出的结论不对：不是缺乏比较所需要的科学知识，而是缺乏进行比较的逻辑规则常识。当然，确有不少人二者都缺。

【例】1961年，印度军队发动“胜利行动”，迫使占据印度果阿地区的葡萄牙殖民政府投降，结束了葡萄牙在印度次大陆数百年的殖民统治。

如果不严格深究，这句话似乎也没什么大毛病。但不容忽视的问题是，“印度果阿地区”与“印度次大陆”显然不是一个量级或者层次的概念，迫使某个局部地区的“殖民政府投降”，与结束“葡萄牙在印度次大陆数百年的殖民统治”何干？唯一合理的解释是，印度果阿地区的葡萄牙殖民政府是葡萄牙在印度次大陆最后的殖民政府，其投降后，葡萄牙便彻底退出了印度次大陆，其在此前数百年的殖民统治也宣告结束。如果这样表述，当然就没有问题了。但由于没有强调果阿地区的殖民政府是葡萄牙在印度次大陆的最后一个殖民政府，原例句的逻辑推进速度有点快，或者说其结论的导出缺了一个逻辑环节。

第三节　科学分类

法律是现实生活的规范化表达。法律概念的分类，最基本、最核心的知识前提，就是人类对客观现实及人类行为的理解和认识深度。

【例】1999年《合同法》第297条第1款：旅客不得随身携带或者在行李中夹带易燃、易爆、有毒、有腐蚀性、有放射性以及有可能危及运输工具上人身和财产安全的危险物品或者其他违禁物品。

据此，从形式逻辑的角度分析，即从字面意思上看，“易燃、易爆、有毒、有腐蚀性、有放射性”物品属于“危险物品”；而“危险物品或者其他违禁物品”的表述，又将“危险物品”视为一种“违禁物品”。该条第2款中只提到了“违禁物品”，未再提及“危险物品”，这进一步反证了原法条确实有如上认定。

显然，这个推断会遭到不少人的质疑，但其质疑的依据显然是其经验、常识，而不是对上述法条的表述文字的逻辑、语意分析。

确实，“易燃、易爆、有毒、有腐蚀性、有放射性”物品，哪些属于“危险物品”，哪些属于“违禁物品”，哪些既属于“危险物品”又属于“违禁物品”，这个问题不好回答。上述法条其实也是想回避这个问题，于是就将两个分类概念都列出来了。但按照逻辑法则，“其他”前后的名词在分类层级上就是有差别的。

《民法典》第818条删除了“其他”，解决“易燃、易爆、有毒、有腐蚀性、有放射性”属于危险物品还是违禁物品的问题了吗？这就要问，为什么要解决这个问题？立法的目的既不是创设问题，更不是解决那些无中生有的问题，立法只解决现实中需要解决的问题。该条所要解决的问题是，避免旅客随身携带或者在行李中夹带的“物品”危及运输工具上的人身和财产安全。至于这些“物品”在分类上是属于哪一类易燃、易爆、有毒、有腐蚀性、有放射性物品，是危险物品还是违禁物品，不是立法所要解决的核心问题，而是执法需要解决的细节问题。

事实上，《民法典》的规定改变了分类的标准，即将“危险物品”视为与“违禁物品”并列的一类物品，故采用了“危险物品或者违禁物品”的表述。这绝不只是删除“其他”的问题，而是从实体法的角度改变了物品分类的标准和结果。

第四节　时代局限

究其本质，分类是个技术活，具有相当的专业性以及非常明显的时代局限性。

【例】2009年《民法通则》中有多条（第98条至第103条）规定了“人身权”，有的只提“公民”（第98条、第100条、第103条），有的“公民、法人”一并规定（第101条、第102条），有的则将“公民”及“法人、个体工商户、个人合伙”分款规定。

这些内容被纳入《民法典》后，按个人与组织的分类标准，区分为自然人与法人、非法人组织两类，分类逻辑及结果都更为明确统一了。

【例】财产权是“占有、使用、收益和处分的权利”。

这曾经是对财产权最经典的表述。《民法典》采纳2007年《物权法》第2条第3款的表述，将物权分为所有权、用益物权和担保物权，这就是与时俱进。

分类的与时俱进不完全是个技术问题，但完全可以从技术角度关注分类问题，避免其中的根本性错误，如此持续性思考、关注的结果是，分类问题会在众人不断凝视中长出新枝、结出硕果。

第五节　遵循逻辑

立法中最耗时的议题是对不同情形的列举，其所要遵循的基本原则，就是允执厥中，避免过犹不及。具体包括兜底条款以及与此最相类似的“等内、等外”等的规则。为用好这些规则，需要遵循数理逻辑。

《民法典》第824条（1999年《合同法》第303条）分2款规定：“在运输过程中旅客随身携带物品毁损、灭失，承运人有过错的，应当承担赔偿责任。”“旅客托运的行李毁损、灭失的，适用货物运输的有关规定。”这两款的区分标准，就是随身携带和托运，二者在逻辑和现实中都是镜像对称、截然分开的：携带就是随身，托运就是不随身。这就是符合形式逻辑的分类。

【例】2009年《侵权责任法》第61条第1款：医疗机构及其医务人员应当按照规定填写并妥善保管住院志、医嘱单、检验报告、手术及麻醉记录、病理资料、护理记录、医疗费用等病历资料。

《民法典》第1225条删除“医疗费用”的原因很简单：因其不属于“病历资料”。严格说来，“病历”在医学领域内也是有具体所指的，但其范围不足以覆盖医事法律责任追究所需的所有证明材料，如乱收费案件中的医疗费用资料。

第六节　分类务净

在这方面，法律上的分类技术恰恰可以为我们提供“高端”的指引。立法是分类的艺术。法治的本质是分而治之。《民法典》第1002条至第1004条将2009年《民法通则》第98条规定的“生命健康权”一分为三：生命权、身体权和健康权，就是这方面最鲜活的实例。

【例】1989年《行政诉讼法》第65条第1款、第2款：当事人必须履行人民法院发生法律效力的判决、裁定。公民、法人或者其他组织拒绝履行判决、裁定的，行政机关可以向第一审人民法院申请强制执行，或者依法强制执行。

2014年新法将上述2款规定改为2条，更准确、更直接地道明了司法强制执行与行政强制执行的关系。与原规定相比，新法的最大创新，在于明确了“依法强制执行”包括向“法院申请强制执行”和“由行政机关依法强制执行”。原条文将“依法强制执行”与向“法院申请强制执行”并列，不仅在逻辑上和表述形式上错乱了二者的关系，更重要的是使读者无法直接从表述中体会出“由行政机关”自行强制执行的蕴含。新法仅仅增加了“由行政机关”5个字，就把规矩说清楚了。当然，不加这几个字，也能理解肯定是“由行政机关”，但需要推理得出。立法有时不能嫌麻烦，更不能“难得糊涂”，必要时就是要把最简单的规则写出来、写明白。

【例】此外，葬入皇陵的还有皇太后、皇后等妃子。

此处涉及分类与“等”字的运用。“皇太后、皇后”是“妃子”吗？对此，《现代汉语词典》有明确的说法：妃子，皇帝的妾，地位次于皇后。据此，“皇后”肯定不是“妃子”。而“皇太后”是前“皇后”，皇帝的“母后”，当然更不是“妃子”了。

第七节　分类体系

术语，通常都是一个学科的基本概念，因此总是在该学科的术语体系之中存在和应用的。故术语的使用都是建立在分类的基础之上的。使用术语时，也必须考虑到其与其他相关术语的分类关系。

【例】俄中粮食铁路运输枢纽是俄罗斯最大的一座粮食铁路运输货运站，它既能处理宽轨火车也能处理窄轨火车。

此处显然没有搞清楚宽轨和窄轨的准确含义。俄罗斯铁路的轨距是1520毫米，通常称之为“宽轨”；中国境内绝大多数地方的轨距是1435毫米，虽然比“宽轨”窄，但还不是“窄轨”，而是“国际标准轨”。真正的“窄轨”，通常指轨距1米的“米轨”，如云南小火车用的那种。上述例句讨论的是铁路运输问题，连轨距这个最基本的术语都没有搞清楚，这是专业写作的硬伤，与知识储备不足有关；有时也是写作者的态度问题：由于态度不端正，难免不会用心去做认真的考证工作。

第八节　避免重复

重复列举是文字表述中重复的重要原因和类型，是简单的逻辑常识性错误。

【例】1995年《担保法》第20条：一般保证和连带责任保证的保证人……《民法典》第701条改为“保证人”。因为旧法第16条明确：保证的方式有：（1）一般保证；（2）连带责任保证。重复“保证”的分类完全没必要。

第九节　避免错误

分类错误属于根本性问题，是最低级的语法错误，也是最常见的、难克服的习惯性错误，连“高大上”的立法，也难以免俗。

【例】1999年《合同法》第315条：托运人或者收货人不支付运费、保管费以及其他运输费用的，承运人对相应的运输货物享有留置权，但当事人另有约定的除外。

此处比较明显的逻辑错误是：“运费”属于“运输费用”没有争议，但“保管费”是否属于“运输费用”存在争议。将三者并列，在逻辑上必须以三者都属于“运输费用”为前提。《民法典》第836条将“其他运输费用”改为“其他费用”，避开了上述是非之争：无论运费、保管费还是其他运输费用，无疑都属于“费用”。

第二十一章　列举周全的技巧

列举周全，离不开合理而精准的分类。罗列是个技术活：它体现认识的深度和广度。能够罗列出来，证明已经有了认识；罗列不周全，证明认识还不到位。

列举要周全，必须考虑逻辑的可能性、现实的可行性、概念的相关性。逻辑和情理、事理中应当考虑或者预见到的内容、必要的表达技巧，也不宜忽略。

第一节　逻辑的可能性

罗列或者说列举，都是并列关系的表达，必须确保所罗列的内容在逻辑上的平行关系、平等地位。

【例】2001年《规章制定程序条例》第17条第3款：规章送审稿的说明应当对制定规章的必要性、规定的主要措施、有关方面的意见等情况作出说明。

既然提到了“有关方面的意见”，是不是要考虑“重大意见分歧协调”不下来的情况？2017年修法时在“有关方面的意见”后增加了“及其协调处理情况”的内容。

特别值得一提的是，原条例的后续条文中有相当篇幅规定了“不同意见”的协调处理程序，故更有必要在前文中为对应性规定埋下伏笔，以为呼应。

更重要的是，既然不同意见的协调处理是起草过程中的重要工作内容，其有关情况就更应当成为“规章送审稿的说明”中的内容了。

当然，原条例的上述规定中，确实有一个兼容性很强的“等情况”托底，“协调处理情况”也可以视为“等情况”中未予挑明的应有之义。但对于此等能够从逻辑上或者情理上、事理上“顺理”推断出来的核心内容，即使有“等”字在后面兜底，也不妨或者最好“知无不言”地罗列出来，再以“等”字涵盖未尽的事宜。

第二节　现实的可行性

不可否认，任何时代的作品，都是其时代的映象，都不可能摆脱当时的历史局限，这在很大程度上限制了列举的质量和水平，使之难免滞后。

【例】1999年《合同法》第323条：订立技术合同，应当有利于科学技术的进步，加速科学技术成果的转化、应用和推广。

此处提到了"科学技术成果的转化、应用和推广"，为何忽略了最重要的"研发"？没有研发就没有科学技术成果，也就没有其"转化、应用和推广"。这与立法当时我国科学技术合同的实况有很大关系：自主研发不多，"转化、应用和推广"确实是当时的工作重点。故这不是立法者的问题而是历史局限的写照。

第三节　概念的相关性

列举是集中述事的语言表现，事理的统一性决定了列举的概念之间必须具有内在关联性，东一榔头、西一锤子的列举是思维不清的外显，为写作之大忌。

【例】1999年《合同法》第331条：委托开发合同的委托人应当按照约定支付研究开发经费和报酬；提供技术资料、原始数据；完成协作事项；接受研究开发成果。

《民法典》第852条删除了与"技术资料"并列的"原始数据"。对于专业人士来说，区分"技术资料"与"原始数据"并非难事，难在如何让参与立法讨论的法学专家、学者理解这一点。

第四节　参透并列逻辑

从逻辑的角度讲，有些东西可以并列，有些则不能，如马与白马。现实生活中也会遇到类似情形，但即便是在非常严肃的领域，也会出现并列失据的马虎。

【例】2009年《民法通则》第59条第1款第1项规定，有重大误解的民事行为的两种归宿：变更或者撤销。

民事法律行为必须基于合意，当事人好不容易通过“请求人民法院或者仲裁机构”确认有关民事法律行为存在重大误解，接着又让当事人就同一事项达成新的合意，这太难了，也完全没有必要。故《民法典》第147条删除了“变更”的规定。

第五节　谨守排列规则

排列规则对促进文字表达质量提高的最根本的支撑，就在于对明显违反排列规则的表述的报警和提醒。需要排列的内容如果没有列明，就构成漏列、错列，从而提醒写作者及时弥补，以避免表意错误。当然，做到这一点的前提是，对哪些是需要或者必须罗列的内容，要有相当的常识特别是专业知识的储备。

【例】1999年《合同法》第47条第1款，就限制民事行为能力人实施的其他民事法律行为是否有效，只规定了一种情形：追认。

《民法典》第145条第1款改为：法定代理人同意或者追认。

尽管这需要一些民事法律行为的基础知识，但更主要的是基于对附条件（两人合意）行为的所有可能的常识性预见。

事实上，限制民事行为能力人实施的民事法律行为的本质，是需要与法定代理人共谋的，即形成一致意见，这个过程既可以在事后完成，即追认；也可以同时完成，即当场、即时同意。从常识上判断，追认肯定是发生在二人不在一起时，既然如此，就可以依常识判断，他们很有可能会在一起，此时还要求只能追认，就有点不近人情、不合常理了。增加“同意”，并不需要立法起草者对民法的理论与实务有精深的研究，这是基于常识、逻辑也能够想得到的选项。

第六节　共性概括要准

概括精准的要求并不容易满足，实在概括不出来可以只用“等”字。

【例】2009年《侵权责任法》第90条：因林木折断造成他人损害，林木的所有人或者管理人不能证明自己没有过错的，应当承担侵权责任。

此处只列举了“林木折断”这一种情形，《民法典》第1257条改为“因林木折断、倾倒或者果实坠落等造成他人损害……”但“等”字后没有概括性的上位概念，这是归类有困难时可以借鉴的一种表述方式。

《民法典》第24条第3款的“本条规定的有关组织包括：居民委员会、村民委员会、学校、医疗机构、妇女联合会、残疾人联合会、依法设立的老年人组织、民政部门等”不属于上述情形，因为其在“等”字之后虽戛然而止，但“等”字是与之前的“有关组织”相呼应的。

如果说等内列举通常都是秉笔直书的话，等外列举通常就是为了强调已经列举出来的内容。也就是说，列举，特别是等外列举，不仅是为了展示、列举，更是为了突出、强调和概括。写作时要有这方面主动思考的意识、阅读时要注意理解这方面的弦外之音。

【例】1985年《继承法》第16条第3款：公民可以立遗嘱将个人财产赠给国家、集体或者法定继承人以外的人。

“或者”后的内容，实际上是一种特殊的等外列举，即对“或者”之前列举的内容的进一步拓展。这就要求前后列举的各事项之间要有某种逻辑上的联系。

考虑到国家、集体都不是自然人，而1985年《继承法》在该条之前有关法定继承的规定中，只提到了子女、父母、兄弟姐妹等自然人，突然将国家、集体与法定继承人并列，一看便知这是立法在开辟一个新的规范领域，但必须考虑到前后规范领域之间的跨度和衔接。

《民法典》第1133条“国家、集体或者法定继承人以外的组织、个人”中的“组织”，解决了列举概念之间的衔接问题。因为与国家并称的集体就有组织的意思，国家本身也是超大型组织。法定继承人都是自然人，不可能有组织，既然前文已经提到“国家、集体”，“法定继承人以外的”显然不能只限于自然人。如此规定的实质是建立了“法定继承人”以外的范围最大的等外概念域。

第七节　列举事项要实

这涉及两个方面的内容：一方面，列举必须言之有物；另一方面，列举要言之凿凿，能够列举的同类事物必须尽可能列举到位，避免严重的结构性缺失。

【例】2001年《婚姻法》第30条：子女应当尊重父母的婚姻权利，不得干涉父母再婚以及婚后的生活。

《民法典》第1069条在“再婚”之前，新增了“离婚”。

从语意表达的角度避免此类疏漏，有三个路径：一是从逻辑上分析所有的可能。如与“再婚以及婚后的生活”逻辑上等价位的其他婚姻状态还有哪些？既然有再婚，是不是就应当想到离婚？二是从生活中寻找立法的灵感，即尽可能想到所有的可能。三是运用概括性表述，不要把话说满、说绝，如其他婚姻家庭生活之类的概括。

【例】2009年《侵权责任法》第39条：限制民事行为能力人在学校或者其他教育机构学习、生活期间……

对限制民事行为能力人活动场所的规定，没有提到幼儿园。对此，《民法典》第19条规定，“八周岁以上的未成年人为限制民事行为能力人”，8周岁以上的未成年人通常已经不会在幼儿园学习、生活了。但是，如果确实有8周岁以上的未成年人在幼儿园学习、生活期间“受到人身损害”的极端情况怎么办？

从《民法典》的规定中看，解决这个问题不需要对上述“其他教育机构”进行扩大解释。因为《民法典》第1201条对“无民事行为能力人或者限制民事行为能力人在幼儿园、学校或者其他教育机构学习、生活期间”受到人身损害的法律责任承担有专门规定。结合《民法典》上该两条的规定，幼儿园还确实属于教育机构。在没有将其列明又没有其他更为关系密切的规定，只有“等其他教育机构”的表述的场合，可以将幼儿园如此解释以适用现有规定。但从同一文件中概念的含义要尽可能统一的角度看，这样解释确实还存在一定的问题。

第八节　相互关系要清

列举事项之间必然存在紧密的关联，体现为语言时就必须表明其中的核心关联，如等外列举必须明确“等”的是谁。

【例】2007年《物权法》第42条第2款：应当依法足额支付土地补偿费、

安置补助费、地上附着物和青苗的补偿费等费用。

此处的基本架构是“应当支付费用”，其中的费用包括“土地补偿费、安置补助费、地上附着物和青苗的补偿费等”。最后的“等”字表明，应当支付的“费用”不限于列举的几类。《民法典》第243条第2款对此的修改，开创了一个新的立法表述思路：应当依法及时足额支付土地补偿费、安置补助费以及农村村民住宅、其他地上附着物和青苗等的补偿费用。由于“等”的位置提前了，对于应当支付的费用类别，不再由一个统一的概念来概括，但对于支付“补偿费用”的“物”，则在“地上附着物和青苗”之外预留了通过“等”字扩张的空间。两种方法相比较，2007年《物权法》强调要归类于“费用”，而《民法典》不强调总的归类，但在具体事项上留有“敞口”，有利于进一步扩大补偿范围的亲民程度、想象空间和操作余地。

尽管《民法典》未再使用“等费用”，但并不影响其在该条第4款中使用这一表述以简化文字：“任何组织或者个人不得贪污、挪用、私分、截留、拖欠征收补偿费等费用”中的“征收补偿费等费用”，正是第2款提到的“等的补偿费用”。

第九节　表述结构要精

这不仅是个语言表达习惯问题，也反映着对列举事项的认识深度。

上节讨论的《民法典》第243条第2款对2007年《物权法》第42条第2款的两处修改，都涉及等外列举的表述结构。

一是将“地上附着物”修改为“农村村民住宅、其他地上附着物”。这弥补了直至2007年《物权法》都没有注意或者至少没有修改的一处疏漏：没有在立法上给予“农村村民住宅”这一最重要的“地上附着物”以足够突出的应有地位。“农村村民住宅”本质上确实是“地上附着物”，但较之已经得到明确，价值显然要低得多的“青苗”而言，确实没有在立法中通过醒目的列举给予足够的“抬举”。

二是将“青苗的补偿费等费用”修改为“青苗等的补偿费用”，一个字没改（实际还减少了一个重复的“费”字）、只改了一下顺序，却使表述逻辑大为通畅。

不仅如此,《民法典》第243条第2款中“及时足额支付土地补偿费、安置补助费以及农村村民住宅、其他地上附着物和青苗等的补偿费用”的表述,还是一个复杂事项列举的经典范例。其表述结构是通过“、”“以及”“、其他”“和”这几个连词和标点组合完成的。其中,第一层级是3类费用的列举:土地补偿费、安置补助费以及地上附着物和青苗等的补偿费用,用“以及”与前文区隔并引领下文。在这一层次下,是“地上附着物”与“青苗”的并列,最后才是“地上附着物”内部的分类,即“农村村民住宅、其他地上附着物”。

此处表述的创新之处是“其他”前的“、”。这一表述形式的作用,一是将“农村村民住宅”明确为一种“地上附着物”。二是将“农村村民住宅”这种地上附着物,通过“、”与“其他地上附着物”并列,构成“地上附着物”的整体,再通过“和”实现所有“地上附着物”与“青苗”的并列。至于“地上附着物和青苗”总体上怎么命名及归类,2007年《物权法》立法时这个问题并不存在,因为该法当时只规定了“地上附着物和青苗的补偿费”,其上位概念是“等费用”。但《民法典》将相应内容修改后,才产生了对“地上附着物和青苗”进行归类并命名的问题。这个问题不好解决,也确实没有解决。《民法典》很巧妙地避开了这个问题:用了一个“等”,即戛然而止、似意犹未尽,但就表意而言,已经说得非常清楚了。

【例】2009年《侵权责任法》第51条:以买卖等方式转让拼装或者已达到报废标准的机动车,发生交通事故造成损害的,由转让人和受让人承担连带责任。

该条中的“买卖等方式”就是比较典型的等外列举,其所指不限于“买卖”,而包括与“买卖”类似的其他方式。《民法典》第1214条改为“买卖或者其他方式”,进一步说明在列举的“买卖”外还有“等外”的许多方式。无论因何理由,以“或者其他方式”替代“等方式”,应当成为今后等外列举更为规范的表述模式。

第十节　避免列举不齐

列举周全,就是要把所有应当摆到桌面上的都摆上去,一个也不能少;实在没有把握的,要借助兜底条款等语法技术手段,保证逻辑周延。

【例】1999年《合同法》第300条：承运人擅自变更运输工具而降低服务标准的，应当根据旅客的要求退票或者减收票款。

此处有以偏概全之嫌："变更运输工具"只是"降低服务标准"的缘由之一，其他事由还有关闭运输工具上的空调系统等。既然如此，何不直接说"降低服务标准"，以避免列举不全？这正是《民法典》第821条的做法。

【例】1996年《刑事诉讼法》第114条：在勘验、搜查中发现的可用以证明犯罪嫌疑人有罪或者无罪的各种物品和文件，应当扣押。

2012年将"在勘验、搜查中"修改为"在侦查活动中"，扩大了该条的适用范围，也解决了1996年立法中的以偏概全，或者说概括不全的问题。因为"勘验、搜查"只是"侦查活动"的两种，显然不是全部。何时用"侦查活动"这类属概念，何时用"勘验、搜查"等种概念，何时用"勘验、搜查"等"侦查活动"，立法中都有鲜活的实例、相应的讲究，反映着立法者在遣词造句中的权衡和考量。

【例】1996年《刑事诉讼法》第55条第2款第2项：被保证人有违反本法第五十六条规定的行为，保证人未及时报告的……

2012年将"未及时报告的"修改为"未履行保证义务的"。因为该条前款规定的是"保证人应当履行"的"义务"；而发现被保证人有违反规定的行为应当及时向执行机关报告，仅是保证人"未履行保证义务"的情形之一，而不是该条要规定的内容的全部。

第十一节　尤须关注例外

完善的立法，总是考虑得周全：充分考虑了应当考虑的内容，没有遗漏不应当遗漏的例外。对例外的关切，是立法完善与否的试金石，也是避免错误的捷径。

但书是表达例外的形式，对但书形式的研究最终落脚于对例外的实质体现。由此形成关注例外、时时思考是否遗漏了例外的良好习惯，是立法技术对于提高文字工作能力和水平的重要贡献，很值得各行各业的写作者临摹、借鉴。

【例】2009年《民法通则》第62条：民事法律行为可以附条件，附条件的民事法律行为在符合所附条件时生效。

该条仅规定了附条件的民事法律行为，没有规定附期限的民事法律行为，而这两项内容在1999年《合同法》第45条及第46条中均有规定。因为《民法通则》从名义上看，其最后版本为2009年版，但其底本却是1986年版，其内容并不比1999年《合同法》更接近《民法典》。故《民法典》这方面的内容，实际上是两部旧法去粗取精的结果。

但无论是2009年《民法通则》还是1999年《合同法》，都有一个共同的缺憾：没有考虑到例外。1999年《合同法》第45条、第46条分别规定"当事人对合同的效力可以约定附条件""附期限"，却没有进一步规定例外。

《民法典》考虑得比较周详，在吸纳上述两条时没有完全照搬，而是分别增加了但书，其第158条、第160条分别规定，民事法律行为可以附条件、附期限，但是根据其性质不得附条件、附期限的除外。至于什么情况可以例外，即根据民事法律行为的何等性质不得附条件、附期限，这就是实体法需要解决的问题了。但从语意表达的角度看，在任何情况下都需认真仔细，语法技术在此类情形中所提供的，就是善意的、逻辑的、常识的、法理的提醒：凡事大都有例外，至于例外是什么、如何表述、是否发生，则需要因事而异、因时制宜。

第十二节　归并同类列举

列举时的并列自有其存在理由，但当这些理由消失时，就要考虑归并。

【例】1986年《民法通则》第58条第2款、第59条第2款：无效的民事行为，从行为开始起就没有法律约束力；被撤销的民事行为从行为开始起无效。

上述规定以两种方式分别规定了无效和可撤销的民事行为的溯及力。

既然无效的民事行为自始没有法律约束力，而被撤销的民事行为自始无效，那何不将"无效"与"被撤销"的民事行为都规定为"自始没有法律约束力"呢？当然可以，这正是《民法典》第155条的规定，只是这个过程的完成经历了30多年。早在1999年《合同法》第56条，就已经将"无效"和"被撤销"的合同的溯及效力统一为"自始没有法律约束力"，但2009年《民法通则》修订时并没有作相应修改。这充分说明，类似此处涉及的表述细节，确实需要编纂《民法典》这样的历史机遇，才能提上议事日程。只有在这样的历史时刻，可以大规模地统一此前立法中各自为战的“成果”。

【例】2009年《民法通则》第55条第3项：民事法律行为应当不违反法律或者社会公共利益，即将法律与社会公共利益并列。

直接与法律相呼应的，到底是公共利益还是其他？这是个深层次的认识问题、实体问题、法理问题。但有一点是基本的，就是违反（更准确地说应当是侵害）社会公共利益的行为，都是违反法律的，而例句中的并列就如白马与马并列。

《民法典》第143条修改为“不违反法律、行政法规的强制性规定，不违背公序良俗”后，感觉立即舒适了许多。相比较而言，法律、行政法规之所以可以与公序良俗并列，就是因为公序良俗是不成文的规则和约束。

从这个角度看，上述问题又变成了形式逻辑问题。也就是说，文字表述的深层次问题，从来不单纯是个形式问题，而是建立在一定法理和常识基础之上的全局性问题。将立法技术与基本的法理、常识相结合，就可以在立法审查环节发现立法草案中绝大多数可以避免的问题。而且，不违反社会公共利益本身还存在搭配不当的问题：如果“违反利益”的表述成立，那法律规范中大量出现的，如2009年《民法通则》第61条第2款“损害国家的、集体的或者第三人的利益”及与之相应的《民法典》第132条“民事主体不得滥用民事权利损害国家利益、社会公共利益或者他人合法权益”等表述，是否就有问题？

第十三节　警惕异级并列

排列的本义，就是同级排列；异级排列，通常都是排列时乱了“辈分”。

【例】2009年《侵权责任法》第58条第1项：违反法律、行政法规、规章。

行政法规是法规之一，故上述表述排除的是地方性法规。但“规章”与“法规”一样，也有中央与地方之分。立法者似乎是想排除法规中的地方性法规以确保该项提及的法律规范都是中央国家机关的立法，但地方政府规章为什么没有排除？

可见，例句中的排列，与《立法法》确立的法律规范的效力层级体系不一致。

第十四节　协调种属关系

在涉及种属关系的列举中，“等”字通常是必不可少的，即对存在包容关系的同级概念，可部分列举、加“等”概括，以表述总体概念。

用好“等”字，可以避开许多列举时容易出现的逻辑陷阱，尤其是立法时。

立法中的等内列举与等外列举也大量出现在日常写作中，只是还没有引起足够的重视。

例如，某字典对“幡”的解释：“幡，用竹竿等挑起来直着挂的布。”

此处的“竹竿等”是比较值得推广的列举技术：单项等外列举。虽然“等”前只列举了一个事项，但足以代表铁竿、铜竿、铝竿等各种竿。这种表达方式特别适合于想举个例子直观说明一下，但一时又想不出更多例子的情况。在我国立法，包括《民法典》中，已开始频繁采用这种表达方式。

【例】2007年《物权法》第29条：因继承或者受遗赠取得物权的，自继承或者受遗赠开始时发生效力。

既然“受遗赠”是继承的一种，就不能与继承并列。《民法典》第230条对此作了弥补：“因继承取得物权的，自继承开始时发生效力。”

继承与遗赠的关系，属于民法中比较简单的内容。虽然1985年《继承法》第3章及《民法典》继承编第3章的章名都是“遗嘱继承和遗赠”，“遗赠”属于一种“继承”还是没有问题的。1985年《继承法》第16条及《民法典》第1133条的第2款、第3款，也都是将遗嘱继承与遗赠并列规定的，由此可以确定遗赠是一种特殊的遗嘱继承，遗赠属于继承更不在话下。

【例】2009年《民法通则》第64条第1款：代理包括委托代理、法定代理和指定代理。

《民法典》第163条第1款删除了“指定代理”，纠正了《民法通则》自始存在的种属概念混排。因为指定代理是法定代理的一种特殊形态。

能验证这一点的，除《民法典》相应修改这一现实、实务角度的证据外，还可以从2009年《民法通则》本身迂回地找到答案：其第70条不仅将“法定代理或者指定代理”并行规定，而且其中规定的代理终止的情形，如“被代理人取得或者恢复民事行为能力”“被代理人或者代理人死亡”“代理人丧失民事行为能力”，都是法定代理中才有的；指定代理唯一特有的“指定代理的人民法院或者指定单位取消指定”的情形，更明确暗示其仅发生在基于法定代理的依法指定中。

当然，明确“指定代理”与“法定代理”关系更为扎实的早期证据，是1989年《行政诉讼法》第28条“法定代理人互相推诿代理责任的，由人民法院指定其中一人代为诉讼”。

第十五节　厘清等外等内列举

严格说来，很难从形式上区分等内列举与等外列举，这在很大程度上取决于所列举事项的公共认知程度：能够穷尽的，就是等内列举；反之，就是等外列举。

等外列举尽管有一个可以包容无限的“等”字保驾护航，但也不是可以任意表达，而要注意三个最基本的规则：一是抽象要准，对列举事项的共性的概括要精准、凝练，尽可能抽象出所列举事物的实质共性内涵；二是列举要实，要确保突出重点，让主要事项入列；三是关系要清，要明确列举与概括的关系，不要混淆列举的下位概念与概括出来的上位概念的种属关系和逻辑位阶。

系统地分析研究过等外列举后，等内列举至少在概念上就比较好理解了。

较之等外列举，等内列举面临的挑战要严峻得多：这种挑战首先来自逻辑，其次来自常识。因为人类很难在穷尽所有可能的层次上认识一个事物，因此，一旦使用了等内列举，就要做好被挑出例外情形的准备。

正因如此，等内列举在立法中有一个无可替代的重大作用，就是列举法定职权，而且原则上，法定职权必须用等内列举，即尽量避免概括授权。但就是在这个问题上，以等外列举泛泛授权的现象历经多年仍久禁不绝。

【例】2007年《物权法》第210条第2款第3项关于质权合同条款：质押财产的名称、数量、质量、状况。

此处至少存在2个问题：一是简单列举难免列举不全、包容不尽，所列的“质押财产的名称、数量、质量、状况”四种情形，面对种类无限的质押财产，注定挂一漏万，如没有列颜色。

二是没有概括。立法中的概括是有讲究的，如设定公权力的条文，为了避免空白授权，要尽可能限制过于宽泛的概括性名词。但就民事权利而言，特别是本条之类示范性地列举“质押合同一般包括下列条款”的情形，当事人参照该规定订立相应合同时，仍有相当大的选择权。因此无论如何规定，都不会太影响当事人的权利，故完全可以用高度概括的概念来简化表述，如《民法典》第427条采用的“（三）质押财产的名称、数量等情况”。“情况”是什么？就是类似于“东西”的模糊指代，但这已经足够了。“情况”的具体内容，是合同当事人自治的领域，立法只是提醒一下，点到为止即可。

【例】2007年《物权法》第127条第2款：县级以上地方人民政府应当向土地承包经营权人发放土地承包经营权证、林权证、草原使用权证，并登记造册，确认土地承包经营权。

此处有一个明显的漏洞：只列举了“土地承包经营权证、林权证、草原使用权证”三证。同法第125条“土地承包经营权人依法对其承包经营的耕地、林地、草地等……”中有个“等”字，现实生活中也确实有在东北地区承包林间的水沟养殖林蛙的，而这些林地本来是有林权证的，在此之上叠加的，是养殖等证。

唯一的解释是，设定职权必须用等内列举，否则就无法禁绝随便发证的问题。

第十六节　要有兜底意识

无论提出多么严厉的列举周详的要求，列举不全仍不可避免。在表述上留有余地，就成了在形式上实现表述齐全、在内容上逻辑周延的现实选择。为了避免逻辑上的瑕疵转化为现实中的尴尬，时刻绷紧兜底这根弦，显得十分重要。

【例】2010年《气象灾害防御条例》第23条第2款：雷电易发区内的矿区、旅游景点或者投入使用的建（构）筑物、设施需要单独安装雷电防护装置的……

"需要单独安装雷电防护装置的"情形，只有"建（构）筑物、设施"，但现实生活中在"建（构）筑物、设施"之外是否会有其他情形？不好说，至少在2010年立法时认为没有。但从逻辑的周延性角度考虑，如此列举，恐有难以穷尽之虞。2017年修法时在"建（构）筑物、设施"后加的"等"字，消除了列举不周的隐忧。

法律上常见的兜底条款，通常是分项列举式条款的最后一项，也有在分款的条文中作最后一款的。对兜底条款的基本要求是：底要兜住，不能随便。

【例】2013年《民办教育促进法》第30条：民办学校应当依法保障教职工的工资、福利待遇……

依上述规定，民办学校只需要"依法保障教职工的工资、福利待遇"？

立法中凡涉及列举的场合，都必须注意是不是穷尽了所有合理的可能。显然，对于"教职工"的保障而言，绝不可能局限于"工资、福利待遇"，应当还有别的，但能列举穷尽吗？也不容易。于是，2016年调整为"工资、福利待遇和其他合法权益"，至于还有哪些"合法权益"，需要由各相关的"法"来确定，但至少包括《民办教育促进法》已经明确了的"工资、福利待遇"；其他权益，只要是"法"定的，就可以据此成为《民办教育促进法》予以保障的权益。这样，就解决了列举不尽的问题。

【例】2001年《婚姻法》第46条罗列了离婚的"无过错方有权请求损害赔偿"的情形：重婚的、有配偶者与他人同居的、实施家庭暴力以及虐待、遗弃家庭成员的。

上述列举，没有任何概括式扩展的可能，要想以对方有过错为由诉请损害赔偿，只能从这些理由中找。《民法典》第1091条在上述情形之外，增加了有"其他重大过错"的兜底条款：一方面，将其他重大过错纳入损害赔偿范围，赋予法院裁判此类案件时更大的自由度；另一方面，也给当事人增大了获得赔偿的可能。

第十七节　兜底勿失于宽

过于宽泛的兜底条款实为喧宾夺主：由于该兜底条款，前文的规定都不重要了；此时，需要考虑直接以兜底条款作为原则。

【例】2009年《民法通则》第45条规定法人终止的原因，其第4项只说“其他原因”。

这样规定显然过于随意。《民法典》第68条改为“法律规定的其他原因”。

【例】2009年《民法通则》第70条第5项：由其他原因引起的被代理人和代理人之间的监护关系消灭的，法定代理或者指定代理终止。

这里的“其他原因”也同样过于空泛，虽然有“引起的被代理人和代理人之间的监护关系消灭”的限制条件，但实际操作时，裁量空间仍不免过大。《民法典》第175条充分考虑到这个因素，改为：法律规定的其他情形。无论“其他情形”所代表的潜在可能性多么大，只要法律没有规定也是枉然。

【例】2004年《公司法》第135条：国务院可以对公司发行本法规定的股票以外的其他种类的股票，另行作出规定。

此处的“本法规定的股票以外的其他种类的股票”，2005年被简化为“本法规定以外的其他种类的股份”。之所以可以这样省略，主要原因有二：一是两个“的股票”离得非常近，读者可以一眼看出文字上的省略；二是“其他”二字具有重要的指代所省略字词的意义，这是此处可以如此省略的更重要的理由。

由此提示“其他”的另一功能：提示与之类似的省略内容。而且在“其他”使用时，其所代指的那一类概念未必表述过，可以在此后不经界定、如法炮制。

第二十二章　分层表述的技巧

表述的层次也很重要，事关高于分类、更好地表述分类结果的更高要求。

分层表述与排列有关：排列有序是分层表述的前提；排列的问题都没有解决，如何分得清层次？分层表述还与分类有关，而这与分类是排列的基础有关。

第一节　内容为基

要分清表述层次，最基本也是最好的办法就是掌握内容，做到内化于心。

就立法而言，立法者将法意内化于心、以此为基础，才谈得上外化于法条。

【例】1999年《合同法》第47条第1款：限制民事行为能力人订立的合同，经法定代理人追认后，该合同有效，但纯获利益的合同或者与其年龄、智力、精神健康状况相适应而订立的合同，不必经法定代理人追认。

《民法典》第145条第1款有关限制民事行为能力人的行为效力的规定与上述内容有渊源，但表述结构迥异：《合同法》采取的是“原则上无效、追认的才有效、特定情形例外”的表述结构；而《民法典》采取的则是“特定情形有效，其他情形须追认”的表述结构：“限制民事行为能力人实施的纯获利益的民事法律行为或者与其年龄、智力、精神健康状况相适应的民事法律行为有效；实施的其他民事法律行为经法定代理人同意或者追认后有效。”

新旧对比，新法表述结构的层次比较简约。“纯获利益”或者“与其年龄、智力、精神健康状况相适应”的民事法律行为，限制民事行为能力人都可以自主实施并且合法有效。这就大大强化了限制民事行为能力人的主体地位和权利本位。这比所有情况下都要“追认”但有例外的表述方式明显更人性化。

更重要的是，考虑到限制民事行为能力人绝大多数都是未成年人或者失能老人，其在“与其年龄、智力、精神健康状况相适应”的情况下的民事法律行为占其日常生活的绝大部分，正面确认他们在这一领域具有行为能力，对于他们本人及相关民事行为的相对方，都具有积极的情感认同和行为规范作用。

第二节　逻辑为序

无论是对表述内容的分类还是分层，都是建立在逻辑基础上的。厘清表述中涉及的逻辑关系，既是研究深入的表现，也是外在表述的前提。

【例】2009年《侵权责任法》第19条：侵害他人财产的，财产损失按照损失发生时的市场价格或者其他方式计算。

该条在纳入《民法典》第1184条时，内容没有变，只是调整了位置：其原来位置在规定“人身侵权”的部分，感觉有些颠三倒四。调整位置后成为“侵害他人财产的”第一种情况后，下一条为“侵害他人知识产权”，衔接更加顺畅。

【例】1999年《合同法》第249条：当事人约定租赁期间届满租赁物归承租人所有……第250条：出租人和承租人可以约定租赁期间届满租赁物的归属……

显然，先规定当事人可以约定租赁期间届满租赁物的归属，再约定租赁物归某一方所有的后续相关问题，是一个更为顺畅的表述逻辑。《民法典》第757条、第758条就是这样修改的：表述顺序只是外化的思维逻辑。

第三节　时序为度

在日常写作涉及的事项中，有相当主要的一部分与排序的逻辑有关，对此最基本的要求，就是排序要符合常识、符合逻辑、符合程序，特别是要符合时序。

【例】2009年《民法通则》第24条第2款规定了自然人在被宣告死亡期间的行为效力。

显然，这一内容应当接着自然人被宣告死亡的条文，而不宜放在撤销其死亡宣告之后。死亡宣告已经被撤销了，再说被宣告死亡期间的事情，时序上就有些错乱，在逻辑和情理上也有些别扭。

如果只调整法条的先后顺序，上述内容仍规定在一条内，感觉仍有些不伦不类。因为无论如何调整二者的顺序，都无法掩盖其规定的内容因差异太大而难以调和的现实：撤销死亡宣告的程序与被宣告死亡期间的行为效力，一个是程序，另一个是实体。这正是《民法典》将其一分为二，作为两条处理的理由所在。

《民法典》第49条、第50条对原法条的修改既解决了排序问题又解决了分款不适当的问题，其所确立的立法技术规则是：法律条文（包括法条中的各款）的排列顺序，应当尽可能与内容的逻辑顺序保持一致。

第四节　顺序为王

写作中的表述顺序有多重要？它不会比内容更重要，却是内容的“灵魂”。

例如，任何一部立法的内容，都会视体量，按编章节条款项目的层次排列，可达7个层次甚至更多，如《民法典》共7编、1260条，其第二编物权编还有4个分编，第三编合同编分3个分编、29章。之所以会如此复杂，就是为了排列好数以千条的内容。排序，永远是立法中自始至终需要考虑的问题，如《民法典》第1260条列明的9部法律，即使到了审议的最后阶段，还在认真考虑其排序。

《民法典》第772条确立了承揽合同的一个基本原则：承揽人应当以自己的设备、技术和劳力，完成主要工作。其中提到了“设备、技术和劳力”3个要素，但没有提到“材料”，而这在第771条规定“承揽合同的内容”时提到了。这个问题在该法随后得到了回应：第774条规定了“承揽人提供材料”的情形，第775条则规定“定作人提供材料”的情形，完整回应、呼应了上述基本原则。按照这个逻辑看这前后4条的规定，其内容的排布逻辑就非常清楚了。

立法中，罗列是常用的表述手法。但凡有罗列，就潜藏着排序的需要。

【例】2009年《民法通则》第37条规定了法人的条件：（一）依法成立；

（二）有必要的财产或者经费；（三）有自己的名称、组织机构和场所……

《民法典》第58条第2款将“名称、组织机构、住所”调整到了“财产或者经费”之前，既体现了对法人成立流程的关注，也是对其中的主体因素的强调。

第五节　逻辑层次的区分

【例】2009年《兵役法》第39条第2款的主语是：未服过现役的编入预备役部队、预编到现役部队的预备役士兵和基干民兵。

对该表述，不怎么了解部队情况的，确实有点不知所云；非常了解部队情况的，也可能会有同感。大家难免疑惑：“基干民兵”有“未服过现役的编入预备役部队”的吗？当然，比较准确的理解是，“未服过现役的编入预备役部队的预备役士兵、预编到现役部队的预备役士兵”以及“基干民兵”。“、”与“和”都有并列连接功能，很难区分二者混合连接的词的先后、主次关系。

为了表述清楚，2011年该法修订时，相应内容调整为：“未服过现役预编到现役部队、编入预备役部队和编入基干民兵组织的预备役士兵”（第41条第2款）。这样一来，逻辑层次就很清楚了，因为句子有了主干，即“预备役士兵”。

第六节　篇章结构的布局

《刑事诉讼法》作为刑事诉讼法制化的基本法，由于内容杂、条文多，采取了分编的结构，但各编内章节的数量、各章内法条的数量悬殊。有的章多达54条（第二编第二章“侦查”），有的章仅有1条（第一编第九章“其他规定”）。这样做反映了一个基本的考虑，就是让主要内容从目录上就能体现、便于读者查找、检索。例如，该法的五编分别是第一编总则，第二编立案、侦查和提起公诉（即审前程序），第三编审判，第四编执行，第五编特别程序。而每编的各章，也都以刑事诉讼中的核心制度为单位，单独设章，避免重要的内容因在目录上看不到而“明珠暗投”。例如，第一编总则细分为9章，除第一章任务和基本原则、第九章其他规定外，其他各章都针对刑事诉讼中的一项专门制度，如管辖、回避、辩护与代理、证据、强制措施、附带民事诉讼、期间与送达等。可见，让主要制度在目录中“出镜、露脸”，显然比内容均衡更重要。

【例】1994年《预算法》第17条、第18条中分别有“各部门编制本部门预算、决算草案”“各单位编制本单位预算、决算草案”的类同表述。

2014年修法时将这2条合并，作为新法第26条中的2款。立法修正案中单独如此调整，属于比较罕见的情形，其修改理由可以从旧法条文中上述相似的内容看出一些眉目。

第七节　分号区分的层次

在各类标点符号中，特别是在主要功能为断句的点号中，分号最突出的功能是其区分层次的作用。这一点，本书在第一章中提到过。

【例】某司法解释某条第3款、第4款分别规定：“原审人民法院应当在收到答辩状之日起五日内将副本发送上诉人。对方当事人不提出答辩状的，不影响人民法院审理。”“原审人民法院收到上诉状、答辩状，应当在五日内连同全部案卷和证据，报送第二审人民法院；已经预收的诉讼费用，一并报送。”

上述第4款的分号用得好，因为其两个半句之间，主语相同、意思是顺承关系，用“；”恰如其分。但第3款没有用分号，原因是其两句的主语不同，意思有转折，故用“。”分隔，以示区别。

【例】1994年《预算法》第71条：各级政府财政部门负责监督检查本级各部门及其所属各单位预算的执行；并向本级政府和上一级政府财政部门报告预算执行情况。

在没有断句的分句之间直接用“；”不太合适。2014年修法时将“；”换成了“，”。由此强化的规则是，“；”用于区分“，”分开的句群，而不宜直接当“，”用。

第八节　避免多重介词叠用

在日常写作中，特别是在口语中，由于不必表述逻辑层次过于复杂的意思，多重介词连用及相应省略的情况不多。但由于法律语言要表达比较严谨的意思，逻辑层次不能乱，多重介词连用、多重介词结构套叠使用的现象遂比较普遍，有必要探讨是否及如何省略，同时避免因省略而“词不达意”。

【例】2004年《公司法》第177条第3款：公司在从税后利润中提取法定公积金后……

此处“在”与“后”配合表示时间、“从”与“中”配合表述处置关系。

“在”“从”两个介词连用，是否可以省略？从语法上讲，最好不省；但从语感上看，显然有些累赘。最重要的一点是，无论是“在”还是“从”都可以独立完成复合介词的功能，即以一顶二，这就是汉语介词搭配的灵活性所在。故2005年《公司法》修订时（第167条第3款）省去了介词“在”；但省去“从”，也说得通。

由此确立的语法规则是，尽量避免两个以上介词连用：在不影响意思表达的情况下，尽可能省略其中可有可无的那个或者那几个。

【例】1989年《行政诉讼法》第11条第1款：人民法院受理公民、法人和其他组织对下列具体行政行为不服提起的诉讼：（一）对拘留、罚款、吊销许可证和执照、责令停产停业、没收财物等行政处罚不服的……

此处前后出现了两个“对”字结构，“对”“不服的”明显重复了。因为一旦使用了“对”字结构，其下（即“下列”）各项，都受“对”字统辖，都是“对”字结构中的内容，因此都应该保持名词属性，不需要也不应当再用“对”字。更重要的是，尽管重复，却无益于表达精准水平的提高，因而更加没有存在的必要了。

2014年修法时，取消了题首“帽子”里的“对”字结构，直接说“人民法院受理下列诉讼”，随后具体罗列的，都是“对”特定行政行为“不服的”，二者相结合，就是完整而不重复的意思表达：人民法院受理对特定行政行为不服提起的诉讼。

第二十三章　合理排序的技巧

本章不同于本书第十六章：语序是词义表达层级的排序，着重从字词的排列角度出发，解决字词搭配及其表意的问题；排序是语意逻辑层级的排序，着重从各分句表达的角度，解决逻辑上的概念分类及排序问题。

第一节　排序的微言大义

立法是结构性、系统性、全局性工程，不但每句话都不能错，各句话也不能互不相干地随机拼凑在一起。这确实需要大智慧。立法是行文的艺术，也是排列的艺术。

【例】2004年《公司法》罗列董事会职权的第46条第7项：拟订公司合并、分立、变更公司形式、解散的方案。

如此排序的理由是：在前三种情况下，公司都没有解体。但按另一个标准分类，公司的合并、分立，都是在公司形式不变的情况下进行的，解散就更不会涉及公司形式的变更了，故可以将变更公司形式排在最后；同时，从词形上看，将合并、分立、解散放在一起也更齐整一些；此外，就操作难度及对公司的影响而言，公司形式的变更也是最复杂的。上述三重因素决定，2005年将次序调整为："公司合并、分立、解散或者变更公司形式"（第47条）。

第二节　排序的弦外之音

日常写作中遇到的排序问题不完全是个语序问题。或者说，语序是基础层面的语法问题，排序则是表意层面的逻辑问题，甚至可以体现国家意志、政治意志。

【例】2009年《兵役法》第39条第1款：预备役士兵的军事训练，在民兵组织、预备役部队中进行。

此处的排列顺序是由“松”到“紧”的，正规化程度递增，但最多也就是在“预备役部队中”训练，由此训练出来的“预备役士兵”能够适应现代战争的需要吗？不好说，因为这种训练算不算“军事训练”都是个问题。

2011年调整为“预备役士兵的军事训练，在现役部队、预备役部队、民兵组织中进行”（第41条第1款）：将“现役部队”排在第一位，确立了实战优先原则。军事训练就得拿出点样子来，主要或全部在民兵组织中训练，能练出“士兵”吗？

第三节　排序的政治考量

长幼尊卑是中国传统礼教文化和儒家思想的核心要旨，谁先谁后在立法中也不能含混。立法中的每一个字、每一个标点符号、字词的不同排序，都不是单纯的语法技术问题，而是需要仔细掂量、高度重视的顶层设计。列举至少需要关注两点：一是是否穷尽了所有合理的可能，二是排序是否合理。立法中，列举的核心及表现形式是排序，如果说立法是分类的艺术，排序至少是分类的目的之一。

【例】2001年《行政法规制定程序条例》第3条：制定行政法规，应当遵循立法法确定的立法原则，符合宪法和法律的规定。

将“应当遵循立法法确定的立法原则”置于“符合宪法和法律的规定”之前，是否合适？2017年修法时，调整了二者的顺序。

该处修订还同时在“符合宪法和法律的规定”前增加了“贯彻落实党的路线方针政策和决策部署”，这是加强党对立法的全面领导的体现，与党必须在宪法和法律范围内活动并不抵触。即“贯彻落实党的路线方针政策和决策部署”，与“符合宪法和法律的规定”并不矛盾，在“符合宪法和法律的规定”的前提下“贯彻落实党的路线方针政策和决策部署”，与将“遵循立法法确定的立法原则”置于“符合宪法和法律的规定”之前，显然不是一个层级的问题。

相对而言，2017年《行政法规制定程序条例》第3条中的“贯彻落实党的路线方针政策和决策部署，符合宪法和法律的规定，遵循立法法确定的立法原则”，与2017年《规章制定程序条例》第3条“制定规章，应当贯彻落实党的路线方针政策和决策部署，遵循立法法确定的立法原则，符合宪法、法律、行政法规和其他上位法的规定”相比，后者的逻辑一致性更强一些。

第四节　排序的时代烙印

不同时代对于同一事物的认识高度和重视程度往往大相径庭，从而形成排序的时代烙印，同时也反映出排序的历史局限性。

自然人的意思表示如何证明？早年曾有的方案就是借助公证。

【例】1985年《继承法》第20条第3款：自书、代书、录音、口头遗嘱，不得撤销、变更公证遗嘱。

该条在被纳入《民法典》第1142条时，该款规定已不复存在。回望历史，原《继承法》出台时，公证制度刚刚恢复，还具有相当的公权力属性，立法明确赋予其优于“自书、代书、录音、口头”的法律地位，无可厚非。35年后，公证制度已完全恢复并取得长足发展，上述内容，特别是其排序，到了调整的关口。

2005年颁布、2015年、2017年两次修正的《公证法》第2条明确将公证定位为“根据自然人、法人或者其他组织的申请，依照法定程序对民事法律行为、有法律意义的事实和文书的真实性、合法性予以证明的活动”。既然是证明活动，就不可能自我增强证明力，因此不宜拥有比“自书、代书、录音、口头”更优越的法律地位。也就是说，各类遗嘱在法律上的优先权不取决于其形式，最终以哪个遗嘱为准，需要由其他的法律规范明确，如《民法典》第1142条第3款规定，“立有数份遗嘱，内容相抵触的，以最后的遗嘱为准”。

意思自治绝不仅仅是民事主体的一项权利确认及分配原则，更需要立法予以维护和支持。明确各类遗嘱的同等效力，强调每个立遗嘱人意思自治的权利，在否定公证遗嘱的证明力优先权的同时，也强化了14亿中国人以及潜在的外国人（只要其遗嘱需要在中国执行）通过遗嘱处分自己权益的当然权利。

第五节　排序的理论基础

列举或者排列的基础是概念分类，进而也可以是概念的定义。概念内涵不明确，其外延肯定不确定，其所包含的子概念的分类也不会清楚，排序就失去了最根本的依归。

分类在立法中的表述形式，最突出而明显的就是法律概念在条文中的排列顺序。分类没有问题而排列有问题，也会造成规范逻辑的错乱。

排列规则既是概念的排列规则，也是并行表述的规则，是建立在字词搭配和词性搭配之上的更大范围、更高层级的语意表达规则。如果说字词搭配和词性搭配是词语级的搭配规则，排列规则就是语句级的概念表述规则。

【例】2009年《民法通则》第2条：中华人民共和国民法调整平等主体的公民之间、法人之间、公民和法人之间的财产关系和人身关系。

该规定在被纳入《民法典》第2条时，“财产关系”“人身关系”位置对调，体现了《民法典》对二者重要性次序的新认识：强调人的重要性，体现在立法实践中，就是要将人身关系置于比财产关系更为突出的位置。国家以公民的权利为本，就是以人为本。任何人都不是抽象的，而是权利所依附的主体。没有权利的人，其权利没有成为法律本位的人，都不是完整意义上的法律上的人格独立的人。

第六节　排序的专业基础

在任何专业领域，排序都涉及最基础的知识和能力。而且，所有的排序，都是格物致知的结果，因此，通过排序也可以反过来验证写作者的水准。

【例】她是该国第三号政治人物，该国总统第三顺位继承人。

第一顺位继承人是谁？不会是美国总统吧？

此处的关键，是“顺位继承人”与“政治人物”的关系：二者的次序号因差一个总统，而应当差一位。如果某人是“美国第三号政治人物”，则其前面只有总统、副总统，副总统是该国总统第一顺位继承人，接着就排到“该国第三号政治人物”，故其不可能是“第三顺位继承人”。

第七节　厘清相互关系

排列的核心是所列事项相互关系的呈现。立法中的每个字、每个标点符号，都有其存在的价值和意义，包括相互之间排列的顺序及由此产生的相互关系。因不清楚相互关系，致使文字、符号等表达的意思与所列举的事项的实质内涵不同，就会出现排列错误。

【例】2009年《民法通则》第2条：民法调整平等主体的公民之间、法人之间、公民和法人之间的财产关系和人身关系。

《民法典》第2条用“自然人、法人和非法人组织之间”替代了“公民之间、法人之间、公民和法人之间”。这一立法修改实践，回答了两个核心问题。

一是主体类别的列举方式，即以“自然人、法人和非法人组织”的列举概括了所有的民事主体类别，其足以指代所有的民事主体。

二是如何表达多主体两两之间甚至多方之间的相互关系。原条文的表述方式就是直接排列组合，新法的表述显然包含这层意思，但更为简洁：“自然人、法人和非法人组织之间”实际上表示了以下七种关系：自然人之间、法人之间、非法人组织之间、自然人与法人之间、自然人与非法人之间、法人与非法人之间以及自然人、法人、非法人组织三者之间。显然，如果按旧法的表述格局，就必须列举以上七项内容，表述文字将不胜其烦。反过来说，《民法典》的新表述表明，“之间”可以表达在其之前所列各种情形的所有排列组合的可能。

《民法典》的上述表述方式，早在2011年的国标《标点符号用法》中就已经作为顿号用法的补充规则予以明确：表示含有顺序关系的并列各项间的停顿，用顿号，不用逗号。例如，解释“对于”一词的用法：表示人、事物、行为之间的相互对待关系。其中，“人”“事物”“行为”之间有顺序关系，即人和人、人和事物、人和行为、事物和事物、事物和行为、行为和行为等六种对待关系。国标的上述用法举例，就是《民法典》中的前述用法，唯一不同的是，国标遗漏了第七种情形：人、事物和行为三者兼具的可能。

第八节　遵循穷尽原则

从逻辑角度分析，立法中的排列，就是穷尽所有的可能，既不多也不少。

无法考虑到所有的情况，是穷尽原则在立法中未能实现的最普遍的原因。

【例】2009年《民法通则》第70条第1项：被代理人取得或者恢复民事行为能力的，法定代理或者指定代理终止。

民事行为能力有完全民事行为能力和限制民事行为能力之分，“被代理人取得或者恢复”部分民事行为能力的怎么办？《民法典》第175条改为“被代理人取得或者恢复完全民事行为能力”，强调必须是“完全民事行为能力”。

正是顾及穷尽原则的严格要求，立法中采取了等外列举的方式，即通过概括出一个居于统领地位的上位概念或以“等”字概括，以囊括一时列举不全的下位概念。这样，也算在逻辑上实现了“穷尽原则”，至少表明了穷尽的意识。

第九节　按重要性排序

排序，很大程度上就是在摆布事物的重要性。从人的注意力角度分析，放在前面的会更受关注或被认为更重要，这是基本的认识规律。《民法典》就注意到了这一点，在主体的排序上有意将个体放在组织之前，以体现个体本位。

【例】1985年《继承法》第21条：经有关单位或者个人请求……

上述表述被纳入《民法典》第1144条后，相应内容颠倒了顺序：“利害关系人或者有关组织”。这主要出于两方面的考虑：一是对于继承这种私法法律关系，应当更突出个人的地位；二是在这类法律事务中，个人是更为普遍的主体。

【例】1985年《继承法》第17条第3款：代书遗嘱应当有两个以上见证人在场见证，由其中一人代书，注明年、月、日，并由代书人、其他见证人和遗嘱人签名。

《民法典》第1135条调整为：代书遗嘱应当有两个以上见证人在场见证，由其中一人代书，并由遗嘱人、代书人和其他见证人签名，注明年、月、日。

《民法典》的两处调整生动、具体、全面地阐释了顺序的重要性以及排序的基本规则：按重要性排序。签名显然要比注明日期重要；签名人中，遗嘱人比代书人和其他见证人重要。原条文将“注明年、月、日”放在“代书”之后，并不是想强调签名要注明日期，而是想强调遗嘱一定要写明日期，但这通常作为见证人见证记录的内容，由其在签名时一并注明。

第十节　依常识排序

此处的“依常识”，重点不在常识本身，而是就其在排序中的应用而言的。绝大多数理性人都知道遵从常识的道理，但在日常生活中时时处处留意常识、运用常识，却并不是一件轻易能够做到的事，连立法专家都无法保证彻底践行。

【例】2009年《民法通则》第21条第1款：失踪人的财产由他的配偶、父母、成年子女或者关系密切的其他亲属、朋友代管。

《民法典》第42条第1款颠倒顺序，将成年子女置于父母前。道理在于，成年子女通常比父母更可能等到失踪人归来的那一天，避免代管人“继承”的问题。

第十一节　按时序排序

【例】1995年《担保法》第4条第1款：第三人为债务人向债权人提供担保时，可以要求债务人提供反担保。

上述内容实际上已涉及“保证”，但该法第6条才规定：“本法所称保证，是指保证人和债权人约定，当债务人不履行债务时，保证人按照约定履行债务或者承担责任的行为。”“为债务人向债权人提供担保”的人，实际上就是“保证人”，该法此后所有条文中如出现该主体，都可以用“保证人”代替，但在此之前还不得不用“第三人”暂代。这是一个比较典型的时序逻辑影响表述的例子。

【例】2009年《民法通则》第120条第1款：公民的姓名权、肖像权、名誉权、荣誉权受到侵害的，有权要求停止侵害，恢复名誉，消除影响，赔礼道歉……

“恢复名誉，消除影响”的顺序显然不妥：通常情况下，要先“消除影响”，然后才谈得上“恢复名誉”，《民法典》第995条对此的“微调”体现出立法技术上的精益求精：“停止侵害、排除妨碍、消除危险、消除影响、恢复名誉、赔礼道歉”，完全按照消除侵权行为后果的现实、可行顺序排列。

【例】2009年《民法通则》第69条第5项：作为被代理人或者代理人的法人终止，委托代理终止。

《民法典》第173条颠倒了“代理人、被代理人”的顺序。由此确立的排序规则是，明显具有派生、次生关系的词要排在后面，如委托人、被委托人。

第十二节　按逻辑排序

按逻辑排序，就是按事物的客观逻辑层次排序。

【例】2004年《公司法》第60条罗列了3款“董事、经理不得”为的禁止性规定，第61条又规定了2款，此外还有第62条。

由于所述内容主语相同，故“董事、经理不得”至少出现了6次、重复了5次。而且，在这种叙述方式下，每条中列3款可以说已经是上限了（这也是其不得不分条的原因），故在表述时不得不尽可能将不同内容归并到一款中，逻辑层次及相互关系的表述难免显得拥挤和错杂，许多内容还不免挂一漏万。

2005年修法时，这部分内容改为分项列举（第149条第1款），以“董事、高级管理人员不得有下列行为”统领，内容增加到8项之多，但条理更清楚了，也没有了臃肿感；其中有多项内容是新增的，包括兜底的“违反对公司忠实义务的其他行为”。这些内容，显然是此前的分条、分款规定无法容纳也不便容纳的。

【例】1993年《公司法》第133条分2款：公司向发起人……发行的股票，应当为记名股票……对社会公众发行的股票，可以为记名股票，也可以为无记名股票。

这一规范模式一直延续到2004年。从表面上看，上述内容有表述顺序的问题：应当先说后者、再说前者，确立先总后分的整体感、层次感。应当说，在1993年立法之初，还真没有如现在这样强的先原则后例外、先定义后规范、先总述后分述等立法规律性认识，故行文时主要按照内容的重要性排列表述顺序。到了这一条，其第2款有总体性介绍股票种类的意思，将其放在后面，感觉不太对劲。

2005年对该条的内容及表述顺序进行了调整，将原第2款改为第1款，同时将其内容改为对概念的分类：公司发行的股票，可以为记名股票，也可以为无记名股票。这样调整后，该内容同时具有了罗列股票种类及公司发行股票的原则性规定的双重功能，放在第1款更加名正言顺了。

由此确立的排序规则是，对于具有子概念的内容，应先挑明子概念与种概念的关系，再具体解释或者规定子概念涉及的具体内容，即先总后分、先概括再具体。

第十三节　按法理排序

就立法而言，所有法律条文及其中的内容的排序，都要遵循按法理排序的原则，排得不好只是水平问题。但需要时刻牢记的是，按法理排序，实际要求的是按所规定内容的制度化逻辑排序，而不能仅从局部的细节出发考虑问题。

【例】2000年《立法法》第63条第2款：有立法权的市级人大及其常委会“可以制定地方性法规”，报省级人大常委会“批准后施行”。

2015年《立法法》第72条第2款改为：“设区的市的人民代表大会及其常务委员会根据本市的具体情况和实际需要，在不同宪法、法律、行政法规和本省、自治区的地方性法规相抵触的前提下，可以对城乡建设与管理、环境保护、历史文化保护等方面的事项制定地方性法规，法律对设区的市制定地方性法规的事项另有规定的，从其规定。设区的市的地方性法规须报省、自治区的人民代表大会常务委员会批准后施行……”

如果从局部看，上述规定中的“法律对设区的市制定地方性法规的事项另有规定的，从其规定。设区的市的地方性法规须报省、自治区的人民代表大会常务委员会批准后施行”，有进一步在文字上简化、逻辑上捋顺的提升余地和优化空间：新法增加了新内容，两次出现了“设区的市”的“地方性法规”的表述。当然，这样写也有其不得已之处，但有更好的处理方式，那就是将“法律对设区的市制定地方性法规的事项另有规定的，从其规定”后移，并相应地将其文字调整、简化为“；法律另有规定的除外”，删除重复的限定。

单纯从字面上看，这样处理有四大好处：一是文字大为简化，省去了不必要的重复；二是意思更加连贯，对立法流程的描述一气呵成，没有停顿和转折；三是逻辑更加严谨，先把本法要交代的事交代完，再说其他法律的规定，避免给人一种在不同法律之间跳来跳去的感觉；四是授权更为充分，其他法律对“设区的市制定地方性法规的”规定，不再局限于其可规定的“事项”。

但是，结合上下文的制度逻辑和法理逻辑看，“法律对设区的市制定地方性法规的事项另有规定”，是针对《立法法》的新规定，即所有“设区的市”都“可以对城乡建设与管理、环境保护、历史文化保护等方面的事项制定地方性法规”而言的；法律另有规定的，是更具有实体法意义的“设区的市制定地方性法规的事项”，如对“城乡建设与管理、环境保护、历史文化保护”等事项的限制或者扩大，而不是程序性地报上级人大常委会“批准后施行”。

当然，从法理上推断，即使《立法法》没有明确规定“法律对设区的市制定地方性法规的事项另有规定的，从其规定”，其他法律作为相应领域的特别法，也仍可以在“事项”之外，就主体、权限、程序、责任等范围广泛的内容，“对设区的市制定地方性法规另有规定”作出授权或者限制性规定。

第十四节　按程序排序

按程序排序，就是指除了重要性之外，程序上的先后次序也是重要的排序依据。

仍以本章第九节介绍的代书遗嘱为例。法条并未明示代书遗嘱的实际流程：先写内容，再签名，签名时一并注明签名日期；而签名的顺序，通常也是遗嘱人先签。因为代书人把遗嘱写好后，要先请遗嘱人过目，遗嘱人同意并签名后，代书人、见证人才好签名，否则遗嘱根本就不成立，其他人签了名也没有用。

仔细分析《民法典》的相关规定会发现，“遗嘱人、代书人和其他见证人”中的“和”字用得非常准确，其指明三类人均应当签名；因前文已经明确，“见证人在场见证，由其中一人代书”，故代书人也是见证人，故有“其他见证人”之说。至于遗嘱人，确实也可以是，从某种意义上说还必须是其遗嘱代书的见证人。

第二十四章　逻辑严密的技巧

逻辑严密的核心，是结构严整，即从结构到内容全方位地确保逻辑周延。

逻辑周延是合乎逻辑的基本要求，体现在概念定义及适用统一、分类标准一致、排列规则整齐划一等方面。

第一节　逻辑严谨的基本要求

按照一般的逻辑规则，对偶的概念如果不是成对出现，也需要顾及是否有大致相同的出现概率。进一步转化为现实生活中的经验则是但凡出现只说一种，不能兼顾的情形，都有可能是出了问题。转化为法理则是要考虑法律上的对偶概念的均衡性，如权利义务均等。借助这些逻辑的、常识的、法理的分析工具，可以发现立法中的错误，形成立法技术中的预警机制。

【例】2001年《婚姻法》第21条第1款：父母对子女有抚养教育的义务；子女对父母有赡养扶助的义务。

上述规定只提到了抚养和赡养的义务，没有规定与此有关的权利。按照权利、义务对等的基本法理，这样规定肯定有问题、早晚都得改。而且，如果只强调父母对子女的义务，就不会想到平等负担的必要，虽然这是从法理上甚至单纯的逻辑上都可以推导出来的结论：真正的平等肯定是权利和义务均平等。

《民法典》第1058条将对未成年子女抚养、教育和保护上升为一种权利和义务的复合体，是立法理念的一次非常显著的跃升：夫妻双方平等享有对未成年子女抚养、教育和保护的权利，共同承担对未成年子女抚养、教育和保护的义务。

第二节　思维清澈的逻辑前提

所谓逻辑清澈，是指写作者的逻辑思路清晰明澈、表述井然有序、层级分明、语句通顺。这个标准弹性很大，但所有的好文章都有这个相似的特点，而绝大多数存在常见问题的文章，则各有其在逻辑、语法、常识等方面的问题。

【例】核电站已被该国占领，也没有必要的理由再去破坏核电站。

此句想表达的意思是：该国已占领核电站，它没有必要再去搞破坏。其内核，是一个因果逻辑，或者说是想揭示某行为的“必要”条件。而在日常表达中，这就是通常所说的“理由”。其中的“没有必要”可以换成“没有理由”，既然二者同义，就没有必要重叠用词，将本来非常清楚的逻辑关系搅得一团糟。

【例】2013年《饲料和饲料添加剂管理条例》第15条第1款：申请设立饲料、饲料添加剂生产企业，申请人应当向省、自治区、直辖市人民政府饲料管理部门提出申请。

其中“设立饲料、饲料添加剂生产企业”的表述，在该条例1999年版第8条、2001年版第9条、2011年版第14条中都出现过。在“先证后照”的大格局下，当然要先申请取得“饲料、饲料添加剂生产企业”的生产许可证，“方可办理企业登记手续”。

但在《行政许可法》（2003年）尚未出台的1999年、2001年，对于证和照是否属于行政许可还有争议，相互关系更是不甚明确，此时，怎么理解上述规定？这就是现实的逻辑与法律冲突的表现。以当时的现实逻辑暨今天的历史逻辑看来，这是天经地义的，那个时代的人也没有觉得有什么问题。

如今看来，不仅其法理逻辑很值得推敲，就是其形式逻辑也存在重大问题：生产饲料、饲料添加剂，非得先设立“饲料、饲料添加剂生产企业”吗？当然不必，任何企业，只要满足与“设立饲料、饲料添加剂生产企业”同等的条件，就可以“申请从事饲料、饲料添加剂生产”，而不必另行单独申请设立一个专业生产企业。

类似上述将“申请设立”改为“申请从事”的做法，不限于此，《音像制品管理条例》2016年的修订也有类似的操作，只不过是将原条例第17条第3款中的“审批设立音像制作单位”修改为“审批从事音像制品制作业务申请”。

第三节　合乎数理逻辑

数理逻辑涉及最基本的数学常识，如果在这个方面出了问题，那笑话就会非常经典，流传也将非常广泛。

例如，有人问某人兄弟几个，他扳起手指头说：老大、老二还有俺爹。

类似的问题并不是只有脑子不好使的人会出，很多登堂入室者的成果中，也会有类似的尴尬：合同有几方当事人？这个问题，法律的初学者会回答两方，民法学者会回答两方以上，而有些人则会反问：具体指的是《合同法》中的哪一条？

【例】1999年《合同法》第58条：有过错的一方应当赔偿对方因此所受到的损失，双方都有过错的……

该条涉及的是合同，却仅考虑到双方，现实中确实存在三方乃至更多方的可能。故《民法典》第157条改为："各方都有过错的……"

越是正规的文字表达，越是其所处时代综合人文素养的体现。《民法典》的表述充满了逻辑与经验两个方面的睿智：无论有几方当事人，"各方"都可以兼顾。

【例】2004年《公司法》第177条第2款：公司的法定公积金不足以弥补上一年度公司亏损的，在依照前款规定提取法定公积金和法定公益金之前，应当先用当年利润弥补亏损。

这一规定涉及公司法定公积金的使用，看起来非常专业。但从逻辑和常识出发不难发现，公司的亏损具有不确定性，有的是连年亏损，有的是隔年亏损，仅"弥补上一年度公司亏损"可能还不够。例如，公司前一年巨亏，"上一年度"未能弥补就挂在了那里，是不是就算"上一年度"的亏损了？显然不能，如果"上一年度"没有亏损或者只是"微亏"，是否也可以"先用当年利润弥补亏损"？从逻辑和常识出发，不能"新官"只理"上一年度"的旧账，也不能一方面挂着前些年亏损的旧账无法"弥补"，另一方面"法定公积金和法定公益金"却在不断积累。

2005年修法时，将"上一年度"改为"以前年度"：只改2字，这个问题就迎刃而解了。

第四节　合乎形式逻辑

遵循形式逻辑，就是遵循最起码的表述逻辑，如概念的逻辑周延。

【例】1994年《预算法》第6条：各部门预算由本部门所属各单位预算组成。

显然，这里面漏了“各部门”自身的预算。这个问题，甚至连不懂“预算”的外行人也能看得出来。因为凭常识，在任何事物与其他事物的包容关系中，不能排除自身。既然部门预算包括“本部门所属各单位预算”，其本身的预算也不能排除。总不能“所属各单位”需要编制预算，部门本身反而不需要编制预算。

这个问题，放到立法中尤其显得突出。因为即使在1994年的《预算法》中，该条在前文中也已经有类似规定：地方各级总预算由本级政府预算和汇总的下一级总预算组成（第5条第2款）；但该法第5条第3款又规定：地方各级政府预算由本级各部门（含直属单位）的预算组成，确实容易将人“带偏”。

可见，任何立法都是其所处时代认识水平的体现。同一部立法中出现同样的或者互相牵扯的错误，原因往往是当时无法克服的系统性问题。

上述问题，在2014年《预算法》修订时一并得到了解决，方法可谓简单至极：只加了一个“及其”：各部门预算由本部门及其所属各单位预算组成。这样既从根本上跳出了原条文的逻辑陷阱，也澄清了部门预算与地方预算最根本的区别：“地方各级一般公共预算包括本级各部门（含直属单位，下同）的预算和税收返还、转移支付预算。”没有独立的地方本级预算；部门预算则包括本级预算。

第五节　合乎语义逻辑

语义逻辑贯通，就是说话、写文章、编纂法条要一以贯之。

【例】1999年《合同法》第232条：当事人对租赁期限没有约定或者约定不明确，依照本法第六十一条的规定仍不能确定的，视为不定期租赁。当事人可以随时解除合同，但出租人解除合同应当在合理期限之前通知承租人。

该条规定有一个明显的逻辑跳跃：一直在讨论“当事人”，“但”字之后忽然转到了“出租人”与“承租人”（他们本是原来的当事人，但“当事人”无法表达出租行为的方向性）。这样规定固然是基于实体法上的考虑，即出租人拥有更优越的地位，为了维系实质公平，其解除合同需要提前通知承租人。但承租人解除合同也不能任性，是不是也有提前通知出租人的必要？这一点已经无需争辩，《民法典》第730条将二者重新拉回当事人平等的地位。由此可见，原条文中的表述，除了因思维的历史局限性而可能存在实体规范上的考虑不周，更根本的问题是违反了语义表达的基本逻辑：前后文必须逻辑贯通。

第六节　同时兼备的“与”逻辑

“与”逻辑最基本的含义是兼有。对此最权威的解读是《民法典》第1098条“收养人应当同时具备下列条件……”中的“同时具备”。

“同时具备”就是同时满足所有条件；此时，各条件的关系，就是兼而有之的“与”逻辑关系。这是我国立法中表述“与”逻辑关系最经典的范例，也应当是当代汉语对“与”逻辑关系最权威的解读。

类似这里的“同时具备”的逻辑要求，尽管在现实生活中也不少，但在立法条文中如此直接表述的情况，还是比较少见的：整部《民法典》也仅此一处。

【例】1999年《合同法》第10条第1款：当事人订立合同，有书面形式、口头形式和其他形式。

此处的“和”必须改为“或者”，否则就是兼有、并行的意思，意味着当事人订立合同，必须同时采用书面、口头、其他3种形式。

当然，由于原条文用的动词是“有”，相应的搭配是“有……形式”，有列举的意思，还勉强说得过去。《民法典》第469条第1款将原条文修改为：“当事人订立合同，可以采用书面形式、口头形式或者其他形式。”不但将“有”改为更专业化的“采用”，一并将“和”改为“或者”，说明原条文的表述确实存在软肋。

【例】2009年《民法通则》第5条：任何组织和个人不得侵犯……

这样表述的意思是，任何组织伙同任何个人不得，即禁止的是共同侵犯。但本条的实际意思是，任何组织、任何个人、任何组织和个人合起伙来，在这3种情形下都不得侵犯。原条文只表述了其中一种情形，这是《民法总则》及《民法典》第3条将“和”改为“或者”的最主要理由。

另如，《民法典》第188条第2款：诉讼时效期间自权利人知道或者应当知道权利受到损害以及义务人之日起计算。此处的“以及”的意思是，权利人知道权利受到损害、知道义务人是谁，这两种情形是兼有关系；不知道其一（通常是义务人），则诉讼时效期间不开始计算。这类通常发生在某人被高空坠物砸伤之类的情形中，因只知道权利受到损害，但不知道义务人（作为义务人的侵权人则往往知道受害人是谁，但通常不会主动承认），如果此时开始计算诉讼时效，显然对受害人非常不利、更不公平。两种情形同时具备的要求，延长了追诉时效，间接加大了侵权人的负担，有利于促其主动承认。

第七节　多选多的“与或”逻辑

纯粹的“或”逻辑，指A或者B二者具其一且只具其一，即要么是A，要么是B；但不包括A、B同时具备这种情况。这种意义上的“或”逻辑，在汉语中似乎并不存在。汉语中真正存在的以“或者”连接的“A或者B”是指“A”“B”“A和B”三者具其一。这种逻辑关系，是数理逻辑中的与或关系。

【例】2017年《民法总则》第111条：任何组织和个人需要获取他人个人信息……

【例】2009年《民法通则》第5条：任何组织和个人不得侵犯……

上述两例句具有鲜明的时代特色，是《民法典》立法技术创新的生动写照。

《民法典》第3条将2009年《民法通则》第5条中的“组织和个人”修改为“组织或者个人”。《民法典》进一步释明了“和”与“或者”的逻辑关系，对我们在日常写作中理解和运用与或逻辑，也具有相当权威的指导和示范意义。

"任何组织和个人"的意思是,"任何组织"会同"任何个人",而"任何组织或者个人"则是指"任何组织""任何个人"有其一即可,当然现代汉语中也包括二者共同。而在现实中,绝大多数情况下,都是二者只具其一的情形,如果立法规定必须二者共同,立法的本意就没有表达清楚,甚至可以说表达错了。2020年《民法典》将表意不准确甚至可以说错误的"和"改为"或者"。

第八节 "与""或"逻辑的区分

许多人分不太清楚"与"逻辑、"或"逻辑,也不重视这个问题。不仅普通人如此,我国的立法也仅在近些年,才开始重视"和"与"或"的正确用法。

事实上,早在1996年《刑事诉讼法》第115条、2012年《刑事诉讼法》第140条,就前后一致地规定:"由侦查人员、见证人和持有人签名或者盖章",比较好地集中诠释了"和""或者"的正确用法:3个词(含)以上并列时,最后2个词之间用"和",其他词之间用"、";2个词并列的,可以用"和""或者",也可以用"、",但要区分"和""或者"的意思时,必须分别各用其字。

在上述规定中,"侦查人员、见证人和持有人"是3个不同角色的代表,都必须"签名或者盖章",故三者之间必须用"和",不能用"或者"。"签名或者盖章",则是二选一的,既可以签名,也可以盖章,但不必既签名又盖章。也就是说,"侦查人员、见证人和持有人"三方必须至少各派出1名代表,但允许三方派出的代表都用签名的方式、都用盖章的方式或者有的用签名、有的用盖章的方式。

如果对"与""或"逻辑,或者"和"与"或者"词语的作用的认识还存在分歧或者疑虑,观察二者在否定句中的表意效果,有可能就心领神会了。

【例】2007年《物权法》第56条:国家所有的财产受法律保护,禁止任何单位和个人侵占、哄抢、私分、截留、破坏。

此处是否只禁止"任何单位和个人"共同实施的侵占等行为,不禁止单独实施的此类行为?《民法典》第258条将"单位和个人"修改为"组织或者个人”。

【例】2007年《物权法》第66条：私人的合法财产受法律保护，禁止任何单位和个人侵占、哄抢、破坏。

《民法典》第267条以“或者”替换“和”，进一步明确了二者的逻辑分工：“或者”反映二者兼有关系，即组织或者个人是指组织、个人、组织和个人三者具其一；组织和个人则指组织、个人二者共同。显然，法律所要禁止的，是对受法律保护的财产的侵害，绝不只是禁止“组织”“个人”二者共同实施的侵害。

第九节　逻辑运算

“和”与“或者”之间，存在逻辑运算上的优先级顺序吗？这属于更深奥的数理逻辑知识，即进一步区分用“与、或”等指示的逻辑上的先后、亲疏。这就涉及汉语语法的使命了：如果汉语语法未予明确，那么我们只能继续摸索。

【例】1999年《合同法》第12条第1款第1项：合同的内容由当事人约定，一般包括以下条款：（一）当事人的名称或者姓名和住所……

《民法典》第470条只调整了姓名或者名称的顺序，但仍然沿袭了《合同法》的表述结构，即“A或者B和C”，这是一种逻辑复合结构。按照数理逻辑规则，“与”逻辑的运算优先于“或”逻辑，据此分析，上述表述的数理逻辑意思是“当事人的名称”“当事人的姓名和住所”二者具备其一即可，但从法律实务及社会常识来看没有现实意义。这说明，数理逻辑的上述运算规则显然还不能成为日常中文表意的语法规则，且应用实例中的实际做法也正相反。

立法想要表达的意思是，当事人的“姓名和住所”“名称和住所”二者具其一。可见对“和”与“或者”的相互关系的理解，不能完全指望逻辑的预设，还需要结合文本的上下文甚至法理理解。但问题接踵而来：如果在文字表述这个关键阵地，即首要环节失守，人们对逻辑、法理和常理的理解差异就会更大，由此导致的争议也会多于共识，这正是立法以字面解释为黄金法则的原因。

就此处的表述而言，姓名或者名称是具有选择性的：姓名针对自然人，名称针对法人及非法人组织。但无论是哪种情形，即无论是对自然人、法人还是非法人，都有住所要求，表达为法律语言，就是自然人或者组织分别与其住所。如果要符合逻辑、不引起分歧，目前看来，最简单的办法只有进一步分项表述。

可以说，《合同法》引入的这一表述结构是我国立法中极为罕见、最为复杂的逻辑结构，并最终为《民法典》继承。至于“姓名或者名称”的顺序调整，更多体现对自然人地位的重视，与此处讨论的逻辑表述结构无关。

【例】《民法典》第188条第2款：诉讼时效期间自权利人知道或者应当知道权利受到损害以及义务人之日起计算。

此处的“或者”“以及”将全句分为3部分，这3部分之间是什么关系，或者说哪2个部分之间关系更密切、应当优先将其理解为一个整体呢？这就涉及由“或者”引领的“或”逻辑，与由“以及”引领的“与”逻辑的运算关系了。

《民法典》用“知道或者应当知道”的表述（“或者”连接的是关于是否“知道”的选择关系），避免了这个问题。这恰恰反过来证明，如果没有此处的“知道”这样的共同字词，则必须考虑逻辑运算的法则。而汉语中目前对此确实没有统一、公认的规则，于是只能用《民法典》的上述表述方式来解决这类问题。

第十节　逻辑关系指示标识

“与”逻辑最典型的指示标识是“和、以及、并、且”等。“与”逻辑的实质，是逻辑共时（即同时），其表现形式并不限于“和、与”等同时性指示词。

【例】1999年《合同法》第196条及《民法典》第667条：借款合同是借款人向贷款人借款，到期返还借款并支付利息的合同。

其中的“支付利息”时间并不总与“到期返还借款”同时，从形式逻辑的角度考虑，这里的“到期”是否及于“并支付利息”？如果辐射到了，就必须一并付息。但现实生活中确实存在大量不能同时乃至有意错时还本付息的借款合同，如分期付款、先息后本等，将“到期”改为或者理解为“按约定期限”，包容性显然更大一些。

【例】2004年《公司法》第57条第1款第3项：担任因经营不善破产清算的公司、企业的董事或者厂长、经理，并对该公司、企业的破产负有个人责任的。

此处的“并”字在“对”前，两个虚词连用，略显拖沓，2005年就删除了。但这一改动显然不能被理解为对作为并列意思引导语和标识词的“并”字的一概否定，因为2004年《公司法》同条同款的下一项中，也有一个同样功能的“并”字：“担任因违法被吊销营业执照的公司、企业的法定代表人，并负有个人责任的”，2005年修法时就没有删除。从语感上判断，此处用“并”显然比不用要好得多，缺了这个“并”字，递进的意思就没有了。

由此确立的原则是，原则上尽量少用“并”字，可用可不用的尽量不用；但带有递进、因果含义的“并”字不能省略。

第十一节　慎重选择逻辑标识

“或”逻辑的指示词已经统一为“或者”，不常用“或”，在有些场合会使用“和”逻辑也用的“以及”“及”等表示“或”逻辑，但其中有些表述并不达意，从逻辑严密的角度考虑，要慎用此类可能引发歧义的表述。

【例】1999年《合同法》第311条：承运人证明货物的毁损、灭失是因不可抗力、货物本身的自然性质或者合理损耗以及托运人、收货人的过错造成的，不承担损害赔偿责任。

此处用“、”和“以及”组合的连词结构罗列了3种免责情形：“不可抗力”“货物本身的自然性质或者合理损耗”“托运人、收货人的过错”。由于在其中一种情形中已经不得不使用了一个“或者”，即“货物本身的自然性质或者合理损耗”，再使用“或者”就有些词不达意，故用“以及”代之。但在通常情况下，“以及”表达的是“并且”，即“与”逻辑关系，而不是“或者”所表达的选择即“或”逻辑关系，因此在理解和适用本条时，必须将上述“以及”视为“或者”。因为显然，这3种免责情形是只具其一即可免责，而不可能三者齐备才能免责。

由此可见，上述立法表述的现实，是由于所要表达的意思的复杂性造成的，特别是前面不得不使用的“或者”耗尽了汉语中可以使用的语法资源。如何解决这个问题呢？立法技术中可选的办法不多，但已经够用，那就是分项；日常写作中已经基本为大家所接受的方法是，类似分项那样分述：一是不可抗力，二是自然或者合理损耗，三是托运人、收货人的过错。

【例】2009年《侵权责任法》第54条：患者在诊疗活动中受到损害，医疗机构及其医务人员有过错的，由医疗机构承担赔偿责任。

《民法典》第1218条将“及其”改为“或者其”。二者的差别在于，“及其”指示“与”逻辑关系，意为共同；“或者其”指示“或”逻辑关系，是二者选择。本条的本意是，无论是医疗机构还是其医务人员有过错，都要由医疗机构负责；而原条文的字面意思是，只有当医疗机构及其医务人员共同致使患者在诊疗活动中受到损害的，才由医疗机构承担责任。原条文的适用范围太小了，实践中不仅医疗机构及其医务人员的共同过错难以认定，仅认定医疗机构的过错就非常难。

但是，同样是这种表述，在2009年《侵权责任法》第61条第1款“医疗机构及其医务人员应当按照规定填写并妥善保管住院志、医嘱单……等病历资料”的描述中，“医疗机构及其医务人员”的表述就没有修改，因为此处要求的是医疗机构及其医务人员的共同义务，即无论是医疗机构还是其医务人员，都要“按照规定填写并妥善保管”“病历资料”。

《民法典》第1225条对此的明确态度充分说明：什么时候用“及其”，什么时候用“或者其”，都是有明确的数理逻辑、语义逻辑、法理逻辑以及事理逻辑作为基础和支撑的，不仅仅是简单的汉语用字习惯问题。

第十二节　减少逻辑标识连用

即便在“或者”所表达的“或”逻辑已经非常清楚的情况下，仍应注意表述：如果一句话中存在2个以上的“或者”嵌套，或者既有多个“或者”并列，其中的2个“或者”还嵌套，最好找一个简化逻辑表述的方案。

《民法典》第94条第2款中，就出现了3个“或者”：“捐助法人的决策机构、执行机构或者法定代表人作出决定的程序违反法律、行政法规、法人章程，或者决定内容违反法人章程的，捐助人等利害关系人或者主管机关可以请求人民法院撤销该决定。”而且前2个“或者”还出现了嵌套。这一规定的表述本身没有问题，但不如不加第一个“或者”（改为“、”）流畅。与之类似的情形还出现在该法第85条中：“营利法人的权力机构、执行机构作出决议的会议召集程序、表决方式违反法律、行政法规、法人章程，或者决议内容违反法人章程的”，其表述结构更为复杂，出现了由3个“、”连接的三重意思，但由于少用了一个“或者”，表述上更为清晰。

第十三节　可能情形的排查

逻辑严谨、语序合理、列举缜密、叙事周延是体现逻辑表达能力的文字基本功，而列举缜密、合理的逻辑的基础，是对相应事物研究的深度和认识的高度。

【例】2004年《公司法》列举了3种董事会召集和主持的情形：一是董事长召集和主持；二是董事长因特殊原因不能履行职务时，由董事长指定副董事长或者其他董事召集和主持；三是三分之一以上董事可以提议召开董事会会议。

虽然只涉及3种情况，却对2种情形规定得不周详。一是在“董事长因特殊原因不能履行职务时”仍规定“由董事长指定”：这在有些情况下是不可能的，如董事长因脑梗昏迷，不能履行职务，神志都不清楚了，还怎么指定？二是“三分之一以上董事可以提议召开董事会会议”，但谁来主持的问题还是没有解决。针对这些问题，2005年修订时从逻辑和事理出发，排除了一些事实上不可能的情形：第一种情形是原则或者说理想状态，即董事长召集和主持。第二种情形又分两种可能，一是董事长不能履行职务，二是董事长不履行职务，包括其故意不召集、不主持董事会；无论哪种可能，都由副董事长召集和主持。第三种情形是副董事长也不能履行职务或者不履行职务，包括没有副董事长的情形，都由半数以上董事共同推举的那名董事召集和主持；此时，由半数以上董事推举的董事，已经相当于董事长了，当然可以召集和主持董事会。如此规定，既没有遗漏重要的情形，也避免了可能进行不下去的“死循环”。

第十四节　保持逻辑周延

日常写作涉及的逻辑周延性，往往就是其事理的周延性。这提醒写作者，凡是逻辑上不周延的，事理上往往也有缺失。据此可以从逻辑常识出发，反过来检省所写文字的逻辑周延性，如立法设计的具体制度的现实性、可行性。

【例】2009年《兵役法》第52条第1款：革命残废军人乘坐火车、轮船、飞机、长途汽车，优先购票，并按照规定享受减价优待。

随着我国的日益开放和国际化，残疾军人在境外“乘坐火车、轮船、飞机、长途汽车”，是否能够落实“优先购票，并按照规定享受减价优待”？

从立法角度看，先要考虑的是，这是不是一个问题。大而化之者，显然会觉得这个问题根本不存在，但从2011年《兵役法》第57条看，“乘坐境内运行的”这一新的限定性条件说明，立法者没有回避，充分考虑并正面回应了这个问题。由此提示我们，立法是周密的系统工程，每个环节都要考虑到，万不可想当然。

第十五节　克服逻辑悖谬

泛泛、抽象地探讨逻辑，对于日常写作的实际意义不大。对法律规范的分析，深入逻辑层面，有时往往难以区分与常理、法理的关系。因为常理的往往就是逻辑的，而法理往往就是常识的逻辑。以下列举几个《民法典》修正此前立法中逻辑错乱、悖谬的例子，以助于揣摩逻辑在辅助纠偏方面的应用效果。

【例】1999年《合同法》第152条：有确切证据证明第三人可能……

此处存在明显的逻辑对立：既然用了“确切”这样不容置疑的限定词，就最好（未必绝对）不要再用“可能”之类模棱两可的宽松表述。《民法典》第614条修改为“买受人有确切证据证明第三人对标的物享有权利的”，回避了这个问题，也可以说用这种方式从根本上解决了这个问题。通过消灭问题解决问题是立法中处理问题的一种方法。这在日常写作、生活中更可以推而广之。

逻辑悖论的产生，往往是因为对行为主体的指代混乱。

【例】2009年《侵权责任法》第23条：因防止、制止他人民事权益被侵害而使自己受到损害的，由侵权人承担责任。侵权人逃逸或者无力承担责任，被侵权人请求补偿的，受益人应当给予适当补偿。

该条存在的逻辑混乱是，没有搞清楚法条中出现的各角色的定位及其指代。从逻辑上分析，该条的基本逻辑关系是为“他人”使自己受到损害者的补偿问题，但其中的指代出了问题：按本条的字面表述，特别是“民事权益被侵害”的字面意思，与“他人”最相近的是“被侵权人”。但真正应当补偿的恰恰不是这个“被侵权人”，而是为了避免该人“民事权益被侵害”而“使自己受到损害的”那个人，故应当称之为“受害人”。用“被侵权人”指代这个人，不是前言不搭后语，而是张冠李戴。因为该人肯定不是“受益人”，也不是“民事权益（险些）被侵害”的“他人”，“他人”才是与侵权人相对称的“被侵权人”。2017年《民法总则》纠正了这个瑕疵，并为《民法典》第183条采纳和承继。

第十六节　警惕逻辑疏漏

人非圣贤，孰能无过。写作中最常犯的过错，就是逻辑疏漏。

以法律为例，立法的逻辑，就是事理的逻辑、情理的逻辑。说得更直白点就是，立法需要写明的内容，就是平常人、理性人平时做事时需要考虑的内容。

【例】2013年以前的《商标法》均禁止“同中央国家机关所在地特定地点的名称或者标志性建筑物的名称、图形相同的”标志作为商标。

这比较容易理解，如不能申请将“中南海、怀仁堂、新华门、西花厅”等注册为商标，但没有排除“中央国家机关的名称、标志”，2013年才弥补这个疏漏。

【例】《公司法》自1993年颁布，历经1999年、2004年修订，都有关于股份有限公司“申请设立登记”应“向公司登记机关报送下列文件”的规定

（第94条），其中的第1项、第2项，都是“有关主管部门的批准文件”和“创立大会的会议记录”，但没有提及“公司登记申请书”。

难道设立股份有限公司如此重大之事，不需要一个综合性申请，只需要提交一堆实质上属于该申请“附件”的证明材料？这个问题在2005年被解决，其第93条将“公司登记申请书”列为申请设立登记报送文件的第1项。

第十七节　避免语义冲突

【例】2007年《政府信息公开条例》第20条：申请获取政府信息的，应当“采用书面形式（包括数据电文形式）”。

2019年《政府信息公开条例》将相应内容（第29条）修改为“采用包括信件、数据电文在内的书面形式”，新旧条例都存在一个问题：数据电文的记录方式，如果不打印出来，应当不是“书面形式”。这一问题，在2015年《行政诉讼法》修订后已经解决：该法证据部分的第33条，在“书证、物证、视听材料”等证据类型后，新增加了“电子数据”。显然，所有依托现代电子技术存贮的“电子数据”，无论其内容是“文字”还是“视听材料”，都可以称为“电子数据”，但将以非纸质的“电子数据”形式存在、通过“互联网”递交的申请称为“书面形式”，存在问题。

无论从数理逻辑还是语义逻辑上分析，“采用书面形式（包括数据电文形式）”的表述都有自相矛盾之嫌。当然，新条例也没有解决这个问题。如果改成“文字形式”会好一些。因为从新旧条例前后一致的规定看，与“书面形式”对应的替代方式，就是“采用书面形式确有困难的，申请人可以口头提出”。可见，真正需要的，是与口头对应的文字的东西，而不一定必须是打印或者写出来的严格意义上的基于纸质载体的书面申请。

第十八节　避免循环论证

循环论证属于比较初级的逻辑错误，因论证不实致使结论站不住脚。公文写作中常见的此类错误可能并不那么明显，但足以暴露出写作者在这方面的缺陷。

【例】1996年《刑事诉讼法》第47条：证人证言必须在法庭上经过公诉人、被害人和被告人、辩护人双方讯问、质证，听取各方证人的证言并且经过查实以后，才能作为定案的根据。

此处有一个现在看来比较初级的表述逻辑错误："证言必须在法庭上"质证，这没有问题，但的确不能保障每个案件的证人证言都能够"听取各方证人的证言"才能"查实"。不仅如此，证人证言的认定怎么能基于"听取各方证人的证言"呢？这本身就是逻辑学上的大忌：循环论证。

第十九节　避免自相矛盾

自相矛盾是最典型的逻辑不统一，自己都不能自圆其说的，不免自相矛盾。

【例】2000年《立法法》第53条第2款：法律部分条文被修改或者废止的，必须公布新的法律文本。

此处的"法律部分条文被修改或者废止"，确实容易引起歧义。"法律条文"被"废止"的意思，已经包括在"法律条文被修改"之中了。法律文本的整体废弃称为废止，不再有"新的法律文本"；部分内容的调整称为修订、修正。如此看来，无论如何想"隐"，原条文都不太好说得通。最终还是分开来说：法律被修改的，应当公布新的法律文本。法律被废止的，除由其他法律规定废止该法律的以外，由国家主席签署主席令予以公布。（2015年《立法法》第59条第2、3款）

第二十节　避免自找麻烦

自找麻烦，就是作茧自缚，没有人有意为之，但总有人在不知不觉中误入歧途。

【例】2005年《公司法》第7条第2款：公司营业执照应当载明公司的名称、住所、注册资本、实收资本……

在2013年修法时删去了"实收资本"后，公司营业执照避免了理论上的随时因"实收资本"的变化而需不断更换的麻烦。事实上，这种麻烦在现实中并不存在——没有哪个地方的工商部门会及时依法跟进“实收资本”的动态变化，原有规定从而根本没人落实。改变这种尴尬的唯一办法，只能是修法。

第二十一节　避免“和”的误用

或许是受“和”文化理念、一元化思想浸淫太深的缘故，中国人乃至中国的立法，对于“和”的运用都有些泛滥，对于带有选择性的“或者”的使用不足，立法中许多误用的“和”，都是因为没有恰当地理解“或者”的本义。

“和”表示“兼有”，但也不能绝对化。

【例】2005年《公司法》第77条第1款第2项：发起人认购和募集的股本达到法定资本最低限额。

2013年改为：有符合公司章程规定的全体发起人认购的股本总额或者募集的实收股本总额。去除这一修改涉及的制度调整因素，单纯从逻辑结构分析，可以将“认购和募集的股本”改为“认购或者募集的股本”，这是对“和”与“或”逻辑关系的矫正。结合法理，该条的制度含义是，只要“有符合公司章程规定的全体发起人”筹集的“股本总额”就行，而无论是“认购的”“募集的”还是“认购的”加“募集的”。原规定要求必须既要有“认购的”又要有“募集的”，没必要。

【例】2004年《公司法》第16条第2款：通过职工代表大会和其他形式，实行民主管理。

这明显是个病句：“和”就是“同时”“一并”，实际上要求“通过”所有“形式”“实行民主管理”，不限于“通过职工代表大会”或者“其他形式”，这在逻辑上、现实中都不现实。而制度设计的本意是，只要通过“职工代表大会”等实行某种“形式”的民主管理就行。穷尽“民主管理”的所有形式，即使法律这样要求，现实中也不可能实现。故2005年不得不妥协了，方法也十分简单：将“和”改为“或者”。

【例】2004年《公司法》第184条第1款：公司合并可以采取吸收合并和新设合并两种形式。

从公司合并实务的角度看，要么“吸收合并”、要么“新设合并”，正如该法该条第2款所言："一个公司吸收其他公司为吸收合并，被吸收的公司解散。二个以上公司合并设立一个新的公司为新设合并，合并各方解散。"前者由于没有"新设"公司，故称"吸收"；后者由于"新设"了公司，虽然实质上可能确实有"吸收"，但从形式上、表面上看不出来，故称"新设"。也就是说，对于公司合并，"吸收""新设"只能采其一，故"与逻辑"关系在现实中不可行；用"和"字来连接"吸收合并""新设合并"，在逻辑上就是错误的，故2005年《公司法》改为"或者"。

第二十二节　避免分类重叠

在分类上确保逻辑严密，就必须避免交叉重叠的逻辑错误。

【例】2001年《商标法》第11条第1款第3项：缺乏显著特征的。

2013年《商标法》明确地纠正了这个非常明显的逻辑错误、文字错误。因为该款列举的都是"不得作为商标注册"的"标志"，其中第1项排除了"仅有本商品的通用名称、图形、型号的"标志，第2项排除了"仅直接表示商品的质量、主要原料、功能、用途、重量、数量及其他特点的"标志。即使不懂《商标法》，甚至不怎么懂法的人，只要懂点中文就能看出来，这里的"仅"就是"意犹未尽"，即第3项（兜底条款）概括出来的"缺乏显著特征"。既然第1项、第2项都是"缺乏显著特征"，第3项再这么写，就犯了逻辑重叠的错误。

第二十三节　防范"抬杠风险"

衡量文字表述逻辑严密程度的一个反向指标，是会不会有人提出善意的建议或者恶意"抬杠"。"抬杠"是民间对逻辑辩论的俗称，是老百姓揭穿表述不周延的文字的自发活动。这一点，立法之类的严肃文字作品尤其要提防，因为有许多最终是要拿到法庭上板着脸念的：起草时稍有不慎，执法、司法现场就有被人"挑刺"的风险。

【例】2004年《公司法》第179条第2款：法定公积金转为资本时，所留存的该项公积金不得少于注册资本的百分之二十五。

此处的“注册资本”具体指什么？如果公司经营得不错，一再“增加公司资本”，则其“注册资本”就会一再变化。显然，按常规和常识理解，此处的“注册资本”不应当是“转增前公司”的“注册资本”，但是不是也可以理解为公司最初成立时的“注册资本”？似乎也不能说不行。须知在两种不同的理解下，对法律规定的25%的限额的影响是非常大的。如果公司初创时注册资本是100万元，历经多年发展，不断增资后注册资本达到100亿元，以不同理解的“注册资本”标定25%的限额，相差可达1万倍，那么法律限定25%还有什么意义？

有人也许会说，这不是钻法律的空子吗？是啊，如果法律是万众必须遵循的规范，它就必须是尽可能“无缝”的，是尽可能没有“法律漏洞”或者“法律空子”可钻的。这样的严要求，不能算“抬杠”。

最终，立法者采纳了高标准，2005年在“注册资本”前增加了“转增前公司”的限定。

第二十五章　避免歧义的技巧

歧义是导致表述不准确的原因之一，究其根源，与写作者与读者之间的沟通障碍或者说误会，即双方的双向信息传递误差有很大的关系：写作者自以为写明白了，但读者看不明白；写作者越想说明白，读者看起来却越糊涂。

对此本书第五章也有涉及，可参阅。

第一节　指代不明

要避免因简陋而生歧义，就要做到能简尽简，但绝不因文害义；有可能产生歧义的不简，特别是要慎用某些指代意思不明或易生歧义的指代词（不限于代词）。

【例】2000年《立法法》第10条第2、3款：被授权机关应当严格按照授权目的和范围行使该项权力。被授权机关不得将该项权力转授给其他机关。

上述两款中，都有“该项”。2015年修正时，“该项”均被改为“被授予的”，反映出明确指代的针对性的重要性和新趋势。“授权决定”的内容不限于“授权目的和范围”，这属于“以偏概全”，但比较隐蔽，不太容易被发现，人们很容易落入其窠臼。

第二节　相互修饰

因汉字排列的原因，致使邻近的字词组合产生额外的语意，谓之相互修饰。

【例】汉语构词是一个几乎与汉字书写的历史等长的代际传承过程。

此处的“汉字书写的历史”可以有两重意思：一是用汉字写成的历史；二是书写汉字的历史。这种现象，是由汉语表达本身的固有特点决定的：汉字总是依其排列顺序表达相应的语意。汉字的排列顺序不可避免地影响表意的最终结果，于是出现了类似化学上的同分异构体（分子式相同，但组成分子的原子的空间排列结构不同，从而形成具有不同特性的物质，石墨与金刚石就是最典型的）的效果。

为了避免这种因素影响表意，最简单的办法，就是调整字词的排序，以消除潜在的导致歧义的隐患。上述例句中的相应内容可以调整为：书写汉字的历史。

【例】从成本的效率角度分析……

此处出现了比较明显的名词相互修饰的情形。汉语的单字可以独立使用的强大功能赋予了汉字相互修饰的可能，使用时如不重视甚至忽视这个问题，就有可能因字词之间的相互修饰，而使句子的整体语意表达出现问题。

【例】据中国海关总署发布的数据显示，俄罗斯石油进口总量为715万吨，同比增长了7.6%。

如果只看这句话，读者一定很纳闷：怎么中国海关会统计俄罗斯的石油进口量？仔细一读才发现，中国海关是在统计中国进口的俄罗斯石油。但是这层意思，从上述例句中确实不太容易一眼看出来。

这个例子是相互修饰的例子中比较有代表性的一个。"俄罗斯石油进口总量"不是指"俄罗斯进口的石油的总量"，而是指"中国进口的俄罗斯的石油的总量"。这虽然有点绕，但确实只有这样才能把原委说明白。那怎么表述可以避免相互修饰引发的歧义呢？改为"进口的俄罗斯石油"，可解决这个问题。

【例】她1991年在中国的争议性行为就不计后果，如今的冒险更变本加厉。

对"争议性行为"至少可以有两种理解，这就是歧义。对此，本书的建议是，但凡出现"性行为"之类的"敏感组合"，最好反复推敲一下其用词环境，以避免歧义的发生。

第三节 词义干涉

汉语用词非常注重相互之间的位置关系，不相干的词放在一起，往往使人不知所云。具有一定关联性的词放在一起，有时也会因其错误关联引起误解。

此处的“词义干涉”是指连用的字词之间，因为语意重叠、交叉而形成的词语本义的相互影响和干扰。由于汉字字义的广泛性，字词连用难免产生彼此语意上的关联，这本身正是汉语构词的基本原理，是汉字正向的相互提携的表现。但本节强调的语义干涉，主要是指不利于语意表达的负面的影响。

【例】某人被吓惊呆了。

这句话的意思还是清楚的，就是某人被惊吓到了，但在用词时却将“被吓”与“惊呆”用在了一起，似乎是想表达某人受到严重的惊吓以致惊呆了的意思。

出现这种情状的原因大致有二：一是想用一个简单的句式一并表达原因与其相应的结果。但此类情形还真不用想这么多：“惊呆了”本身就有因受惊吓而“呆”的意思。二是对“吓”与“惊呆”的同义性认识不够深刻。

当然，还有一种最为常见的可能，就是本来是想用“吓呆”或者“惊呆”中的1个，却打上去2个，又没有删干净重叠的那个。这反过来说明，词义重叠造成的重复用词，确实是文字校对时应当注意的一个问题。

【例】我国农村基础设施和公共服务体系还不健全，部分领域还存在一些突出短板和薄弱环节。

从物理模型的角度看，在木桶模型中，比较长而突出的，应当是木桶的长板；短板是因为比长板短才得名的，因此，用“突出”形容短板，有些不搭。

之所以会如此，是因为写作者本来是想用“突出”来修饰“薄弱环节”的。

第四节　模棱两可

模棱两可，就是表意不清、表白不明：对方理解不了，说了也是白说。

【例】这个人一看就很面善。

按照《现代汉语词典》的解释，“面善”有“面容和蔼”和“面熟”两层意思。那就上述例句而言，究竟是指这个人面露慈善，还是指其很脸熟呢？从这句话本身看，两个意思都说得通。从表意的角度判断，这就是一大失败：表意模糊。

有些冠冕堂皇的概念，其含义也可能相当模糊，如“国家规定”。

【例】2001年《商标法》第6条：国家规定必须使用注册商标的商品，必须申请商标注册。

2013年修法将“国家规定”改为“法律、行政法规规定”，显然是立法的一大进步，同时，此处修订也诠释了“国家规定”，只能是“法律、行政法规规定”，部门规章无权代表国家“规定”权利义务性的规范。

第五节　歧义性表述

歧义性表述就是表述性歧义，其表现形式多种多样，有的是写作者所想与其字面表达的意思之间产生歧义，可称误解性歧义；更主要的是对表述的字面意思可以有多种理解，让人莫衷一是。这种情形出现在法律规范中，就会令人无所适从甚至动辄得咎了。

【例】经最高人民法院批准，高级人民法院可以根据审判工作的实际情况，确定若干人民法院跨行政区域管辖行政案件。

这句话的歧义在于：最高院批准的究竟是什么？是高院根据审判工作的实际情况确定的若干法院跨行政区域管辖行政案件，还是高院可以确定法院跨行政区域管辖行政案件？前者批复的是具体的几个法院，这些法院是由高院确定的；后者则只是授权高院可以确定“跨行政区域管辖行政案件”的法院，并不需要高院上报具体的“若干法院”，最高院也不需要随时、逐一批复各高院不断报来的请示。

【例】2009年《兵役法》第55条：现役军人牺牲、病故，……其家属……不能维持生活的，再由国家定期发给抚恤金。

对“国家定期发给抚恤金”应怎么理解？是每隔多少天或者在每月、每年的固定日期“发给抚恤金”吗？

法律的权威在于实施。既然立法明确了“定期”，对有些人、在有些情况下就有可能成为问题。如某军属每月25日左右会领到一笔数额可观的“抚恤金”，但某月这笔“抚恤金”迟至28日还没有发放；当日该军属死亡。该军属的亲属讨要这笔本应“定期”发放的“抚恤金”，怎么办？

2011年《兵役法》第59条将“定期发给抚恤金”调整为“发给定期抚恤金”，基本解决了“定期”发放抚恤金涉及的学理难题。相比较而言，“发给定期抚恤金”比较容易操作：每月发就是定期，提前滞后几天都不必再较真了。

第六节　误导性表述

歧义性表述只会引起一些理解中的疑难，误导性表述则可能导致倾向性错误。

【例】2000年《人民币管理条例》第13条：未经中国人民银行批准，任何单位和个人不得研制、仿制、引进、销售、购买和使用印制人民币所特有的防伪材料、防伪技术、防伪工艺和专用设备。

据此，是不是只要经批准，“任何单位和个人”都可以“研制、仿制、引进、销售、购买和使用印制人民币所特有的防伪材料、防伪技术、防伪工艺和专用设备”？问题是，这些“单位和个人”钻研这个干什么？但既然这样规定了，那也不能不让人家申请吧，虽然一般人都明白，根本就不会批的，那为什么还这样写呢？

于是，2014年7月29日《国务院关于修改部分行政法规的决定》（国务院令第653号）将上述内容中的“未经中国人民银行批准”修改为“除中国人民银行指定的印制人民币的企业外”。从内容上看，二者在实质上是一样的。但如此一来，申请“中国人民银行批准”的“单位和个人”肯定就大大减少了。更重要的是，新规定划定了一个基本的界限：这种事就不是普通老百姓该操心的。

第七节　赘语性表述

这类多余的话之所以表意不明，与意思表达的严谨度有关。但其结果也不限于产生歧义，还有可能节外生枝甚至颠覆立法目的：没有它都明白，有了它反而糊涂了，甚至被它“带到沟里”了。

【例】2004年《公司法》第178条：股份有限公司依照本法规定，以超过股票票面金额的发行价格发行股份所得的溢价款……应当列为公司资本公积金。

值得讨论的是其中的“依照本法规定”具体所指的第131条第1款：股票发行价格可以按票面金额，也可以超过票面金额，但不得低于票面金额。这一规定属于一个赋权条款，允许股票发行价格超过票面金额，而不是强制性的。因此，上述例句特别强调“依照本法规定”，没有意义；但是，如果确实写明“依照本法规定”，又不免“发人深省”，只是不知会想到什么地方去。2005年修订《公司法》时，就把这个无用的“赘语”给删除了（第168条）。

【例】2004年《公司法》第184条第1款：公司合并可以采取吸收合并和新设合并两种形式。

此处的“两种形式”在逻辑上、字面上都不能说错，但没有必要。而且此处的“和”，也是一个硬伤。2005年《公司法》修订时一并改为“公司合并可以采取吸收合并或者新设合并”（第173条第1款）。

【例】2001年《规章制定程序条例》第11条第1款：规章制定工作计划，报本部门、本级人民政府批准后执行。

“规章制定工作计划”是用来指导、谋划、安排立法工作的，经“批准后”肯定是要“执行”的，是否有必要强调“执行”呢？2017年将“执行”修改为“向社会公布”。显然，这是一个新的、更需要明确的内容，但同时也回避并解答了上述问题。

第八节　不当限定

不当限定不仅是个搭配问题，也是一个表意问题：如果有失妥当的限定词扭曲了字面的含义，则其存在本身就是问题了。

【例】2013年《民办教育促进法》第64条：社会组织和个人擅自举办民办学校的，由县级以上人民政府的有关行政部门采取责令限期改正……

2016年修正时，在进一步明确“有关行政部门”的同时，在“县级以上人民政府”前增加了“所在地”的限定词，有没有必要？按照地域管辖的一般原则，所有“县级以上人民政府”中，哪个的所在地不包括该“县”？

进而言之，按法理及常识，行政机关查处违法行为，遵循属地原则，故所有与上述类似的情形，都应当加上“所在地”，除非需要进一步明确属地管辖。但查询我国当代立法可以发现，明确限定“所在地”的并不多。如2017年《中小企业促进法》第17条第3款规定，地区性中小银行应当积极为其所在地的小型微型企业提供金融服务。该法应当是比较熟悉“所在地”的意义和用法的，但该法在提及“县级以上人民政府”的“监督检查、处分”等职责时，都没有加“所在地”的限定。

【例】1994年《预算法》第32条：各级政府预算应当设置预备费，用于自然灾害救灾开支及其他难以预见的特殊开支。

由于历史的局限性，上述规定仅考虑了“自然灾害救灾开支”。当然，按照预算法定原则，依照该规定，在其修订之前，除了“自然灾害救灾开支”以外，其他情况下就只能以“其他难以预见的特殊开支”的名目，使用预备费了，显得过于笼统。2014年该处修订时，一方面在“自然灾害”外增加了“等突发事件处理增加的支出”，从而使预备费的使用名目更加明确、具体；另一方面也删除了“及其他难以预见的特殊开支”中的“特殊”：既然是“其他难以预见”的开支，就已经属于“不同寻常”的情形了，再去确定其是否“特殊”已没有必要，实际操作时也难免叠床架屋。

由此确定的原则是，语言表达最重要的要求就是“词达意会”。这甚至不是使用修饰性用语要注意繁简得当的问题，意思表述清楚是最低标准也是最高要求。除此之外，没有必要增加任何不必要的修饰、限定词。

第九节　画蛇添足

本书多处提及画蛇添足，但不容否认，画蛇添足也是引发歧义的原因之一。

【例】10月2日，某某官宣落马，这几天更多内幕，被知情者披露出来。

此处的“，被知情者”没有必要：其本意只是想强调信息是知情者透露的；但是反过来看，知情者不透露，信息从何而来？

【例】从他爷爷开始，其家族的基因就显出明显的不好。

此处“明显的不好”中的“的”，用法似乎没有问题，但读来特别别扭，究其原因，是“显出明显”中的两个显字离得太近。这在汉语写作中就成为一个善意的提示：此处有语意重复之嫌。由此展现出我们汉语的一大优势：每个汉字都有其独立的意思和功能，故可以发出诸如此类的语病预警。

第二十六章　勿生枝节的技巧

节外生枝属于比较低端的重复：不光没必要，还产生了更不良的后果。正所谓一字一是非，一字亦是非。

写作的底线，就是把事说清。为此，平铺直叙就可以完成任务。但这一粗浅的道理，并不总能在实践中得到落实。把话说明白、把事写清楚，这些看似简单的要求，到了表述关系复杂时，根本就顾不上了。许多人由于思路不清、谋划不周，致使其文字表述盘根错节、关系混乱，直至语无伦次。解决这一问题的简单方法，就是以下要讨论的厘清表述思路、避免节外生枝的一些方法。

第一节　叙事线别太长

叙事线太长，通俗地说，就是扯得太远：先说水、后说山，说完了大塔说旗杆，但其最后想说的，无非是从前有个山，山里有个庙……

【例】2009年《民法通则》第66条第1款：没有代理权、超越代理权或者代理权终止后的行为。

其中的“行为”的范围可以非常广阔，甚至根本与代理无关，尽管其下文明确“只有经过被代理人的追认，被代理人才承担民事责任”，但在没有代理权的情况下，所有不加限制的行为都找被代理人追认，显然不太合理。《民法典》第171条将这些行为纳入实施代理行为中，从而大大压缩、限定了其范围。这是文字表述的常识：不要另生枝节以致无法收场。具体到此处的语境，既然是讲代理权追认的，就要针对、围绕代理行为，不宜不加限制地用行为叙事。

第二节　只用一个体系

在一个描述体系之外另生出一个新的说法，属于比较典型的节外生枝。

【例】第一批全国法治建设示范地区和项目评出后，没有及时将先进地区的做法经验向全国推广。

此处的“示范地区”与“先进地区”是什么关系？从上下文看，“先进地区”就是“示范地区”，但引入新的评价指标就让人糊涂了。同时，“示范地区和项目”中的“项目”显然是指“示范项目”，多加个“示范”，更保险一些。

【例】2009年《民法通则》第21条第1款：代管有争议的，没有以上规定的人或者以上规定的人无能力代管的，由人民法院指定的人代管。

《民法典》第42条第2款将“无能力代管”修改为“无代管能力”。显然，脱离开特定的语境，二者都没有搭配错误，但二者确有不同。“无代管能力”是就事论事，强调代管能力的有无；“无能力代管”则相对比较宽泛，更偏重对“能力”的衡量，至于是不是可以、愿意将这种能力用于“代管”，就不好说了。

《民法典》的态度非常明确：尽可能表述准确，不另生枝节。该条规范的核心就是“代管”，因此涉及的就是“代管能力”。至于代管人有没有其他能力，不是该条要讨论的。这样看来，“无代管能力”显然更贴切一些。

【例】2009年《民法通则》第65条第2款：书面委托代理的授权委托书应当载明代理人的姓名或者名称、代理事项、权限和期间，并由委托人签名或盖章。

《民法典》第165条将“委托人”改为“被代理人”。从实质上看，“委托人”就是“被代理人”；但从立法技术的角度分析，此处的修改确立了两个规范：一是尽可能避免出现三个概念。本条中，因为调整范围是委托代理，自然要有代理人与被代理人，如果再出现委托人，势必还要出现被委托人，从而出现虽然不太复杂，但完全没有必要的三个概念甚至四个概念。二是尽可能在一个概念系统中部署术语、概念。原条文中代理人对委托人的表述，确实代理人比被代理人少一个字，却在一个法条中同时运行了委托与代理两个概念系统，没有必要。

第三节　明确调整对象

对公文写作尤其是立法而言，明确调整对象就是明确写作方向和目标。

对象上的模糊必然导致方向上的猜疑，表现在文字上则是迂回、不直接，很容易节外生枝。

【例】2009年《民法通则》第104条：婚姻、家庭、老人、母亲和儿童受法律保护。残疾人的合法权益受法律保护。

上述表述违反了一个基本语法规则：分类表述、切忌混搭，否则就会因逻辑错乱（即混为一谈）而让人无所适从。因为该条的规定涉及3种情形："婚姻、家庭"属于社会关系；"老人、母亲和儿童"属于特定人群；"残疾人的合法权益"属于特定人群的法益。这三者间看似存在一定的联系，却很难将其共同的需要保护的具体内容归类。沿着这个逻辑疑点还可以继续追问下去：在"婚姻、家庭"中法律要保护什么？"老人、母亲和儿童"受法律保护是什么意思？是在法律上拥有优于他人的特权吗？保护"残疾人的合法权益"，与之相对的其他人的合法权益怎么办？

以上诸多疑问说明，原规定存在重大的调整对象错位：特殊人群的保护根本就不是民法当然的调整范围，而是行政法需要关注的领域。《民法典》第128条"法律对未成年人、老年人、残疾人、妇女、消费者等的民事权利保护有特别规定的，依照其规定"，确立了超越民法本身的国家法治层面的全新制度架构。

《民法典》第112条规定："自然人因婚姻家庭关系等产生的人身权利受法律保护。"也就是说，在民法领域，只保护自然人因婚姻家庭关系等产生的人身权利，而不是婚姻家庭，更不是特定的自然人。

可见，形式逻辑可以提示、暴露实体问题，给实体问题的解决提供思路和方法。

【例】1998年《收养法》第4条第1款第2项：查找不到生父母的弃婴和儿童。

本条规范的关键点是未成年人，在该款"下列不满十四周岁的未成年人"的前提下，又节外生枝地增加了"弃婴和儿童"两个概念。"弃婴和儿童"也是未成年人，没有任何理由去替换或者干扰未成年人这个统一的上位概念。

有人也许会说，该款第1项中的"孤儿"、第3项中的"子女"不也都是"未成年人"吗？《民法典》第1093条不也原样照收而没有调整吗？确实，在该款已经明确将“未成年人”作为收养对象的前提下，其内各项都应当且必须是“未成年人”。这揭示了一种更妥善的修改方案：“下列未成年人，可以被收养：（一）丧失父母的；（二）查找不到生父母的；（三）生父母有特殊困难无力抚养的。”

【例】2017年《民法总则》第71条：法人的清算程序和清算组职权，依照有关法律的规定；没有规定的，参照适用公司法的有关规定。

《民法典》第71条将其改为：法人的清算程序和清算组职权，依照有关法律的规定；没有规定的，参照适用公司法律的有关规定。

将“适用公司法”改为“适用公司法律”，一字之别，体现了立法的严谨态度，也说明在这个问题上马虎不得：“公司法律”是有关公司的法律，立法的表述让这一点“不证自明”。当然，严格从中文构词法上分析，公司法可以指代《公司法》，但“公司法律”是否能指代有关公司的法律？

第四节 理顺因果关系

因果关系是最基本的逻辑关系，但中文中很少使用“因为”这样明确的指示词，故不太容易引起人们对因果关系的重视，相应地也掩盖了一些问题。

【例】1999年《合同法》第215条：租赁期限六个月以上的，应当采用书面形式。当事人未采用书面形式的，视为不定期租赁。

此处存在的逻辑关系错位在于：“当事人未采用书面形式”与“视为不定期租赁”之间没有直接的因果关系。只有未确定租赁期限的，才有“视为”的问题。

《民法典》第707条“当事人未采用书面形式，无法确定租赁期限的，视为不定期租赁”增加的“无法确定租赁期限”，一举解决了原条文存在的因果逻辑连接问题。“当事人未采用书面形式”但能够确定租赁期限的，当然不在话下；但采用书面形式仍无法确定租赁期限的，仍视为不定期租赁。是否“不定期租赁”的关键在于能否确定租赁期限，是否采用书面形式只涉及证明的便捷性。

第五节　避免主体错乱

在所有的关系错乱中，最主要的就是主体关系的错乱。

语言文字的根本，是表达人与人之间的关系，这个关系如果乱了，就是大乱。

【例】2007年《物权法》第217条：应当向出质人承担赔偿责任。

《民法典》第434条改为"应当承担赔偿责任"。显然，"承担赔偿责任"包括但不限于"向出质人"承担赔偿责任。本条强调的重点应当是"承担赔偿责任"，而不是向谁、如何、何时，加上"向出质人"，是不是还要加如何、何时？只加了部分，却没有加全，不如不加，避免以偏概全。

第六节　避免逻辑错乱

这是一种比较隐蔽的关系错乱，需要基于相关专业知识的精细化解读，而这也确实使其逃过了许多普通读者的监督：他们只是路过的"吃瓜群众"，对相关内容本来就不太懂，更看不出其中更深层次的逻辑关系错乱。

【例】氮肥尿素的价格上涨了150%，液氮的价格上涨了90%。

从内容上看，这似乎是在讨论非常严肃的经济学问题，因为提到了"价格""上涨"等概念。但"液氮"与"氮肥尿素"是什么关系？"氮肥尿素的价格上涨"与"液氮的价格上涨"有什么正相关关系？否则，提它们都"上涨"是什么意思？

由此可见，这句话所缺的不仅是经济学知识，还有更为基本的常识。从常识上判断，"尿素"是一种含氮的化肥，这或许是"尿素"与"液氮"的最主要的共同点。"尿素"据说是人类已知的含氮量最高的廉价含氮化合物，其主要成分确实是氮，故称氮肥。既然如此，从形式逻辑的角度着眼，二者不可并列：尿素确实是氮肥，但有必要用"氮肥"修饰"尿素"吗？

液氮虽然接近纯氮，但生产氮肥极少直接使用液氮："尿素"通常不是用"液氮"制备的，而是利用空气中的氮气、通过直接合成氨来制取的。同时，生产"液氮"也不需要氮肥。既然如此，"液氮"价格的涨跌，就不会与“氮肥”或者“尿素”的价格变化正相关，即“氮肥尿素的价格上涨”与“液氮的价格”应当没有什么逻辑上的因果关系，即使有表面上的一致性，也可能纯属巧合，如通货膨胀。

第七节　避免动词错乱

动词错乱，就是动词所表达的动作意思的错乱，但其成因往往不在动词本身。

【例】这也意味着国内重型燃气轮机将正式摆脱对国外的垄断。

此处令人费解之处在于，究竟是谁垄断谁？本来，“国外的垄断”与“正式摆脱”这种垄断的意思都是清楚的；但多了个“对”，意思就反了。

【例】自此以后，某某便完全消失在公众的视线之中。

“消失在公众的视线之中”，这是消失还是进入视野？

第八节　避免修饰错乱

修饰关系的错乱多由形容词引发，如过度修饰，但也不尽然。

【例】稳妥起见，正规写作时，还是用辞典上主要推荐的字词。

此处的“主要推荐”是什么意思？是还有次要推荐吗？辞典中的内容显然不会如此复杂，甚至不会用推荐之类可能会引发“歧视”的词（有推荐的，就有落选的），而只会用“另见”“同”之类的模糊用语，根本谈不上“主要”。

其实，只要思路清晰、表述到位，读者自会分出主次，而不看有没有“主要”之类节外生枝的词。

【例】2014年《兽药管理条例》第12条第2款：兽药生产许可证……有效期届满，需要继续生产兽药的，应当在许可证有效期届满前6个月到原发证机关申请换发兽药生产许可证。

此处的“原发证机关”，就是前面提到的“许可证”的发证机关，加不加“原”都不会引起歧义。但在现实中就不一样了：如果生产企业在许可证有效期内变更经营场所，其所在地的行政许可实施机关并不是“原发证机关”怎么办？真要突破《行政许可法》规定的属地管辖原则，回“原籍”办理吗？

故2016年《国务院关于修改部分行政法规的决定》(国务院令第666号)，专门将该条例中的5处“原发证机关”修改为“发证机关”。

第五编

公文写作中常识的特殊意义

写作的本质，是建立在常识基础上的推陈出新。仅写常识性的东西，难免让人觉得老生常谈，但脱离了常识一味地“创新”，又难免让人想起初生之犊。只有将二者结合起来，才能鉴往知来、融汇古今，留当世之作，成一家之言。

本编从把控时间、精准定位、活用数据、符合事理、避免失语、拿捏分寸等几个方面，探讨了公文写作中涉及的部分常识问题。如此分类的写法，难免挂一漏万；但现实考虑其实只能如此。这需要读者的理解和体会：从这些提到的内容推而广之，形成读者自己对常识问题的关注重点和知识体系，这才是本编有关内容的着眼点所在，也是读者从中可以得到的启发或者指引所系。

第二十七章　把控时间的技巧

时间的重要性不言而喻，相应地，时间表述的出错率也是触目惊心。

时间，作为写作的要素之一，其作用绝不亚于篇章结构、选材立意、语言修饰……把控表达的技巧尤其重要。

第一节　树牢时间观念

在日常生活中，时间观念就是对于时间及相关概念的感觉和认知水平。但在法律意义上，事可就大了：一个人的时间观念，是其能否成为民事行为主体（作为民事主体没有问题），甚至是否具有完全民事行为能力的重要考量因素。

【例】2001年《婚姻法》第47条第1款：离婚时，一方隐藏、转移、变卖、毁损夫妻共同财产……

此处的“离婚时”有表意不准确的问题。一般理解，“离婚时”应当指办理离婚手续的过程中，但如果不是在这个过程中，而是在双方还没有提出离婚时，一方隐藏、转移、变卖、毁损的财产就不能追诉了吗？这样一比较，确实可以感受到《民法典》第1092条将其修改为“在离婚分割夫妻共同财产时”的准确性：“离婚时”不是精准的时点，“分割财产时”才是关键时刻。

【例】1999年《合同法》第157条：买受人收到标的物时应当在约定的检验期间内检验……

“检验期间”一般指检验的过程，是一个实际已经开始，并正在进行的过程，因此是不便约定的。法律对此自有更精细的表达。

《民法典》第620条将“检验期间”改为“检验期限”。“检验期间”通常是指一个时间段；“检验期限”可以是一个时间段，也可以是一个截止的时间点。在约定的“检验期限”内检验通常是指从收到标的物开始计算至某一个截止时间点的期限。日常写作中，人们不太会经常遇到如此精密的语境，但一旦遇到，相信本书的读者能够旗帜鲜明地用到立法中已经成熟的做法：单边时限用“期限”，而不是两头封死的“期间”。

第二节　确保概念准确

准确计时都有一个基本的前提：所指的时点必须有共同认可的基础，如统一的概念。如果相关的时间概念都搞错了，很难说各方认定的是同一个时间。

【例】今年的8月15日是末伏的第一天，真正的三伏天终于到来了。

此处涉及对“三伏天”的概念界定和理解。通常，“三伏天”是指夏季“数伏”的那最热的30天（有时会是40天，如2022年有双中伏）；但也可以把三伏中的“初伏、中伏、末伏”中的“末伏”理解为“真正的三伏天”。

上述例句似乎是在玩文字游戏，但不能排除写作者被文字玩了的可能。

涉及时间的表述不限于直接、具体的时间表达，也包括与时间相关的一切。

【例】某杂志自2000年创刊以来，收获一代代读者的认可和嘉奖。

如果是一本百年期刊，上述表述显然没有问题；但对于一本2000年创刊的杂志，其第一代读者虽然可能已经有了第二代，但该第二代即使抓紧也就刚刚产子，第三代离识字尚早。上述“一代代读者”的计“代”方法，有点着急了。

越是在这种交叉的领域、环节、场合，越能考验写作者的文字水平。

当然，或有人会说，这就是一种比较文艺的说法，机械地理解一点雅量也没有。但是对正规写作而言，上述表述的歧义必须引起重视。

第三节　提高计时精度

此处的提高计时精度显然不是个计时仪器分辨率的技术性问题，而是在现有的、常规的计时器具足以满足的精度范围内，实现公文对时间精确性的要求。

【例】1999年《合同法》第146条：自违反约定之日起。

此处的“之日”，《民法典》第608条改为“时”，充分体现了时间观念上的实事求是、与时俱进。在人人都掌握数个计时工具，通信、交通都已经按分甚至秒计的当代社会，再用“之日”作为划分风险的时间节点，确实有些“粗放”了。

【例】1999年《合同法》第16条第2款：数据电文进入收件人的任何系统的首次时间，视为到达时间。

《民法典》第137条改为“知道或者应当知道该数据电文进入其系统……”，这种表述的效果好很多。原条文中的“任何”，确实太宽泛了。

【例】2009年《侵权责任法》第25条：损害发生后，当事人可以协商赔偿费用的支付方式。

作为该法“责任构成和责任方式”章的最后一条，以“损害发生后”为计时前提确实有些问题。既然该章都是讨论损害赔偿的费用等问题的，当事人协商支付方式时，其前提更应当是赔偿费用确定后，而不是发生时间更为久远的“损害发生后”。旧法存在的问题，显然不是其规定“支付方式”不对，而是对当事人可以协商赔偿费用的支付方式的时间切入点的把握有问题。

【例】2009年《民法通则》第154条第4款：期间的最后一天的截止时间为二十四点。有业务时间的，到停止业务活动的时间截止。

《民法典》第203条第2款改为：“期间的最后一日的截止时间为二十四时；有业务时间的，停止业务活动的时间为截止时间。”体现了忠于法律概念的另外一种形式：在明确法律概念的具体内涵时始终从其界定着眼并入手。

原表述用两句话来明确期间的“截止时间”，这本身就有些问题：同一紧密相连的内容却表述在两句话中。其结果是“有业务时间的”，有些不知所云，因为其缺少了最主要的前提“期间的最后一天”，感觉完全是在说另外一件事。

更重要的是，原条文第二句话最终落脚于“到停止业务活动的时间截止”。这在口语中当然没有问题，“截止时间”就是“时间截止”，但法律上，汉字的不同排列顺序表达的意思差异巨大，故立法语言强调表述形式应尽可能统一、齐整；就同一内容的规范表述而言，如果没有确凿的理由，一般不改变核心概念的表述。

第四节　把控关键时点

时间把控所涉及的内容，除常规的计时、限时、时间表达外，还有很重要的一块，就是与时间有关的特定人类活动及其表达，如出生、死亡、怀孕等。

由于这些内容的表达与时态的关系更为密切，本书统一将其调整到时态部分集中讨论，如死亡与过去时态、重现与未来时态等。

【例】2001年《婚姻法》第42条：离婚时，如一方生活困难……

这里有一个比较明显的法理逻辑问题："离婚时"怎么理解？是诉讼的过程中，还是离婚前或者离婚后的一小段时间内？如果是离婚前，就不存在"一方生活困难"，因为双方还是夫妻，如果困难，应该双方都生活困难。如果是离婚后，也不可能再让另一方给予适当帮助，因为离婚前应当已就住房等主要财产进行了合理分割。

第五节　明确时间起点

万事开头难，此处的开头，其实也就是万事开始的时间起点。

在类似情形下，立法中的精准表述，正是日常写作的圭臬。

立法对时间起点的指认往往是法律制度的核心内容，反映了立法的态度，如出生、死亡、继承开始、合同成立等的时点，都是相应制度中最核心的内容。

继承开始时间的确立是《继承法》最根本的制度之一。《民法典》第230条规定：因继承取得物权的，自继承开始时发生效力。据此，被继承遗产从继承开始时，即被继承人死亡时发生所有权转移，这个时点与继承人实际取得遗产或者能够行使被继承物权的时间可能相距很久。

【例】2009年《民法通则》第58条第2款：无效的民事行为，从行为开始起就没有法律约束力。第59条第2款：被撤销的民事行为从行为开始起无效。1999年《合同法》第56条：无效的合同或者被撤销的合同自始没有法律约束力。

上述规定都涉及对时间起点的表述，其中“从行为开始起”的表述，早在1986年《民法通则》初颁时就有。只是在大家普遍接受“自始”这一更为简明扼要的表述后，“从行为开始起”就确实显得有些冗长了。值得思考的是，虽然“自始”的用法至迟在1999年《合同法》中就已经出现。但10年后《民法通则》修订时却没有吸收这一成果，直到20多年后《民法典》编纂时，才将其纳入新时代立法。

将“从行为开始起”简化为“自始”，也是删繁就简、简化表述的经典。

值得注意的是，许多关键时刻的起点，往往同时是某一时间的终点，如成年。

【例】1998年《收养法》第11条：收养年满十周岁以上未成年人的，应当征得被收养人的同意。

《民法典》第1104条将“征得被收养人的同意”的年限从10周岁降至8周岁，这属于实体法实质性调整的范畴，是由政策因素主导的，不属于语法的范畴。但将“年满10周岁”改为“8周岁”，却是语法可以辅助的领域。“周岁”自带“年满”之意，在静态表述年龄时，有“周岁”就不必使用“年满”。

但在动态表述年龄时，有时仍需要“年满”与“周岁”并存。如《民法典》第191条规定：未成年人遭受性侵害的损害赔偿请求权的诉讼时效期间，自受害人年满18周岁之日起计算。该条的“年满”是个关键的时间指示动词，而本条的关键点，不是18周岁而是年满18周岁那一天的零点。在此时点之后，未成年人成年，其在未成年时遭受性侵害的损害赔偿请求权的诉讼时效开始计算。当然，在诉讼时效期间开始计算之前，受害人也有权请求遭受性侵害的损害赔偿：行使赔偿请求权的时间起点，与该权利的请求时效起点，在法律上是两回事；二者的共同点在于，这两个不同的时间起点，共同指向丧失权利的时间终点。

【例】1993年《商标法》第21条：在收到通知十五天内……

这显然是关于期限的较为陈旧的表述，后改为“自收到通知之日起15日内”。从当代法律语言的语感或者表述习惯上看，后者显然更通顺一些。

因此，如此修改不仅是个标准化的问题，也是一个促使表述逻辑更清晰的方向。但是，在立法中，时限起点的表述是否统一用“自”引领还不好说，因为此处的修改毕竟只是孤证，但检索现行立法的结果看，凡出现“日内”表述的，前面几乎都用“自”引领。

第六节　明确时间终点

日常写作中非常重要的一点是，必须有始有终，切忌虎头蛇尾。

这一点体现在法律上也许更加鲜明：如果说起点是法律的“开门”时间，则作为“关门”时间的终点，也同样是法律中必须认真对待，有时甚至更需要较真的所在。

【例】2009年《民法通则》第154条第3款：期间的最后一天是星期日或者其他法定休假日的，以休假日的次日为期间的最后一天。

《民法典》第203条改为：期间的最后一日是法定休假日的，以法定休假日结束的次日为期间的最后一日。这样表述与原条文有什么区别？如此修改的道理何在？

“期间的最后一天是星期日或者其他法定休假日的”这个表述，确实犯了逻辑学上反复强调的“白马与马并列”的错误。星期日肯定是法定休假日，但很多读者可能不解的是，当初为什么只提星期日，不提星期六呢？这一表述更早的渊源是1986年《民法通则》，当时确实只有星期日休息，星期六是要上班的。“休假日”既包含了休息日，又包含了节假日，因此肯定比“节假日”好。周末是休息日，但不是节假日；只有法定并且依法由法定机关明确的休息日，才是法定“假日”，其中包含了调休的因素。

为确定“期间的最后一日”，“法定休假日结束的次日”与“休假日的次日”有什么区别？为什么要强调“结束”？这集中体现了精确表达的核心要旨。

“法定休假日”往往是连续的多日（中国目前确实还有只有一日的法定休假日，通常是为了凑成长假，而在节前、节后的周末只休一日），故在多数情况下会有“法定休假日”从哪天开始到哪天结束的问题。

在“期间的最后一日是法定休假日的，以法定休假日结束的次日为期间的最后一日”中，先后出现的两个“法定休假日”的意思是不同的：前一个指某一天，即“期间的最后一日”所指向的那一天；后一个则是指一个休假期中的每一个休假日，特别是“期间的最后一日”指向的那一天之后的那几个休假日。

理解了上述内容，就会发现原条文的最大问题：只强调了“休假日的次日”，而没有考虑到这个“休假日的次日”还有可能是休假日，且有可能是连续好几日。

当然，也可以善意地理解原条文的规定，即如果“期间的最后一日”是“法定休假日”，则其次日为“期间的最后一日”；如果该日仍是“法定休假日”，那就满足了前面的条件，从而开始一个新的循环，直到“期间的最后一日”不是到“法定休假日”为止，届时，该日就是真正的“期间的最后一日”。

比较而言，《民法典》的规定效果较好。当然，还有更好的改法：“期间的最后一日是法定休假日的，以其后第一个工作日为期间的最后一日。”

因为“法定休假日结束的次日”仍可以被理解为“期间的最后一日”指向的那一日“结束的次日”，与“休假日的次日”还是一个意思。

上述论辩过程无论听起来、看起来，都有些绕。但这正是严密的语义逻辑、法理逻辑交织所构成的严谨写作规则的要求。需要认真地揣摩、体会、领悟，并举一反三地将其用于指导日常写作，切不可大而化之。

第七节　准确指定时段

“时段”是日常用语，反映到法律中，就是“期间”。

明确限定一个确定的时段，无论对日常写作还是立法，都是基本需求和重要内容。其基本表述模式有三：“起点+时长”“终点+时长”“起点+终点”。比较常见的一种表述失误，就是只有时长而没有起止时点，从而无法指明时段。

【例】1999年《合同法》第47条第2款：相对人可以催告法定代理人在一个月内予以追认。

此处犯了没有明确时间起点的毛病，故其规定的“一个月内”，就像人类历史长河中的一段悬浮时空，根本无法落实。或有人认为，此处“相对人可以催告”的表述暗含了起始时点，即催告之时。《民法典》第145条第2款以“相对人可以催告法定代理人自收到通知之日起三十日内予以追认”替换了上述内容，时间表达的严谨程度明显提高。

【例】1999年《合同法》第290条：承运人应当在约定期间或者合理期间内将旅客、货物安全运输到约定地点。

此处的“期间”，是个时间段的概念，本身就有“内”的意思，一般不用“期间内”的表述。而且，如果要求承运人应当在“约定期间或者合理期间”完成到约定地点的运输任务，承运人通常会确定一个较长的期间，只要在此期间内运到都不算违约。其结果是，对于飞机、高铁等快速交通方式，其快捷性失去法律保障。《民法典》第811条遂将“期间”改为“期限”，实际操作时合同当事人就要明确或者基本明确准确的到达时间，被恶意误解的弹性空间就会大大缩小。

第八节　时间的绝对定位

由于不可逆转的单向流动性，时间只有相对定位，没有绝对定位：所有的时间点，都是相对于某一指定的或者公认的时间“原点”而言的，如公元元年。

此处强调的绝对定位，是指时间的定位方法，即以绝对的时间点确定时间，而不是相对于某一邻近的时点。

第九节　开放时间的留白

开放的时间，总是指向不确定的未来，因为过去的时间都已经为历史框定。

特别需要提醒的是，法律总是指向未来的：法律不但调整既存利益，也调整期待利益，最重要的是，法律在原则上不溯及既往。

【例】2007年《物权法》第223条第6项：应收账款。

“应收账款”涉及的回款不能限定为既往“应收”，也要面向未来。

《民法典》第440条第6项改为“现有的以及将有的应收账款”，新增加的限定较之原条文中孤零零的“应收账款”似乎并无多大必要。但是，如果对此不加以强调，从字面上理解“应收账款”，就只能是现有的，即既有的；对于必然将会发生的“应收账款”，还是明确一下为好。

第十节　计时单位的选择

以“日”计时还是以“（小）时”计日？这涉及计时单位的选择问题。

【例】2009年《民法通则》第154条第2款：规定按照日、月、年计算期间的，开始的当天不算入，从下一天开始计算。

上述条文在规定以日、月、年计算期间的开始时间时，却出现了“当天”“下一天”，《民法典》第201条分别改为“当日”“下一日”。

在现实生活中，“天”更常用，但在立法中，许多与时间相关的概念，如日期、期日等，用的都是“日”。改“天”换“日”，从实体法角度看意义不大，但在立法技术上却有意义：要落实尽可能避免使用不同词语表达同一概念的基本规则。

读者或许不信：《民法典》中竟然没有一个与“日”同义的“天”，“天”只在“天然”中出现过2次，但与日期、时间无关。相对而言，2009年《民法通则》就远没有这么讲究：其指示时间时，既用“天”又用“日”，第154条第3款甚至出现了“以休假日的次日为期间的最后一天”的表述。

【例】某司法解释：申请人是行政机关、法人或者其他组织的，申请执行的期限为180日。

将心比心，计算180日的申请期限真不太容易。这个问题已经由新司法解释解决了，统一规定“申请执行的期限为二年”。该部新司法解释中，以“日”计时的最长期限已降到“90日”，但还大量存在“三个月”。“60日”都转成两个月了，为什么“90日”还要一日一日地算？而且“90日”与“三个月”还并存于同一法律文件中。从人性化、便民化的角度出发，“90日”完全可以统一为“三个月”。

从我国现行立法的总体情况看，小于一个月的期限，如3日、5日、7日、15日，大量存在，也没有别的改法。有必要统一明确：凡是28日及以下的期限，都用“日”计，最长就是一个月；凡是超过28日的，就用“月”计，最多不超过12个月；再长的就用“年”了，但也不必用“半年”之类的表述，确实需要时可以用“年、月”结合的方式。

【例】1996年《刑事诉讼法》第196条：第二审人民法院受理上诉、抗诉案件，应当在一个月以内审结，至迟不得超过一个半月。

从法理角度分析，这种表述的不够严肃之处在于，“至迟”怎么可以突破“应当”划定的界限？但这个问题，比起“半月”来，就真不算事儿。

按照现行公历，一个“月”的天数有28、29、30、31共4种可能。相应的“半月”就有14天、14天半、15天、15天半。一天有24个小时，故半天就是12个小时。之所以要纠缠到如此具体的细节，是因为既然明确规定要“在一个月以内审结”，那就必须考虑这一个半月的起点是哪一天的几点，以确定那个半月在几时结束。这对于立法者而言，只是个笔误，但对于个案的当事人，包括相关的执法、司法人员，就可能会有实实在在的麻烦：再严格执法，也不应该差那12个小时。

上述例句中的问题，终于在2012年得到克服：总体时间延长至2个月，比“至迟”还“迟”，“至迟”想解决的问题就此不复存在，也不必纠结“应当”与否了。

第十一节　计时单位的排序

通用的计时单位都有嵌套和包容关系，如一年有12个月、365天（平年），因此在计时单位并列时，排序就很有讲究了，对这一点，越是正式的公文越是在乎。

【例】2009年《民法通则》第154条第2款：规定按照日、月、年计算期间的，开始的当天不算入，从下一天开始计算。

上述条文，按由小到大的顺序，规定了日、月、年的计时起始时间。但汉语的表述习惯与此相反，总是选重要的、大的先说，然后再依序分述。

《民法典》第201条的规定调整了上述顺序，不仅有内容上的，还有形式上的：先将原条文后面一句表述的内容，即有关日、月、年的规定调整到第1款，顺序也相应作了趋于一致的调整，变成了年、月、日。

《民法典》第201条第2款有关以“小时”计时的期间的开始时间点是“法律规定或者当事人约定”，即在没有法律明确规定或者即使有法律明确规定的情况下，当事人仍可以自行约定。在这个不超过1小时的小问题上赋予民事主体决定权，足以彰显《民法典》在拓展民事主体意思自治领域方面的实质性努力。

正由于《民法典》的这一新调整，有关“小时”的规定只能放在年、月、日之后。于是，有关小时的规定，顺理成章地移至上述条文第2款；相应地，有关日、月、年的规定中的顺序也要相应调整为年、月、日，从而实现用语的逻辑语序、法理语序及条文中排列语序的完美统一。仅从这一点，就可以清晰地看出《民法典》在立法技术上对细节的关注，反映了很好的文字表达习惯。

第十二节　时间的制度价值

时间并不完全是生命体流逝的岁月，在社会领域，特别是国家治理方面，时间因其特殊的客观性而存在独特的制度规制价值。

【例】1999年《合同法》第99条第1款：当事人互负到期债务，该债务的标的物种类、品质相同的，任何一方可以将自己的债务与对方的债务抵销……

此处涉及民事主体互负债务的抵销问题，但其中的“到期”引出不少麻烦。

显然，“当事人互负债务”是比“当事人互负到期债务”更为普遍、更具有现实可能性的情形，这一点，从《合同法》第100条的前提“当事人互负债务”中也可以得到验证；即使从文字齐整这个最基本的立法技术要求出发，也应当将“到期”删除。而“债务抵销”也应当是“将一方的债务与对方的到期债务抵销”，如果没有一个债务是到期的，抵销的现实性和可操作性也必将大打折扣。

《民法典》第568条比较好地处理了这一问题，体现了从大处着眼、小处入手的精准调控手段：当事人互负债务，该债务的标的物种类、品质相同的，任何一方可以将自己的债务与对方的到期债务抵销……

第十三节　时间与伦理正义

时间是宇宙间最客观的量度。在人世间，时间有时与伦理密切相关，如遗腹子的受孕时间。这类问题也出现在法律中。

【例】1985年《继承法》第28条：遗产分割时，应当保留胎儿的继承份额。胎儿出生时是死体的，保留的份额按照法定继承办理。

其中“胎儿出生时是死体的”的表述，明显不符合常理和逻辑，也不符合对“出生”的法律界定：在此种情况下，应当认定胎儿根本就没有“生”过。《民法典》第1155条将其修改为“胎儿娩出时是死体”，就避开了“死胎出生”的逻辑圈套。

尽管对“胎死腹中”有不同的理解和表述，但新旧法对保留给胎儿的继承份额按照法定继承办理的表述是一致的：认可存活过的胎儿的生命价值。此时，时间点的选择就很关键：“遗产分割时”的时点有些错位。因为“遗产分割时”与“继承开始时”通常不会在同一个时点上。这一点，可以从《民法典》第1152条第1款“继承开始后，继承人于遗产分割前死亡”的表述中得到印证。

因《民法典》第1121条第1款规定：继承从被继承人死亡时开始。故真正应当或者真正可能保留胎儿的继承份额的时点，不是“遗产分割时”而是“继承开始时”。即仅当出生后具有继承权的胎儿在继承开始时已经成为胎儿时，才会有保留其继承份额的伦理必要性和现实可能性。因为有时很难保证“遗产分割时”，“胎儿”还是被继承人的。

【例】2001年《婚姻法》第35条：离婚后，男女双方自愿恢复夫妻关系的，必须到婚姻登记机关进行复婚登记。

《民法典》第1083条将“进行复婚登记”改为“重新进行结婚登记”。改用“重新”旨在强调两点：一是必须重新进行结婚登记，男女双方两相情愿并不能自行恢复婚姻关系。二是“重新”是针对二人离婚前的那次结婚登记。

该条文不仅适用于原存在婚姻关系的一对男女在离婚后均未再婚又复婚的情形。现实生活中，“重新”登记的很可能已经不是原先的那次“结婚登记”后的第二次了，在此期间，离婚的一方甚至双方都可能再次与他人结婚一次甚至多次。可见，严格从字面上分析，“复婚”确实有多种形态。但无论哪种情形，法律都必须能够有所回应，此时更显示出避开“复婚登记”的正确了。

第十四节　限时的必要性

为某人某事限定时间，这是日常生活中的常态，但也不能无节制地泛化。

日常生活中对特定时间节点的限定，在制度领域衍生出了日落时间的概念。

【例】2001年《职业病防治法》第54条第2款：用人单位发生分立、合并、解散、破产等情形的，应当……

2011年修改为“用人单位在发生……等情形时……”这是将通用化的“的”字结构，调整为“在……时”的表述的例子。其用意是在特定“时”点前进行相应工作；而“的”字结构往往是指满足特定的条件，即其所描述的情形出现：对于已经“解散、破产的”用人单位，上述规定就无法落实了。

【例】1996年《刑事诉讼法》第96条：犯罪嫌疑人在被侦查机关第一次讯问后或者采取强制措施之日起，可以聘请律师……

该条2012年被删除。因为这是一条职权性条款：将犯罪嫌疑人可以聘请律师为其提供法律咨询、代理申诉、控告的权利，限制在“在被侦查机关第一次讯问后或者采取强制措施之日起”。那么，这一条删除后，犯罪嫌疑人可以聘请律师为其提供法律咨询等的期限从何时开始计算呢？根本就没有限制了：犯罪嫌疑人乃至任何人、在任何时间，都“可以聘请律师为其提供法律咨询、代理申诉、控告”。

第十五节　“中断”与“中止”

“中断”与“中止”，是法学领域、特别是诉讼法领域最重要的术语。

《民法典》第195条中真正具有技术含量的内容，是从概念的本底对该条的“中断”与上一条的“中止”进行的区分：“中断”是指诉讼时效从中断、有关程序终结时起重新计算。即无论此前诉讼时效已经消耗了多少、还剩余多少，都重新计算。而依据上一条，诉讼时效期间的最后6个月内中止的，自中止时效的原因消除之日起满6个月，诉讼时效期间届满。即此种“中止”情形仅出现在诉讼时效的最后6个月，并在“中止”后最多再算6个月。

第十六节　顺应时序逻辑

时间不可抗拒的单向性，使时间成了最公正的逻辑官。时序的逻辑，成为宇宙间最牢不可破的顶级规则，违背时序逻辑的时空倒错，是写作中应当时刻注意避免的。这一点体现在文字表达上则是，在涉及时间的规范体系中必须遵循严格的、不容抗拒的时间逻辑，以免有失周延。

【例】2001年《商标法》第56条第1款：侵犯商标专用权的赔偿数额，为侵权人在侵权期间因侵权所获得的利益，或者被侵权人在被侵权期间因被侵权所受到的损失。

这一规定存在两个方面的用语不当，一是不该限定的限定了。即其中的两处“在侵权期间”，意思仿佛是说，只有在侵权期间因侵权获得的利益或者被侵权人遭受的损失，才是计算侵权损害赔偿的依据。但在实际操作时，能说获益或者致害仅发生在侵权期间吗？既然需要确定的是“侵权损害赔偿”，那就直接算总账，完全没有必要节外生枝，先确定一个侵权期间，再计算在此期间的损益。

二是该限定的没有限定。即没有对被侵权人因被侵权所受到的“损失”作必要的限定，如“实际损失”。从我国法律的一般赔偿原则上看，赔偿的基础是“实际损失”，而不是所有损失。这是一个基本原则，或者说计算赔偿损失的起点、原点。在“实际损失”之上，或者以“实际损失”为基础，处以惩罚性的赔偿，则是赔偿政策问题，而不是赔偿起算标准问题。正是在这一点上，2013年《商标法》既明确“赔偿数额”要“按照权利人因被侵权所受到的实际损失确定”，同时又允许“对恶意侵犯商标专用权，情节严重的，可以在按照上述方法确定数额的一倍以上三倍以下确定赔偿数额”，既体现了科学严谨的法治态度，又展现了宽严相济的法律责任确立原则，与笼统地将“损失”混为一谈，多也行、少也可的随意性立法及不可避免的选择性执法相比，水平和境界有着显著的区别。

【例】1993年《公司法》第91条：股份有限公司“发行股份的股款缴足后”，“发起人应当在三十日内主持召开公司创立大会”，“创立大会由认股人组成”。

该规定自1993年起、历经1999年及2004年的修正，一直都在。显然，这是将“发起人”视为当然的“认股人”了。但外人读到此条难免不明就里：“创立大会”为什么“由认股人组成”，却没有“发起人”？既然“发起人应当主持召开公司创立大会”，还用再写其为“创立大会组成”人员吗？确实，这样的问题实在太简单、太直白了。但要是转换为问题，不也一样简单、直白吗？

这一点，从其下文的规定中也能看出：2004年《公司法》第92条第1款规定，“创立大会应有代表股份总数二分之一以上的认股人出席，方可举行”，还是没有提“发起人”的事，但同条第2款列明的“创立大会行使下列职权”中，第1项就是“审议发起人关于公司筹办情况的报告”。如果要善意理解这一规定，只能是“书面”审议。显然实际上不可能这样操作。

尽管有可能存在多种多样、各方面的理由和顾虑，立法者还是决定：于2005年该法修订时明确规定“创立大会由发起人、认股人组成”，而且这一内容不但一直保留（2018年《公司法》第90条第1款），还进一步明确“创立大会应有代表股份总数过半数的发起人、认股人出席，方可举行”（第91条第1款），说明发起人组织并参加“创立大会”不仅是当然的，也是应当在立法中明确写明的。

【例】2007年《政府信息公开条例》第31条：各级行政机关应当在每年3月31日前公布本行政机关的政府信息公开工作年度报告。

这一要求对于各级政府部门而言似乎太宽松了：上一年度的工作报告要到下一年过了近四分之一时才公布。但对于上级政府而言，因要汇总本级政府各部门以及下级政府的情况，时间就显得有点儿局促，而且越是层级高的行政机关越感觉时间紧迫。最尴尬的是，由于期限是对“各级行政机关”提出的，如果下级在截止日期报上来，上级机关就根本没时间汇总；如果要求下级机关提前上报，又不免面临“条例可没这样规定”的反驳。

2019年《政府信息公开条例》第49条充分考虑到了这个实际操作时才会发现的问题，明确区分“县级以上人民政府部门”（1月31日前）与“县级以上地方人民政府”（3月31日前）两个层次、两个类别，分别规定了不同的报送及公开年度报告的期限。从表面上看，上述规定只涉及截止时点，但实际上明确了期限：隐而不必挑明的时间起点，当然是1月1日。

第十七节　避免时序悖谬

遵循时序逻辑的要求尽管广为人知，但落实到具体文字上仍不免因违反时序逻辑而导致的时间错乱，这在立法上都难以避免，提醒写作者须慎之又慎。

【例】2004年《公司法》第191条：公司依照前条第（一）项、第（二）项规定解散的，应当在十五日内成立清算组。

从字面上理解，公司都解散了，再“成立清算组”还有意义吗？这一错误自1993年该法颁布时就存在，至2004年也没有修正。但发现这一问题并不需要太多公司法的知识，更需要的可能是一点根据常识、不唯书只唯实的挑战权威的胆识。

这个问题，在2005年该法大修时解决了：增加的内容正是“解散事由出现之日起十五日内成立清算组”，从而把清算组的成立移到了“解散”之前。

【例】现行刑事诉讼法是改革开放以来、我国厉行法治进程中最早制定的几部法律之一。

《刑事诉讼法》确实是我国厉行法治进程中最早制定的几部法律之一，但该法制定后即不断修改完善，目前“现行”的，显然已不是其最初的版本，即如今现行的《刑事诉讼法》并不是改革开放之初最早的那个版本。

其实，任何一部法律，如果不强调其已经废止，都是“现行”的，故不必特别强调这一点。上述例句只要删除“现行”，就没有时间错乱的问题了。

【例】从此以后，也有很多事情在这里开始发生了改变。

此处与其说是时间关系错乱，不如说是用词混乱："从此以后"即"开始"。

第十八节　多重时限的冲突

时点的准确限定固然重要，但重复界定适得其反。

【例】各位领导和同事：明日训练馆维修，本周六（8月27日）暂时闭馆，周一正常开放。2022年8月26日。

根据上述通知，"周一"是哪一天？是本周一还是下周一？

该通知发布于2022年8月26日，"本周六"暨"明日"，是8月27日，故该通知是"本周五"暨闭馆前一天发的。那"周一"应当不会是"本"周一，因为这一天已经过去了。那就应当是"下周一正常开放"，这还用说吗？该通知中说得明明白白："明日训练馆维修，本周六（8月27日）暂时闭馆"。

由此可见，该通知已经将所有该传达的信息都传达了；"周一正常开放"完全是画蛇添足，非但不会增进读者对该通知的理解，反而让人疑窦丛生。

第二十八章　精准定位的技巧

文字表达中的定位不限于客观物质世界的空间定位，用得更多的是抽象的或者上下文之间的条文、语句、字词定位。如“前者”与“后者”，既是个指代问题，又是个定位问题。写作不免要用到指向，如指向章节、指向条文。法律中的指向是最严格、精准的，可以成为日常写作中指向的标杆和借鉴。

第一节　控制引据精度

写作，不免要引经据典。在这方面做得最过分的，是法学研究：无一处无出处。

但是通常，引述法律的某条、某款、某项、某目，都可以借助条文的序号，甚至某节、某章、某编、某法，也不在话下。需要注意的是，我国立法已经进入高度活跃期，修法无时不在，故引注的法律、行政法规通常要标注修改年份；用于正式法律文书的还必须是当前最新版。

本书引用的法律、行政法规通常不是最新版，而恰恰是修改过的旧稿，但这与本书旨在发现并研究立法中已经确证的失误直接相关。

【例】1998年《收养法》第23条第1款：自收养关系成立之日起，养父母与养子女间的权利义务关系，适用法律关于父母子女关系的规定；养子女与养父母的近亲属间的权利义务关系，适用法律关于子女与父母的近亲属关系的规定。

此处出现了两个“法律”，即便在现行有效的法律远不如现在这么多的1998年，要想知道这些“法律”都规定了哪些“关于父母子女关系、子女与父母的近亲属关系”的内容，也是相当不容易的。

当然，这里面还有一个原因，就是当时没有《民法典》，立法时确实不好进一步限定“法律”的范围，同时也为了在即将到来的立法高潮中给后续制定的“法律”以规范的自由，避免《收养法》经常要根据这些新制定的“法律”进行修订，只能笼统地用“法律”大致指代。

但《民法典》编纂后就完全不同了，此前的有关内容都被纳入《民法典》，未被纳入的，也要受《民法典》第153条第2款确立的“违背公序良俗的民事法律行为无效”原则的约束。《民法典》第1111条遂将“法律”改为“本法”，实现了法律内容指引的进一步精准化。

第二节　指向特定位置

“指向”不同于“指代”。“指代”，是指用一个词代替被指代的对象，如用代词代替名词，用名词代替某类事物；“指向”，即定位，是引导读者去找本处不想讨论、罗列或者介绍的内容，如引注、引文等。

定位要解决的基本问题是位置的确定性，避免时空飘浮。

【例】2009年《兵役法》第21条第2款：退出现役的士兵，由部队确定服预备役的，在回到本人居住地以后的三十天内……办理预备役登记。

这里的期日（即时间节点），选择了“回到本人居住地”时，这是一个十分不确定的时间，如果其未“回到”怎么办？如何确定其“居住地”也是个问题：“居住地”究竟是其原户口所在地、安置地，还是其目前“住”的地方？将一项严肃的法定义务的起始点定在如此不好确定的一个时点上，显然不利于该义务的依法履行。

2011年修法时将相应内容调整为“自退出现役之日起四十日内，到安置地的县、自治县、市、市辖区的兵役机关办理预备役登记”。如此规定，就把时间、地点、人员三个方面都限定住了，大大降低了因随意“理解”条文而逃避履行法定义务的可能性。

第三节　尽量绝对定位

要避免定位迷失的风险，就必须采取稳妥的定位手段。越是重要的文稿，越要慎用可能引起不确定性的“前述、上述、前条”等表述。为了简化表达，这类简称有时确实是必要的，但运用此类省略语定位时，务必防范相应的风险。

【例】2007年《政府信息公开条例》第24条第3款：行政机关征求第三方意见所需时间不计算在本条第二款规定的期限内。

2019年《政府信息公开条例》将“本条第二款”改为“前款”，这一立法实例至少表明，在我国立法中，“前”只指“前一”，而不是此前的所有各款。

【例】2004年《公司法》第191条中提到该条的“前条”。

2005年修法时，与上述条文对应的第184条将其修改为“本法第一百八十一条”。因为修订后中间增加了2条，紧随新法第181条之后的第182条没有再用“前条”，而采取了“本法第一百八十一条”的表述，尽管这个第181条真的就是第182条的“前条”。

显然，“前条”比“本法第一百八十一条”要简省得多。但“前条”是相对定位，“本法第一百八十一条”是绝对定位。从意思表示的准确性上考虑，“前条”确实有一点点不明确的地方，就是没有明确“前”几条，也就是说，“前条”可以理解为“前一条”也可以理解为本条之前所有各条。当然，这显然有“抬杠”之嫌。此外，从立法稳定性的角度考虑，如果立法修订时“前条”与本条之间增加了条文，“前条”就必须相应修改。当然，这种可能性极小。

此外，“前条”本身难得一用，其他隔着一条以上的相互引用条文的情况，都是“直呼其名”，不用“前条”也多不了几个字。

综上，弃用“前条”有说得过去的道理。但从此后的立法例中看，“前条”的表述还有法律在用，如2019年《证券法》第64条。最重要的是，《民法典》有8条9处（第511条、第520条等）使用了“前条”，说明其仍具有普遍的生命力。

第四节　限定定位范围

任何位置的锁定，都是一个渐进的过程。限定范围的实质是初步定位，可以大大提高在此基础上进一步定位的精度和准确性。

【例】2001年《职业病防治法》第14条第1款：在卫生行政部门中建立职业病危害项目的申报制度。

显然，这是要在某一行政管理领域建立某种制度，但立法当初直接将其理解或者表述为“自家”制度了。2011年修法时将“在卫生行政部门中”改为“国家”建立制度，大家就都明白了。

【例】某司法解释：行政机关或者行政行为确定的权利人申请人民法院强制执行前，有充分理由认为被执行人可能逃避执行的，可以申请人民法院采取财产保全措施。后者申请强制执行的，应当提供相应的财产担保。

此处的“后者”，真不知其具体所指。因为“后者”二字之前是个句号，而前一句中一共出现了“四者”：行政机关、行政行为确定的权利人、法院、被执行人。当然了，许多人会说，这还不明白，“后者”显然是“行政机关或者行政行为确定的权利人”二者中的“后者”。确实，起草者中有相当多的人是这样考虑的，否则也不会如此轻易地用“后者”这样的指引方式。但如此理解的“后者”，仅仅是这句话中提到的“前者”或者“前二者”中的后者，为什么不可以理解为“后二者”或者后面提到的二者中的“后者”？甚至还可以问，为什么不是指前者“行政机关”后的所有“三者”，即“后三者”呢？这三者，不都是“前者”的“后者”吗？这看似绕口令式的诘问，实质上指向一个立法的基本原则：指代的唯一性原则。如果做不到这一点，就不要随便指代。

“善意”地理解，此处的“后者”当指“行政机关或者行政行为确定的权利人”中的后者，即“行政行为确定的权利人”；从法理逻辑上推断，也只有对该“后者”才有必要要求其“提供相应的财产担保”。但立法显然不能建立在要求执法者、司法者、守法者据法理理解或者“猜”的基础上。

第五节　设置上下边界

准确定位不限于限定某一个固定点的定位，大多数情况下反而是要确定一个有上下边界的具体范围，这也算是定位。上下边界游移不定，定位往往也准确不了。

【例】从3万米以上的高空到5米左右的超低空，都在覆盖范围之内。

所谓范围，应当是一个数值区间，如5米<覆盖范围<3万米。

此句本想描述一下“覆盖范围”的大致界限，但显然没有完成这一最初级的使命。“5米左右的超低空”是上述范围的下界；但“3万米以上”却不是该范围的上限，因为“以上”界定的，恰恰是个底部、最小值。

第六节　慎用不定指向

在现实生活中，许多词的内涵是不确定的，如果误以为其词义明确，离用错就不远了。例如“以上”，许多人不认为它是个不确定概念，但它应该从哪开始算起呢？

【例】2009年《民法通则》第134条第2款：以上承担民事责任的方式，可以单独适用，也可以合并适用。

由于上述内容是该条第2款，故“以上”，显然应当理解为前款，即第1款。当然，理解为自此以上的所有内容，也并不违反逻辑。法律应不应该允许这种“逻辑”推断呢？从字面上解释法律的角度看，不能禁止。立法技术所要做的，就是要尽可能堵住类似“口子”，不给这种想象以空间。为此，《民法典》第179条第3款将“以上”改为“本条规定的”。这充分说明，至少在《民法典》的体系中，“以上”可能会引起不必要的误解，前述逻辑推断并非无稽之谈。

【例】2009年《民法通则》第21条第1款：失踪人的财产由他的配偶、父母、成年子女或者关系密切的其他亲属、朋友代管。代管有争议的，没有以上规定的人或者以上规定的人无能力代管的，由人民法院指定的人代管。

“以上”指在此之上。就一部法而言，显然就是指自该法第1条以来。或有人认为，对法律的理解不应当如此教条、僵化。对此，以前很难反驳。如今终于有了《民法典》第42条第2款的规定：“代管有争议，没有前款规定的人，或者前款规定的人无代管能力的，由人民法院指定的人代管。”

第七节　避免矛盾指向

指向矛盾还不是指向错误。指向错误，就是指错了方向；指向矛盾是两个以上同时存在的指向相互矛盾，其中肯定有不对的，故和指错了差不多。

指向矛盾在文字上的表现，是具有方向性的用词，其分别所指的方向相互矛盾。

【例】2019年，A国从B国进口了750亿美元的水果，占到了A国对外进口水果总量的3/4。

A国从B国进口水果，水果的移动方向是从B国到A国；由于水果来自国外，属于对外贸易。这都没有问题。但“A国对外进口”，就把方向整拧了。这就是本书所称的“指向矛盾”。

由于“进口”本身就自带方向感，而且肯定是“从外国进口”，因此根本不需要再强调其是“对外”的，何况此处的“对外”还指错了方向。只需要删除这个没事找事的“对外”，就都消停了。

第八节 避免多重定位

多重定位的实质是重复定位。通常，只要定位是准确的，重复定位并不会导致矛盾定位，只是有些絮叨；但在立法等要求比较高的文稿中，仍然是问题。

【例】2007年《物权法》第222条第2款：最高额质权除适用本节有关规定外，参照本法第十六章第二节最高额抵押权的规定。

此处第二节的节名就是“最高额抵押权”。既然该节都是规定“最高额抵押权”的，还需要强调“第二节最高额抵押权的规定”吗？更重要的是，由于“最高额抵押权的规定”并不是第二节中的某一部分，完整表述“第二节最高额抵押权”并不能提供更多的信息，只能增加不必要的重复。于是，《民法典》第439条第2款删除了确实重复且不必要的“最高额抵押权”，只用“本编第十七章第二节的有关规定”。也就是说，凡立法中提到某法的编章节等，均不用再重述其名称，正如提到某条款时，可不用照搬其全文一样。

第二十九章　用准数据的技巧

写作中活用数据显然是个较高的标准，其基础就是数据准确，以避免引用的数据失据。为此，需要在明确计数标准、统一计算方法、选好数据单位、准确计算结果等方面处处小心。

第一节　选对比较参数

要确保数据的准确，选择适当的比较参数非常重要。

【例】当时的国土面积3300万平方公里，超过亚洲大陆面积的65%。

此处的"超过"表意不明：是比亚洲大陆的总面积的65%还多？还是比亚洲大陆总面积多65%？从网上查到的数据是，亚洲大陆面积为4457.9万平方公里，3300万平方公里占其74%，还是对不上。

【例】最终科研团队在14万多个颗粒中成功分离出一颗方圆约10微米大小的单晶颗粒，也就是普通人头发丝平均直径十分之一不到的大小，成功解译了其晶体结构，确证其是一种新的矿物。

"方圆"是什么意思？从其给出的数据"10微米"看，"方圆"显然不是体积或者面积指标，那就只有直径了？但对于一篇科技文章，其中的数据能靠这样猜吗？由于这一最关键的数据失去意义，整篇文章都失去了阅读和参考价值。

第二节　明确计数标准

计数是计算所必需的数据准备。先有计数，才有数据，然后才轮到计算。

【例】1989年《行政诉讼法》第49条规定，对法院作出的罚款、拘留决定，当事人不服的，"可以申请复议"。

上述规定没有限定复议的次数，更没有明确向哪一级法院复议。司法实践中有些法院就会“贯彻”成原级复议，因不中立而无效果。2014年修法时改为“可以向上一级法院申请复议一次”，树立了精准表达的标杆和典范。

第三节　统一计算方法

选择什么样的计算方法，是比较具体的算术问题，但稍不留意照样会出错。

【例】2004年《公司法》第35条：股东向股东以外的人转让其出资时，必须经全体股东过半数同意。

这一规定在逻辑或者说情理方面存在两个问题。一是股东半数同意是指人数还是表决权重？因为股东的“含金量”是不同的，故《公司法》中有按其实际出资比例或者股权比例计算表决权重的规定。在这种情况下，此处仍规定“股东半数”，显然就是按人头算了。好在该条后续内容规定，“不同意转让的股东应当购买该转让的出资，如果不购买该转让的出资，视为同意转让”，这样一来就把前面的问题掩盖了，但仍然解决不了的问题是，不同意转让的股东应当购买该转让的出资的出价，可能远远低于股东以外的人。当然，如是规定也有另外一种可能，就是小股东人数居优时，可以轻易阻止大股东向股东以外的人转让股份。二是全体股东包括“向股东以外的人转让其出资”的那部分股东，如果这部分人的人数已经超过“全体股东过半数”，则这条规定本身就已经失去意义。正是由于存在如此多的问题，2005年《公司法》将其改为“股东向股东以外的人转让股权，应当经其他股东过半数同意”。这样就将“向股东以外的人转让其出资”的那部分股东排除在表决基数之外了，不打算“向股东以外的人转让其出资”的股东此时才有可能真正决定是否允许某些股东对外转让其出资。

第四节　统一数据格式

数据格式是表达数据的外在形式，科技文献对此非常重视，但其他写作领域也不能完全无视这个基础性的问题。

【例】1993年至2004年《公司法》第92条：创立大会应有代表股份总

数二分之一以上的认股人出席，方可举行（第1款）；创立大会对前款所列事项作出决议，必须经出席会议的认股人所持表决权的半数以上通过（第3款）。

立法中，同一条文的前后两款，分别用“二分之一以上”“半数以上”，这类问题一旦成了正式的文字，再想改或者哪怕是仅仅提出来，都需要莫大的勇气。直到2005年该法大修，才“隐”在字里行间一并修订了。

第五节　斟酌表述用语

数据的表达也是广义的表述的一类，但由于涉及数据的精准性，更要在用词上加倍小心、用心推敲。当然，这里的斟酌，不限于狭义的字词。

【例】开展调研工作的主动性、系统性、针对性需要提升和对下指导、培训需要加强这两个问题至今未得到有效解决。

此处因有多个顿号，分拆来看，都是独立的“问题”，究竟是哪“两个问题”，无论在表述时还是在理解时，还真需要好好梳理一下思路。一个比较简单的解决办法是，在“这两个问题”前加个“，”，其表达的停顿有助于厘清思路。

【例】在该国拒接了泰国大米订单之后，他们和越南一样也出现了后悔，不过再后悔也已经晚了。

其想表达的意思，是这一次“再怎么后悔也已经晚了”，而“再后悔”则指下一次“后悔”。这个错误不是很明显，确实考验了写作者对“再”的理解和应用能力。

【例】2009年《兵役法》第61条第2款有“前款第（二）项”的表述。

关于法律条文中的条款项目中的项的指称，称“前款第（二）项”顺理成章，因为在法律条文中，“项”的序号就是带“（ ）”的。但在汉语中，序数词是由序数标识“第”+“数字”构成的，而带“（ ）”的数字，显然已经不再是数字，而是数字符号的组合，不应当再作为项序了。或者说，在法律规范中，作为项的序号的“（数字）”，等同于“第”+“数字”；但脱离了法律规范的上下文本、用了“第”之后，就得“脱”“（ ）”。

2011年修订《兵役法》时，将上述“前款第（二）项”修改为“前款第二项”。当然，这一修改并不具有普遍性，许多法律中的类似内容并没有统一修改。但从长远看，这应是大势所趋。

第六节 养成验算习惯

【例】VT-4A型主战坦克之前，巴基斯坦陆军第二代及以上的主战坦克，包括300余台85II-AP型，600余台MBT-2000“哈立德I”，300多台从乌克兰进口的T-80UD型。其中综合性能最好的是T-80UD型，总装备数量1200余台。

上述例句的错误比较简单，但是成因较为复杂，涉及数据汇总、标点符号的使用、语句排序等多个方面，属于由综合原因导致的系统性错误。

此句末尾的“1200余台”，是指其前面的“T-80UD型”，还是指“巴基斯坦陆军第二代及以上的主战坦克”？显然，前文已经提到了“300多台从乌克兰进口的T-80UD型”，故1200台是总数。于是就出现了数据汇总的错误。本来，这类数据汇总是为了补强前文介绍的内容的，但前后矛盾的表述，究竟哪个正确？

至于标点符号的问题，就是“。其中”的那个句号。这个句号截断了前后表述的脉络，使其前后语句的语意截然断开，导致如上的数据表述错误。

只需要将“，总装备数量1200余台”移至“。其中”前，问题就都解决了。

第七节 避免数据失据

据《现代汉语词典》，“失据”，即失掉凭据。其通常的用法是“进退失据”，本书将其用于数据失据，特指日常写作中因对数量关系的把握不当，使行文中提到的数据缺乏存在的基础和必要，对表意完全没有意义的情况。

某位诺贝尔物理学奖获奖者曾说过，一个人对于客观世界物理量的估值，如果不超过一个数量级，就算是懂物理了。一个数量级，就是10倍。对一个自己不了解的领域的某个物理量，如果能估计得八九不离十，绝对是高手；如果差距不超过90%（即一个数量级），也相当不简单了。

第三十章　符合事理的技巧

在中国传统文化中，“讲理”是常用的非法律术语：到官府讲理、让大人评理。讲什么理、评什么理？当然是评法理，但更想表达的是评事理。老百姓的法学功底还没有到讲法理的程度，但立法却不能背离民俗和法律意识的这个基本交汇点：法理寓于事理；违反事理、常识的，通常也违反法理，至少不能写到法律中。

第一节　感知常理

常理就是常识中的道理，更准确地说，就是中国传统文化中始终强调的“道”或者“道理”。对于任何类型的写作，“文以载道”都是基本准则，公文写作尤甚。

【例】2001年《婚姻法》第21条第1款：父母对子女有抚养教育的义务；子女对父母有赡养扶助的义务。

《民法典》第26条改为：父母对未成年子女负有抚养、教育和保护的义务。成年子女对父母负有赡养、扶助和保护的义务。

新法强调父母的义务是“对未成年子女”，而不是如旧法那样笼统地规定“父母对子女”。同样地，子女对父母，也没有如旧法的“子女对父母”，而是强调“成年子女对父母”。这其实都是常识：未成年子女还不能自立，怎么对父母赡养扶助？现实中虽没有发生父母请求未成年子女赡养扶助的真实案件，但也不能因此回避立法上的问题。《民法典》对此的修改，鲜明地反映出立法必须严谨的态度：强调双方的双向“保护”义务，而不仅仅是“抚养、教育”“赡养、扶助”义务，体现了超越基本需求之上的更高层次的代际关系和良好的社会风尚。

【例】2009年《兵役法》第55条：现役军人牺牲、病故……其家属无劳动能力或者无固定收入不能维持生活的，再由国家定期发给抚恤金。

这一规定涉及两个问题，一是“无劳动能力”“无固定收入”“不能维持生活”三者之间是什么关系？二是三者与“国家定期发给抚恤金”之间又是什么关系？现实中，许多有劳动能力的人照样没有固定工作、固定收入，“不能维持生活”。如果“无劳动能力”但有“固定收入”且“能维持生活的”，是否还要再“发给抚恤金”？如退休多年、年老体衰、卧床不起，完全没有劳动能力，但有丰厚的退休金、养老金，完全“能维持生活”呢？

“国家定期发给抚恤金”的最终目的，显然不是使“其家属”恢复劳动能力，而仅仅是使其“能维持生活”。从这个意义上讲，在决定是否“再由国家定期发给抚恤金”这个问题上，有无劳动能力并不应成为决定性因素，甚至有无固定收入也不是必须考虑的，能不能维持生活才是最根本的。

故2011年调整为现役军人“遗属无固定收入，不能维持生活，或者符合国家规定的其他条件的，由国家另行发给定期抚恤金”（第59条）。如此修改，基本解决了上述疑问，但仔细考虑，还不够彻底。由于修改后的内容，采取“，”与“或者”关联使用的句子结构，实际上将“无固定收入”“不能维持生活”“符合国家规定的其他条件的”三者并列起来，只要具备其一，就可以享受“由国家另行发给定期抚恤金”。如此一来，仍不免存在“无固定收入”但因有大笔遗产而“能维持生活”，仍从国家领“抚恤金”的现象。

当然，如果此类“抚恤金”制度的构建初衷，是消除“现役军人”对“牺牲、病故”的后顾之忧，那就应当按照均等原则、仅以“现役军人”“牺牲、病故”为前提，普遍给其遗属发放抚恤金，而无论其遗属在其身后过得好不好；但如果这项制度为了对其遗属的生活状况予以“填平补齐”，就需要考虑其遗属有无“固定收入”、能不能“维持生活”等因素。

第二节　尊重常识

立法技术与制度设计虽有表里之别，但对于由此形成的法律制度，根本无法区分彼此：在制度设计上存在问题的，很多情况下在立法技术上也说不过去。或者反过来说，立法技术水平的不断提高，有助于我们发现制度设计中存在的不可能实现的“象牙条款”。制度设计要符合实际，既要符合逻辑更要符合常理。不符合逻辑的事，既不符合常理、法理，也就无法落实。

立法中强调事理顺畅，就是要先明其理、再疏其义；情理即善意，善意证良法。立法之所以要合乎事理、循乎情理，是因为事理、情理即常理、常识；是因为老百姓守法最根本的原因不是直接看法律文本，而是明白、理解、信服法中的道理、事理。

合乎常理、尊重常识，是立法较高层次的要求。《民法典》包罗万象，涉及十分广泛的社会活动领域，不可避免地要涉及、引入各相关领域的科技知识、社会常识。这是一个法律规范与公知常识相互作用的过程，可以为许多更为专业化地深入某一专业领域的专门立法的起草、审查提供很好的借鉴和参考。

第三节　合乎事理

要真正表述准确就必须合乎逻辑、合乎法理、合乎事理，而做到任何一点都不容易，特别是合乎事理，需要写作者对自然与社会规律的深刻洞察。

【例】组长某某一行分别赴A、B、C、D考区巡查指导考试工作。

此处的“某某一行分别赴”可能存在同一主体“分身乏术”的问题，如果改成“先后赴”，就解决了这个问题。

语言表达得体与否，最根本地取决于写作者“洞明世事”的程度，即其对社会规律的认识是否足够深刻。认识通常是一个不断深化的过程，如在对出生的表述上。

【例】1985年《继承法》第28条中“胎儿出生时是死体”的表述。

《民法典》第16条换了一个说法：“胎儿娩出时为死体”，避免了在“娩出”瞬间的生死争议。

《民法典》第68条强调法人必须在依法完成清算、注销登记后才终止，而不是在具备终止事由后就可以一走了之。这是旧条文（2009年《民法通则》第45~47条）应当考虑但没有考虑到的。

【例】2009年《民法通则》第12条第1款：十周岁以上的未成年人是限制民事行为能力人，可以进行与他的年龄、智力相适应的民事活动……

其中的“民事活动”是个相当宽泛的概念，包括许多日常生活中的“基本操作”，如吃饭、跑步、上学等，这些活动显然不应当受其年龄、智力的限制，或者说对这些活动施加年龄、智力限制既没有必要，也不符合实际，而且也不可能。法律真正需要调整的是具有法律意义的民事法律行为。《民法典》第19条相应调整为“与其年龄、智力相适应的民事法律行为”，即民事法律行为要有年龄、智力限制，民事活动则不需要。《民法典》中多处将旧法中的“民事活动”改为“民事法律行为”，就是因为只有“民事法律行为”具有在法律上讨论的必要。

【例】2009年《民法通则》第13条第1款：不能辨认自己行为的精神病人是无民事行为能力人，由他的法定代理人代理民事活动。

显然，“精神病人”也可以从事大量不需要他人代理的“民事活动”。因此，《民法典》第21条第1款相应修改为：不能辨认自己行为的成年人为无民事行为能力人，由其法定代理人代理实施民事法律行为。也就是说，只有民事行为能力有欠缺的人的民事法律行为，才需要代理；其他民事活动仍可以自行为之。这不仅是个法理逻辑是否顺畅的问题，更是一个情理逻辑是否通透的问题。

更重要的是，法人不同于自然人，法人的所有活动都具有法律意义，不存在自然人非法律性的“自然”活动，这是法人与自然人最本质的区别。

第四节　尊重公序良俗

尊重公序良俗与移风易俗之间存在密切的关联：表面上看是相斥的，但实际上却是相因的。在一个民主法治的国家、社会，不尊重公序良俗，规则的制定本身就是不道德的、非法的，谈何移风易俗。

【例】2009年《兵役法》第37条：……凡十八岁至三十五岁符合服兵役条件的男性公民，除应征服现役的以外，编入民兵组织服预备役……

这一规定，尽管是紧跟在“乡、民族乡、镇和企业事业单位建立民兵组织”之后的，正常情况下应当理解为只有已经“建立民兵组织”的“乡、民族乡、镇和企业事业单位”才受如此约束。但考虑到其列明的例外是“除应征服现役的以外”，那岂不是所有“18岁至35岁符合服兵役条件的男性公民”都要么服现役，要么当民兵。如此一来，民兵是不是太多了？有这个必要吗？实际效果会好吗？

于是，2011年该法修订时，相应内容前增加了一个限制性条件："经所在地人民政府兵役机关确定编入民兵组织的，应当参加民兵组织。"这才让人长出一口气："所在地人民政府兵役机关确定"不但使制度的落实有了责任主体，更重要的是使民兵的管理制度化、规范化了。

第五节　顾及大众见识

顾及大众的见识，就是要尽可能避免事理不通的规范。

【例】1999年《公司法》第131条第2款：以超过票面金额为股票发行价格的，须经国务院证券管理部门批准。

2004年8月28日全国人大常委会决定修改《公司法》，其内容只有一条，就是删去上述规定。原因在于，作为一项由"国务院证券管理部门"实施的行政许可，其管控的内容却极其具体："以超过票面金额为股票发行价格的。"在股票交易高度电子化的当代，绝大多数人没有见过真正的纸质股票，让他们理解"以超过票面金额为股票发行价格"确实有些困难，更不用说理解设定此项行政许可的重大且紧迫的现实意义了。

【例】2011年《渔港水域交通安全管理条例》第10条：在渔港内的航道、港池、锚地和停泊区，禁止从事有碍海上交通安全的捕捞、养殖等生产活动；确需从事捕捞、养殖等生产活动的，必须经渔政渔港监督管理机关批准。

这属于典型的原则与例外相结合的立法表述语言。但其最大问题，是法理上说得过去、情理上说不通：既然"在渔港内"，且"有碍海上交通安全"，那么，有那么迫切的"需要"非要在这种地方"捕捞、养殖"吗？为什么这时候不"一禁了之"？

故2017年修法时，删除了这个规定、堵死了这个不必要的漏洞。

第六节　避免自相矛盾

自相矛盾，就是自我逻辑悖反，表现在逻辑关系的各个方面。立法时充分考虑各种可能不仅是个常识性要求，更主要的是遵循逻辑规则底线的需要。

【例】1999年《合同法》第23条第2款第1项：要约以对话方式作出的，应当即时作出承诺，但当事人另有约定的除外。

这句话看似周延：有但书，两方面都考虑到了；但生活中却缺乏现实意义。因为“当事人另有约定”的，只能“要约以对话方式作出”，但不即时“作出承诺”，这种约定通常择期另议甚至需要改为书面形式，而本项的前提是“以对话方式作出”。既然可以“另有约定”，那么何必急于以对话的方式作出承诺？

第七节　避免违背常理

尊重常识是写作的基本要求，立法更不能外。立法违背常识，就会出乎大多数正常人的意料，令其无所适从，进而导致徒法不足以自行。抽象地说尊重常识、合乎情理，没有人会反对，但具体到立法的细节中，许多规定为什么就无法落实呢？对此的分析及解答，将直接影响当下及今后的立法。

【例】2001年《印刷业管理条例》第43条：印刷业经营者被处以吊销许可证行政处罚的，应当按照国家有关规定到工商行政管理部门办理变更登记或者注销登记；逾期未办理的，由工商行政管理部门吊销营业执照。

据此，只要印刷业经营者的许可证被行政处罚吊销，无论其是否“按照国家有关规定到工商行政管理部门办理变更登记或者注销登记”，工商行政管理部门（现为市场监督管理部门）都会按期“吊销营业执照”。那为什么不在立法中明确要求作出“吊销许可证行政处罚的”行政机关直接通知“工商行政管理部门”立即“吊销营业执照”？

这种情况不是孤例。2011年《音像制品管理条例》第46条、2011年《出版管理条例》第70条的表述几乎与此完全相同，但这些条文如今都“灰飞烟灭”了。

但现实问题是，如果“逾期未办理”但“工商行政管理部门”仍不“吊销营业执照”怎么办？企业“想死”，工商部门不给办，“想死”都没门。这就是现实逻辑：规则如果违背常理，现实中肯定会出现让其现眼的案件。

当然，纠正上述问题也非常简单，2016年2月6日《国务院关于修改部分行政法规的决定》（国务院令第666号）只用了几个字：“删去第四十三条。”

【例】1996年《刑事诉讼法》第164条：判决书应当由合议庭的组成人员和书记员署名，并且写明上诉的期限和上诉的法院。

这里有一个违反常理的疏忽：并不是所有的判决书都是由“合议庭”审理的，故判决书署名时，不“应当由合议庭的组成人员和书记员署名”，而“应当由审判人员和书记员署名”，这正是该法2012年修正的内容（第197条）。

第八节 防范道德风险

任何观点的表达，任何规则的制定，逻辑都必须严密。论证的逻辑不严密，其观点难免不攻自破；规则的逻辑不严密，难免被人钻空子，道德风险，则是一种比较委婉的说法。道德风险本身，并非不道德，而是人性使然，法也无法责众。故防范道德风险属于最高层级的表述严密。

道德风险的防范，涉及多领域、多角度。就内容而言，需要从符合常理的角度多上些心；从规范的角度看，则需要在规范的逻辑严密性上再加把劲。

在法律领域讨论道德风险，在很大程度上是就其如何避免而言的。换句话说，道德风险在相当程度上就是立法失算的一种委婉的遁词：立法中没有考虑或者估计不足的人性的恶，是道德风险还是立法失察？

【例】2009年《民法通则》第140条：诉讼时效因提起诉讼、当事人一方提出要求或者同意履行义务而中断。

此处的“提起诉讼”，会不会存在这样的风险：诉讼时效会因义务人先告状而中断？这本身在法理上对义务人没意义，因为实际延长的是权利人的权利保护期限；在情理上也不符合常理，但从逻辑上讲，这却是完全可能并且于法有据的。

为了避免这个明显的法理逻辑上的错误，《民法典》第195条将其修改为“权利人提起诉讼”，即不仅要求请求的方向性这一程序性要件，同时还要求必须由权利人提出这一实质性内容。

【例】2001年《职业病防治法》第53条：劳动者被诊断患有职业病，但用人单位没有依法参加工伤社会保险的，其医疗和生活保障由最后的用人单位承担；最后的用人单位有证据证明该职业病是先前用人单位的职业病危害造成的，由先前的用人单位承担。

上述规定涉及两个问题：一是由谁负担，即当时的还是先前的用人单位；二是参没参加工伤保险。这两个问题纠缠在一起时，就产生了诸如“先前的用人单位依法参加工伤社会保险的”，是否还要该单位“承担”的问题，从而陷入要么字面违反法律的明文规定、要么因前后标准明显不一致而自相矛盾的两难境地。

当初立法的本意和初心当然是好的：让“造成该职业病”的“先前用人单位”承担责任，但由于立法技术的原因，没有考虑到“先前用人单位”已经“依法参加工伤社会保险”这种可能性，给人无论其是否“依法参加工伤社会保险”都要“承担”，以示对其“造成该职业病”的惩罚的感觉。这显然与同条提到的“没有依法参加工伤社会保险”才承担责任的原则相矛盾。

2011年修法时意识到了这个问题，采取的补救措施同时也涉及政策调整：“劳动者被诊断患有职业病，但用人单位没有依法参加工伤保险的，其医疗和生活保障由该用人单位承担。”

按照新的政策，“劳动者被诊断患有职业病”时的“用人单位”如果“没有依法参加工伤保险”，就要“承担医疗和生活保障”，这就是其法律责任。这一规定不再纠缠于“职业病”是哪个单位造成的，而以“诊断”出“职业病”时的“用人单位”为承担主体。同时，新规强化了“依法参加工伤保险”的正向激励：为避免摊上在此前的用人单位罹患职业病的人，用人单位势必积极“依法参加工伤社会保险”。

第九节　避免集体反智

2009年，某人为证明自己确有“尘肺病”，不顾医生劝阻，执意要求“开胸验肺”。这一引发全社会广泛关注的突发事件，直接推动了我国的“职业病诊断”体制改革，但其过程相对漫长。

【例】2017年《职业病防治法》第43条第1款：医疗卫生机构承担职业病诊断，应当经省、自治区、直辖市人民政府卫生行政部门批准。

2018年《职业病防治法》修正，对“职业病诊断”体制作出重大调整：将上述规定改为“职业病诊断应当由取得《医疗机构执业许可证》的医疗卫生机构承担”。

据此，“职业病诊断”不再由职业病“法定鉴定机构”“职业病防治所”垄断，而扩大到所有“取得《医疗机构执业许可证》的医疗卫生机构”。

因为在此之前，“职业病诊断”是大事，早在2001年该法颁布时，其第39条即规定“职业病诊断应当由省级以上人民政府卫生行政部门批准的医疗卫生机构承担”。从字面上理解，显然是指由“卫生行政部门批准的医疗卫生机构”承担，而不是指该“医疗卫生机构”再经“卫生行政部门批准”后才能承担。

2011年12月31日该法修订时，相应内容调整为“医疗卫生机构承担职业病诊断，应当经省、自治区、直辖市人民政府卫生行政部门批准”（2011年《职业病防治法》第44条第1款）。这进一步明确了2001年的立法初心，说明许多人确实理解错了：当初的意思确实就是那个意思。

无论怎样理解，到了2018年，有关的一切都不复存在了。今后，只要是“取得《医疗机构执业许可证》的医疗卫生机构”都可以诊断职业病了，而不需要另外申请独立的资质。新规定在这一点上写得非常明确、周延，不容其他任何非分的曲解。

此外，还有一个问题，就是“职业病诊断”应当由医疗卫生机构承担的制度设计本身，也有如何保证诊断者专业性的问题。这一点，在《职业病防治法》明确设立对个体的“职业卫生技术服务资质”的情况下，更显得逻辑上不尽周延：如何保证“医疗卫生机构”必然拥有具备“职业病诊断”资质的医生？因为真正作出“职业病诊断”的只能是作为自然人的医生，而不是机构。机构在法律上的地位，显然无法弥补其在医疗诊断中的“无灵魂”状态，面对潜在的“职业病”患者，机构只是一块牌子，其在法律上的行为能力甚至还不如一个取得“职业卫生技术服务资质”的医务人员。

由此可见，过于繁复的行政许可不但不合情理，有的还不合逻辑。或者说，许多立法中的规定之所以容易出现逻辑上的问题，与其本身的事理、情理不通有一定的关系。因为毕竟，合理的，都是合逻辑的；不合逻辑的，通常也是不合理的。

当然，辩驳者可以说，该法在明确“职业病诊断”应当由“取得《医疗机构执业许可证》的医疗卫生机构”承担的原则后，紧接着就规定，医疗机构应当具备的首要条件，就是“具有与开展职业病诊断相适应的医疗卫生技术人员”，但仔细想想，为什么不直接规定此等“医疗卫生技术人员”几人以上可以共同作出“职业病诊断”呢？他们的角色和职责、任务，不就是作出诉讼法中通行的一种具有法律意义的专业性证据——鉴定意见吗？

第三十一章　避免失语的技巧

说话口无遮拦，易失言；写作信马由缰，易失语。很多情况则是既失言又失语，言为心声，经常失言，怎能确保落笔时不失语？

写作中的失语，表现形式多样，与本书的其他章节难免交叉。本章从这个角度切入，是想提醒那些比较爱惜羽毛的写作者：失语并非谨言就可以避免。

失语正如失手，成因很多，但最主要原因是功力不够，以致防不胜防。

本章作为本书横向比较的篇章，主要讨论日常写作中常见的失语，涉及专用术语的界定、比较、识用，名词、形容词、动词、副词等的失配等综合性内容。这些内容，放在前文哪一章都不合适，但确有横向跨领域研究、探讨的必要。

第一节　错解字词本义

错解字词本义，这是失语最根本甚至唯一的原因，正如认人不准，难免会用人不当。但要根治这一“病症”，确实需要下长期的功夫，因为工作、生活中实际呈现出的失语，都只是错解的字词的部分呈现，唯有从根本上提高素质，才能避免它的偶然发生。

【例】毕竟咱们的兵器工业产能是没问题的，交付时间表同样是没问题的。

这里的关键，是对“时间表”的理解。该例句的写作者将其理解为“（交货）时间”了，而不是作为交付时间计划的交付“时间表”。

【例】如果闭关锁国，就会落伍时代。

此处显然是把“落伍”与“落后”混淆了。“落伍”，就是掉队，也就是落后于时代。但“落伍”已经是一个动宾结构的复合词了，或者说，其本身已经带了一个宾语，再让其作为及物动词，构成“落伍时代”的搭配，已经不能够了。当然，“落后”的正经搭配也是“落后于时代”，“落后时代”也比较罕见。

第二节　避免误用成语

文人的失语，在于用错了典故；平常人的失语，常见于用错了成语。

【例】这是极其难得可贵的。

显然，此处误用了“难能可贵”。

使用成语，显然是最现成的表现手段。因此，不能怪写作者故作斯文，而只能要求每个写作者都要尽可能熟悉常用成语，至少要对自己使用的成语保持起码的谦恭，如必要时查一下《现代汉语词典》。

【例】您真是风韵犹存啊。

这话如用来恭维女领导，效果会怎样？说话者可能要用一生去体会，因为很有可能其余生都会生活在这个笑话里。“风韵犹存”算个褒义词还是贬义词？上述例句的说话者，显然是想表达恭维而不是贬损的意思。

类似的词语还有不少，如：玉树临风、花枝招展等。值得注意的是，这些词多与女性有关，因此使用时必须加倍小心，用于男性时则要更加慎重。因为它们在揭示某种明显令人羡慕的特征的同时，也多少带着些讽刺挖苦。除非是在文学创作之类的场景，日常写作中还是慎用为妙，特别是用于特定的人时。

尽管明褒实贬之类的小技法未必值得刻意学习，但至少还不至于构成太大的语病。与上文提到的明褒实贬技法多出于故意捉弄人的目的不同，贬义词用于褒义表达，则往往是因为不了解所用字词的本义、引申义，而有可能完全表错了意，导致用语事故，甚至成为立场模糊不清、政治上摇摆骑墙甚至站错了队的把柄。

【例】俄乌冲突爆发之后，西方国家的内部矛盾已经开始显现，本来一片祥和之态的西方，没想到早已经金絮其外、败絮其中了。

上述例句中的“金絮其外”，应当是从“金玉其外”化育过来的，但笔者觉得更有可能是打字打错了。不过也有一种可能：写作者对“败絮”的印象太深，遂认定“金絮”与之对应，完全没有认真考虑过打造“金絮”得有多难。

第三节　修饰搭配错误

此类错误的涉及面颇为广泛，如主语与谓语、状语与谓语的搭配，名词、动词的修饰搭配等。

【例】塔里木河两岸人口不断激增。

此处的"人口不断激增"多少有些不太恰当，但还不是什么大问题。"激增"虽然是指一个剧烈变化的过程，但主要是强调结果，即人口已经大量增加了；而"不断"强调的是变化的持续性。二者之间多少有些龃龉。

【例】随着邻国对外贸易的发展，该国的外贸地位不保。

此处的"外贸地位"，是一个客观的描述性用语，本身不具有可比性，可以用其他字词来修饰"外贸地位"，如"外贸大国的地位不保"；但"外贸地位"本身，不存在"保"与"不保"问题：它就在那里，不增不减，无论贸易量大小。

第四节　留意语意反转

精准表意固然是写作的基本要求，但更基本的是，千万别把话说反了。

【例】要知道，那个时候的新中国刚刚建立百废待兴，可是毛主席他老人家就是有我们把该打的仗都打完，把和平留给下一代的霸气和勇气。最终才让不可一世的美帝国主义打回了原形。

这句话应当或者想要表达的意思，读者都能看出来；但其实际表达的意思，刚好把话说反了：是谁被"打回了原形"？

此处的关键，是"让"字的用法，如果换成"把"字，就没有问题了。由此可见"把"字之类的虚词对实表其意，有多重要。

第五节　避免语无伦次

中华民族是与人为善的民族，因此，称赞文美的词、话很多，但说谁的文章写得不好的用语，明显要少一些，如果称其语无伦次，基本已经到割席的地步了。

就语序而言，很难说何谓语序的最佳境界，至少很有争议，但对于何谓语序的至暗时刻，说是语无伦次恐怕少有争议。

汉语的语序有其特殊的讲究，与韵律有很大关系。许多语句之所以读起来拗口，很有可能是因为其语法、表意存在重大错误。这也提醒写作者，如果其笔下的字句读起来饶舌，先要考虑的就是语法、语序、逻辑等是否出了问题。

当然，正统的语感不是生来就在人的头脑中的，而是基于大量的经典阅读，经过长期、刻苦的揣摩而习得的。其中有一个“常吃鲍鱼，久而不闻其臭”的相互影响的过程，未经正规语序的长期熏染，不可能形成对于规范语序的直觉。

【例】时至今日，中国的语言学还不能指导汉语有一个现代的、科学的文字体系的诞生。

这句话如果直译成英语或者其他外语，可能更容易理解些。但写成中文，确实有点像中文没学好的译者的译作一样。但如果告诉你，这出自一位中国某著名语言大学的社会语言学博士的论著，千万不要惊异。这只能说明一个问题：国内许多用汉语写作的写作者，已经很长时间不太把自己的母语当回事了。因为无论是考硕士还是考博士，即使报考专业是汉语言文学、殷商考古学、中国社会语言学、汉语辞书学，必考的也不是中文，而是英语、法语甚至日语。

由此导致的结果是，很多研究者的作品，其中文本本身经不起推敲。至于其想要表达的“深奥”的学术思想，经这些经不起推敲的文字展现后，恰如散布于离离原上草中的野花一样，只能凑合着解读了。

日常生活中，说一个人说话颠三倒四、语无伦次，基本上就与骂人差不多。但是实际上，语无伦次在客观上讲还是比较中性的词。因为汉语表达特别注重字词的顺序，由说话、写作中排错了字词的出场顺序导致的表达错误是非常普遍的，与一个人的智力水平、精神状态的关系比较疏远。当然，如果一个人经常性地语无伦次，那么从法律角度考虑，就可能要往限制行为能力人的方向归类了。

日常阅读中常见的语无伦次，轻重程度悬殊。有些纯粹是写作、讲话时一不小心的疏漏，有些则是比较难以发现的顽疾，能反映某些人打小种下的语文知识种子，但只有用到特定的语词时才会呈现。

语无伦次属于比较严重的表达错误，是静态的系统性错误。文字表达到了这个层级，基本上就不可救药了：改都没法改，更不用说看懂、领会了。

很多读者或许有疑问：本书中这类语无伦次的例句，都是从哪找来的？说实话，这些例句的脑洞之大、超出正常人想象之远，现编还真没有这个效果；除了那些一眼看上去就“高大上”的法律用语以外，绝大多数都取自活生生的网络语言、日常工作生活。这些语句的存在充分说明，当前的语文写作现实与规范写作之间有多么大的跨度。

其中可称改无可改者，基本上都属于语病已入膏肓、不可救药了。

第六节　避免思维混乱

严格说来，思维混乱是无法避免的：谁都不想思维混乱，真的思维混乱时也不愿意承认，最可怕的是，写作者根本没有意识到自己已经思维混乱了。

【例】国家终于直接下令！直接成立调查组，开始全面进行大彻查！大抓捕！

这就是时下比较常见的网络“标题党”流行句式，可以称为言过其实的“大话体”。看似没什么大问题，只是感觉不太对劲：处处不得体时，就会有这种感觉。

一是“国家直接下令”是个硬伤。国家作为一个主体，只在对外行使主权时可以称国家下令，但具体下令的也不是国家。就国内法而言，国家是通过各有权国家机关行使其权力的，如人大立法（经国家主席签署后生效）、行政机关执法、法院司法，各自都以自己的名义作出决定，从不用“国家”或者“中华人民共和国”的名义。正因为如此，“国家终于直接下令”完全是胡话。

二是“直接成立调查组”，也是不可能的。国务院有时会针对重大事件成立调查组，但如今已经越来越少了；现多由国务院的一个或几个部门单独或者联合成立调查组，由“国家”直接成立的中华人民共和国某某调查组，确实闻所未闻。

三是“开始全面进行”似有重复之嫌，因为后面的“彻查”“抓捕”都是动词，直接用“开始全面”就行，完全不必用“进行”。同时，“全面”与“大……大……”并用，也有重叠之嫌。

综上，上述例句可改的地方还真不少，但改完了还是四六不靠的奇葩语句。这提醒我们，写作必须从打好基础做起。底子没打好还想写，再想改就改不动更改不好了，甚至自己都根本不想改了。

【例】千万人因他们贪图小利的行为被无止尽的影响了生活。

此处的“无止尽”是个副词，“影响”是本句的谓语，并采用了被动语态。因此，“影响”前的“的”应为“地”，但相对于其他语法错误，这显然是个小错误了。

抛开本例句中存在的其他诸多问题，此处的“无止尽”用得有没有问题？但由于这个词想表达的意思不明，以至于想改都不好改。

第七节 防范系统错误

系统性错误，是指逻辑高度扭曲、表述十分混乱、根本不知所云的全局性错误。

【例】A公司在B国招聘200员工，是为了跟上B国快速进步的步伐，帮助并投入争夺科技霸权的长期斗争中。但行业内专家早已看穿了这件事的本质，A公司的目的对我们并不太乐观！

“对我们并不太乐观”是什么意思？似乎是对我们的前景不太乐观，但具体是什么意思？需要猜。加上“目的”两个字以后，含义更加不明确了。仔细阅读上述例句所在的原文会发现，其想表达的意思是A公司此举对我国不怀好意。

把“不怀好意”混淆成“不太乐观”，这个思维的跨度，真是够大的。

显然，例句中存在的问题不止于此，已经到了语无伦次、改都没法改的地步。冷不丁冒出这种结构性、系统性、全局性、崩盘式语句，值得写作者警醒和反思。

第八节　远离机器翻译

此处的建议，不是要求大家远离机器翻译，而是有些人写出的文字，让人觉得是直接使用比较低劣的翻译软件写作的成果。当然，时下还有一些写手的作品，虽然不是译作，但确实像机器人写的。

【例】遭到了该国的沉重反击。

“遭到”“反击”的基本表述结构没有问题，但“沉重反击”的用词有些猛。

【例】这样一来，该公司就很难找到便宜的人工成本。

类似这样的表述，一般人也能够明白其大致意思，但是表述很不规范。

从内容上看，似乎是在讨论经济问题，因为用了“人工成本”。但稍有经济学常识甚至稍有些通识的人会问，成本是找到的吗？能用便宜衡量吗？外文中的有些词确实不好对译，但较为关键的实词，至少要译成中式用语，不然怎么理解？

【例】我一直在敲响警钟，但是直到人们看到机器人走到街上杀人，他们才不知道如何反应，因为它看起来如此空灵。

虽然这是译文，但是如此“至尊宝”式的表述，说明译者对原文的理解也未能心领神会。按照“用外语思考”的标准衡量译文或者译者，译文的水平应该和译者用母语写作的水平大致齐平。由此可见，中文写作对于学外语的人来讲也是非常重要的。

如果改为“我一直在猛敲警钟，但是人们无动于衷。即使有一天人们真的看到机器人跑到街上杀人了，他们也未必知道如何反应，因为那时的机器人看起来如同幽灵”，对不对呢？其实这里没有对不对，只有好和较好、更好之别。

当然，最好的检验方法是找到原文、仔细地读懂原文，然后看原文和上述译文有多大的出入。但这显然是个实体性标准，只适合于写作过程中或者发表之前，对一般读者而言没有可能更没有必要。

第九节　提前发现化解

正式文稿中的失语，往往意味着严重的文字事故，最好提前发现。

最高层级的解决问题方式，是消灭问题本身：在不经意间将问题化解，让人根本意识不到也不认为这是一个问题。大量事实证明，避免某些问题严重到体现在字面、纸面上，确实是更好的解决问题的方法。

【例】2009年《侵权责任法》第75条：非法占有高度危险物造成他人损害的，由非法占有人承担侵权责任。所有人、管理人不能证明对防止他人非法占有尽到高度注意义务的，与非法占有人承担连带责任。

此处的两个“他人”指的不是一个人。前一个“他人”，即“非法占有高度危险物造成他人损害”中的“他人”，是指受害人；“防止他人非法占有”中的“他人”，指的是非法占有人、侵害人或者称致害人。在同一法条中，一个代词指代不同的人，不仅是法律上不能容许的，在现实生活中也违背常识。

由于第二个“他人”实在多余，《民法典》第1242条遂将其删除。

这个实例再一次证明，文字错误甚至仅仅是并无必要的冗余之笔，都可以引发更为实质性的表意错误。反过来看，通过学深悟透，进而充分运用语法技术，纠正表述中的问题，可以避免许多实质性的语法缺陷。即便在这个文字调整过程中还没有意识到问题的实质性、严重性，这类技术性修改也使真正复杂、严重、更难以发现的实质性问题再难被人提起。

第三十二章　拿捏分寸的技巧

拿捏表述的分寸，就是文字表达的尺度，这在许多领域，特别是涉及原则、规则的问题上，是考验写作者综合素质甚至政治能力的高端指标。

把握尺度，过犹不及。中华民族传统上的中庸文化，深深地影响着每个人的写作，更重要的是深深地影响着每个人的阅读习惯，而这反过来又折射到我们的写作中，使我们不得不与之妥协，以求和谐相处。

第一节　重要性的把握

为了表达重要的内容、体现对重要内容的重视，必须保留某些重要的字词。

【例】制定经济、文化、社会、生态文明等方面重大体制和重大政策调整的重要行政法规，应当将行政法规草案或者行政法规草案涉及的重大问题按照有关规定及时报告党中央。

此句中出现了3个“重大”、1个“重要”，或有人以为，是不是可以少用几个？一个都不要少。因为上述表述本身就涉及重大事项报告制度，其中对“重大”的强调，本身就是相关规定中反复强调的内容，不能随便省略。

第二节　合理性的把握

严重违反常识的内容，不具有起码的合理性，应当在写作者处被屏蔽掉。

此处的关键在于识别。这固然对写作者提出了相当高的要求，但也正是写作者的职业道德底线所在：既要为文，就要自负文责，不能信口雌黄。

【例】还要能保证泰坦尼克号在零下70度的低温中行驶。

由于“零下70度”没有温标，一看就知道写作者不是个“讲究人”，或者说不是业内人士。提示这一点的意思是，日常阅读时，对此类内容及其所载文章，最佳的处理方式是不要再看、及时止损，更不要去争辩，以免浪费更多时间。

但如果读者感觉不出错在哪里，那就需要认真对待了。由于开氏温度没有零下（其对零度的定义就是绝对达不到的最低温度），华氏温标下的冰点为华氏零上32度，摄氏温标下的冰点为摄氏“零度”，因此无论使用哪个温标，“零下70度”时，哪怕是海水（因含盐而冰点略有降低）也都结冰了，还怎么行船?

第三节　话别说得太满

人类面对的世界是一个相当不确定的存在。这一点反映到写作中，则是必须把握好所要表达的意思的确定程度：有些词具有相当的确定性，这些词就不能用于模棱两可的表述中；反之亦然。话说得太满与太虚，是表达的确定性的两个不同的方向，反映着过犹不及的道理。

【例】联合国对外宣布，因为战争的影响，目前全球各国粮食价格暴涨，2022年将成为粮食灾难之年。

上述文字摘自2022年4月17日的一篇网文，其所引述的联合国的“宣布”肯定还要稍早一些。一年刚过了四分之一，联合国就如此有把握地宣布某年“将成为粮食灾难之年”？为了稳妥起见，应当把上述例句中过于自信的“将”改为“恐将”或者“有可能”，以免把话说得太满。

【例】2017年《行政处罚法》第22条：违法行为构成犯罪的，行政机关必须将案件移送司法机关，依法追究刑事责任。

行政机关在行政执法领域中的认定，是否“构成犯罪”，需要在“案件移送司法机关”后由其决定，司法机关认定需要“追究刑事责任”的，才“构成犯罪”。故该法2021年改为：违法行为涉嫌犯罪。

第四节　话别说得太虚

分寸得体，落实到文字上，就是用语得体。但进一步落实，还要看内容。

【例】黄河之水天上来，小浪底水库养育了周围数以万计的人。

有人也许会说，此处的数以万计只是个约数。但每个读者心里都有杆秤，约数也得大致有个谱。中文并不是只有数以万计这一个词可以形容“多”，关键是中国有14亿人，黄河流域就有上亿人口。

如此看来，上述表述结构让写作者自己陷入了死结：顺着“黄河之水天上来”的气势往下说，“数以万计”显然气量有些小，尤其是在前文宏大叙事的铺垫下；但对于一个水库而言，尽管是著名的大水库，说其养育了周围数以亿计的人，又有些托大。于是最好的解决思路，就是提供写作者实际了解到的比较准确的数据，同时避免用此类模棱两可的约数叙事。否则，泛泛地说这类放之四海而皆准的话，既提供不了更为有针对性的信息，还难免陷自己于左右为难的境地。

第五节　仔细权衡轻重

从普通的日常写作到国家层面的立法，其间的跨度很大。对应不同的写作需要，必须把握好轻重分寸，做大文章不能事无巨细，立基本法也不能琐屑授权。

【例】2011年《城市绿化条例》第24条第1款：为保证管线的安全使用需要修剪树木时，必须经城市人民政府城市绿化行政主管部门批准，按照兼顾管线安全使用和树木正常生长的原则进行修剪。

从字面上看，这项行政许可有个前提“为保证管线的安全使用”，但实际上，城市绿化中真正需要“修剪树木”的，主要也就这一个理由：2017年修改该条例时删除的，正是“擅自修剪”树木。

【例】1987年《计量法实施细则》第29条第1款：国家法定计量检定机构的计量检定人员，必须经县级以上人民政府计量行政部门考核合格，并取得计量检定证件。

显然，“计量检定人员”的考核发证，并不需要“劳驾”国务院“计量行政部门”，故2016年2月6日《国务院关于修改部分行政法规的决定》（国务院令第666号）就将“县级以上人民政府计量行政部门”修改为“县级以上地方人民政府计量行政部门”。

第六节　认真考量时机

有句话说得好：话不投机半句多。此处的“投机”何指？这要与“话”结合起来理解：对什么人、何时、何地、说什么话，这都属于是否“投机”的范畴。当然，时下的网络青少年们为中国文化准备了一个新的表述：把天聊死了。

【例】某国前首相遇刺，这期节目我们就说一下他这一生的功过吧！

某人遇刺的消息一出，真的就可以开始评价其一生功过了？里根也曾遇刺，但他当时没死（凶手虽然被抓到了，也没有被枪毙）。那么，遇刺和遇刺身亡哪个表述更规范呢？

这个问题其实是个伪命题，我们平时说“遇刺”时，如果大家都知道他死了，说其“遇刺”没有问题；但是在消息模糊期间，“遇刺”后死没死还不知道时，就需要强调“遇刺”的后果了，相应也需要斟酌话题的聊天时机了。

第七节　语意妥帖为要

有人一看这个题目，就气不打一处来：这个问题怎么能讨论呢？你觉得妥帖的，我能同意吗？对于此类富有斗争精神的“杠精”，笔者只想再劝一句：您说话时考虑过这个问题吗？

显然，本书或者笔者不可能给妥帖下定义、定标准，但作为中文写作的基本要求，“世事洞明皆学问，人情练达即文章”，其强调的“洞明”和“练达”的核心要旨，无非就是“妥帖”。

至于这个标准的难以把握、众口难调，不是拒绝将其作为考量因素的理由。对于每个写作者而言，能够考虑这个问题，并且感觉已经尽心尽力了，就可以了。

【例】中国研究电磁炮的时间虽然起步比较晚，但是后来者居上。

本书不纠正错别字，但此处的“后来者”中的“者”是错别字还是没必要？

事实上，由于此处强调的是发展的先后的问题，因此“后来居上”是最妥帖的。而“后来者居上”，虽然意思差不多，但是由于加了“者”，就会把读者的注意力引向主体方面，而忘记了客观的前后顺序问题，因此不如“后来居上”妥帖。更重要的是，“后来者居上”确有可能被理解为：中国以外还有后来者。

即使有读者不认同上述观点，笔者还有一个更扎实的理由：上述例句中的“时间虽然起步比较晚”明显累赘。“起步较晚”就足以表意，因为中文中的“晚”就是指时间晚，《现代汉语词典》中列出的“晚”字的所有义项，都只涉及时间在后这个唯一的核心意思。于是，“的时间”就没有必要了，“比”也可以删除，这反过来可以比较充分地证明，该例句的写作者，确实比较爱啰唆。据此可以间接证明本节前文所说的：“后来者居上”中的“者”，确属写作者的习惯性多余。

综上，该例句可改为：中国研究电磁炮虽然起步较晚，但后来居上。

第八节　小心用词失范

用词失范，属于比较离谱的用词不当，是所有写作者始终不能放松的一根弦。

【例】其中一只鬣狗已经紧紧地咬住了羚羊，但是羚羊并没有轻易地就此被折服……

【例】他连站起来的力气都十分匮乏。

【例】但他还是使出了惊人的毅力。

“折服”“匮乏”“毅力”都是比较典型的书面用语，但用在上述语境中却显得很不合时宜，甚至不知道从何改起。

用词不当的极致，就是不当地使用忌语，如癫痫及其俗称羊角风、羊痫风等。有读者会问，具体如何使用呢？笔者的建议是，尽量不要用。因为这本身是一种病，对非医学专业人士而言，这类疾病几乎没有在写作中谈及的必要。

第九节　避免比拟失当

比拟本来的目的，是想用更常见的事物、更浅显的道理，说明复杂的叙事。但这个比拟的过程，有失真和引发歧解的风险。

【例】试验结果的披露，让某公司mRNA（信使核糖核酸）疫苗卷到了舆论的风暴中心。

本来，用“风暴”来描述舆论汹涌，已经是在比拟了。而进一步明确为“风暴中心”，反而会让稍具有一些更为广博的知识的读者疑惑：风暴中心恰恰是风速较低的安全场所，写作者是想说试验结果披露后，某公司躲过了舆论风暴？

第十节　慎用“可以”“应当”

语言不仅要表意，还要表态。拿捏表述的分寸，就是把握表态的尺度。例如，在法律及日常生活中，都不可乱用“可以”。

【例】2004年《公司法》第33条：股东按照出资比例分取红利。公司新增资本时，股东可以优先认缴出资。

此处的“可以”没有体现“优先”的实质，或者说弱化了“优先”的力度：本来是必需的，加了“可以”后变成不确定的了。

实际上，如果不是“按照实缴的出资比例”，就没有“优先”可言，或者说“优先”得没有那么公平。因为“优先按照实缴的出资比例认缴出资”有两层含义，一是优先于非股东认缴出资；二是同为股东的，先按照实缴的出资比例认缴出资。这样，正常情况下可以保证股东出资比例不变，相应的股权比例也不变。

【例】1994年《预算法》第33条：各级政府预算应当按照国务院的规定设置预算周转金。

2014年将“应当”改为“可以”，即从强制性义务，变成了选择性权利。但由于该条规范约束的是“国家机关”，其作为公权力机关的选择权与强制性义务，区别不太明显。加之“预算周转金”作为“调剂预算年度内季节性收支差额”的技术性工具，其存在的必要性有目共睹，即使设置为选择性权利，也会成为普遍遵循。

这反过来说明了一点，即对于那些通常情况下有益无害、肯定会为规范对象所遵循的技术性规范，与其将之设定为强制性义务，不如设定为选择性权利。如此设置，无论对官对民，都能体现出立法者的亲善本旨，其对于良法善治的推动作用，从普遍情理、公众心理的角度考虑，也值得推崇。

第十一节　把握实然与应然的界限

立法上的应然，一般表述为“应当”。但在日常生活中，只有实然，没有应然。立法如果不顾及现实，其规定的“应然”往往难以“下凡人间”成为实然。

【例】2007年《政府信息公开条例》第21条第1项：属于公开范围的，应当告知申请人获取该政府信息的方式和途径。

“属于公开范围”并且“已经主动公开”了的，才有可能通过告知申请人获取方式和途径的方式，向其公开该政府信息。也就是说，应然并不就是实然。将二者混为一谈，实践中有关当事人就会无所适从：明明“属于公开范围”但确实没有公开过，也就没有“获取该政府信息的方式和途径”，法条却要求“应当告知申请人获取该政府信息的方式和途径”，这不是难为人吗？2019年《政府信息公开条例》将前提修改为“所申请公开信息已经主动公开的”，才疏解了这个问题。

【例】2007年《政府信息公开条例》第21条第2项：属于不予公开范围的，应当告知申请人并说明理由。

这属于另一种情况，是法条规定的应然，但行政机关实际操作时，会以“属于不予公开范围”为由决定“不予公开”，因此，作为程序性规范，真正需要解决或者规范的，是实际操作的实然过程，而不是法条规定的应然状态。故2019年《政府信息公开条例》将相应内容修改为“行政机关依据本条例的规定决定不予公开的，告知申请人不予公开并说明理由”。也就是说，无论实际作出的决定是不是符合制定法规定的不予公开条件，但只要“决定不予公开”，就要告知申请人不予公开的理由，这就满足了程序性规定的实质要求。

第六编

以立法的标准规范公文写作

本编是本书的收尾，集中讨论中文表达在立法中可能涉及的一些问题，即“法律中的语言使用问题”；与此相关的内容，即生活中的语言，是本书的姊妹作《公文写作基础知识与错误辨识》重点关注的内容。

本编大致按照立法成文的顺序展开，先讨论坚持原则、明确主体、界定概念，这通常都是法律规范性文件的第一章“总则”会涉及的内容。随后讨论的运用概念、运用程序、借助体系则是在上述内容基础上的进一步展开。而本编的收官之作，即“与时俱进的技巧”，其实很难称其为技巧，更多的是一些美好祝愿和希望：希望写作者都能够养成终身学习、毕生追求创新的习惯，希望写作者的作品都能够推陈出新、生动反映我们所处的新时代。

第三十三章　坚持原则的技巧

坚持原则，本来必须是无条件的，因而是没有技巧、只需要坚持的。既然提到技巧，也只有原则性与灵活性相结合了。这在法律上，涉及自由裁量权的问题。

相对于国家治理体系中的法治先行，立法也有两个先行：一是确立原则，二是界定概念。在开始描述由多个法律规范构建的某个制度体系之前，先确立该制度体系的基本原则架构，就是原则先行。要实现这一点，概念的界定还要再先行一步。有了概念，表述原则才有基本的构件。

第一节　原则与站位

任何时代的写作，都具有鲜明的时代性，即其当代的政治性、原则性。

这一点，在法律领域更为明显——对于执法、司法而言，法治不只是挂在嘴上、写在纸上的。但就立法而言，时时心中有法、胸怀法意则是基本的要求。相对于法治的博大精深，对法律人的这些要求实不为过。

【例】1986年《民法通则》第106条第1款：公民、法人违反合同或者不履行其他义务的，应当承担民事责任。

“不履行其他义务”是相对于违反合同义务而言的，仍停留在当事人约定的层面上，但民事主体承担民事责任的事由，除了意思自治层面的相互约定以外，还应当有更高的意志。故《民法典》第176条修改为：民事主体依照法律规定或者按照当事人约定，履行民事义务，承担民事责任。只增加了具有提醒作用的“依照法律规定”，但这正是《民法典》在法治理念方面登高博见的真实写照。

第二节　原则与导向

既然是原则，就必须树立正确的导向。

在传统的立法文本中，特别是在总分结构的法律文件中，原则基本上都在总则部分规定，分则部分只说具体内容。但近年来立法领域的一个显著变化是，即使在具体制度设计时，也仿效总分结构的立法范式，先作原则性的规定，再进一步落实具体内容。此时，协调好两者关系的基本前提是，原则性规范必须有正确的导向，将其后进一步的制度设计规范引向可操作的现实土壤。

【例】2001年《母婴保健法实施办法》第24条第1款确立“国家提倡住院分娩”的总体原则；第2款：没有条件住院分娩的，应当由经县级地方人民政府卫生行政部门许可并取得家庭接生员技术证书的人员接生。

上述规定设立了一项“家庭接生员”的职业资格及执业许可，其表现就是“家庭接生员技术证书”。该行政许可，同样涉及《行政许可法》第14条有关已经制定的法律、行政法规是否还可以另行设定行政许可的问题。实际操作中存在的问题是，在交通日益发达、少子化日益严重的今天，“没有条件住院分娩的”情形已经大为减少，真“没有条件住院分娩的”也不容易找到有“技术证书”的“家庭接生员”。

为此，2017年将其调整为“没有条件住院分娩的，应当由经过培训、具备相应接生能力的家庭接生人员接生”。这样一来，真到了类似火车上出现“没有条件住院分娩的”情形时，任何“经过培训、具备相应接生能力的”人员，如医护人员等，就可以出手相助，而避免出现见死依法不能救的尴尬。

第三节　原则与思路

原则是总体思路的体现，必须具有相当的内心确信。

【例】坚持以公开为原则、不公开为例外。

2019年《政府信息公开条例》第5条改为：坚持以公开为常态、不公开为例外。这实际上更便于操作：常态就是普遍性、现实性，而“原则”有一个是否落实的问题。“以公开为常态”更强调实践性、可操作性、现实性，堵死了“以公开为原则”时所难免的“原则”不一定落实的借口，更有利于政府信息公开工作的全面推进和依法监督。

第四节　原则要有弹性

原则性与灵活性相结合，落实到立法领域，就是法律的弹性或者说原则性规定中的自由裁量余地，即裁量的弹性空间。

【例】2007年《政府信息公开条例》第26条：行政机关依申请公开政府信息，应当按照申请人要求的形式予以提供。

与这一比较“死”的原则性规定不同，2019年《政府信息公开条例》第40条在依申请公开的形式这个技术性问题上，处理得非常有水平。一方面，在确立原则时已留有余地：“行政机关依申请公开政府信息，应当根据申请人的要求及行政机关保存政府信息的实际情况，确定提供政府信息的具体形式。”据此，依申请公开的具体形式，是依“申请人的要求”和“行政机关保存政府信息的实际情况”共同确定的，不单纯依申请人“要求的形式予以提供”，更不是申请人要怎样提供就必须怎样提供。

另一方面，但书规定的例外也很“实事求是”，态度也显得更诚恳：“按照申请人要求的形式提供政府信息，可能危及政府信息载体安全或者公开成本过高的，可以通过电子数据以及其他适当形式提供，或者安排申请人查阅、抄录相关政府信息。”可见，信息公开的实质是公开内容，只要能够让申请人了解其内容，什么方式不至于“危及政府信息载体安全或者公开成本过高”，就可以采取什么形式，申请人的要求仅仅是个参考，能够满足当然好，满足不了，也没必要勉强。如此这般拒绝“申请人要求的形式”，理由显然更充分一些。

这样规定既符合实际，又有理、有力、有节地堵上了申请人通过政府信息公开的形式与政府“较劲”的立法漏洞和潜在的道德风险。

第五节　避免自我设限

这里的自我设限，既有不要把自己限制死的意思，也是在提醒写作者不要自设陷阱，把自己“装”进去。原则的设立是为灵活性的拓展预留空间的，过于僵化则不免作茧自缚。上述2007年《政府信息公开条例》第26条对依申请公开形式的原则性规定，没有搞清楚形式与内容的关系，几乎是在无条件满足申请人的要求。

这一没有留任何回旋余地的原则性规定，在实际操作中必然给经办机构及经办人带来很大的麻烦。对此，2007年《政府信息公开条例》第26条也仅仅是生硬地规定“无法按照申请人要求的形式提供的，可以通过安排申请人查阅相关资料、提供复制件或者其他适当形式提供”。这实际上属于无理由违反上述原则性规定的做法，在实际操作时，很难让经办机构及经办人向申请人解释清楚为什么“无法”。

后来2019年《政府信息公开条例》出现许多限制性规定，如第35条：申请人申请公开政府信息的数量、频次明显超过合理范围，行政机关可以要求申请人说明理由。第42条：申请人申请公开政府信息的数量、频次明显超过合理范围的，行政机关可以收取信息处理费。

第六节　原则优先

凡能够确立的原则性内容，一定要在第一时间明确，这就是原则优先。

【例】2009年《民法通则》第18条第1款：监护人应当履行监护职责，保护被监护人的人身、财产及其他合法权益，除为被监护人的利益外，不得处理被监护人的财产。

其中的“监护人应当履行监护职责”在实践中基本没什么作用，因为根本没有可执行的内容。《民法典》第35条则确立了一个重要且具有可操作性的监护人履责原则：监护人应当按照最有利于被监护人的原则履行监护职责。确立这一原则的立法技术非常高明，新法仅在原文中增加了“按照最有利于被监护人的原则”，新旧对比，便觉原法条表述空泛乏力、无法落实。

在明确了监护人履责的基本原则后，《民法典》删除了“保护被监护人的人身、财产及其他合法权益”，因为最有利原则，就是最大限度地“保护被监护人的人身、财产及其他合法权益”，不删反而会导致同义反复、交叉重叠。

当然，在此之前，《民法典》已经作了体系化的准备：专设第34条规定“监护人的职责是代理被监护人实施民事法律行为，保护被监护人的人身权利、财产权利以及其他合法权益等”。既然有了这样系统、明确的关于监护人职责的规定，接下来当然就不必再重复，从而使监护人履责原则的确立顺理成章。

第七节　原则必须坚持

原则是用来坚持的，不是用来装饰的。这一点看似当然，但落实起来相当艰难。

【例】2004年《公司法》第59条第1款：董事、监事、经理应当遵守公司章程。

董事、监事、经理作为公司的“人”，特别是公司的“领导”，当然要“遵守公司章程”，但仅此足矣？显然不够，他们作为社会的一分子，特别是经营管理人员，还要“遵守法律、行政法规”，特别是其中与公司的经营管理有关的。

我国立法对所调整的社会关系的当事人普遍提出必须先守法的原则性要求。

更需要注意的是，2004年《公司法》第63条明确规定，董事、监事、经理执行公司职务时违反法律、行政法规或者公司章程的规定，给公司造成损害的，应当承担赔偿责任。这说明，当初立法时是考虑到了“董事、监事”不仅要遵守“公司章程”还要遵守“法律、行政法规”的。如此看来，前述立法对遵守“法律、行政法规”的忽略，固然有认识没有跟上的原因，也是立法技术运用不娴熟的体现。这进一步说明逻辑对位、外延周全的逻辑方法突出的警示、提醒功能和意义。

2005年《公司法》修订时特别增加了董事、监事、高级管理人员“应当遵守法律、行政法规”的内容（第148条第1款）。

【例】2009年《兵役法》第5条：编入民兵组织或者经过登记服预备役的称预备役人员。

“经过登记服预备役的”属于“预备役人员”，没有问题。“编入民兵组织”也算“预备役人员”？按常识判断，“民兵组织”是比较松散的。

问题还是出在“或者”上，或者说如何理解“或者”的法律意蕴上。善意或者广义地理解上述规定，可以将其理解为“编入民兵组织”“服预备役”“或者经过登记服预备役”的才算“预备役人员”。也就是说，将“或者”连接的词理解为“编入民兵组织”和“经过登记”，而将“服预备役”理解为同时与这二者相联系并限定此二者的共同界定词，而不是将“或者”连接的词理解为“编入民兵组织”和“经过登记服预备役”。上述“潜在”的问题于是不存在了，但仍然不太容易排除的疑问是，既然与“经过登记服预备役”相对称，“编入民兵组织”“服预备役”就不需要“经过登记”了，那不还是可以由“民兵队长”之类的人决定？还是不够严肃，无法实现管理的规范化、集约化、系统化。

2011年《兵役法》大修时将原规定明确修改为：“经过登记，预编到现役部队、编入预备役部队、编入民兵组织服预备役的或者以其他形式服预备役的，称预备役人员。”将提到句首的“经过登记”，作为所有“服预备役”的先决条件，再进一步明确“编入民兵组织服预备役”。

第三十四章　明确主体的技巧

主体是文字作品的灵魂。明确主体，就是明确写作的描述对象。立法中如果不明确负责的主体，相应规定就很可能会在执行时落空。

第一节　明确主体是前提

任何类型的写作都必须坚持主体明确的基本原则，这在公文写作尤其是立法中表现得尤为突出。因为法律规范的本质，就是特定主体对特定对象的约束规则，脱离了主体的明确针对性，法律规范就真的是无的放矢了。

【例】2004年《公司法》第206条：违反本法规定，办理公司登记时虚报注册资本、提交虚假证明文件或者采取其他欺诈手段隐瞒重要事实取得公司登记的，责令改正……

此处负责“责令改正”的主体是谁？从善意的角度理解，由于该法在前文中已经提到了“办理公司登记时”的限定条件，以及“取得公司登记”的结果，显然可以推定违法行为应当发生于“公司登记”过程中，相应地也理应由“公司登记”机关“责令改正”。但这是“猜出来”的，不是法律明确规定的，而且还是“善意”猜测的结果，如果不是出于善意，会不会猜出立法者其实只是想“吓唬吓唬”造假者，并不一定动真格，是故意没有明确执法主体，因为不需要执法呢？按照“法无授权不可为”的原则，哪个机关执法时敢说这就是对其执法的“明确”授权？

鉴于此，2005年修法时，在“责令改正”前明白无误地加上了“由公司登记机关”。

【例】2001年《行政法规制定程序条例》第12条：起草行政法规，应当深入调查研究……

这句话，无论从语言文字还是逻辑角度看都没有问题：动宾词组“起草行政法规”是主语，“应当深入调查研究”是具体要求。甚至从政治站位、立法技术的角度分析，也都没有问题："应当深入调查研究"是对所有参与"起草行政法规"活动者的普遍的统一的要求，没有例外。

作为一个政治原则、工作原则，没有调查就没有发言权，这确实没有问题。但作为一条法律规范，如此泛泛地表述，事实上等于啥都没说，因为谁都不听。

为此，2017年该条例修订时特别明确地规定，"起草行政法规，起草部门应当深入调查研究"，就把"调查研究"这件事的主体落实了。

第二节　主体表述的明确

这是落实主体明确的原则性规定的具体文字表达要求。

【例】1999年《合同法》第58条：合同无效或者被撤销后，因该合同取得的财产，应当予以返还。

此句的主语是谁？从字面上看，显然是"财产"。如此一来，"应当予以返还"应当用被动语态，"因该合同取得的财产"也缺少逻辑主语。可见，上述规定缺少一个共同的主体，即法律规范所要调整的主体——合同的当事人。

《民法典》第157条明确规定：民事法律行为无效……行为人因该行为取得的财产，应当予以返还。其中"行为人"，既是民事法律行为的当事人，又是"应当"所确立的规范的义务人，更是可能的不履行之诉的被执行人。

【例】2008年《证券公司风险处置条例》第12条第1款：证券公司出现重大风险，但具备下列条件的，可以直接向国务院证券监督管理机构申请进行行政重组。

据此，"行政重组"是证券公司申请国务院证券监督管理机构核准后的"自我救赎"，是依申请的行为，甚至都可以不视为行政行为。但实践中，"证券公司"往往不会主动、及时申请；而管理机构未经申请也不能贸然行事，是不是被动了？

故2016年改为"可以由国务院证券监督管理机构对其进行行政重组"，此等重要管理手段，重新掌握在了行政主管部门手中。

第三节 主语搭配的完善

主体明确不仅是个孤立的标准，其落实还需要各相关语法要素的支持配合，此时，与主体或者主语相关的内容，特别是其搭配就是支撑主体的基本要素。

【例】2009年《民法通则》第140条：诉讼时效因提起诉讼、当事人一方提出要求或者同意履行义务而中断。

对其中的“或者”可以有两种理解：一是“提起诉讼”“当事人一方提出要求”“同意履行义务”三者，通过“、”加“或者”的结构并列在一起；二是“提起诉讼”与当事人一方“提出要求或者同意履行义务”并列。但无论怎么理解，都存在各种情形的语法结构、人称指代参差不齐的问题：“当事人一方”作为主体是明确的，而“提起诉讼、同意履行义务”却没有主语。

如采用第二种理解，正常理解“当事人一方”应当是用“或者”连接的两个动宾结构的共同主语，但由于对“或者”功能、作用的认识差异，也会有人理解为是“当事人一方提出要求”与另一方“同意履行义务”的并列，但二者并不能共享主语。有专家或就此解释，“提起诉讼”“同意履行义务”的主语，就是当事人一方。但为什么这个主语不放在前面，却出现在句子中间？

上述怀疑不是凭空猜测的，而是有现实立法规定一一对应的。《民法典》第195条规定：“有下列情形之一的，诉讼时效中断，从中断、有关程序终结时起，诉讼时效期间重新计算：（一）权利人向义务人提出履行请求；（二）义务人同意履行义务；（三）权利人提起诉讼或者申请仲裁；（四）与提起诉讼或者申请仲裁具有同等效力的其他情形。”通过形式上单独列项的结构调整，辅以内容上明确规定“诉讼时效中断”的4种情形，给每一种情形都加上了主语，从而明确了每一种情形下的行为主体，避免不必要的猜疑。

具体而言，“诉讼或者申请仲裁”只能由权利人提起，这样可以避免滥诉行为；同意履行义务只能由义务人实施；“提出履行请求”的主体限于权利人且只能向“义务人提出”，方向都不能反，且请求的内容只能是履行请求。

这些修改说明，文字完善无止境，写作者要尽心尽力、担当作为、永不懈怠。

第四节　主体须列举分明

法律是区分“你的”和“我的”的学科，没有主体，权利、义务、责任就无所依归，法律也就无的放矢。秩序的虚无是从权利主体、义务主体、责任主体的递次空置开始的，其最典型的现实模型，就是公地灾难、破窗效应等。

主体是法律关系的重要内容，特别是在行政管理领域，十分重要。主体的变更，意味着组织机构调整的重大事宜，往往与行政管理体制的重大改变有关，而成就如此重大的事项，却常常可以从立法技术的细小失误中找到突破口、切入点。

【例】2007年《物权法》第127条第2款：县级以上地方人民政府应当向土地承包经营权人发放土地承包经营权证、林权证、草原使用权证，并登记造册，确认土地承包经营权。

与该条类似的2007年《物权法》第139条，也是规定依法办理书证的事宜，但未提“县级以上地方人民政府”，致使同类的事让不同的主体操办。《民法典》第333条、第349条的相应规定（均改为登记机构），统一了表述、弥补了《物权法》的立法技术不足。同时，将“县级以上地方人民政府”调整为“登记机构”，揭示了中国立法的新动向：逐渐淡化原来凡事找政府的惯性思维。

【例】2001年《婚姻法》第11条：因胁迫结婚的，受胁迫的一方可以向婚姻登记机关或人民法院请求撤销该婚姻。

《民法典》第1052条第1款删除了“婚姻登记机关”，也相应取消了行政法上的一项行政裁决制度。由此引发的法律制度和政策调整是，原来由行政主体处理的事项转交法院裁断。这一调整反映了《民法典》编纂的一个立法倾向，即将一些法定由行政机关处置的事项，改由法院解决或者交由民间自治。这将带来行政法与民法的关系重构，进而推动我国行政管理体制更深层次的改革。

【例】2009年《民法通则》第17条第1款第5项：无民事行为能力或者

限制民事行为能力的精神病人，由下列人员担任监护人……（五）关系密切的其他亲属、朋友愿意承担监护责任，经精神病人的所在单位或者住所地的居民委员会、村民委员会同意的。

上述规定显然是只针对精神病人的监护人的确定而言的，但其中显然疏忽了一个问题：无民事行为能力或者限制民事行为能力人，并不限于精神病人，如此以精神病人前后呼应地规定的结果是，前文对精神病人的限定性规定，即无民事行为能力或者限制民事行为能力，实际上落空，进而可以认为是多余的。

相比较而言，《民法典》第28条的相应修改就好得多：用“被监护人”指代需要为其确定监护人的“无民事行为能力或者限制民事行为能力的成年人”，也证实了原条文中的“精神病人”，确实概括不够全面。

第五节　主体列举的缺失

【例】2009年《农村土地承包法》第61条规定了国家机关及其工作人员干涉承包方依法享有的生产经营自主权的法律责任。

这只是“干涉农村土地承包”活动的“罪状”（指违法行为的表现）之一，没有考虑到干预发包方经营自主权等可能。事实上，现实生活中损害承包方生产经营自主权最严重的行为恰恰是通过干涉发包方的生产经营自主权实现的，如要求发包方终止承包经营合同等。按理说，任何对承包经营各方民事活动的干预，都应当考虑到其影响会涉及各方当事人。

故2018年《农村土地承包法》第65条将“承包方”调整为“承包经营当事人”。这个在民法领域、合同法领域绝对不会被疏忽的问题，到了诸如《农村土地承包法》这类交叉学科的立法项目中，就可能出现。

第六节　主体列举的冗余

主体冗余，是主体缺失的对立面：因重复而显得太烦琐。

【例】2007年《物权法》第224条：没有权利凭证的，质权自有关部门办理出质登记时设立。

此处的“有关部门”，显然就是办理出质登记的部门，二者实质上重叠、形式上重复。《民法典》第441条通过删除“有关部门”确立的原则是：凡涉及具体的业务细节，需要依据其他法律、法规等的内容，可以不写。

【例】2009年《侵权责任法》第67条：两个以上污染者污染环境，污染者承担责任的大小，根据污染物的种类、排放量等因素确定。

“污染者承担责任的大小”中的“污染者”肯定就是前面提到的“两个以上的污染者”之一，因此不用重复（《民法典》第1231条正是如此修改的），也不会有歧义；反而是“污染者”重复出现后，更难把握究竟谁负责了。因为本条所要表达的意思恰恰是各污染者承担责任的大小的确定方法，而不是确定污染者。

主体列举冗余还有一种较为罕见的情形：所列举的主体其实并不存在。

【例】1994年《预算法》第72条：各级政府审计部门对本级各部门、各单位和下级政府的预算执行、决算实行审计监督。

显然，“各级政府”包括乡级政府，但我国乡镇政府是不设部门的，也就没有该条规定的“审计部门”。对此，2014年《预算法》修订时，将该处的“各级政府审计部门”修改为“县级以上政府审计部门”。

第七节　关注主体的权利

法律上的主体都是权利主体。因此，在法律上明确主体，很大程度上就是在明确其权利。正如画虎先画骨一样，法律通过明确人的权利来界定人，并相应地认定法律上的人为具有权利能力的主体。

【例】2009年《民法通则》第92条：没有合法根据，取得不当利益，造成他人损失的，应当将取得的不当利益返还受损失的人。

《民法典》第122条相应规定是：因他人没有法律根据，取得不当利益，受损失的人有权请求其返还不当利益。新旧条文中都有“他人”，但最大的变化是扭转了表述方向：从权利主体的角度出发，体现民法的权利保护功能。

如果用“、”替代“没有法律根据，取得不当利益”中的“，”，以密切二者之间的联系，强化其作为请求权前提和基础的地位，还可以进一步厘清本条表述的逻辑层次。

第八节　关注主体的能力

在法律上，主体总是与其权利、能力相辅相成的：没有权利、缺乏能力的主体，就不是完整、完善的主体。故法律在强调主体权利能力的同时，也将主体区分为完全行为能力人、限制行为能力人、无行为能力人，这一点可以推而广之。

【例】1994年《预算法》第2条第1款：国家实行一级政府一级预算，设立中央，省、自治区、直辖市，设区的市、自治州，县、自治县、不设区的市、市辖区，乡、民族乡、镇五级预算。第2款：不具备设立预算条件的乡、民族乡、镇，经省、自治区、直辖市政府确定，可以暂不设立预算。

这显然留了个尾巴："不具备设立预算条件"实在不应该成为打这个折扣的理由——这样的乡镇政府，是不是具备"设立"的条件？但凡能够"开张"的乡镇，编制并执行预算就应是其最基本的行为能力。由此看来，1994年《预算法》起草时，在这个问题上至少犯了两个错误，首先是对预算的重要性还是不够重视，其次是对立法确立的原则的重要性，还是没有原则性的认识，而后者更具有典型性。

第九节　责任主体要落实

要想逻辑严密，就必须表述周延，这显然是个更高的要求。避免表述不周延的技巧既包括逻辑周延，也包括事理周延，而确保责任落实的事理周延，离不开对责任主体的明确限定。

【例】2001年《职业病防治法》第50条第1款：职业病病人依法享受国家规定的职业病待遇。

如果是宣告性条款，这样写也就可以了。但如何操作？特别是"职业病病人"享受不到"国家规定的职业病待遇"时，去找谁或者先找谁？2011年修法时，非常巧妙地在上述规定前增加了"用人单位应当保障"几个字，就基本解决了这个在立法及实践中都无法回避的大问题："国家规定的职业病待遇"由"用人单位"负责"保障"，如果职业病病人享受不到依法应当享受的待遇，可以通过检举控告、劳动仲裁、诉讼等途径依法要求“用人单位应当保障”。而其“依法”采取救济的法律依据，就是修改后的新规定，特别是“用人单位应当保障”的规定。否则，职业病人去找用人单位，用人单位也可以说法律没有明确“用人单位应当保障”。

【例】2001年《职业病防治法》第12条第1款：任何单位和个人有权对违反本法的行为进行检举和控告。

这是一个赋权性条款，但由于没有明确处理“检举和控告”的主体及其职责，在现实中并没有执行力和执行效果。

2011年增加了“有关部门收到相关的检举和控告后，应当及时处理”。从表面上看，有了这一规定，就落实了职责主体。但在实际操作时，仍不免存在“有关部门”谁来认定的问题，而收到“检举和控告”的部门因不认为自己是“有关部门”，导致问题难以得到“及时处理”。从立法技术的角度考虑，最便宜的修改方案，是将“有关部门”修改为此前已经明确了概括职责的“职业卫生监督管理部门”。

第三十五章　概念界定的技巧

本章的姊妹章包括“名词”“术语”以及“运用概念的技巧”“表述统一的技巧”等，因为在概念界定之后，就是运用，而运用的形式要求，就是表述统一。

第一节　概念先行的意义

概念先行是理性思维的基本思路，对此，法律领域的经验足资日常写作借鉴。特别是反映新时代法治思维之集大成的《民法典》，其庞大、复杂、缜密的体系，正是建立在一个体系更为严密、精干的法律术语暨法律概念体系之上的。

《民法典》强调法律原则、法律概念的统领作用，是其在立法技术上创立的诸多突出范例中最夺目的两个亮点。而要突出法律原则或者法律概念，就必须配以专门的表述形式，如单独列条、列款或者用分句等，就是主要的语法实现手段。

【例】1986年《民法通则》第1条：为了保障公民、法人的合法的民事权益，正确调整民事关系，适应社会主义现代化建设事业发展的需要，根据宪法和我国实际情况，总结民事活动的实践经验，制定本法。

在上述规定中，“公民、法人”只有列举，没有概念化；“民事权益”后来仅在第5条出现了一次；“民事关系”在该法第二次出现，已经是第85条的“合同是当事人之间设立、变更、终止民事关系的协议……”，仍没有被具体界定，再出现就是在该法第8章涉外民事关系的法律适用中了。只有“民事活动”随后出现了13次，初步承担起了一个法律概念的使命。

《民法典》第1条将其改为：“为了保护民事主体的合法权益，调整民事关系，维护社会和经济秩序，适应中国特色社会主义发展要求，弘扬社会主义核心价值观，根据宪法，制定本法。”一揽子确立了“民事主体、合法权益、民事关系”3个法律概念。在后续条文中，“民事主体”出现了39次，“合法权益”出现了28次，“民事关系”出现了7次，充分表明《民法典》大大强化了法律概念在表达中的权重，促进了法律条文的概念化、规范化、体系化表达。

更为重要的是，《民法典》还大大强化了法律概念实体化的进程，即法律概念的准确界定。其第2条、第3条分别规定：“民法调整平等主体的自然人、法人和非法人组织之间的人身关系和财产关系。”“民事主体的人身权利、财产权利以及其他合法权益受法律保护，任何组织或者个人不得侵犯。”明确了民法中最重要的法律概念：“民事主体”。在强化实体规范的实质性内容的同时，《民法典》在语法方面也有充分考虑：第2条中的“民法调整平等主体”，对应第3条的“民事主体”；第2条中的“自然人、法人和非法人组织”正是第3条中的“民事主体”的核心内涵。如此，完成了对一个民法领域最基本的法律概念全部要素的界定。

第二节　概念界定的本义

概念界定，就是给概念下定义。这种活动，并不是辞典、教科书或者法律、法规的特权，任何从事学术研究或者阐明较为专业的内容的写作过程，都需要先考虑所使用的概念的内涵统一问题，这就必然涉及概念的界定。

概念界定成功与否，正面考量固然重要，负面因素也要克服，要全面兼顾、系统考量，尤其是不要犯结构性、系统性错误。

概念的界定，不是具体的文字工作，而是具有政策性的系统工程，不突破文字表达的局限，就无法准确界定概念。如将“行政立法”界定为：包括国务院制定行政法规、国务院各部门制定部门规章和有权地方人民政府制定地方政府规章的活动。当然，这是对作为动词或者可作为动词使用的动宾结构的“行政立法”的界定，但也可以将“行政立法”界定为上述活动的成果，即行政法规和规章。

【例】行政立法包括国务院制定行政法规、其各部门制定的部门规章……

“制定行政法规”是行为，“制定的行政法规”则是此类行为的结果，两类不同性质的事项如此放在一起、作为同一概念的内容，这是概念定义的大忌。

第三节　概念的确立模式

核心概念的确立，是一个学科、一部立法的首要逻辑基础。

一部规范的立法应当如何界定概念？《民法典》确立了最权威的标准。

【例】2007年《物权法》第128条：土地承包经营权人……有权将土地承包经营权采取转包、互换、转让等方式流转。

该规定无论在逻辑上还是语法上，都犯了大忌：重叠使用同义概念，类似于让马与白马并列。《民法典》第334条删除了与“转让”同义的“转包”，但保留的“互换”仍与“转让”有些交叉。因为“转让”实为“转出”，即将“土地承包经营权”转给其他人，特别是“圈外人”；“互换”对于参与者而言，都是先转让，再受让，等于参与了两次转让，除非将“互换”理解为临时性的。

进一步分析还会发现，《民法典》之所以删除《物权法》中“等方式流转”的归类式表述，就是要确立“转让”的中枢地位：这些所谓的“流转”，无论以什么方式、以何种名目进行，其本质都是转让。

更为重要的是，通过文字修改，更具有民事权利意味的“转让”概念被正式确立，解决了《物权法》中“流转”的表述问题。具体到“土地承包经营权”领域，其时代现实意义在于，取消了对受让人范围的限制，即不限于“圈内”的流转，而扩大为对世的“转让”，从而使“土地承包经营权”更为实体化、权利化。

第四节　概念的直接定义

直接描述概念的内涵，是界定法律概念最基本的方法。

【例】1999年《合同法》第117条第2款：本法所称不可抗力，是指不能预见、不能避免并不能克服的客观情况。

【例】2009年《民法通则》第153条：本法所称的“不可抗力”，是指不能预见、不能避免并不能克服的客观情况。

上述界定形式，统一于《民法典》第180条第2款：不可抗力是不能预见、不能避免且不能克服的客观情况。由此确立了一个非常重要的下定义的方法：直接用“某概念是”。这从逻辑上解决了如下问题：本法中规定的内容，是否需要一一强调“本法所称”？

更重要的是，由于这一调整，法律概念的辐射领域、覆盖范围，将逾越“本法”的樊篱，投射到该法律部门中所有该法律概念出现的领域，特别是，而且至少是引用该法律概念的法律、法规、规章中。这才是《民法典》的微言大义所在。如此一来，类似《民法典》这样的基本法律确立的法律概念，凡在一般法律及法规、规章中出现的同一表述，都必须确保与《民法典》界定的概念保持定义一致，否则就不仅是语法层面的用词选择问题，而是实体意义上的“与上位法相抵触”。

事实上，删除“本法所称”也有一定风险和执行难度。自此以后，我国法域内所有“不可抗力”，都以此处的明文规定为内涵，其他任何法律、法规、规章以及行政、司法的法律文书，也都必须以此定义界定和使用“不可抗力”一词。

值得注意的是，《民法典》第200条“民法所称的期间按照公历年、月、日、小时计算”的规定，保留了“民法所称”。相对于不加任何范围限制条件的法律概念的界定，“民法所称”的表述还是相当谨慎而周到的，其避免了“期间”一词在不同法律部门中可能出现的必要的语义差异因该条的规定而被人为消弭。这显然是符合我国立法的阶段性特征和立法技术普及的现实状况的。

第五节　概念的间接定义

法律概念的界定，以实际运用时各方可以理解为目的。法律概念的间接界定，就是在其应用的场景中意会其内涵和外延。

《民法典》第425条第1款规定，为担保债务的履行，债务人或者第三人将其动产出质给债权人占有的，债务人不履行到期债务或者发生当事人约定的实现质权的情形，债权人有权就该动产优先受偿。同条第2款在第1款直接定义基本概念的基础上，间接确立了相关法律概念的内涵并直接应用：

前款规定的债务人或者第三人为出质人，债权人为质权人，交付的动产为质押财产。

《民法典》大量运用了这种界定概念的语法技术。如第372条第1款“地役权人有权按照合同约定，利用他人的不动产，以提高自己的不动产的效益”负责描述，第2款“前款所称他人的不动产为供役地，自己的不动产为需役地”直接明确概念。其中并未包括“地役权人”，因为该概念已视为在第1款中界定了。当然，这里没有定义的具体内容，或者说其内容不在下定义的第2款中，而在前款的描述中。又如该法第770条第1款规定：承揽合同是承揽人按照定作人的要求完成工作，交付工作成果，定作人支付报酬的合同。从表面上看，这是在给“承揽合同”下定义，但同时也界定了“承揽人”“定作人”这一对“承揽合同”的当事人、相对人的法律概念。自该条以下，该条所在章乃至该法有关“承揽合同”的内容中，对当事人的称谓就直接用“承揽人”“定作人”，而不需要进一步界定和解释，更不用加“承揽合同”予以限定。

这项非常简洁实用的概念界定技术，此前已被用于《合同法》，被《民法典》采用后，其影响范围和效力层级会大大提升，为其今后在更广的范围内推广奠定了坚实基础。

第六节　概念的归纳定义

《民法典》第3条列举并解释了“民事权益”的3种基本形态：人身权利、财产权利以及其他合法权益。这是该法第二次出现“民事权益”，因在其第一次出现的第1条中显然不宜界定概念，故需要第3条以这种方式对其作总体性、前置性的规定。随后的第120条、第183条等，就不必如此列举了。

【例】2007年《物权法》第162条中，“土地承包经营权、宅基地使用权”出现了2遍。

《民法典》第378条力求精简的倾向性在此进一步凸显，所用方法，就是用“等”字将“土地承包经营权、宅基地使用权”提炼、归纳并界定为“用益物权”，随后就可以用该概念简化表述了。

美中不足的是，在随后的第379条“土地上已经设立土地承包经营权、建设用地使用权、宅基地使用权等用益物权的，未经用益物权人同意，土地所有权人不得设立地役权”中，既出现了“用益物权”，又重述了“土地承包经营权、建设用地使用权、宅基地使用权”等文字，相当于把“用益物权”又定义了一遍。

第七节　概念的衍生定义

衍生定义是指，不直接给概念下定义，但从实际表述中可以揣摩出特定名词的法律意义，最常见的就是法律文件中对调整范围的界定。

【例】1999年《合同法》第2条第1款：平等主体的自然人、法人、其他组织之间……

该表述如今变成了《民法典》第2条：“民法调整平等主体的自然人、法人和非法人组织之间的人身关系和财产关系。”这些平等主体就演变成了该法乃至整个民法领域中最重要的法律概念：民事主体。

第八节　概念的直接运用

许多经典概念在没有被界定时就已经广泛使用了。汉语中绝大多数自古就有的概念，都是以这种方式立足和使用的，如桌子、板凳、大米、老鼠、鸿雁等。

《民法典》第801条“因施工人的原因致使建设工程质量不符合约定”中，“施工人”，不是“施工人员”。“施工人员”是日常用语，不需要专门界定；“施工人”则是专有术语，通常需要专门界定，但该法也没有界定。因为这个概念实在过于单纯，即使界定也是同义反复：施工人是施工主体或者施工行为的承担者。

在这种情况下，只要该概念前后统一，就不会引起误解，直接使用当然可以了。

2009年《民法通则》第128条、《民法典》第181条，都没有给“正当防卫”下定义，而是直接使用。这不仅仅是因为立法时对此还有分歧，更重要的是，正当防卫也是其他法律部门，特别是刑法、行政法上重要的法律概念，由《民法典》统一规定似有不妥。由此产生的后果是，不同法律领域、不同部门法有关正当防卫的规定，可能不尽一致。

因为使用，甚至仅仅是出现某种表述，就明确一个法律概念，进而形成有关这一法律概念的渐趋一致定义的现象在立法史上俯拾即是。行政法上的许多概念，如行政处罚、行政许可、行政强制、行政赔偿、行政复议等，都是在1989年制定的《行政诉讼法》中出现后，即成为行政法学界热议的焦点，并在随后的国家立法中分别成为确定的法律概念。

【例】1985年《继承法》第11条：被继承人的子女先于被继承人死亡的，由被继承人的子女的晚辈直系血亲代位继承。代位继承人一般只能继承其父或者母有权继承的遗产份额。

未经定义直接运用“代位继承人”一词并不影响对其语义的理解。《民法典》第1128条第3款承继并认可了这一表述。事实上，该条文还定义了另外一个概念：代位继承。正是在这样的铺垫下，才有了“被代位继承人”的概念。

第九节　不确定概念

【例】2009年《民法通则》第6条：法律没有规定的，应当遵守国家政策。

《民法典》第10条此处的改造具有标志性意义：“法律没有规定的，可以适用习惯，但是不得违背公序良俗。”从表面上看，似乎是“习惯”和“公序良俗”取得了比“国家政策”更高的地位，其实要注意两点：一是新规定下对原有“国家政策”的把握是有相当的保障的，因为法院的政策落实水平与制定国家政策的国家行政机关没有太大的差距；二是国家政策的清理是一个相当漫长而复杂的过程，却是大势所趋，大致就是被立法替代的过程。现实中，未必每一个个案中需要参照适用的习惯都能被及时制定为国家政策。在法院需要解决个案中的问题，而国家政策迟迟无法出台时，授权主审法院在民事案件中参照适用习惯，不会有太大的问题。由各地法院分别就个案裁判，与全国统一立法，特别是制定国家政策相比孰优孰劣尚未可知，尤其是在强调公序良俗的民法领域。

这实际上是将国家对社会的管控方式，由中央级行政机关制定统一的国家政策，转变为由分布各地的各级法院在个案中具体把握公序良俗。二者从表面上看差异很大，实际上殊途同归：中央行政机关制定国家政策的基准，也是公序良俗；如果其认为法院对公序良俗的理解出现了重大偏差，完全可以推动在相应领域统一立法，在这个过程中，立法机构也要就公序良俗的内容反复征求意见。

【例】1993年《公司法》第67条：国家授权投资的机构或者国家授权的部门依照法律、行政法规的规定，对国有独资公司的国有资产实施监督管理。

究竟谁能作为此处“国家”的代表施行这一规定，或者说何种情况属于“国家授权”没有明确。1999年该法修订时，删除了“国家授权”的规定，转而具体规定“国有独资公司监事会主要由国务院或者国务院授权的机构、部门委派的人员组成”。

这反过来说明，类似“国家有关规定”“国家授权”之类的“法律用语”已经作为旧时代的象征和符号，在新时代逐步退出历史包括立法的舞台了。

第十节　未成形概念

未成形概念，在本书中是指尚未成熟的概念，即某些偶尔会用到，但只是临时一用的字符组合，还没有形成公认的可通用概念，因此不必定义。

与未成形概念类似的，是不确定概念。不确定概念不是没有成熟的概念，而是一直没有成熟的概念，即对其内涵及用法还未达成共识，但一直在讨论的概念。因为确实有一些比较好用的模糊词，如“国家规定”。

【例】2009年《民法通则》第43条：法人的法定代表人和其他工作人员。

《民法典》第170条将其改为“执行法人或者非法人组织工作任务的人员”。这些人“就其职权范围内的事项，以法人或者非法人组织的名义实施的民事法律行为”就是其职务行为，其对外的法律效果是，该民事法律行为对法人或者非法人组织发生效力；其对内的法律效果是，其义务和责任不能转移给这些工作人员。

从上述表述中看，“执行……工作任务的人员”确实不能算是典型的法律概念，《民法典》也确实无意将这些人纳入一个统一的法律概念。

第十一节　概念界定的基础地位

概念的界定，是精准表达的前提：概念本身都是模糊的，何谈精准表达？本书无意于学理论道，在此仅从实例出发，让读者感性地了解概念界定的基础地位。

法律上的概念界定，绝大多数并非学理性的，而是要直接与法律责任挂钩的。例如，好心人投喂流浪猫，猫伤了人，谁来承担责任？这就是社会生活中一个鲜活的法律问题，而解决这个问题的关键，是对《民法典》第1245条的理解：饲养的动物造成他人损害的，动物饲养人或者管理人应当承担侵权责任。而要适用该规定，就必须明确谁是“动物饲养人”“动物管理人”。

于是问题转化为，投喂流浪猫的“好心人”，算不算“动物饲养人”（显然不能算“动物管理人”），这取决于其是否占有并控制着猫、是否独享其乐等因素。

【例】老百姓出门真是很难，因为你不知道哪一个有点很小权利的人都会给你设置一个障碍，让你人生很艰难。

“真是很难”“让你人生很艰难”的表述显然不妥，但真正的错误（是错误，不是不妥）是“权力”与“权利”的误用。

权利是人固有或者依法享有的行为能力和资格，如生命权、健康权、财产权。权利每个人都有，但具体范围不同，在生命权、健康权等方面原则上人人平等，在财产权上就有可能相差悬殊。总体而言，权利与个人直接相关，故又称私权利。

权力是依法获得的干预他人权利和自由的外部强制力量，不是人人都有，只有依法取得授权的执法、司法人员才有；因总是事关公共事务，又称公权力。

权力是干预权利的强制力，权利在权力面前只有服从和忍让；如有不服，也只能通过法定的渠道寻求救济，如提起行政复议、行政诉讼或者在刑事诉讼中依法辩护等。权利有范围之别，权力则有大小之差。真正有权力的人才有可能为别人设置障碍，而任何人的权利不足以成为别人的障碍。这个问题再往深里说，就将转入法学界对“权利”和“权力”这两个基本范畴的思辨论证，笔者就不再展开了，这和作文已经没有多大的关系了：日常写作仅偶尔涉及相关常识的应用。

概念界定最基本的要求是明确、准确，但概念的准确界定，并不一定在标准的定义语句中完成。

第十二节　概念界定要聚焦主旨

概念界定往往涉及其他概念，此时需要聚焦主旨，以防另生枝节。

【例】2009年《民法通则》第93条将无因管理的条件界定为：“没有法定的或者约定的义务，为避免他人利益受损失进行管理或者服务。”

其中的“管理”，并没有明确具体的对象，即没有纠缠于具体管理的是什么。事实上，这还真不是一个容易列举、界定清楚的问题，老人、孩子、精神病人、房屋、车辆、游艇、飞机、山林等都有可能。当然，如果真要明确也不是没有可能，只是争议太大，很容易莫衷一是、很难一锤定音。

这一实例提示，对于无法说清楚，但大众都明白的事，可以照此办理。从语法的角度看，之所以可以这样写，就是因为汉语容许及物动词不带宾语。

第十三节　概念界定要认识到位

确保概念界定明确、准确的最基本的前提，不是精准切入的意愿，更不是表述的华丽，而是对目标概念的认识的深邃：认识提高了、到位了，表述自然容易；没有洞明概念的本质，怎么表述都让人觉得不得要领。

【例】2009年《民法通则》第66条第4款：第三人知道行为人没有代理权、超越代理权或者代理权已终止还与行为人实施民事行为给他人造成损害的，由第三人和行为人负连带责任。

该表述相当冗长，因为这里实际上存在一个四重关系：行为人是无权代理人，与其共同实施民事行为的人、他们的身后还有被代理人以及受害的他人。此时，“第三人”究竟指代谁，要看从哪个角度着眼，或者说从哪个方向开始数，因此是不确定的，或者说很容易数错。不如将与行为人协同完成行为的人，即直接与行为人相对的人，称为相对人。《民法典》第171条第4款规定："相对人知道或者应当知道行为人无权代理的，相对人和行为人按照各自的过错承担责任。"用"相对人"替代了"第三人"，初步理顺了这几层关系，但规范中只提到了此二人。

更重要的是，新规定明确了"无权代理"的概念。事实证明，无论在理论上、学理上、法理上，还是今后守法、司法、执法的现实中，该概念的概括力都太强了：其替代了《民法通则》的"没有代理权、超越代理权或者代理权已终止还与行为人实施民事行为"，从而大大避免了表述的冗长和语义上的错乱。

第十四节　概念界定要考虑周详

2019年修订2007年《政府信息公开条例》时，很多新规定都是针对该条例实施过程中遇到的问题，而有针对性地规定的。这些问题，有许多是因为旧条例在"设计"时对某些概念的界定考虑不周造成的。

【例】2007年《政府信息公开条例》第17条：行政机关制作的政府信息，由制作该政府信息的行政机关负责公开；行政机关从公民、法人或者其他组织获取的政府信息，由保存该政府信息的行政机关负责公开。

2019年《政府信息公开条例》第10条第1款规定，"行政机关获取的其他行政机关的政府信息，由制作或者最初获取该政府信息的行政机关负责公开"，其实质性进步表现为进一步明确了"获取"概念的本义，即"获取"是指"最初获取"。这一进步的基础是，充分认识到行政机关从"其他行政机关获取"的政府信息，不同于"行政机关从公民、法人或者其他组织获取的政府信息"；其他行政机关从公民、法人或者其他组织获取的政府信息是其"最初获取"的、直接获取的，这些信息对于接到信息公开申请的行政机关来说，则是其间接获取的。

就信息公开的义务主体的确定而言，必须以"直接获取"为标准。但不得不承认，新条例的规定也确实存在语义逻辑障碍：必须将"获取"理解为非"最初获取"。

第十五节　概念界定要符合逻辑

概念的界定必须尽可能清晰、明确、周延，绝不能模棱两可、似是而非。法律概念尤其如此。例如，“预算”是个比较专业的概念，涉及的也是比较专业的领域，一般人，即使是法律方面的专业人士，也都不敢在这个领域轻言妄语。

【例】1994年《预算法》第4条第2款：中央预算包括地方向中央上解的收入数额和中央对地方返还或者给予补助的数额。

“中央预算”是《预算法》的核心概念，但上述规定对该概念的立法界定确实让人迷茫。且不说“中央预算”究竟何指，“中央预算”“包括”“数额”这个核心表述结构本身就有问题，因为“预算”显然不限于“数额”。旧法的这一表述还存在其他许多问题，但归根结底就是没有把概念说清楚。对照2014年《预算法》第6条第3款，更能够看清楚其想表达而没有表达清楚的意思：“中央一般公共预算收入包括中央本级收入和地方向中央的上解收入。中央一般公共预算支出包括中央本级支出、中央对地方的税收返还和转移支付。”确实，上述内容实在是比较复杂，只有新法如此详尽地表达，才能准确地界定相关的概念。

【例】1996年《刑事诉讼法》第42条第1款：证明案件真实情况的一切事实，都是证据。

上述规定在2012年被修改为“可以用于证明案件事实的材料，都是证据”。证据是材料，而不是事实，用材料证明的，才是事实。这一改进，显现了近年来证据学研究领域的进步，但更确切地说，是采纳或者“同步”了证据学的研究成果。

第十六节　概念界定要避免理论纷争

定义法律概念的原则在法律上并不存在，在理论上也不好厘定。但有一个通行的标准，就是不能给随后的法律规范的设定制造障碍。也就是说，概念的定义要经得起后续立法条文中对同一概念反复适用时基于逻辑严谨性的考验，如没有自相矛盾、能够自圆其说，概念定义就算成功了。

2009年《行政处罚法》第41条规定了不成立的行政处罚行为："行政机关及其执法人员在作出行政处罚决定之前，不依照本法第三十一条、第三十二条的规定向当事人告知给予行政处罚的事实、理由和依据，或者拒绝听取当事人的陈述、申辩，行政处罚决定不能成立；当事人放弃陈述或者申辩权利的除外。"行政行为不成立意味着该行为还不能成为行政行为，当然不产生任何法律效力。

但问题是，不是行政行为的"行政行为"是否可诉？这就要适用2014年《行政诉讼法》有关无效行政行为可诉的规定了。现实生活中也确实需要对"不成立"的行政行为进行起诉，以通过法定程序"坐实"其"不成立"的法律定性。这类案件，在2014年《行政诉讼法》规定无效行政行为可诉之前，很容易使人陷入逻辑旋涡而最终导致法院不予受理：行政行为不成立，就表示其不是行政行为，而行政诉讼的标的只能是行政行为，因此"本院裁定不予受理"。如此一来，立法本来是想突出对此类严重违法（重大且明显违法）行为的否定力度，到头来却给了它"咸鱼翻身"的机会：因为法院不受理，反而可以逍遥法外了。

第十七节　概念界定的基础要稳

概念界定的基础一定要稳固，基础不稳是比定性、定位错误还要严重的问题。

【例】2009年《民法通则》第15条：公民以他的户籍所在地的居住地为住所，经常居住地与住所不一致的，经常居住地视为住所。

"户籍所在地的居住地"重复了两个"地"，仍没有确定"所"：字面上仍存在以"地"为"所"的逻辑和表达错位，这是内容表述不清的直接反映。

之所以要强调"户籍所在地的居住地"，是想进一步明确"住所"不是"户籍所在地"，而是位于"户籍所在地"的"居住地"。但是事与愿违，"居住地"仍可能是一个模糊的地域概念，如容纳万人甚至十万人的小区，其比"户籍所在地"的定位精度高不到哪去，一般人也会将其理解为一个大的区域而不是一间具体的房子。

《民法典》第25条强调了“居所”与“住所”的对应：“自然人以户籍登记或者其他有效身份登记记载的居所为住所。”解决了我国立法几十年来对“住所”本质上的误解：“住所”是个位置概念，不是地域概念，其法律意义是为了方便查找，以便完成送达等法律程序，因此越具体越好，最好具体到“门”。

《民法典》明确并反复使用“居所”，解决了“住”的行为与法定处“所”的衔接问题，进而指向“住所”就顺理成章了。而此前立法强调户籍地，虽然通常情况下户籍所在地也是以户籍登记为准的，但毕竟没有把这个问题厘清、说透。

【例】2001年《婚姻法》第22条：子女可以随父姓，可以随母姓。

《民法典》第1015条第1款将其修改为：“自然人应当随父姓或者母姓，但是有下列情形之一的，可以在父姓和母姓之外选取姓氏……”

新规定字数大增，但内容丰富多了。更重要的是合并了《婚姻法》的内容，并简化为“随父姓或者母姓”。这是一次双重简化：删去了重复的“可以”“随”。

从字意看，随父姓或者母姓在法律规定上何以表述为“应当”？民法不是强调意思自治吗？这要从三个角度入手：一是对《民法典》所确立的意思自治原则的理解。既然是意思自治，落实到姓氏选择权上，就是让老百姓自己决定。

二是对“应当”随父姓或者母姓的理解。这个问题比较好理解，但比较难执行。因为按照“应当”的基本逻辑要求，就是绝对地没有选择、变通的余地，但“或者”本身就是备选的意思。当然，“应当”也可以理解为只能在随父母的姓中作选择。

三是可选项的现实性。如果将“应当”改为“可以”，在立法上是否说得通？当然没有问题，唯一的问题是，既然可以这样规定，为什么不直接规定“自然人可以选取不违背公序良俗的姓氏”？为什么只关注姓而没有同等地关注名？

这里的关键是，正常情况下，一个人的第一个姓氏，都是在婴儿期、在其完全不知情也根本没有征求其意见的情形下确定的。《民法典》此处规定的实质是改名权。也就是说，姓氏就是《百家姓》意义上的姓名的第一部分，而姓名是由“姓氏”和“名”两部分组成的。如果法律对姓氏作出明确要求，按理也应当对“名”作出同等要求。只规定姓不兼顾名，根源在于“姓氏”在我国文化传统中的特殊地位。既然如此，更需要从维护公序良俗的角度，放权给社会与个人。

综上，《民法典》第1015条挑明了中文中“姓”与“姓氏”的区别，或者说指明了“姓”就是“姓氏”的简写。因此，如今的“按姓氏笔画排序”，已经发生了实质性改进：先按姓的笔画排序，如姓的笔画相同，再按名的笔画排序。

第十八节　概念界定的定性要准

重要概念往往是某个学科的基石，其定性、定位事关学科的长远发展，必须定性准确、定位妥当；一时做不到这一点的，随后也要推陈出新、不断完善。

【例】2009年《民法通则》第54条：民事法律行为是公民或者法人设立、变更、终止民事权利和民事义务的合法行为。

由此引发的问题是，非法行为是不是民事法律行为？如果不是1986年就有这一规定，民法学界甚至整个法律界都不会有如此的热情，持之以恒地探讨这个问题30余年。这就是立法的伟力所在，也是立法不可不慎重的原因。

既将民事法律行为定性为合法行为，从而将侵权、违约等行为排除在外后，就必须再由专家通过事后的雄辩逻辑，来解释这些行为与民事法律行为的关系。

《民法典》第133条“民事法律行为是民事主体通过意思表示设立、变更、终止民事法律关系的行为”的新表述，从立法根源上终结了30余年来的学理之争。

【例】2009年《民法通则》第63条第2款：被代理人对代理人的代理行为，承担民事责任。

这曾是民法领域有关代理制度的经典描述，但《民法典》第162条的新界定更严谨、涵盖更广，将成为我国民事代理制度的新的制度基础：“代理人在代理权限内，以被代理人名义实施的民事法律行为，对被代理人发生效力。”

新旧表述语言上的差异具有特殊的划时代意义，其最大的变化，就是以“发生效力”取代了“承担民事责任”。“发生效力”要比“承担民事责任”泛义得多、务实得多；否则，代理就太偏狭了。例如，代理人签订合同后，被代理人就要积极作为、履行合同义务，而不是消极无为，等着对方依法追究其违约责任。

上述文字转换更为重大的历史意义在于，我国民间或者现代汉语对责任，相应地对民事责任、法律责任的理解，与法律上公认的责任的理解，不完全相同。将“承担法律责任”改为“发生效力”，需要相当的法律功底和对中国社会、中国文化及现代汉语的精深了解。

第十九节　概念界定要概括精准

精准概括是定义的基本要求，既指语义的概括，也指类别的概括。

语义概括的精准，是指用尽可能准确的文字，表述立法想要表达的概念内涵。这主要是个实体问题，即实体法对法律概念的准确含义的文字抽象，需要基于对特定领域的现象、事物及关系的精深研究。《民法典》第143条（2009年《民法通则》第55条）第1项“行为人具有相应的民事行为能力”中的“相应”，就恰如其分地避免了原本必须面对的分类及重复叙述问题。

【例】2009年《民法通则》第54条对民事法律行为的定义中，主体只提到“公民或者法人”。

这显然有局限性：即便在该法内部，除公民或者法人外，也还有个体工商户（第26条）、农村承包经营户（第27条）、个人合伙（第30条）等其他民事主体，将他们排除在民事法律行为主体外，也就将其排斥在民事法律行为外了。

《民法典》第133条用足以囊括所有主体的“民事主体”概念解决了这个问题，不但实现了上下文贯通，使整部法典在主体方面的规定统一，还不影响针对某类主体的特别规定。“民事主体”在《民法典》第1条即出现，前后共出现过40次，整部《民法典》可谓自始至终都围绕并以“民事主体”贯通全篇。

第二十节　概念界定要内涵适中

概念界定的核心是内涵适中：太大、太小都不合适，唯有允执厥中最佳。

【例】2009年《民法通则》第16条第2款第3项：承担监护责任。

《民法典》第27条第2款将其改为“担任监护人”，拓展了监护制度的适应性和适应面。如果监护人仅仅是愿意承担监护责任者，其仅在最后环节承担为被监护人的行为及损害背书的法律责任，显然不是监护人法律定位的全部。

【例】2009年《民法通则》第16条第1款：未成年人的父母是未成年人的监护人。

《民法典》第27条第1款修改为“父母是未成年子女的监护人”。原条文中重复出现“未成年人”，是想强调监护人是其未成年子女的监护人，以确保只有子女与其父母之间才有监护关系。要想说明这一点，只需要强调父母是未成年子女的监护人就可以。这正是《民法总则》的规范模式，并最终为《民法典》所吸收。

第二十一节　概念界定要外延内敛

所有的法律概念，都要有一个恰当可控的外延。所有的法律规范，都规定在一个自设约束条件的集合中，其规范的内容也在此约束条件下明确，这就要求这个自设的假定环境和条件要符合常识、切合实际并与其规定的内容相适应。法律概念界定最怕外延失控，致使与其他概念交叉，失去法律概念的独立性、唯一性。

【例】1999年《合同法》第192条第1款第1项：严重侵害赠与人或者赠与人的近亲属。

该规定涉及所用概念涵盖不足的问题，即外延不够、概念用小了。《民法典》第663条将其修改为“严重侵害赠与人或者赠与人近亲属的合法权益”，弥补了原表述比较明显的疏漏：只顾及了人身侵害，而没有考虑更为广泛的、包括财产权益等的所有合法权益。当然，如果将新旧条文的变化解释为新旧立法在实体内容上的变迁、扩充，而非立法技术上的缺失，亦通。

【例】《民法典》第339条：土地承包经营权人可以自主决定依法采取出租、入股或者其他方式向他人流转土地经营权。

从逻辑上推断，这个实例外延过大，存在概念不准确的问题，具体涉及对两个相关概念理解上的重大问题：土地承包经营权与土地经营权如何匹配？显然，二者之间最直观的逻辑关系是：后者的权利足以覆盖前者。在类似情形下，无论依逻辑还是依法理，只能存在本体的权利覆盖其附属的权利的可能，即土地经营权人可以流转其土地承包经营权，反之则不然。

如果非要在上述条文的基础上修改完善的话，也只能是“土地承包经营权人”有权处分其所享有的，即其承包的“土地经营权”，而不能处分土地承包经营发包方所享有并可能授予的全部“土地经营权”。

就本质而言，土地承包经营也属于土地经营权的流转，是从发包人向承包经营权人的流转；土地承包经营权人能够或者说有权流转的土地经营权，是其自身享有的，在我国具有特殊的身份属性的农村土地承包经营权。

【例】2009年《民法通则》第27条以“按照承包合同规定从事商品经营的”界定农村承包经营户的范围。

在没有明确承包合同的具体所指的情形下，这一规定确定的农村承包经营户的范围非常大，与个体经营户存在交叉，不限于在我国有特定所指的农村承包经营户。《民法典》第55条正本清源，将该条内容限定为依法取得农村土地承包经营权、从事家庭承包经营的农村承包经营户。

【例】2009年《民法通则》第44条第1款：企业法人分立、合并或者有其他重要事项变更，应当向登记机关办理登记并公告。

上述规定对变更登记没有任何限定，似乎任何时候都可以，而《民法典》第64条强调了法人存续期间——这是一个基本常识，只有在此期间才有变更登记可言。

【例】2009年《民法通则》第24条第2款：有民事行为能力人在被宣告死亡期间实施的民事法律行为有效。

该规定强调被宣告死亡人为有民事行为能力人是为了表述更为严谨，但显然疏漏了需要考虑的、更重要的无民事行为能力人或者限制民事行为能力人。不仅如此，被宣告死亡人处在失踪状态，如何判断其民事行为能力？相比较而言，《民法典》第49条的规定则要精准得多："不影响该自然人在被宣告死亡期间实施的民事法律行为的效力"，从而不必区分行为人是否有民事行为能力。

第二十二节　概念界定要分类准确

概念的界定，离不开概念的分类：概念定义有的自带、有的包含相应概念的分类，有的就是直接以描述分类的方式，给概念下定义。

分类准确，要求概念的定义能够精准地概括其所涵盖、包容的子概念。分类的本质是个实体问题，反映立法者对现实社会相应规范事宜的认知程度。这个问题强求不得，每一代人都有其各自的认知局限。

【例】2009年《民法通则》第48条在罗列了各种法人的形式后，分别规定各以其所有的财产承担民事责任。

与之相应的《民法典》第60条只用"法人以其全部财产独立承担民事责任"就把主要问题交代清楚了。其"秘诀"就在于，将各类法人概括为上位概念的法人，并明确法人以其全部财产承担民事责任，与旧条文的意思是一样的。这就是归纳概括在语言表达中的重要性，否则就必须面面俱到。

第二十三节　概念界定要精准切入

界定法律概念，切入的角度很重要。

【例】2009年《民法通则》第55条：民事法律行为应当具备下列条件：（一）行为人具有相应的民事行为能力；（二）意思表示真实；（三）不违反法律或者社会公共利益。

从字面上看，这是在规定民事法律行为的条件，实质上则是从条件这个角度进一步描述民事法律行为这个核心概念。但就法律规范而言，除少数理论研究者外，绝大多数守法者、执法者、司法者或者是像笔者这样的实务研究者，并不关心这些条件本身，而只关心这些表述将在多大程度上影响民事主体及其行为。

《民法典》第143条给出了一个现成的、目前看来最优的选项："具备下列条件的民事法律行为有效"，即直接规定哪些民事法律行为有效，这是在明确民事法律行为概念后，需要进一步落实的最重要的内容。立法从这个角度切入，不再绕行至民事法律行为的条件，就选准了切入点。

站在新的切入点看原条文的表述：一方面，民事法律行为是民事主体的合意行为，为何非要具备"下列条件"？如果双方当事人没有异议，即使不具备"下列条件"的民事行为，不是照样会产生法律效果？事实上，绝大多数不具备条件的民事行为也都会执行到位，即发生其法律效力；即使没有落实到位，只要民不举，也不会有人知道。从这个角度看，没有必要强调民事法律行为非要如何，只需要规定如果不遵守民事法律行为要求会有何种后果即可。

另一方面，即使法律有明确要求，不符合要求怎么处理？这又需要进一步规定。也就是说，立法应当明确的是规则，即出了问题如何处理，而不只是提要求。

第二十四节　概念界定要表意准确

概念界定是表述的顶流、表达的关键、表意的基础，因此，用语准确、语意通达、表意准确都是必需的。

【例】2009年《民法通则》第37条第3项：有自己的名称、组织机构和场所。

《民法典》第58条第2款将其中的"场所"改为"住所"，纠正了《民法通则》中一处明显的不妥之处。在《民法通则》此前条款早已围绕"住所"规定了相关内容的情况下，再出现"场所"的表述，必然会有人问其与"住所"的关系。显然，"场所"是个普通名词，就是指某个地方；"住所"则是个法律概念，相关法律已经对其有明确的界定和广泛的适用，没有其他更充分的理由就必须使用。

【例】2007年《物权法》第199条第1项：抵押权已登记的，按照登记的先后顺序清偿；顺序相同的，按照债权比例清偿。

这里存在两个语病：一是按照登记的先后顺序表意不清，不知是按登记时间的先后顺序，还是按登记中明确的先后顺序；二是顺序相同的情形，根本就不可能出现。因为如果是按登记的时间顺序，现实物理空间中没有两件事会同时发生——如果登记中载明的顺序相同，这种登记内容本身在法律上就是无效或者可撤销的。《民法典》第414条的相应内容采用了“按照登记的时间先后”的表述。

【例】2007年《物权法》第133条：通过招标、拍卖、公开协商等方式承包荒地等农村土地，依照农村土地承包法等法律和国务院的有关规定，其土地承包经营权可以转让、入股、抵押或者以其他方式流转。

该条规定的土地承包经营权流转的前提是“依照农村土地承包法等法律和国务院的有关规定”，故仅从该条看不出具体的条件，需要查阅《农村土地承包法》等法律和国务院的有关规定，这在现实中是相当麻烦的，执行起来非常困难，事实上也大大限制了土地承包经营权的流转，甚至成了体制性障碍。

《民法典》第342条将上述前提修改为“经依法登记取得权属证书”，将抽象的甚至可以说相当不确定的“有关规定”具体化为权属证书；将依法、依规定具体化为申请登记、取得权属证书的具体操作，为这一制度的具体落实、现实可操作完成了顶层设计、创造了实现基础。至于现实中依然存在的依法登记难、老百姓取得权属证书难的问题，既有立法还没有完善的制度方面的原因，如没有可依法登记的法，也有实际操作时的执法问题，但都是可以通过立法、执法、司法的协同发展、不断完善并逐步解决的。

第二十五节　概念界定要表述规范

立法必须旗帜鲜明、表意明确，不能含混不清。论及概念界定的规范化，法律上的概念界定，无疑应当最规范。但在早期的立法中，或者处于程序之中、尚未成熟之前的立法，也确有一些相当不规范的表述。

【例】《耕地占用税法（草案）》曾有“生活困难的农村居民”的表述。

有全国人大常委会委员和有关方面提出，这一表述的具体含义、标准、范围不够清楚，可操作性不强，影响税法的权威性。改为“符合农村最低生活保障条件的农村居民”后，将“生活困难”的基础，建立在“最低生活保障”的法律概念之上，为“生活困难”的客观界定及标准的与时俱进创造了可持续适用的条件。

【例】2009年《兵役法》第6条：由于服兵役而产生的权利和义务，除本法的规定外，另由军事条令规定。

《立法法》2000年出台后，“军事条令”的具体含义及如何适用就比较尴尬了。为了统一起见，2011年《兵役法》将其调整为“其他相关法律法规”，体现了法治统一原则。事实上，如此修改后，一点也不影响“军事条令”相关规定的效力，当然，这些“军事条令”必须上升到“法律法规”的层次。从法治统一的原则出发，如果某个师、团、营、连出的文件，也往“军事条令”上靠，“由于服兵役而产生的权利和义务”还有什么权威性？这样的“空头”支票（对应权利）或者“口头”要求（对应义务），在我国日益强调法治的现实生活中也难以得到有效的落实（如对安置单位提出的要求），反而有损“军事条令”的尊严。

【例】2004年《公司法》第8条：设立有限责任公司、股份有限公司，必须符合本法规定的条件。符合本法规定的条件的，登记为有限责任公司或者股份有限公司……

该规定是《公司法》对“公司登记”概念最全面的阐释，但从头到尾也没有涉及行政许可必须涉及的两个核心点：当事人的申请、有关行政机关的批准。或者说，该规定中的“登记”没有明确主语，这在语言表达上就是不严谨，对立法而言，就是大忌，也由此引发了社会对于公司登记性质的不必要的猜疑和纷争。

2005年《公司法》第6条基本解决了这个问题：设立公司，应当依法向公司登记机关申请设立登记。如是规定，解决了是否需要申请、由谁登记的问题。

第二十六节　概念界定要词义明确

词义明确，首先表现为作为一篇文章的核心概念的名词的界定必须明白、准确，不能词义含糊。之所以强调词义而不限于概念，是因为在很多情况下，与概念界定相关的形容词、动词、副词等，也存在词义明确的问题。

【例】内蒙古农民捡到一件传家宝。

从语意上分析，这句话存在的最大的问题，就是对“传家宝”的界定问题。

“传家宝”强调的重点不在于其为珍宝，而在于其传承的历史。某物件必须为某一家族长期占有（原则上还应当是合法占有，否则就有窝赃之嫌），并已经出现过代际传承，通常还要传2代以上，才可以称之为“传家宝”。某人在外边捡到的东西，即便觉得其很好、很珍贵，想把它传给子孙，离称得上“传家宝”，也还很久远。

词义明确的要求在法律上最突出的表现，就是对特定字词予以专门界定。

【例】行政立法、制定行政规范性文件……

此处的“行政立法”与“制定行政规范性文件”并列，二者是什么关系？

从法理上比较专业地解答这个问题，需要研究对这两个概念的广义与狭义的区分。“行政立法”的广义至少体现在两个方面：横向范围包括所有与行政有关的立法活动；纵向深度则包括上至全国人大下至乡科级行政单位制定行政规范性文件。狭义的“行政立法”则只包括有权立法机关制定与行政有关的法律、法规和规章的活动。更狭义的“行政立法”则仅指行政机关制定行政法规、规章的行为。

就“制定行政规范性文件”而言，其广义包括制定行政法规、规章等行政立法和其他有关行政的行政规范性文件。其狭义概念，则仅指行政主管部门针对不特定对象制定的能够反复适用的具有普遍约束力的文件，但不包括行政法规和规章。

如此分析下来，“行政立法”与“制定行政规范性文件”具有高度的近似度，很容易在实际使用中混淆。于是，写作时就需要在开篇即通过下定义的方式，限定二者准确的内涵，避免在随后的表述中混淆二者，让读者摸不着头脑。

【例】2022年全国夏粮播种面积26530千公顷（39795万亩）。

类似表述经常出现在新闻报道中，其中的“夏粮”，最重要的就是冬小麦，指前一年的冬天，即2021年冬天播种的。于是问题来了：“夏粮播种面积”是夏收时节收获的所有粮食的播种面积，还是当年播种、夏天收获的粮食的播种面积？

有读者会善意地为原写作者辩解道：这里的“夏粮”，从字面上理解，就是夏天收的粮食，“夏粮播种面积”就是夏天收的粮食的播种面积。如此理解，上述表述的字面表达更应当是夏收粮食的播种面积，否则，为何要强调“播种”？

上述问题对于“秋粮”基本上不存在，因为两年生长期的粮食不敢说没有，但确实非常少。解决上述问题的方法至少有两个：一是在文中明确界定夏粮播种面积的精准定义，二是改称夏粮收获面积。可以把“夏粮”界定为夏季收获的粮食。“秋粮”相应的就是秋季收获的粮食，即无论何时播种，都以其收获季的实际收获面积作为基本统计指标。

比较专业的报道才会注意此类问题，稍费笔墨予以明确，表达效果肯定会更好。

第二十七节　概念界定要简化文字

中文表达尚简，概念的界定尤其不能言不及义。

立法更讲究简洁，法律概念的界定更不能拖泥带水。

【例】2007年《物权法》第127条第1款：土地承包经营权自土地承包经营权合同生效时设立。

究竟应当是土地承包经营权合同还是土地承包经营合同？该合同是有关土地承包经营的，其确立的权利是土地承包经营权，按照中文的一般命名规律，有关的合同名称中不应当有“权”字，《民法典》中确实如此。如《民法典》第341条：流转期限为5年以上的土地经营权，自流转合同生效时设立。这里的“流转合同”的内容是流转土地经营权，其名称则是按照最简原则命名的。

【例】1989年《行政诉讼法》第11条第1款第1项：对拘留、罚款、吊销许可证和执照、责令停产停业、没收财物等行政处罚不服的，可提起行政诉讼。

1996年的《行政处罚法》没有专门界定行政处罚的概念，只在第8条规定，行政处罚的种类：警告，罚款……其他行政处罚。这就是该法所界定的行政处罚的概念，与1989年《行政诉讼法》的上述带“等”字的定义字面表现形式不同，但殊途同归。

立法中，明确界定核心的法律概念，是简略文字的最优方法。在这方面，《公司法》2005年的修订者显然很有心得：除在条文中增加了对有关法律概念的解释条款外，还专门在附则一章中，对“高级管理人员、控股股东、实际控制人、关联关系”等该法中使用的概念作了界定。

【例】2004年《公司法》第24条第1款：股东可以用货币出资，也可以用实物、工业产权、非专利技术、土地使用权作价出资。

上述规定在2005年《公司法》第27条改为：股东可以用货币出资，也可以用实物、知识产权、土地使用权等可以用货币估价并可以依法转让的非货币财产作价出资。由此确立了一个新的法律概念：非货币财产，即“实物、知识产权、土地使用权等可以用货币估价并可以依法转让的”财产。比旧法高明的是，2005年该法在对此处的内容进一步规范化表述的前提下，将“非货币财产”作为一个通用概念在该法后续条文中使用，而不再用原始的、表述不准确且过于冗长的“实物、知识产权、土地使用权”。如直接规定：对作为出资的非货币财产应当评估作价，在大大简化文字的同时，也增强了表述的准确性。

这提示了一项非常实用的语法技术，就是在日常写作中可以随时以某一成熟的表述界定某一概念，随即以该表述为前提和基础，统一规范地使用该概念。在行文及表述上，不必“某某概念”是指“某某意思”这样刻板，只要能解释清楚、表述明白、不引起歧义，就可以在后续的整篇文章中充分运用这一概念。

第二十八节　概念界定要避免重复

概念的界定辞达而已，并不以字多为佳，立法失于言多者多矣。

【例】2009年《民法通则》第84条：债是按照合同的约定或者依照法律的规定，在当事人之间产生的特定的权利和义务关系。享有权利的人是债权人，负有义务的人是债务人。债权人有权要求债务人按照合同的约定或者依照法律的规定履行义务。

上述规定分两款定义了债权及相关的债权人、债务人等法律概念，16个字的“按照合同的约定或者依照法律的规定”出现了2遍，尽管出现在前后2款中。

《民法典》第118条从两个角度着眼：一是“债权是因合同、侵权行为、无因管理、不当得利以及法律的其他规定”，这是债权发生的原因；二是“权利人请求特定义务人为或者不为一定行为的权利”，这是债权的内容。由于从不同的角度出发，信息量更大、内涵更丰富，也更准确。从定义的表述角度讲，新表述更胜一筹，至少简洁得多。由于删除了重复，总字数减少了、内涵却更饱满了。

大多数人会以为，概念的界定只出现在非常学术化的文章中。但在日常生活中，我们接触得最多的，反而是法律已经为我们界定好的概念。例如，“闯红灯、压黄线、出生、交易成立、遗嘱生效”，等等。这些概念我们也许并不知道其具体的、准确的含义，但一旦遇到了，法律上推定我们都知道其准确的定义。

当然，更高层级的认识，还要有知其所以然、以防患于未然的高站位。

在一部法律文件中，先行界定某一法律概念的含义，进而展开具体规范，是一项越来越普遍适用的立法技术。由此产生的立法技术规则是，已经界定或者描述过的法律概念就不要重复定义，或者重复已经定义的内容。

【例】2001年《行政法规制定程序条例》第7条：国务院有关部门认为需要制定行政法规的，应当……向国务院报请立项。第8条：国务院法制机构应当根据国家总体工作部署对部门报送的行政法规立项申请汇总研究。

据此，“行政法规”的“立项”肯定是由国务院部门报送的；此后再涉及有关立项事宜时，就不必重复“部门报送”了。2017年删除了多余的重复定义。

概念的二次定义，也属于概念的重复定义，其突出的表现或者说遗憾是，没有充分利用既定概念去简化文字，却用重复的概念定义词句稀释了表意的主旨。

【例】2004年《公司法》第2条：本法所称公司是指依照本法在中国境内设立的有限责任公司和股份有限公司；第3条第1款：有限责任公司和股份有限公司是企业法人。

既然有第2条，《公司法》中凡再提到“公司”，就是指“有限责任公司和股份有限公司”。这样一来，上述第3条第1款再规定“有限责任公司和股份有限公司是企业法人”显然就多余了，故2005年《公司法》改为“公司是企业法人”。

第二十九节　概念界定的补丁定义

这是对概念界定闪失的弥补。当然，也确实存在一个概念多处定义，将各处的表述综合起来，形成一个内在统一的概念的情形。

从立法技术的角度讲，立法中的许多法律概念是不需要定义、至少不需要严格的形式意义上的定义就可以直接使用的。由此也决定了，其在经典文献（如《民法典》）中使用的每一个场景，都与该概念的界定有关，都是在补齐其定义。

如《民法典》第28条规定，无民事行为能力或者限制民事行为能力的成年人，由下列有监护能力的人按顺序担任监护人……“有监护能力的人”是一个法律概念，但该条文并没有对其加以界定，而是以直接使用的方式确立其存在。不仅如此，与之相关的一系列法律概念，如“有监护能力、没有监护能力”，也都是这种情况。

但是，另外一些概念就不能这样处理了。如在上述条文之后出现的监护资格，《民法典》中共出现4次，分别是在第30条、第31条第2款、第32条、第36条第2款，都与“依法具有”相连，构成“依法具有监护资格的人”这一更为定向化的法律概念。但由于“监护资格”的内涵不清楚，如何依法具有监护资格也没有程序性的规定，故与监护资格相关的所有法律概念，都是不确定的。

但与“有监护能力”字面上自带的内涵和权利属性不同，“监护资格”字面上就与义务和责任形影不离，而且《民法典》也确实是这样规定的（第31条第2款）：“居民委员会、村民委员会、民政部门或者人民法院应当尊重被监护人的真实意愿，按照最有利于被监护人的原则在依法具有监护资格的人中指定监护人。”据此，只要被确定为“依法具有监护资格的人”，就可以被指定为监护人。

由此可见，只要依法具有“监护资格”，就要随时准备被指定为监护人，这在绝大多数情况下，是一个在经济、心理、社会上都比较沉重的负担，被监护人有充裕的财产的情况可能是唯一的例外。

有人或许会说，《民法典》第28条中规定的“有监护能力的人”就是依法具有“监护资格”的人，对此，要辩证地分析。

一是这两个概念“长”得确实不一样，只是有部分构词要素相同。但在法律上，甚至在汉语日常交流中，一字之差都会有天壤之别，更不用说差了那么多字了。

二是“资格”和“能力”是法律上经常需要区分的核心、要害概念，立法绝不应当在这种法律基本概念上含混不清。

三是在《民法典》第28条所列的“有监护能力的人”中，第4项是“其他愿意担任监护人的个人或者组织”。据此，任何“个人或者组织”只要“愿意”，并“经被监护人住所地的居民委员会、村民委员会或者民政部门同意”，就可以“按顺序担任监护人”。“愿意”即出于自愿，通常不足以成为资格条件。

当然，如果非要说第28条就是在给“依法具有监护资格的人”下定义，也只能说这种资格是通过近亲属关系（前3项）自然取得，或者经“被监护人住所地的居民委员会、村民委员会或者民政部门同意”而“依法具有”（第4项）的。

第三十六章　运用概念的技巧

界定概念，是为了运用概念。这需要一个认定、辨析后付诸实际的过程。法律概念界定的效果，表现为法律条文中法律概念的易识度，以及后续立法对已经界定的法律概念的忠诚度：能用的尽可能用，而不是另起炉灶、重新定义。

第一节　概念的认定

概念认定的首要任务，就是认定其为一个独立的概念。

概念的认定，是对界定准确的概念的形式识别；要先明确概念的定性，而这在某种程度上比明确其内涵还要麻烦，因此经常出现一些错误。

比较典型的错误，就是没有识别出法律概念，因而出现理解和适用的偏差。

【例】2009年《民法通则》第22条：人民法院应当撤销对他的失踪宣告。

此处的关键，是对已经明确的“宣告失踪”概念缺乏起码的尊重，以致接连犯了多个错误：一是“他”使用不当。二是表述啰唆。人民法院撤销的，不是“对他的失踪宣告”。当初作出“失踪宣告”时，“他”肯定不在现场，也没有对“他”送达。《民法典》第40条规定：“自然人下落不明满二年的，利害关系人可以向人民法院申请宣告该自然人为失踪人。”据此，对失踪人的宣告，是由法院作出的，其针对的是所有人，而恰恰不是该自然人。提升到法理层面上，失踪宣告是对世的，而不是对人的。既然如此，当需要撤销该宣告时，也不是撤销“对他的失踪宣告”，而是撤销向所有人作出的宣告该自然人为失踪人的宣告。

第二节　概念的字面解读

立法不能完全靠字面解读，但更不能完全背离字面立法。立法时必须始终怀着对文字的敬畏之心，绝不能忘了一个基本事实：绝大多数人是通过字面解读法律的。

【例】建设用地使用权人依法对国家所有的土地享有占有、使用和收益的权利。

这是一个比较典型的诠释不能简单地从字面上理解法律的例子。如果将条文主旨等提示性信息都隐去，仅从字面上理解，“国家所有的土地”在汉语中至少有两个意思：一是全国范围内的全部土地；二是国家享有所有权的土地。例如，北京市某一个拥有占地20平方米民宅的居住权的人，怎么可能对整个中国的全部土地享有占有、使用和收益的权利呢？

这里的关键是，“所有的”在日常生活中就是“全部的”，而在法律领域，“所有”是所有权的具体化。也就是说，在《民法典》乃至民法甚至整个法律体系内，再怎么理解“对国家所有的土地享有占有、使用和收益的权利”这句话，也不会是指建设用地使用权人对全国约960万平方公里的土地的占有、使用和收益的权利。总的来说，法律中这样的情形不会太多，但不能任其发展而不怀戒惧之心。

【例】2009年《侵权责任法》第34条第1款：用人单位的工作人员……第2款：由接受劳务派遣的用工单位承担侵权责任。

在这两款中分别出现的“用人单位”和“用工单位”都是“单位”，而《民法典》中确实有将原法条的“单位”改为“组织”的先例。此处没有改，而且改了也确实不好：“用人组织”有点生僻。但真正的问题显然不在于此，而是“用人单位”和“用工单位”为何差别使用？这不是个用语错误问题，而是立法刻意想要区别表述的意思：用人单位与其工作人员的关系，要比用工单位与其接受的劳务派遣人员的关系更紧密。只有如此理解，两类不同的单位才可以并列。

第三节　概念定义的转换

给法律概念下定义固然是立法的事，但同时也关系着执法、司法实践中如何认定这一概念，这些都是法律概念现实运用的重要环节。立法中对概念定义的不同表述，往往意味着该概念所指向的事物的认定权限及程序的重大调整。

易言之，立法有时要迎难而上，有时要知难而退。

【例】2009年《民法通则》第13条第1款：不能辨认自己行为的精神病人是无民事行为能力人。

《民法典》第21条第1款最重要的修改，是将“精神病人”改为“成年人”。

在此之前，判断“精神病人”的依据是由法官和司法鉴定机构或者鉴定人共同掌握的：对“未成年人”的民事行为能力，基本由法官确定；对成年人则主要通过对该人是不是精神病人的诊断，间接地由司法鉴定机构或者鉴定人掌握。

从《民法总则》开始，这个问题演变成了对所有人（包括但不限于成年人，如未成年人）是否能辨认自己行为的判断，这不完全是也不必然是精神病医生才能完成的事，法官甚至普通人对此也有一个大致的判断。

第四节　概念本义的辨析

概念辨析，附属于概念界定，又凌驾于其上，是立法中最核心的技术。很难想象一部基本概念界定不清、相关概念辨析不明的立法草案会顺利通过。

立法中辨析概念的核心任务是把握不同用语的表达效果，避免失语。从这个意义上看，这是遣词造句最基础的文字功夫。

立法中辨析法律概念的实质，是衡量其在条文中的适用性。此时面临的最大问题往往不是概念的直接对比，而是拟用概念与候补概念的模拟对比。发现潜在的可对应、应对比的候补概念，必须求之于逻辑。概念对比中最适用、最实用、最常用的逻辑常识，是概念种属关系。立法中最常见的种属关系逻辑错乱，是把握不同法律概念外延的失据。

在两难中抉择对谁都是考验。立法者只不过是为普天下的大众预先考虑，其所面临的决策挑战，只会更烦难、不会更轻易。有没有比较简便易行的解决办法？择善而从，算是其一。

【例】2009年《民法通则》第8条第2款：本法关于公民的规定，适用于在中华人民共和国领域内的外国人、无国籍人，法律另有规定的除外。

该规定被删除的根本原因，在于“自然人”对于“公民”的替代。申言之，“公民”是一个政治概念，对应国家与个人的关系；在被纳入法律范畴后，也仅应用在国内公法中，其反复出现在行政立法中就是一例。正因为“公民”是个政治概念，通常情况下仅指本国公民，故使用“公民”概念后，就必须解决中国领域内非中国公民的其他自然人是否及如何适用中国法律的问题，于是就有了上述规定。

2009年《民法通则》第2章的名称是“公民（自然人）”，这一表述在1986年即已出现，具有字面上都显现得出来的过渡色彩，这一过程终结于《民法典》，体现了一个认识分歧、思路转化和思想统一的循序渐进的过程。

【例】2009年《民法通则》第109条：因……他人……而使自己受到损害的，由侵害人承担赔偿责任，受益人也可以给予适当的补偿。

该规定明确提到并区分了“赔偿、补偿”两个法律概念，《民法典》第183条将其调整为：“因……他人……使自己受到损害的，由侵权人承担民事责任……受益人应当给予适当补偿。”未再提及“赔偿责任”，是因为侵害人的责任不限于此，而且在民法中这属于民事责任，足见“赔偿”与“补偿”始终存在区别。

【例】受赠人有下列情形之一的，赠与人可以撤销赠与……

此处出现了一对对偶法律概念“受赠人、赠与人”，但二者的指代有些别扭：受赠人是否就是赠与人？这涉及汉语中三个字“与、予、于”的含义及用法，从目前的立法看，这三个字没有形成稳定一致的使用倾向。

与之形成对照的，是“受”“被”等万能构词要件的指向和使用倾向的确定性。无论何时、何事，一个动词加上“受”后是什么意思、进一步指人指的是谁，即使没有立法者的智慧，读者也能猜出大概，因为“受”有明确的方向性，能够明确主宾，一般不会被误解。但“与”就不一样，它没有方向，无法判断主宾。

【例】2009年《民法通则》第154条第2款：规定按照日、月、年计算期间的，开始的当天不算入，从下一天开始计算。

《民法典》第201条将“不算”改为“不计”。其实，“不计”或者“不算”都可以视为前文出现的“计算”的否定语，但汉语的奇妙之处就在于，同样是在“计算”中出现的两个字，“计”在中国历史上的地位就比“算”高得多。从“三十六计”算起，“算”字再也没有超过“计”字。于是，立法中提及计算的反义词，用“不计”显然比“不算”要好得多。

第五节　用足概念的功能

概念，就是概括之念，这是概念在汉语中的意思。用足概念的功能，最基本、最主要的，就是要用足其概括功能，避免挂一漏万。

【例】1996年《刑事诉讼法》第117条第1款：人民检察院、公安机关根据侦查犯罪的需要，可以依照规定查询、冻结犯罪嫌疑人的存款、汇款。

2012年将“存款、汇款”修改为“存款、汇款、债券、股票、基金份额等财产”。这一修改非常必要，倒还不是因为新增加了“债券、股票、基金份额”等新时代日益重要的资产形态，而是以“等财产”这一概括性的种概念兜底。

原来的表述“存款、汇款”的局限性太强了，在实践中难免会受到当事人的质疑：法律只授权检察院、公安“查询、冻结存款、汇款”，其他的财产形态则无权过问，更不用说“冻结”了。同样的道理，如果仅增加“债券、股票、基金份额”还是解决不了覆盖面的问题，因为当事人只要换个持有方式，如买成“纸黄金”，是不是就又不能“查询”了？甚至明知道其有“纸黄金”也不能“冻结”。

但也必须看到，1996年《刑事诉讼法》的规定也许根本就不是考虑不周、列举不全，而是经过深思熟虑，刻意想明确限定、约束“人民检察院、公安机关”在“侦查”阶段“查询、冻结犯罪嫌疑人财产”的权力，即其可以过问的限于明确列举的“存款、汇款”，而不能及于其他“财产”。这是运用法治思维必然得出的推断。

第六节　概念运用的基本要求

概念使用最核心的要求是明确统一，这是写作必须遵循的逻辑原则。概念明确是其含义统一的前提，二者甚至是一个意思：含义明确了，自然就统一了。

立法通常会在开篇甚至标题上先明确概念，其中最核心的是涉及该立法调整范围的概念，这就是立法必须先界定概念的必要性。

概念含义的统一，更主要地体现为要在整个法律文件的全篇保持概念的语义统一，同一概念不能有不同含义。要求立法必须逻辑统一、概念内涵一致的最主要原因，是避免表意的错乱，这也正是立法的难为之处。

概念的明确统一不限于一部法律内部，还要扩充至整个法律规范体系。要使整个法律体系成为一个内部概念统一、逻辑严密、相互自洽、彼此不抵触的统一整体，这是法治的前提，也是立法的目标。不能等法律体系完备，才去建设完备的法治体系；要在不断完善的法律体系中，一并推进全面依法治国的法治体系。

第七节　概念解释要遵循本义

给概念下定义与解释概念的定义，是完整的概念界定过程的两个阶段。如果解释得偏了，也会影响概念的运用。

【例】2014年《行政诉讼法》第20条：因不动产提起的行政诉讼，由不动产所在地法院管辖。有关司法解释对此进一步解释：因不动产提起的行政诉讼是指因行政行为导致不动产物权变动而提起的诉讼……

从字面上看，这一解释明显缩小了概念的外延。实践中“因不动产”而兴讼的行政案件，最主要的当然是“因行政行为导致不动产物权变动”，但从逻辑上分析应当不限于此，实践中也确实能够找出许多例外来。考虑到“因不动产”的行政行为遵循严格的地域管辖原则，即可能被诉的“因不动产”的行政行为，确实是由当地行政机关实施的，与按一般管辖原则的效果是一致的，故不会有人太计较此事。

当然，更重要的是，无论“因不动产”在多大程度上限制了“涉及”不动产的案件的范围，都只影响管辖或者最长起诉期限，不涉及案件是否能够受理。只要这类案件能够受理，就被告还是就不动产所在地，都不是太重要，而且通常情况下二者是高度吻合的。故对上述解释，尽管在学理上有争论，但在实践中不会太引人注目。

另如“本辖区内重大、复杂的案件”，是《行政诉讼法》用来界定中级法院、高级法院及最高法院管辖的标准概念，很大程度上属于司法自由裁量的范畴：如果上级法院认为某案件属于其辖区内重大、复杂的案件，就可以受理该案，从而确定对该案的管辖权；仅有的例外是，更高级的法院认为其也有管辖权。因为更高级的法院管辖的也是其“辖区内重大、复杂的案件”，如果该更高级的法院认为某案件属于此类案件，则其管辖权优于其下级法院。

第八节　概念运用要守正务本

概念的运用，总是绕不开各个学科的基本概念、核心术语。

每一个能够参加立法研讨会的专家，都不会不熟悉“过错、侵权、损害、责任”等法学领域最常见的术语。但如何理解这些法律概念，确实需要法律学人沉下心来、耐住性子，每过几年就反思一下对这类概念的理解是否更应进一步、更深一层，对这些核心法律概念继续保持如自己初入行时的敬畏。

立法对这类核心概念的运用，不是如何理解，而是涉及相关法律体系建设的根本性问题。借助立法技术分析法律条文中基础法律概念的运用，特别是其沿革、修改过程，来理解当初立法的原意、本意，这是具有历史性价值的重要研究手法。

【例】2001年《婚姻法》第23条：父母有承担民事责任的义务。

此处的规定，显然没有完全理解法律上责任和义务的关系，混淆了基本概念。

【例】2009年《侵权责任法》第6条第1款：行为人因过错侵害他人民事权益，应当承担侵权责任。

《民法典》第1165条改为“行为人因过错侵害他人民事权益造成损害的，应当承担侵权责任”。这表明，因过错侵害他人民事权益与造成损害并不完全重叠。这是比较有代表性的通过其修改理解条文，特别是特定术语意思的例子。

在此基础上，《民法典》第1165条第2款进一步规定：“依照法律规定推定行为人有过错，其不能证明自己没有过错的，应当承担侵权责任。”该款规定既解释了推定的法律含义，又举例说明了其正确用法：法律只规定推定的情形，故不是法律直接推定，而是依照法律规定推定。尽管有该款规定，仍必须结合第1款全面理解：不仅要推定有过错，还必须“造成损害”，才承担侵权责任。

斟酌概念的首要目的，固然是表意准确，但还有更进一步的追求：避免别有用心者钻规则的空子。

【例】2016年《民办教育促进法》第26条第2款：对接受职业技能培训的学生，经政府批准的职业技能鉴定机构鉴定合格的，可以发给国家职业资格证书。

其实同一内容，早在2002年该法初颁时就有（第25条第2款）。这一内容在2018年作了调整，将“经政府批准的职业技能鉴定机构”修改为“经备案的职业技能鉴定机构”。就此处涉及的“经鉴定机构鉴定合格发给国家职业资格证书”这件“事”而言，从字面上看，应为“事后”的“备案”恰恰成了“事前”的：如果“职业技能鉴定机构”在“发给国家职业资格证书”这“事”之前没有“备案”，该机构就不属于“经备案的职业技能鉴定机构”。如此一来，新旧法虽然有文字上的调整，但其内容在实际执行时会出现重大变异，除非“备案”就是不经任何“审查批准”性核查的“知道了”型“簿记”，也就是来者不拒、有件必备。但我国的行政机关显然没有那么“不负责任”。于是，就“鉴定”并“发给国家职业资格证书”这件事而言，“经政府批准的职业技能鉴定机构”与“经备案的职业技能鉴定机构”没有实质变化。

第九节　概念运用要据理明法

该要求并非只针对法律领域的法律概念的运用，也是对文字工作的普遍要求。

运用法律概念最主要的途径，是遵循“概念、判断、推理”的逻辑过程，表达立法所要传达的法律意志。此时，法律规范中使用的每个概念的相互关系，从字面角度分析都要符合语法，从法理角度分析都要恰乎法理，从现实角度分析都要顺乎常理。总之，要据理明法，而不能强词夺理。

【例】2009年《民法通则》第24条第2款：有民事行为能力人在被宣告

死亡期间实施的民事法律行为有效。

此处强调"被宣告死亡人"为"有民事行为能力人"，存在列举不全的问题；《民法典》第49条改为只强调其在"被宣告死亡"期间"民事法律行为的效力"。之所以可以不计其是否具有民事行为能力，关键在于这不影响该条规定的结果，即其实施的民事法律行为的效力。因为如果其没有民事行为能力，仍可能需要并可以判断其实施的民事法律行为的效力；在其没有民事行为能力时，是否还可能实施民事法律行为的学理问题，也不影响对此处表述的理解。

第十节　概念运用要一以贯之

概念一旦界定，特别是在同一立法中，就必须从始至终地使用。

【例】2011年《行政强制法》第58条有"明显缺乏法律、法规依据"的表述。

在我国现行法律、法规中，但凡提到"法律"，通常是指全国人大及其常委会制定的法律，而不是笼统的包括法律、法规、规章的广义的"法"。特别是在同一法律文件中，"法律"必须是指同一个概念，不能一会儿指广义的"法"，一会儿指狭义的"法律"。

第十一节　运用概念以精简文字

概念最重要的作用是通过规范化、定型化，表达通常通过字面较难表达的意思。任何一个界定完整的概念，都相当于用一个字词指代一个较长的字符串，即其定义的文字，故在写作中运用现成的概念，通常可以精简文字。

这在法律领域表现得最为突出：在条文中使用概念可以缩减用于定义的文字。

【例】2001年《婚姻法》第41条：原为夫妻共同生活所负的债务。

当时还没有引入"夫妻共同债务"的概念，因此表述不但啰唆还易生歧义。《民法典》第1064条中明确界定了该概念，第1089条就可"坐享其成"了。

【例】2009年《民法通则》第99条第2款：法人、个体工商户、个人合伙享有名称权。企业法人、个体工商户、个人合伙有权使用、依法转让自己的名称。

同款内同时出现了“法人、企业法人”，而分别与之并列的都是“个体工商户”“个人合伙”。《民法典》第1013条通过以“法人”统一前者，以“非法人组织”代替后者。

更重要的是，运用概念还可以实现更广泛意义上的条文缩减。

【例】1999年《合同法》第333条：委托人违反约定造成研究开发工作停滞、延误或者失败的，应当承担违约责任。第334条：研究开发人违反约定造成研究开发工作停滞、延误或者失败的，应当承担违约责任。

这两条分别表述了一方当事人违约的情形及其处理方式，显然可以合并。《民法典》第854条“委托开发合同的当事人违反约定造成研究开发工作停滞、延误或者失败的，应当承担违约责任”的字数，较原条文减少了42%。此类合并的关键，就是要找到能够同时指代待合并概念的上位概念，如此处的“当事人”。

第十二节　概念界定与运用合一

本书在第三十五章“概念界定的技巧”第八节“概念的直接运用”中已经介绍过，概念的直接运用是一种不经界定直接使用的概念界定方式。

【例】2009年《侵权责任法》第72条：占有或者使用易燃、易爆、剧毒、放射性等高度危险物造成他人损害的，占有人或者使用人应当承担侵权责任，但能够证明损害是因受害人故意或者不可抗力造成的，不承担责任。被侵权人对损害的发生有重大过失的，可以减轻占有人或者使用人的责任。

该条第2句既然已经不经任何铺垫地直接使用了“被侵权人”，为什么不顺水推舟，继续用“侵权人”来替代“占有人或者使用人”呢？因为经过一个“。”的阻隔之后，前句中交代的“占有或者使用易燃、易爆、剧毒、高放射性、强腐蚀性、高致病性等高度危险物”中的“占有人或者使用人”，需要重新确立其具体所指，但在推定“被侵权人”明确的情况下，“侵权人”也应当是明确的。

第三十七章　运用程序的技巧

法治理念之有无，正如一个人的信仰，有时很难考量。但通过对一些特定法律规定的理解和判断，确实可以客观地衡量出一个人信仰法治的“成色”。对程序正义的理解和坚信程度，就可以成为这样的衡量工具。

第一节　开拓解决问题的思路

很多人可能没有意识到，程序并不都是规则规定的，有些为文、做事的程序，是事物本身的发展规律决定的，如时序决定先后次序。此时已经不是运用程序的问题了，而是必须遵循时序的要求了。

【例】2009年《民法通则》第21条第1款：失踪人的财产由他的配偶、父母、成年子女或者关系密切的其他亲属、朋友代管。

《民法典》第42条第1款将相应内容改为：失踪人的财产由其配偶、成年子女、父母或者其他愿意担任财产代管人的人代管。在这些代管人之间有没有顺序限制？或者说，如果这些代管人都想代管，怎么处理？对这一点，《民法通则》与《民法典》都没有明确。因为总体看来，“代管人”就像一个“账房先生”，从现行法的规定看，只有代管的义务，没有代管的权利。因此，确定代管人最重要的依据是“愿意”，除非愿意的人很多，以致出现了争议。

对于这种争议，上述两法的规定给出了不同的解决渠道：《民法通则》对此基本持放任的态度，或者说其规定并没有给争议的解决提供任何现成的思路和程序。特别是其中提到“关系密切”，不仅无助于争议的解决，通过“关系密切”这一因当事人失踪而很难查实的标准，反而会将事先很难确定范围的人拉入纷争之中，显著扩大争议主体的范围，使本来可能简化的争议更加泛化、复杂化了。

相比而言，《民法典》“其他愿意”的表述，自带解决争议的标准和程序：所列范围内无论是哪个人，只要其“愿意”，就可以排在其他“不愿意”的人的前面，取得财产代管人的资格，从而有助于避免没人代管的现象。实际操作时，如果失踪人的配偶、成年子女、父母中有愿意代管者，很显然会优先取得代管权。这一点，可以从新旧条文中“其他”所处的位置中得到一定的暗示：在旧法中，“其他”出现在“关系密切的其他亲属、朋友”中，只解决了各潜在的代管者之间平行列队的问题。而在新法中，“其他”出现在“其他愿意担任财产代管人的人”之中，“其他”人存在的前提是其“愿意”，如果配偶、成年子女、父母中已经有“愿意”的人了，就不用再去找其他“愿意”的人了，从而大大降低了解决排序争议的难度。

第二节　明确解决问题的程序

运用程序必须找准程序的接入点。解决眼前问题，是程序引入的最佳时机。

【例】2009年《民法通则》第16条第2款第3项：关系密切的其他亲属、朋友愿意承担监护责任，经未成年人的父、母的所在单位或者未成年人住所地的居民委员会、村民委员会同意的。

此处涉及的是“监护人”的确立，由于所列人等众多，仍解决不了最终如何确定的问题。《民法典》第27条第2款规定的“由下列有监护能力的人按顺序担任监护人”中的“按顺序”就非常切合实际。如果没有顺序，从表面上看，该款各项所列的人都可以担任监护人，但在实际操作时，反而不知道找谁担任监护人，结果人人都推卸责任，最终结果是义务、责任都无法落实。

“按顺序”之所以必要，是因为旧条文中已经有了顺序的意思，只是没有表达清楚：“关系密切的其他亲属、朋友”，就是在“祖父母、外祖父母”“兄、姐”之后排顺序的意思。关于这一点，还有一个反证：《民法总则》第28条加上“按顺序”后，即将其他亲属、朋友愿意承担监护责任，改为了其他愿意担任监护人的个人或者组织，其中增加的“组织”还确立了由“非自然人”担任监护人的制度。

第三节 用程序解决实体纷争

纠纷或者争议的解决属于实体问题，但如果程序到位，也有水到渠成的效果。

【例】2009年《民法通则》第16条第3款、第17条第2款：对担任监护人有争议的。

《民法典》第31条将其改为“对监护人的确定有争议的”，将一个实体问题转化为一个程序问题，从而也避免了与此相关的无穷无尽的麻烦。

这就是作为实体法的民法在借鉴程序法及法治理念之后，在立法技术及立法思路方面的创新和进步。因为实体法判断涉及自始无效的问题，其诉讼及其他争议解决机制中的时效都是无限的。程序规定则不同，超过时效就可以既往不咎了。

对担任监护人有争议是对实体问题，即谁当监护人的争议。无论何时，特别是在确定监护人之后，当事人包括监护人本人，都有可能对担任监护人有争议，虽然此时已经是另起争议。但如果规定在法条里，就必须严格照办，即有关当事人可以请求法院直接指定监护人或者另行指定监护人。

“对监护人的确定有争议”则是一个程序性争议。在确定监护人时，就可以询问每一个当事人对此是否有异议。由于本条规定的就是“监护人的确定”协议，只要协议签署，就书面证明签署各方对此没有争议，从而将最有可能在事后对此产生争议的当事人的实体和程序权利一并冻结了，也就不会再有争议了。

【例】2009年《民法通则》第17条第2款：对指定不服提起诉讼的，由人民法院裁决。

这是典型的二级程序，起诉必须在指定之后，如果相关各方对前置的指定程序响应不积极，向法院起诉就根本无从谈起。为了避免这种情况，《民法典》第31条直接明确了一种选择性裁定机制：如果能够在基层靠民间或者行政力量解决争议，就由基层指定；如果看似无望，则可以直接选择司法程序。这样既可以避免推诿扯皮，也不至于使法院负担太重。删除“提起诉讼”意味着可以适用特别程序，从而大大简化程序，对当事人和法院都是莫大的便利。

第四节　依事理设计程序

事物本身的运行规律，决定了我们日常生活中的基本秩序，反映到法律上，也不能有原则性的违逆。

【例】1993年《商标法》第25条第1款规定“转让注册商标”时，只要求“转让人和受让人应当共同向商标局提出申请”。

2001年修法解决了这个问题：“转让注册商标的，转让人和受让人应当签订转让协议，并共同向商标局提出申请。”由于加入了商标转移双方签订协议的内容，自然也就包含了双方此前议价、协商的过程，更符合法律关系演进的合理历程。

第三十八章 借助体系的技巧

人类的文化养成，不是单纯的知识点甚至考点的堆叠，而是成体系的知识积淀。而每个写作者的创作，都是基于这一成熟体系并为其添砖加瓦的人类共同努力的一部分；只可惜有些人的“努力”，成了在去粗存精时需要去除的糟粕。

但无论如何，借助既有的知识体系，都是对每个写作者的基本要求和考验。其中涉及的方法很多，以下介绍一些，但更希望读者能在此基础上触类旁通。

第一节 法条转致

立法中简化表述最基本、最有效的手段，就是指向已经成文的内容。

学习、领会、研究法条指引的立法技术，最重要的是要理解其之所以在某些场合成为必需的道理所在，即知其所由。法条指引最大的需求领域，就是简化、省略对其他成文法律规范中的明文规定的引述。但更主要的是，要尽可能避免不必要地重述其他法律文件中的实质内容。

立法中经常涉及法条转引的问题，对此有专门的立法技术，本书也有专门的讨论，因此不是问题。真正成为问题的，是在法条中不必要地重复本可以不说的其他法条的内容。这个问题相当隐蔽，令人比较难以察觉。

【例】2009年《民法通则》第11条第1款：十八周岁以上的公民是成年人，具有完全民事行为能力，可以独立进行民事活动，是完全民事行为能力人。

此处有一个非常明显的重复，即“完全民事行为能力”出现了2次，在只有47个字的条文中非常显眼。《民法典》第18条第1款将重复部分删除，言外之意是“完全民事行为能力人”显然具有“完全民事行为能力”，毋庸赘述。

【例】2007年《物权法》第38条第2款：侵害物权，除承担民事责任外，违反行政管理规定的，依法承担行政责任；构成犯罪的，依法追究刑事责任。

《民法典》删除了上述第2款。由此确立的规则是，行政、刑事等公法内容，《民法典》不必再重复。

【例】2009年《侵权责任法》第50条：当事人之间已经以买卖等方式转让并交付机动车但未办理所有权转移登记，发生交通事故后属于该机动车一方责任的，由保险公司在机动车强制保险责任限额范围内予以赔偿。不足部分，由受让人承担赔偿责任。

本条针对的是机动车已转让但未变更登记时的交通事故责任承担。原规定是想说明，在受让人承担赔偿责任时，可以由“机动车强制保险”分担一部分。这确有法律依据，但最大的风险是挂一漏万，如谁能保证所有过户车辆都上了该保险。

即使所涉及的其他法律领域的规定并不复杂，也没有必要引述。此处只需要明确责任人，至于其是否还可以通过机动车强制保险替换，责任人自己会考虑的。

第二节　完善制度

借助体系的核心，是借助相关制度。形式上的转引效果固然醒目，实质上的内容借鉴，却有更为深刻的完善制度整体体系化的价值。

【例】2009年《民法通则》第41条规定了全民所有制企业、集体所有制企业、中外合资经营企业、中外合作经营企业和外资企业等法人的成立。

这些内容多达140字，包括“资金数额，有组织章程、组织机构和场所，能够独立承担民事责任”等设立的基本条件；“经主管机关核准登记”等设立的基本程序；最终落脚于“取得法人资格”。但最重要的一点却没有明确：取得法人资格算不算企业成立？显然，资格只是门槛，还不能算成立。

《民法典》第77条将其简化成12个字：营利法人经依法登记成立。但把最关键的事说清楚了：主体归并为“营利法人”，不再细分中外、国有集体；实体内容简化为“依法”，程序简化为“登记”，最重要的是明确了：法人就此成立。

第三节　简化程序

文以载道中相当重要的内容，就是做事的先后顺序。这在立法上体现为程序：体系化的程序调整，必将成为其他立法的基础。

【例】2009年《食品安全法实施条例》第20条：设立食品生产企业，应当预先核准企业名称，依照食品安全法的规定取得食品生产许可后，办理工商登记。

在当时普遍实行“先证后照”的管理模式下，“依照食品安全法的规定取得食品生产许可后，办理工商登记”的规定并无不妥。但上述规定的“显眼”之处在于，增加了一句“应当预先核准企业名称”，这本属于“办理工商登记”的程序内容，即使不写，也不会遗漏；但写出来，就显得有点重复。

2016年该条例修订的主要任务，就是落实“先照后证”的改革。“先证后照”的顺序颠倒后，“应当预先核准企业名称”与“办理工商登记”的程序就可以合二为一了。但国务院的修订决定更为简洁：食品生产经营者应当依法取得相应的食品生产经营许可。办理工商登记呢？不必再说，但并不意味着不必再办。

此处的修订，结合2016年《国务院关于修改部分行政法规的决定》（国务院令第666号）中将多部行政法规中的“设立”改为“从事”，都反衬出此前的“先证后照”确实有些逻辑不通：一方面，企业尚没有成立，怎么去办各种许可证，凭什么相信其具有从事行政许可事项的资格和条件？另一方面，所有设定行政许可的规定，都从“设立”相应企业入手，这本来不是工商登记需要解决的问题吗？

第四节　简化文字

借助体系简化文字，这是体系化给文字表达带来的最直观效益。

【例】1989年《行政诉讼法》第53条第1款：人民法院审理行政案件，参照国务院部、委根据法律和国务院的行政法规、决定、命令制定、发布的规章以及省、自治区、直辖市和省、自治区的人民政府所在地的市和经国务院批准的较大的市的人民政府根据法律和国务院的行政法规制定、发布的规章。

2014年《行政诉讼法》第63条第3款将上述冗长的规定简化为一句话：人民法院审理行政案件，参照规章。算上被删除的原第53条第2款，简化前后的对比更明显。

第五节　表述标准化

立法最基本的目标的实现，如简化表述，需要借助现有法律体系。

立法文字的简约，在于立法技术推动下的表述标准化。

【例】2007年《物权法》第195条第1款：在知道或者应当知道撤销事由之日起一年内。

《民法典》第410条删除了这19个字，就是基于从《民法典》第188条开始的第九章“诉讼时效”及其他有关规定。有了这些统一、系统的规定，就不需要各相关条文重复了，从而大大减少了重复表述。

【例】2009年《民法通则》第16条第4款、第17条第3款：没有……规定的监护人的，由……人的父、母的所在单位或者住所地的居民委员会、村民委员会或者民政部门担任监护人。

在语法上有形式方面的问题的，往往在实质上也确实有问题。上述表述长达50个字，却分别出现在前后相连的两条中，这样的重复，特别是如此字数量级的重复，是立法的大忌。不仅如此，从内部看，一个语句中连续出现了两个“或者”，致使该句中“父、母的所在单位”“住所地的居民委员会、村民委员会”“民政部门”的关系被人为地搞得非常复杂、混乱。其实际想表达的并不是区分这几个主体的选择顺序，如此复杂的表述也并没有把选择顺序表达清楚。

与之对应的《民法典》第32条将“未成年人、精神病人”等的监护人的指定整合在一起，在确保条理更加清晰的同时，解决了上述所有问题。

一是简化了结构。通过运用“监护人”“被监护人”两个指代词，将原来两款的内容合并。

二是简化了文字。这是结构简化的必然结果，一下子减少了几十个字，这在立法上是相当不容易甚至罕见的。

三是明确了排序问题。方法简单至极：直接明确“由民政部门担任”为原则，再以“也可以”作为第二顺位，层次非常清楚，表述也不复杂。

四是强化了政府职责。原条文将“未成年人的父、母的所在单位”“未成年人住所地的居民委员会、村民委员会”“民政部门”作为监护人的备选项，其中“民政部门”排在最后。新法条则将“民政部门”排在首位，由此传递的信息是，强化对失能人员监护的政府职责，进而借助相应的行政管理体系。

第六节　简化表意结构

利用制度体系简化表意结构，就是不重复现行有效的规则。此时，可以采取明示转引的方法，但更高明的是推定转致。

【例】1989年《行政诉讼法》第53条：人民法院审理行政案件，参照国务院部、委根据法律和国务院的行政法规、决定、命令制定、发布的规章以及省、自治区、直辖市和省、自治区的人民政府所在地的市和经国务院批准的较大的市的人民政府根据法律和国务院的行政法规制定、发布的规章。人民法院认为地方人民政府制定、发布的规章与国务院部、委制定、发布的规章不一致的，以及国务院部、委制定、发布的规章之间不一致的，由最高人民法院送请国务院作出解释或者裁决。

2014年该法修订时，改为第63条第3款：人民法院审理行政案件，参照规章。其核心内容只有4个字：参照规章。

之所以会有如此显著的简化效果，全仗2000年通过、2015年修订的《立法法》。在该法明确了“规章”的概念后，就不需要再重复多达96字的规章定义了；因《立法法》已经明确了（与其配套行政法规《法规规章备案审查条例》相配合）规章冲突的解决途径，也不需要再规定经最高法院报国务院协调了。

【例】2004年《公司法》第189条：公司因不能清偿到期债务，被依法宣告破产的，由人民法院依照有关法律的规定，组织股东、有关机关及有关专业人员成立清算组，对公司进行破产清算。

上述规定包括一些“有关企业破产”的内容，但既不全面也不系统。在我国已经有专门的“有关企业破产”的法律规定后，更没有必要重复。故2005年《公司法》修订后，相关内容被直接简化为一句话：公司被依法宣告破产的，依照有关企业破产的法律实施破产清算（第191条）。点到为止。

【例】2004年《公司法》将“有限责任公司的设立和组织机构”（第二章）与“股份有限公司的设立和组织机构”（第三章）分章规定，故该法第27条有关有限责任公司“股东、出资”的规定，与第80条“股份有限公司”的内容雷同。

2005年《公司法》第83条直接规定：发起人的出资方式，适用本法第27条的规定。仅此一改，文字量减少了86%。

【例】1996年《刑事诉讼法》第31条：本法第二十八条、第二十九条、第三十条的规定也适用于书记员、翻译人员和鉴定人。

该第31条所在的第三章“回避”除该条外就只有第28条、第29条、第30条。故2012年将其改为“本章关于回避的规定”，如此一改，字数大大简省，意思更清楚明了。

第三十九章　与时俱进的技巧

社会在不断发展，人类在不断进步，交织其间的语言文字注定是活生生的。

写作，就是从字面上描述社会，不可能脱离时代，必须与时俱进。

任何立法都是时代的产物，并终将在新的时代成为“前浪”。正因如此，立法特别是立法的修订，总应尽其所能跟上时代、弥合与之不可避免的裂痕。

立法的与时俱进，需要观念的及时更新。就一个国家、一个民族的法治意识进化而言，近年最为宏大的立法成果《民法典》对观念更新的影响相当深远。

第一节　跟上时代的步伐

中华文化历来强调文以载道，人类发展、社会进步就是人世间最根本的大道。故文字创作要想更上层楼，就必须在起点、站位、视野等各个方面，把准时代的脉搏、跟上时代的步伐。

【例】1996年《刑事诉讼法》第64条第2款：拘留后，除有碍侦查或者无法通知的情形以外，应当把拘留的原因和羁押的处所，在二十四小时以内，通知被拘留人的家属或者他的所在单位。

虽然1996年距今并不遥远，但“单位”在当今国人特别是年轻人的知识体系中确实已非常陌生。原法条规定的结果是，公检法机关说我已经“通知被拘留人所在单位”了；而其所在单位的人则说，的确收到了，但法律也没有规定让我去“通知被拘留人的家属”；况且，公检法机关都没法“通知被拘留人的家属”，为什么我就能够通知得到。由此可见，世易时移，变法宜也：2012年修法时删除了关于“单位”的规定。

【例】2009年《兵役法》第36条规定的“民兵的任务”中有“维护社会

治安”。

2011年修法时将其调整为“协助维护社会秩序”，其中的核心是“协助”，即从“打头”退至“帮忙”。为什么会有这样的变化？因为在一个法治国家，无论是“维护社会治安”还是“维护社会秩序”，都要由依法设立的专门机关通过依法履行职权来实现，“民兵”显然不适宜从事这样的工作。

第二节　与专业领域同步

这显然已大大超出了文字本身的范畴，但对于一部以提高中文写作水平为宗旨的作品，如果不涉及这个问题，显然也是说不过去的。正如提高中文写作水平不能只讲汉字本身的使用，而不考虑科技、经济常识一样。

【例】2001年《商标法》第8条：任何能够将……商品……区别开的可视性标志……均可以作为商标申请注册。

“可视性标志”确实有点重复。“标志”本身，就是一个并联复词，“标”和“志”都有记号的意思，都含有“可视”“可识别”的本义，而将这么多“可视性”的意思重叠在一起，并不能起到强调规则本身的作用。更重要的是，2013年《商标法》中要在商标中增加“声音”的内容，这就最终决定了“可视性”作为商标的“标志”性特征，确实要退出历史舞台了。从这个角度看，2001年修订《商标法》时才增加的对商标“标志”的“可视性”特征的概括，不完全是当初立法时的失误，而是彼时的这种概括在后来已经包容性不足了。进一步反思这个列举、概括再提炼的过程，还是可以得出一个立法上的教训，就是慎用不必要的概括，尤其是本身就有重复内容的概括。因为概括作为对实质规律性、共性的提炼，本身就要“合并同类项”、去除重复的内容。故2001年增加“可视性”这个标志，还是不够周延。

但也必须看到，2001年《商标法》第8条之所以增加“可视性”的提示，是因为该条的内容是从1993年《商标法》中的“文字、图形或者其组合”扩充至“文字、图形、字母、数字、三维标志和颜色组合”这一更为丰富的内容，而这些内容的共性，倒是确实可以用“可视性”来概括。

因此，回顾往事，不能将当初立法的局限性归咎于认识，而应当看到，在立法不断完善的过程中，确实有一些技术性因素的影响。从这个角度讲，“商标制度”本身进一步超越“可视性”的范畴，向更广大的“标志”范围迈进，进而容纳“声音”等“可听性”内容，才是立法最终又“扬弃”“可视性”这一学理概括更根本的原因。

第三节　适应语言的变迁

时间会改变很多东西。如早年写进法律的词句，肯定都是经过当时的法律大家们仔细掂量、觉得无可挑剔的，但现在看来，恍如隔世。

【例】1998年《收养法》第25条第2款：收养行为被人民法院确认无效的，从行为开始时起就没有法律效力。

《民法典》第1113条将“从行为开始时起就”改为“自始”，确实简洁。

《刑事诉讼法》是我国改革开放以来、厉行法治进程中最早制定的几部法律之一。该法1979年7月1日由第五届全国人大第二次会议通过（定调改革开放的十一届三中全会于1978年12月18日开幕），到2018年该法再次修订时，距离其最早的版本，已经有将近40年的时间。而恰恰在这40年间，中华民族的历史发生了巨大的变化，而其中最显著的变化之一，正是发生在《刑事诉讼法》所在的法治领域。不仅如此，这40年间，中国人民的物质文化生活水平和精神面貌，也都发生了巨大变化。这一系列变化，最终反映到人们的语言文化中，以致最终到《刑事诉讼法》2018年修订时，修改的很多内容其实不是刑事诉讼本身的事项，而是考虑在中国现当代汉语变化后，如何让今后的年轻人更好地理解中国法律制度。因为这些新生代的语言，已经与当年的话语体系产生了一定的疏离感。

【例】1996年《刑事诉讼法》第71条第2款：除……无法通知的情形以外。

2012年改为“除无法通知的以外”，说明新时代的表达趋势是，尽可能用“的”字结构替代“的情形”“的时候”等如今看来没有太大必要的“赘语”，同时也发挥“的”字结构更为广大的包容性和实用性。

【例】1996年《刑事诉讼法》第43条：除特殊情况外，并且可以吸收他们协助调查。

此处的“并且”，在2012年修法时被删除了，因为确实没有必要，而且还略显啰唆；但在起草《刑事诉讼法》当时的语言环境中，这是非常“顺嘴”的。但到了2012年，它已经明显让人感觉到一种“旧时代”的气息。这就是法律语言随时代氛围的变化而与时俱进的一个很好的例子。对这两处同处于一条的“个别文字”的修改反映出我国的立法工作越来越精细化了，对很多可改可不改的内容，都一并作了完善处理。

【例】2009年《兵役法》第54条中有“优待的标准”的表述。

2011年修改该条时只涉及一个字：删除“优待的标准”中的“的”。这充分说明，立法中的每个字，即使是可有可无的一个“的”字，也是需要仔细权衡的。当然，这里还有一个不可忽视的因素是，经过多年的发展，随着军人优待制度日益法治化、普遍化、社会化，对军人的“优待标准”逐渐固化为一个专有名词，不再是泛泛的“优待的标准”，从而奠定了删除其间的“的”字的客观基础。

第四节　精益求精的楷模

精益求精更主要的是一种追求、一种终极目标，而非一种寻常手段。

精细表达正如精密加工，需要工匠精神，更需要专业工具。立法的精细化，就是充分运用立法技术、发挥工匠精神、不断提高立法质量和效率；就是要实现权利义务的精准对应，体现立法者的人文关怀，展现时代进步、反映公序良俗。

【例】1985年《继承法》第21条：……继承人或者受遗赠人……没有正当理由不履行义务的……可以取消他接受遗产的权利。

“取消”“权利”是取消全部权利还是部分权利？原条文中没有明确，执行时按全部权利来理解就有些武断。《民法典》第1144条强调“取消其接受附义务部分遗产的权利”，针对性、个性化程度和精准度都更强，更能体现权利与义务相适应原则，堪称《民法典》立法精细化的典范。

第五节　日臻完善的历程

现实社会变化很快，法律必须与时俱进。立法顺应这一时代需要的现实做法之一，就是不断更新各部门法的术语体系。具体到每一部正在审议的立法文件内部的法律概念，就是要尽可能保证及时替代其旧版本中的对应表述。这一点看似简单，但很容易被忽略。因为概念迭代本身就体现为不同概念的相互替换，而不仅仅是简单的术语更新。

法律概念一旦确立，就要涵盖无数人、适用很多年。法律概念的准确界定，是一个需要不断努力的持续性过程，需要与时俱进、及时更新。

【例】2007年《政府信息公开条例》第18条：属于主动公开范围的政府信息，应当自该政府信息形成或者变更之日起20个工作日内予以公开。

2019年《政府信息公开条例》将“予以公开”改为“及时公开”。这一修改，看似可改可不改，但严格说来，原表述中的“予以”就是个赘语，为了“优雅”地弥补这一立法技术上的缺陷，将其改为“及时”显然是再好不过了。因为这一内容本身就是有关时限的规定，20个工作日至少跨越4周，几乎就是1个月（2月时还不止），规定“及时公布”就是明确要求有关行政机关“抓紧”办理，不要非等到“20个工作日”的期限届满之时。

【例】2009年《民法通则》第7条：民事活动应当尊重社会公德，不得损害社会公共利益，扰乱社会经济秩序。

上述规定在《民法典》第8条中被简化为“不得违背公序良俗”，同时也进一步强化了“公序良俗”在我国法律体系，至少是民法体系中的突出法律地位，条文的表述也更具有民法风格。“公序良俗”本身自带社会属性，是对社会公共利益和社会经济秩序的浓缩和概括。这一简化充分说明，其他立法中不经意出现的“社会公序良俗”等表述，确有必要修改。

【例】2007年《物权法》第231条：债权人留置的动产，应当与债权属于同一法律关系，但企业之间留置的除外。

其中的“企业”已经有了新提法：“营利法人包括有限责任公司、股份有限公司和其他企业法人等。”（《民法典》第76条第2款）

另如对恶意串通、损害他人的民事行为的界定，业已经历了近40年的变迁。

【例】1986年、2009年《民法通则》第58条第1款第4项：恶意串通，损害国家、集体或者第三人利益的民事行为无效。1999年《合同法》第59条：当事人恶意串通，损害国家、集体或者第三人利益的，因此取得的财产收归国家所有或者返还集体、第三人。

上述文字演化为《民法典》第154条：行为人与相对人恶意串通，损害他人合法权益的民事法律行为无效。这一由1986年《民法通则》、1999年《合同法》、2009年《民法通则》、2017年《民法总则》到2020年《民法典》的一脉相承的历程，其中的文字演变富含法理的精髓。

就合同法而言，“当事人”就是合同的双方，当然也可以称为“行为人与相对人”，只是他们互相轮替作为“行为人与相对人”。这样解释并不勉强，因为合同行为虽说是双务行为，但当事人的行为绝少可能同时发生，而只能在一方有所作为后，作为或者不作为的义务才转移给另一方，并因此而称相对方、相对人。在认识上突破了这一点，“行为人与相对人”就可以覆盖合同法上的当事人，从而为以行为人与相对人引领更为普遍的民法原则奠定了基础。

但仍需要注意，通常“恶意串通”应当出现在共谋的领域，如合同，在非共谋的情境中，如侵权行为人会不会与侵权行为“相对人”“恶意串通”？这已经是非常深刻的民法伦理问题了。

将“因此取得的财产收归国家所有或者返还集体、第三人”简化、归并为“民事法律行为无效”，不仅言简意赅，还触及了更为广泛的法律规范的覆盖范围问题。因为“民事法律行为无效”不只涉及财产状态的恢复。

从历史渊源上看，《民法通则》与《合同法》的表述更接近些，而且到《民法总则》才完成了彻底的改造：放弃了“国家、集体或者第三人（个人）”的三分法，转而从民事法律关系的主体基本类别出发，将所有主体统一为法律上的“人”，相应地，当事人恶意串通所损害的“人”也只能是当事人以外的其他人了。

将“国家、集体或者第三人利益”改为“他人合法权益”，解决了《民法总则》中的基本原则的覆盖领域问题，即其超越《合同法》而可以适用于所有民法领域。

第六节　直面问题的勇气

立法是时代的映象，必须回应民众的呼唤、解决现实的问题。因此，立法既要有“大部头”又要有“小快灵”，要言简意赅、直入主题、一针见血。

【例】2007年《物权法》第149条第1款：住宅建设用地使用权期间届满的，自动续期。

该法没提费用的事，因为距“续期”为时尚早。但《民法典》则必须面对这个问题，故实事求是地授权其他法律、行政法规进一步明确。如此规定确实没有解决这个问题，但已经明确提出了这个问题，因为具体方案确实还有争议。

【例】1999年《合同法》第389条：保管人对入库仓储物发现有变质或者其他损坏。

《民法典》第913条将“对入库仓储物发现”修改为“发现入库仓储物”，因为“对”确实没什么必要。进一步分析发现，原条文中的“发现有变质”中的“有”也是不必要的。如此看来，除了删除“对”以外，还可以再删除一个“有”。因为“变质”“损坏”都是动词，不需要“有”来加持、辅助；而且“有”“其他损坏”还说得过去，“有”“变质”就说不通，还不如直接用“变质”“损坏”。

第七节　技术创新的写照

立法中涉及的技术创新，并不是科学技术意义上的技术创新，而是立法随着时代的进步，不断强化立法技术，其核心是术语体系不断更新、跟上时代变迁。

立法最根本的目的、不可回避的功能，是其化习为俗的持久力量。立法中的善意，最终会化为良俗。

【例】1999年《合同法》第208条：借款人提前偿还借款的，除当事人另有约定的以外，应当按照实际借款的期间计算利息。

《民法典》第677条基本延续的这一规定显然有利于借款人，他们相对而言在银行业务方面是弱势的一方。同时，这样的规定也激励借款人尽早还款。

【例】1999年《合同法》第331条：委托开发合同的委托人应当按照约定支付研究开发经费和报酬；提供技术资料、原始数据；完成协作事项；接受研究开发成果。

其中与“技术资料”并列的“原始数据”，被《民法典》第852条删除，因为“技术资料”包括“原始数据”，而且对许多研究开发合同而言，未必都有“原始数据”。不仅如此，“原始数据”本身就需要通过实验取得，这往往已经是“研究开发”的一部分了。

【例】2009年《民法通则》第16条第2款：未成年人的父、母的所在单位同意。

这一内容，《民法典》第27条第2款用“民政部门同意”取代，反映了时代的变化。那个每个人都有其“所在单位”、单位还“管得巨宽”的时代，已经离现实越来越远了，迫使法律也必须因时而变。

第八节　良法基于人性考量

2011年《兵役法》新增加的对“普通高等学校毕业生”（即通常所说的大学毕业生）的2年延期规定，至少有两个考虑。一方面，这有利于大学生正常完成学业，避免碎片化的学制。因为在我国目前6岁入学、6年小学、3年初中、3年高中、4年本科（个别专业长于4年）的学制下，正常就学的大学生，24岁以前都可以本科毕业，此时再让他们履行服兵役的义务，恰恰体现了我国兵役制度的人性化。

另一方面，这样做能够征集到更多具有大学学历的高素质新兵，有助于提高我国军人的综合素质，适应现代军事高科技对军人提出的新的更高要求。

事实上，现代化战争真正需要年轻力壮者“沙场肉搏”的机会已经越来越少了。年龄大点、知识多点，反而更适宜信息技术+机械化装备的现代化战争。既然脑子比身体更重要，年龄就不应当成为障碍。

第九节　立法就应便民利民

按照传统说法，法律是统治阶级意志的体现。在新时代，江山就是人民，人民就是江山，民主立法的结果必然是便民利民，否则就是自己折腾自己。

【例】2001年《商标法》第20条：在不同类别的商品上申请注册同一商标的，应当按商品分类表提出注册申请。

2013年《商标法》修订时将其调整为“可以通过一份申请就多个类别的商品申请注册同一商标”。考虑到2001年《商标法》第20条的规定是在修改1993年《商标法》第12条的类似规定时得来的，但那次修订只是文字修订，其核心意思，即“在不同类别的商品上申请注册同一商标”“应当按商品分类表”分别“提出注册申请”，没有改变。由此再回溯到1993年《商标法》的修订，也有一个细微的修改：删除了1982年《商标法》第12条中的表述“分别”。显然，“不同类别的商品”确实“应当按商品分类表分别提出注册申请”，但只要按“商品分类表提出注册申请”，就肯定是“分别”提出注册申请，故“分别”就没有必要。虽然只多了2个字，而且不是确属多余的，立法却被简化了。

但是，“分别”二字的删除并没有实质性改革必须“分别”申请的制度，因为“应当按商品分类表”“提出注册申请”，即使没有“分别”，也必须“分别”提出申请。

第十节　语气和缓以利落实

语气是语意表达的手段，还有促进文字规范落实等超越表意的更深远功能。

【例】前三款规定的期限，从受诉人民法院收到起诉状之日起计算；因起诉状内容欠缺而责令原告补正的，从人民法院收到补正材料之日起计算。

上述内容后修改为：《行政诉讼法》第51条第2款规定的立案期限，因起诉状内容欠缺或者有其他错误通知原告限期补正的，从补正后递交人民法院的次日起算。新旧相比，有三点变化：语气更和缓（如“责令”改为“通知”）、表意更准确（“之日起计算”改为“次日起算”）、逻辑更严谨（如在“内容欠缺”后增加“有其他错误”）。对老百姓（原告）来说，显然更易于接受、更乐意遵循。

【例】因起诉状内容欠缺而责令原告补正。

2014年《行政诉讼法》第51条规定“补正”时，用语完全是中性的，前面没有加任何“要求”“责令”之类的祈使用语。这些立法上的明文规定，把法院置于非常谦抑的位置：即使对“起诉状内容欠缺或者有其他错误的”等比较严重的问题，法院也只能“指导和释明，并一次性告知当事人需要补正的内容”，“劝说”当事人改正起诉状，不得直接“以起诉不符合条件为由不接收起诉状”。

之所以强调是“劝说”，不仅是因为条文中确实没有用“应当”“责令”等“硬词”，更重要的是因为新法第50条第2款规定了口头起诉制度。既然当事人都可以一个字不写、不交起诉状而直接口头起诉，法院怎么可以对撰写了起诉状的当事人以其“起诉状内容欠缺或者有其他错误”，而“责令”其如何如何呢？

至于起诉状中显著轻微的问题，法院应当怎么办呢？“内容欠缺或者有其他错误”属于起诉状中比较严重的问题。对于等而下之的小问题，法院当然更要“和颜悦色”地向当事人询问，以便完善起诉状，而不仅仅是板起脸来“指导和释明”。

第十一节　契合事理彰显权威

公文写作自带的不言自威通常是由发文机关本身的地位决定的，但要促进其发文的切实可行，还需要在文字的表达上更契合事理，而不能一味地消耗自有权威。

【例】2001年《出版管理条例》第23条：出版单位发行其出版物前，应当按照国家有关规定向国家图书馆、中国版本图书馆和国务院出版行政部门免费送交样本。

从表面上看，“发行其出版物前”的表述有点多余：既然“按照国家有关规定免费送交样本”，肯定会有送交时限，而更根本的是主管部门以民为本的服务态度。

上述规定看似问题不大，操作起来却可能有许多不好应对的“小问题”。出版物不是一本一本印的，在“发行其出版物前”“送交样本”，是不是要先印几本送过去？如果最终不准予发行，损失还小一点？但更深层次的问题是，如此规定，还真把“国务院出版行政部门”“将”住了：既然人家发行前把样本送来了，是不是要及时有个回应？如果出版单位“送交样本”后迟迟等不来回应而开始发行，此时再说“样本”存在问题甚至勒令收回，是否会面临出版单位的反弹？

故2011年该条例修订时，直接将“发行其出版物前”删除了。按理说，“国家有关规定”也不宜（严格从《行政许可法》的角度讲，则是“不能”）再规定“发行其出版物前”“送交样本”了，即不能事先而只能事后“送交样本”。但无论国家有关规定怎么规定，至少相关规定本身看上去没那么“霸道”了，也少了许多不必要的对抗。

第十二节　立法就要切实可行

严格说来，要做到符合常理，没有技巧可言，但任何文字表述都要尽力追求。

立法最大的问题是无法落实。立法不切实可行，执法必束之高阁。

所有立法都应当有一个“小目标”，就是切实可行。立法失去可操作性，就只是一个摆设、花瓶，执法、司法就会绕着走，既定的法律条文最终就会被架空。

立法的切实可行，属于立法技术解决不了的实体性问题，但立法技术的进步恰恰体现为通过检讨早年立法没有意识到的规范手段，或进行制度化考虑，增强后续立法的可操作性，并以此推动良法善治。

立法要切实可行，就必须多从实处着想。这是一个认识不断深化的过程，其表现就是一些此前没有考虑到的内容，如今成为立法的一部分。

【例】2009年《民法通则》第17条第1款：无民事行为能力或者限制民事行为能力的精神病人，由下列人员担任监护人……

此处没有限定“下列人员”的客观物质条件。《民法典》第28条增加了监护能力及监护人排序两项内容：由下列有监护能力的人按顺序担任监护人。其中“有监护能力”属于门槛性的实体性要件，它又包括两个方面：一是基础性的民事行为能力；二是必要的财务保障能力。这一点原法条没有注意到，具体操作时难免会有些难度，但这不是立法时考虑不周的理由。“按顺序”是程序性要件，有助于解决互相推诿（此时排序更为必要）时如何确定监护人的程序问题。

让有监护能力者担任监护人，有助于更好地保护被监护人。《民法典》的规定显然增强了监护人确定程序的可操作性，也确保了监护人制度的切实有效性。

第十三节　法治体现人性关怀

法治的实现从来不是执行机关的强势与法律规则的简单整合，而必须是全社会民众发自内心地对法的认同和自愿遵循，人性关怀就是二者结合的纽带。

【例】2012年《刑事诉讼法》第103条第4款前2句：期间的最后一日为节假日的，以节假日后的第一日为期满日期。

这条规定在绝大多数情况下都没有问题，但逢年过节时却有个没法“回家过年”的问题。2012年《刑事诉讼法》第103条第4款后3句非常人性化地规定：“但犯罪嫌疑人、被告人或者罪犯在押期间，应当至期满之日为止，不得因节假日而延长”，从而部分解决了“回家过年”的问题。

“以节假日后的第一日为期满日期”的规定，本来是为了照顾非公权力的一方，因为公权力机关在“节假日”往往是不上班或者虽有值班人员但不处理相应日常业务的。这样，涉及非公权力一方的期限的最后一天如果是节假日，实际上就会减少或者增加不止一天，如法定期间在大年初一届满，没有该规定，相关人员就不能回家过年。该规定更周详地考虑到了此处的人文关怀问题。

【例】2005年《公司登记管理条例》第57条：公司登记机关应当将登记的公司登记事项记载于公司登记簿上，供社会公众查阅、复制。

这种做法说明了两点：一是“公司登记事项”不属于商业秘密，而是必须公开的，因为“社会公众”中的无论谁，都可以“查阅、复制”；二是“公司登记机关”有公开的义务，这就是“应当”的本义。

但“记载于公司登记簿上，供社会公众查阅、复制”还只是比较消极、被动地公开。“社会公众”必须去“公司登记簿”存放地才能看到，而且还可能同时只有一人能看，因为从字面上理解“公司登记簿”，只需要准备一本就行。但现实中，“公司登记簿”既要供“社会公众查阅、复制”，“公司登记机关”还要“将登记的公司登记事项”往上记，一本“公司登记簿”确实“够忙的”。

2014年该条例修订时，上述内容大幅度修改为：公司登记机关应当将公司登记、备案信息通过企业信用信息公示系统向社会公示。这便更方便了。

参考书目

1.《现代汉语词典》（第1版），中国社会科学院语言研究所词典编辑室编，商务印书馆1978年版。

2.《现代汉语词典》（第2版），中国社会科学院语言研究所词典编辑室编，商务印书馆1983年版。

3.《现代汉语词典》（第5版），中国社会科学院语言研究所词典编辑室编，商务印书馆2005年版。

4.《现代汉语词典》（第7版），中国社会科学院语言研究所词典编辑室编，商务印书馆2016年版。

5.《新华字典（1971年修订重排本）》，商务印书馆1971年版。

6.《新华字典（双色本）》（第10版），商务印书馆2004年版。

7.《新华字典》（第12版），商务印书馆2020年版。

8.《中华人民共和国民法典》，中国法制出版社2020年版。

9.《标点符号用法》（GB/T 15834—2011），中华人民共和国国家质量监督检验检疫总局、中国国家标准化管理委员会2011年12月30日发布。

10.《通用规范汉字表》，中华人民共和国教育部、国家语言文字工作委员会2013年公布。

图书在版编目(CIP)数据

公文写作错误根除与技巧提升 / 张越，李瑾著. —
北京：中国法制出版社，2024.4（2024.11重印）
ISBN 978-7-5216-4176-9

Ⅰ.①公… Ⅱ.①张… ②李… Ⅲ.①公文—写作
Ⅳ.①H152.3

中国国家版本馆CIP数据核字（2024）第032805号

责任编辑：成知博　　　　封面设计：周黎明

公文写作错误根除与技巧提升

GONGWEN XIEZUO CUOWU GENCHU YU JIQIAO TISHENG

著者 / 张越　李瑾

经销 / 新华书店

印刷 / 北京虎彩文化传播有限公司

开本 / 710毫米×1000毫米　16开　　　　印张 / 28.5　字数 / 451千

版次 / 2024年4月第1版　　　　2024年11月第2次印刷

中国法制出版社出版

书号 ISBN 978-7-5216-4176-9　　　　定价：89.00元

北京市西城区西便门西里甲16号西便门办公区

邮政编码：100053　　　　传真：010-63141600

网址：http://www.zgfzs.com　　　　**编辑部电话：010-63141809**

市场营销部电话：010-63141612　　　　**印务部电话：010-63141606**

（如有印装质量问题，请与本社印务部联系。）